Hermann Ploppa
Der Griff nach Eurasien

Dieses Buch ist Julian Assange gewidmet

Hermann Ploppa

Der Griff nach Eurasien

Die Hintergründe des ewigen Krieges
gegen Russland

Impressum

1. Auflage 2019
© Liepsen Verlag, Marburg 2019
Alle Rechte vorbehalten

Umschlaggestaltung und Layout:
Bertold Neuberger
Freier Graphiker und Typograph
www.neu-k.com

Hersellung:
Künster Druck GmbH
Ringstraße 47
56626 Andernach-Miesenheim
www.kuenster-druck.de

ISBN 978-3-9812703-4-1

Inhaltsverzeichnis

Vorwort

Es ist immer wieder ein Abenteuer, ein Buch zu schreiben.

Ich weiß nicht, wie es anderen Autoren ergeht. Aber wenn ich ein Buch schreibe, dann ist das immer wieder ein Abenteuer. Ich setze mich hin und will über ein Thema schreiben. Im Lauf der Entwicklung des Buches werde ich immer wieder selber überrascht von dem, was ich dabei Neues herausfinde. Ich sitze manchmal bei der Recherche da und bin so aufgeregt über das, was ich da gerade herausgefunden habe, dass ich erst mal innehalten muss.

So war es auch jetzt. Die Grundlagen dieses Buches sind entstanden aus unzähligen Gesprächen, die ich nach Vorträgen im kleinen Kreis bei der „Nachlese" bei Bier und Pizza führen durfte. Dabei ging es immer wieder um geschichtliche Hintergründe. Wie kam es zum Zweiten Weltkrieg? Wie verhält sich das mit der Kriegsschuld im Ersten Weltkrieg? Wie war traditionell unsere Beziehung zu Russland? So langsam entwickelte sich in mir der Wunsch, für all diese Fragen zur Geschichte des Zwanzigsten Jahrhunderts schlüssige Antworten einmal systematisch und in einer chronologischen Reihenfolge darzulegen. Denn es gibt ja so viel, was in der offiziellen Geschichtsschreibung beim besten Willen nicht überzeugen kann, weil es jeder Logik und jeder Wahrscheinlichkeit Hohn spricht.

Alleine diese Geschichte, dass Adolf Hitler in München nach dem Krieg sich einer kleinen Hinterzimmer-Partei mit 23 Mitgliedern anschloss. Dann soll er quasi ganz alleine durch sein Charisma in seinen Reden die Massen angezogen haben. Die Zuhörer hätten für seine Veranstaltungen Eintritt bezahlt. Und aus den Erlösen sei dann die NSDAP mit ihren tausenden von bewaffneten paramilitärischen Soldaten finanziert worden. Oder: ein junger, zu achtzig Prozent blinder, geistig behinderter Mann habe den Reichstag alleine in wenigen Minuten zum Großbrand bringen können. Jeder Feuerwehrmeister wird einer solchen Erzählung fachkundig widersprechen. Aber mächtige Netzwerke haben diese unsinnige Geschichte durchgesetzt.

Und je mehr ich in der Geschichte forschte, umso mehr offizielle Sagen erwiesen sich als haltlos. Es bereitet mir durchaus großes Vergnügen, den wirklichen Zusammenhängen von Ereignissen nachzugehen. Und ich musste auch gar nicht irgendwelche Archive mithilfe meines Rechtsanwaltes aufschließen lassen, so wie es andere Historiker bisweilen machen müssen. Mir reichte eine ergebnisoffene Recherche anerkannter Quellen, um ganz neue Zusammenhänge zu Tage zu fördern. Bedauerlich ist natürlich, dass ich nicht den Rechercheapparat eines Universitätsprofessors mit seinen Assistenten habe. Es wäre wünschenswert, wenn sich eine außeruniversitäre, vielleicht durch Crowdfunding finanzierte Forschungseinrichtung aufbauen ließe. Es fehlt an der Vernetzung unabhängiger Geschichtsforschung.

Jetzt ist das Buch fertig. Ich hatte nicht vor, ein so umfangreiches Werk zu schreiben, wie es jetzt nun einmal geworden ist. Es ist mir sozusagen aus der Hand gewachsen. Und wenn nun der Prozess der Niederschrift erheblich länger gedauert hat als gedacht und mehr Kräfte verschlungen hat, als geplant, so bereue ich nicht eine Sekunde, mich diesem geistigen Abenteuer ausgesetzt zu haben. Es ist ein kreativer Akt. Ein geistiger Geburtsprozess. Selbstverständlich kann niemand für sich beanspruchen, mit seiner grundsätzlich unzureichenden Annäherung an den beschriebenen Gegenstand den Gegenstand selber abgebildet zu haben. Es ist immer auch eine literarische Phantasieleistung. Und dieser kreative Akt erfüllt mit Freude und Genugtuung.

Ich hoffe, Ihnen teilt sich ein bisschen was mit von der Genugtuung über diese kreative Reise durch die Zeitgeschichte.

Einleitung

Es sind wahrlich schwierige Zeiten, in denen wir leben. Verdammt gefährliche Zeiten. Wie sehr uns die Zuspitzung der Gefahr Angst macht, mögen wir unseren Verwandten und Freunden kaum noch offen zugestehen.

Um das Feuer anzufachen, betreiben die Medien einen wahren Kult der Gewalt. Jede Nachricht, jede Reportage handelt von Gewalt. Und die schwerste Form von Gewalt, der wir wehrlos gegenüberstehen, ist der Krieg. Ganz konkret hören wir jeden Tag das unerbittliche Säbelrasseln. Die „einzige Weltmacht USA" schürt Stimmung gegen Russland. Gegen China – im Grunde gegen alle, die den Amerikanern im Wege stehen. Amerikanische Parlamentarier fordern ungeniert nichts weniger als den Krieg gegen Russland. Und unsere Regierung stößt in dasselbe Horn und ist sich nicht zu schade, zumindest offiziell einen vollkommen unangemessen beleidigenden Ton gegen den russischen Präsidenten Wladimir Putin anzuschlagen. Um auch dabei noch gegen andere Länder einen unangemessen lehrerhaften Ton anzuschlagen.

Die Medien geben die aggressive Marschmelodie vor. Die wenigen Stimmen, die zur Mäßigung aufrufen wie zum Beispiel der Theologe Eugen Drewermann, kommen heute in den Mainstream-Medien praktisch nicht mehr vor. Sie können ihre Positionen nur noch den stärker werdenden unabhängigen Medien als Öffentlichkeit vortragen. Wer für Verständigung mit dem russischen Volk wirbt, wird heutzutage des Rechtspopulismus und der Sympathie mit autoritären Regimen verdächtigt. Dabei geht die Bewegung der „Putin-Versteher" quer durch alle politischen Farben.

Aber wir fühlen uns nackt und wehrlos. Der Kriegszug nach Osten rast mit beschleunigter Geschwindigkeit immer weiter. Früher fanden NATO-Übungen mit maximal 20.000 Soldaten statt. Im Jahre 2020 werden 37.000 NATO-Soldaten aus 19 Nationen mitsamt schwerer Kriegsausrüstung über deutsche Straßen, Wasserkanäle und Eisenbahnschienen an die Front, hin zu den Ländern des Baltikums und Polen rollen und beängstigend nah an Kaliningrad und Sankt Petersburg Station machen. Am Nordkap fand im Jahre 2018 das Manöver Trident Juncture 18 mit 50.000 Soldaten statt. Zeitgleich übte die NATO auf der Ostsee mit 4.000

Soldaten. Die Kriegsvorbereitungen sind also schon so weit gediehen, dass ein gleichzeitiger Angriff von zwei Seiten geprobt wird.

Und wir sind wehrlos. Wir fühlen uns eigentlich gerade so wie jene unglückseligen Passagiere jener Linienflugzeuge, die am 11. September 2001 von Terroristen (wer immer sie gewesen sein mögen) gekapert wurden. Wir sehen, wie Leute sich aus ihren Sitzen erheben, die Stewardessen überwältigen und sich den Weg ins Cockpit bahnen, um dort als nächstes die Piloten beiseite zu schubsen. Die Flugpiraten steuern die Maschine, die schon vom Handgemenge ganz schön schwankt, ersichtlich auf einen Wolkenkratzer zu. Wie lange haben wir noch Zeit, die Piraten zu überwältigen und das Flugzeug wieder auf einen sicheren Kurs zu bringen?

Wir wissen nicht, was die Mächtigen dieser Welt mit uns vorhaben. Wir können diesen hochgefährlichen Konfrontationskurs anscheinend nicht aufhalten. Immer wieder wird uns eingehämmert, es gäbe zu diesem Ritt in den Abgrund keine Alternative.

Ich behaupte: es gibt Alternativen zum Lemmingstod. Der Konfrontationsmodus ist nicht so naturgegeben wie es uns die Propagandisten des Militärisch-Industriellen Komplexes glauben machen wollen. Die Geschichte der letzten einhundert Jahre zeigt uns, dass es sehr handfeste und gut durchdachte Alternativen zum Säbelrasseln gegeben hat. Und dass wir die Chance und auch die Verpflichtung haben, diese Fäden wieder aufzunehmen.

Deswegen dieses Buch. Es soll Ihnen, liebe Leserinnen und Leser, Informationen an die Hand geben, mit denen Sie gezielter argumentieren können. Es soll helfen, Strategien zu entwickeln, wie wir zu einer friedlichen Weltordnung kommen können. Das Buch zeigt auf, wie von höchster Seite der Versuch unternommen wurde, den verhängnisvollen Mechanismus der Konfrontation und des Krieges abzustellen und den direkten Weg der Verständigung zu wählen. Es warten dreihundert Seiten Text auf Sie, in denen die herrschenden Erzählungen über Deutschland, Russland und der einzigen Weltmacht neu bewertet werden.

Im Folgenden in Kürze der Weg, den wir beschreiten: Im Jahre 1904 hatte der britische Geopolitiker Halford Mackinder seinen Landsleuten erklärt, dass Großbritannien zwar die Welt über die Meere beherrschen kann. Dass aber die Eroberung des eurasischen Festlandes nur mithilfe einer kontinentalen Macht als „Subunternehmer" durchführbar ist. Mackinder machte darauf aufmerksam, dass sich womöglich Deutschland und Russland zusammentun, und vereint die angloamerikanische Machtmaschine herausfordern könnten. Das ist also gar nicht die Originalidee eines gewissen George Friedman, der immer wieder gerne bei diesem Thema zitiert wird.

Es gelingt, durch den Ersten Weltkrieg Deutschland niederzuringen und zu schwächen. Die Versailler Verträge sollen Deutschland ewig in einer Position der Schwäche halten. Die demokratische Weimarer Republik erweist sich als unwillig, sich vollkommen in die Abhängigkeit der angloamerikanischen Banken zu begeben. Dagegen wird versucht, die Weimarer Republik von außen her zu destabilisieren. Unter diesem Gesichtspunkt erscheint der Kapp-Putsch in einem ganz anderen Licht. Und für die Eliten der Weimarer Republik gibt es definitiv nur einen Weg, um aus dem Elend von Versailles herauszukommen, nämlich durch die enge Zusammenarbeit mit der Sowjetunion. Der Vertrag von Rapallo war definitiv den Westmächten ein Dorn im Auge, und dessen Unterzeichner, Außenminister Walther Rathenau, wurde kurz darauf von gedungenen Scharfschützen ermordet. Trotzdem hielt die Reichsregierung an der Zusammenarbeit mit der Sowjetunion fest. Mit der Sowjetunion fand eine sehr intime militärische und wirtschaftliche Zusammenarbeit statt. Luftwaffe und Panzerverbände der Reichswehr befanden sich praktisch in der Sowjetunion. Es gab nur einen Politiker, der unablässig gegen die Zusammenarbeit mit dem östlichen Nachbarn predigte: ein gewisser Adolf Hitler aus München. Der hatte quasi die Vorstellungen von Mackinder in seinem Buch „Mein Kampf" gespiegelt: Hitler forderte ein enges Bündnis mit England und dem faschistischen Italien. Die Sowjetunion dagegen sollte militärisch erobert werden. Die Völker der Sowjetunion galt es zu vernichten, um Platz für eine nordische Herrenrasse zu schaffen.

Als Hitler unter fragwürdigen Umständen an die Macht kommt, werden sofort alle wirtschaftlichen und militärischen Beziehungen zur Sowjetunion gekappt. Stattdessen beginnt die totale Integration Deutschlands in die westliche Wertegemeinschaft, mit einem Viererbündnis

Großbritannien, Italien, Frankreich und Deutschland. Deutschland ist jetzt angeschlossen an die großen angloamerikanischen Kartelle und Bankensysteme. Die Aufrüstung geschieht in einem atemberaubenden Tempo. Die territoriale Flurbereinigung für den Aufmarsch gegen die Sowjetunion wird durch den Anschluss Österreichs und die Annexion der Tschechoslowakei in vollkommener Übereinstimmung mit den westlichen Bündnispartnern vollzogen.

Warum also dann der Krieg zwischen Großbritannien und Nazi-Deutschland? Hitler war 1939 praktisch insolvent, und die Versuche, dem Führer neue Megakredite westlicher Banken zu schnüren, scheiterten am entschiedenen Veto des amerikanischen Präsidenten Franklin Delano Roosevelt. So bleibt Hitler nichts anderes übrig, als vorübergehend mit Stalin ein Zweckbündnis abzuschließen, um auf diese Weise an kriegswichtige Materialien heranzukommen. Immer signalisiert Hitler den Westmächten, dass er bei nächster sich bietender Gelegenheit auf die ursprüngliche Agenda, die Sowjetunion zu überfallen, zurückkehren werde. Jedoch der neue britische Premierminister Churchill ist daran nicht mehr interessiert. Als Hitler sein Versprechen wahrmacht und die Sowjetunion angreift, hat er den befürchteten Zweifrontenkrieg.

In dieser ganzen Zeit des Krieges sind aber alle Kombattanten friedlich vereint am Vorstandstisch der Bank für Internationalen Zahlungsausgleich in Basel. Es wird dafür Sorge getragen, dass alle Kriegsparteien über diese Bank immer liquide bleiben, damit der profitable Krieg nicht vorzeitig wegen Insolvenz beendet werden muss – so wie es im Ersten Weltkrieg für kurze Zeit der Fall zu sein schien. Die Bank für Internationalen Zahlungsausgleich sorgt auch dafür, dass Nazi-Gelder vor der Kapitulation bereits sicher außer Landes gebracht werden.

Die USA und Großbritannien haben zu keiner Zeit mit der Sowjetunion wirklich offen und ehrlich zusammen gearbeitet. In der ersten Phase des Zweiten Weltkrieges warteten sie ab, wer den Krieg gewinnen würde – die Sowjetunion oder Nazi-Deutschland. Wobei große Teile der Eliten in den USA und in Großbritannien offenkundig einen Sieg der Achsenmächte erhofften und die Nazikriegsmaschine entsprechend tatkräftig förderten.

Auch wurde keine zweite Front aufgemacht, um die Sowjetunion in ihrem Kampf gegen den Faschismus zu entlasten. Erst als die Rote Armee die Wehrmacht nach Westen vor sich hertrieb, rafften die Westmächte sich zur Invasion in der Normandie 1944 auf, um die Kriegsbeute vor dem Zugriff der Sowjets zu retten. Bereits vor der Kapitulation der Nazidiktatur wurden sowohl in den USA wie in Großbritannien Pläne entwickelt für den Krieg gegen die Sowjetunion. Besonders die Operation Unthinkable von Churchill und Operation Dropshot der Truman-Regierung sahen die Vernichtung und die Invasion der UdSSR vor. Zu diesem Zweck wurden deutsche Wehrmachtssoldaten nicht entlassen, sondern in Lagern einsatzbereit gehalten, um bei der Invasion mitzuwirken.

Roosevelt war kurz vor dem Kriegsende verstorben. Seine sämtlichen Gefolgsleute wurden in einem kalten Putsch entmachtet. Die neue Finanzordnung von Bretton Woods, die Roosevelts Finanzminister Henry Morgenthau auf den Weg gebracht hatte, blieb allerdings weiterhin bestehen. Das System von Bretton Woods sollte in den folgenden Jahrzehnten die Welt grundlegend verändern. Übernationale Einrichtungen wie UNO, Weltbank, IWF oder die Welthandelsorganisation GATT (heute WTO beschleunigten den Handel und die Kommunikation entscheidend. Allerdings waren die kommunistischen Länder von diesem System ausgeschlossen.

Als Ergebnis des Krieges waren die Kolonialmächte Großbritannien und Frankreich finanziell geschwächt und bei den amerikanischen Banken verschuldet. Sie mussten die Kolonien aufgeben und dem amerikanischen Welthandel öffnen. An die Stelle der kolonialen Herrschaft trat nun das amerikanische System von Bündnissen mit de facto-Vasallenstaaten, die scheinbar souverän sind, aber über ein raffiniertes System von harter und weicher Macht sich unter einer viel perfekteren Abhängigkeit befanden als kolonisierte Länder oder Länder, die annektiert wurden. Ein System, das für die Führungsmacht auch erheblich kostengünstiger ausfiel als wie abhängige Kolonien.

Um die Eroberung Eurasiens über die Sowjetunion in diesem Sinne zu bewerkstelligen, wurde 1949 die NATO gegründet. Nachdem die westeuropäischen Staaten durch den Marshallplan in Abhängigkeit von den

USA gebracht wurden, mussten sie nun nolens volens einen großen Teil ihres Bruttoinlandsprodukts für Aufrüstung ausgeben. Deutschlands Teilung war unerlässlich, damit die drei westlichen Besatzungszonen möglichst schnell in die NATO eingegliedert werden konnten. Sodann musste die deutsche Wirtschaft rasch wieder auf Schwerindustrie für eine Wiederaufrüstung eingestellt werden. Um keine Zeit zu verlieren, blieben die alten Nazi-Eliten, bis auf ganz wenige Ausnahmen, in ihren Positionen und stellten ihre Dienste gerne zur Verfügung für die Kriegsanstrengungen gegen die Sowjetunion. Die Forderung der Bevölkerung nach Entfernung der Nazis und nach einer Politik der Neutralität wurde schnell zum Schweigen gebracht. Die Wiederaufrüstung Westdeutschlands fand in aller Heimlichkeit statt. Unter deutlich beruhigten Verhältnissen fand dann die Gründung der Bundeswehr 1955 statt.

Die Sowjetunion wiederum war durch den Krieg geschwächt und noch mehr verarmt. Der amerikanischen Aufrüstung konnten die Sowjets praktisch nichts entgegensetzen. Nur durch die sehr effiziente Spionage war es möglich, mit geringen Mitteln selber Atombomben und Wasserstoffbomben zu bauen und damit ein Gleichgewicht des Schreckens herzustellen. Solange Stalin regierte, verblieb die Sowjetunion im Zustand der Lähmung. Erst als Nikita Chruschtschow die Macht an sich reißt, fällt die Lähmung ab. Und 1957 gelingt es der Sowjetunion zum ersten Mal, im Wettrüsten mit den USA gleichzuziehen, dank der Interkontinentalrakete Semjorka. Chruschtschow bemüht sich in den 1960er Jahren um eine enge Zusammenarbeit mit Westdeutschland. Das durch die Blume angedeutete Angebot: Deutschlands Wiedervereinigung im Gegenzug für massive deutsche Wirtschaftshilfe für die UdSSR. Bevor dieses Bündnis realisiert wird, entmachtet ihn eine Gruppe um Leonid Breschnew.

In den USA wird der legendäre Weltkriegsgeneral Dwight D. Eisenhower zum Präsidenten gewählt. Eisenhower sieht die Gefahr, dass die amerikanische Zivilgesellschaft von einem immer weiter expandierenden Militärisch-Industriellen Komplex überwältigt wird. Um das zu verhindern, setzt Eisenhower auf die abschreckende Wirkung der Atomwaffen. Sein Außenminister John Foster Dulles formuliert die Strategie der Massiven Vergeltung. Der Präsident möchte mit der Aussicht auf totale

Vernichtung durch Atomwaffen Kriege unmöglich machen und die Ausgaben für konventionelle Bewaffnung auf ein Minimum senken, was ihm auch gelingt. Anstatt andere Länder zu überfallen, setzt Eisenhower auf Regime-Change-Maßnahmen der Geheimdienste.

Im elften Kapitel stellen wir General de Gaulles Bemühungen vor, sich von der angloamerikanischen Bevormundung zu emanzipieren. De Gaulle musste im Zweiten Weltkrieg erleben, dass er von Präsident Roosevelt ignoriert wurde. Der französische General konnte verhindern, dass die Angloamerikaner mithilfe des Vichy-Regimes ein Protektorat in Frankreich durchsetzen konnten. De Gaulle befreit Frankreich von der Last der Kolonialherrschaft und versucht, eine eigene Militärmacht aufzubauen. Er bietet Bundeskanzler Adenauer ein Bündnis an. Es kommt in Deutschland wegen de Gaulles Avancen zu einem erbitterten Machtkampf der Geheimdienste. Das Hamburger Nachrichtenmagazin Der Spiegel lancierte internes Material der Geheimdienste und beendete damit das gaullistische Zwischenspiel in Deutschland. De Gaulle versuchte danach, sich an die Spitze der Blockfreien Staaten zu setzen, um auf diese Weise eine Gegenmacht gegen Washington aufzurichten. Die Wirren des Pariser Mai 1968 beendeten auch diesen Versuch einer Emanzipation von den USA.

Im zwölften Kapitel zeigen wir, dass die Entspannungspolitik bereits die Keime einer neuen Offensive gegen Russland in sich barg. Und zwar deshalb, weil nach dem Sturz von Chruschtschow die Sowjetwirtschaft unter Breschnew sich zurückentwickelte von einer nachholenden Industrialisierung hin zum Export von Rohstoffen, vornehmlich Erdöl und später zunehmend Erdgas. Eine solche „Regression" musste über kurz oder lang den Niedergang und das Abgleiten in die Verschuldungsfalle nach sich ziehen. So wurde der neue Osthandel eine Einbahnstraße. Denn die entwickelten Industrieländer konnten ihre Überproduktion an Fertigwaren in die sozialistischen Länder verkaufen und gleichzeitig durch Importe von Energieträgern die Länder des Ölkartells OPEC in ihrer Preispolitik unter Kontrolle halten. Dass die sowjetische Wirtschaft nicht bereits in den 1970er Jahren kollabiert ist, liegt vornehmlich an den hohen Ölpreisen in jenen Jahren.

Die USA ist währenddessen durch den Vietnamkrieg ebenfalls ein wenig gelähmt. Die Länder der Dritten Welt profitieren von dieser Schwäche, und Unabhängigkeitsbewegungen können erhebliche Erfolge verzeichnen, nicht zuletzt in Vietnam. Präsident Nixons Sicherheitsberater Kissinger holt mit der Annäherung an die Volksrepublik China die USA wieder aus der außenpolitischen Sackgasse. Ab jetzt haben die USA die Sowjetunion im Zangengriff und können als lachender Dritter beide kommunistischen Großmächte China und Sowjetunion gegeneinander ausspielen.

Im dreizehnten Kapitel sehen wir, wie jetzt in den 1980er Jahren ein bislang unbekannt brutaler Ton sich Platz schafft. Durch die Einrichtung eines weltumspannenden Finanzsystems dank Clearing, dem weltweiten Kontoführungssystem SWIFT und den Offshore-Steueroasen wird es möglich, alle Geldströme über dieselben Kapitalautobahnen zu lenken und damit die Herkunft des Geldes noch mehr zu verdecken als das bisher über die Schweizer Nummernkonten bereits möglich war. Das brachte den Aufstieg des Organisierten Verbrechens zum gleichberechtigten Spieler auf der Weltbühne. Diese Entwicklung korrespondierte mit dem Vormarsch der Ideologie des Marktradikalismus.

Diese wurde nun durch Ronald Reagan und Margaret Thatcher in die große Politik eingebracht. Der Umgangston wurde nach innen und nach außen hin wesentlich rüder. Die Sowjetunion war inzwischen insolvent geworden. Das wurde jetzt schonungslos von der amerikanischen Regierung ausgenutzt, und in der nun folgenden neuen Aufrüstungsrunde konnte die Sowjetunion nicht mehr mithalten. Die Lebensqualität der Sowjetbürger erreichte neue Tiefpunkte.

Als Gorbatschow 1985 endlich an die Regierung kommt, ist am Konkurs des Sowjetsystems nicht mehr zu rütteln. Gorbatschow kann jetzt nur noch als Insolvenzverwalter agieren. Er versucht, „unrentable" Teile seines Unternehmens Sowjetunion abzustoßen. Dabei kommt der DDR eine besondere Bedeutung zu. Denn Gorbatschow bietet dem damaligen Bundeskanzler Kohl die DDR als Gegenleistung an für eine massive Finanz- und Entwicklungshilfe durch die Bundesrepublik. Bevor Gorbatschows Deal mit Kohl Früchte tragen kann, ist allerdings die Sowjetunion von dem russischen Präsidenten Boris Jelzin bereits abgewickelt worden. Kapitel Vierzehn beginnt mit dem Niedergang Russlands. Unter Jelzin können die westlichen Investoren schalten und walten wie sie wollen. Russland wird durch die marktradikalen Rezepte eines Jeffrey Sachs vollkommen zugrunde gerichtet. Ein misslungener Tschetschenienkrieg verschlimmert die Lage zusätzlich. Genau zur Jahrtausendwende gelingt es sodann Ministerpräsident Putin, Jelzin zum Rücktritt zu bewegen.

Diese 1990er Jahre, die als relative friedlich in die Geschichte eingehen sollten, bargen ebenfalls den Keim der neuen Konfrontation in sich. Francis Fukuyama verkündete das Ende der Geschichte. Er meinte damit, dass sich nunmehr das marktradikale Paradigma für alle Zeiten durchgesetzt habe. Nun war mit dem Ende der Sowjetunion dem Militärisch-Industriellen Komplex einstweilen der Feind abhandengekommen. Grund genug für den Harvard-Ideologen Samuel Huntington, sich nach neuen Feinden umzuschauen, gegen die man Krieg führen könne. In seinem Kampf der Kulturen macht er die islamische Welt als neuen Feind der USA aus. Eine abwegige aber dennoch folgenreiche Gedankenführung.

Der Mitbegründer der Trilateral Commission und ehemalige Sicherheitsberater von Präsident Jimmy Carter, Zbigniew Brzezinski betrachtet währenddessen das eurasische Schachbrett und empfiehlt, Europa als „Brückenkopf" zur Eroberung Eurasiens beizubehalten. Am wichtigsten ist ihm die Kontrolle über den „Eurasischen Balkan". Er meint damit das politisch instabile Gebiet vom Kaukasus bis an die chinesische Grenze. Der Reichtum an Bodenschätzen sollte als Belohnung für die schwierige Aufgabe der Befriedung der Region wohl genug Motivation bieten.

Schließlich kommt es am Ende der geruhsamen 1990er Jahre zu einem richtigen handfesten Überfall der NATO auf Jugoslawien. Mit dem Kosovo haben sich die Amerikaner einen neuen, strategisch wichtigen Brückenkopf in das Innere Eurasiens gesichert. Dass dabei die komplette Balkanregion zugrunde gerichtet und zur Domäne des Organisierten Verbrechens wird, stört die NATO-Strategen wenig.

Ab den 2000er Jahren stützt sich die US-amerikanische Politik eigentlich nur noch auf die von Naomi Klein formulierte Schock-Strategie, ist die Schlussfolgerung in Kapitel Fünfzehn. Der Schock vom 11. September 2001 transformiert die gesamte Gesellschaft in einen Sicherheitstrakt. Die gesamte Gesellschaft wird jetzt der Logik des Militärisch-Industriellen Komplexes unterworfen. Das ist verbunden mit einer noch brutaleren Privatisierung aller staatlichen Aktivitäten. Der Staat verkommt zum Büttel der Superreichen und ist nur noch dazu da, öffentliche Gelder an private Unternehmen zu verteilen. Dabei werden bei der Mittelvergabe militärisch geprägte Konzerne bevorzugt – besonders wenn in deren Vorstand Freunde der Regierungsmitglieder vertreten sind.

Der Krieg ist jetzt privatisiert. Und so ist der Irak-Krieg eine Veranstaltung, die nur der Bereicherung immer derselben US-Konzerne dient. Afghanistan-Krieg und Irak-Krieg schaffen im Gegensatz zu früheren Kriegen keine Nachkriegsordnung. Der Krieg geht stattdessen auf kleiner Flamme immer weiter. Und das Organisierte Verbrechen koexistiert munter mit dem Militär. Ein greifbares Ergebnis haben diese Kriege allerdings gebracht: die USA sind ab jetzt die größte Militärmacht im Mittleren Osten. Damit ist der Zugriff auf den Eurasischen Balkan erheblich einfacher geworden.

Präsident Obama zieht Lehren aus den vorangegangenen Kriegen, die zwar erfolgreich waren, aber das Ansehen der USA in der Welt schwer beschädigt haben. Er verzichtet darauf, seine Soldaten in andere Länder einmarschieren zu lassen. Die Methoden Obamas sind subtiler. Er setzt auf die Wirkung des mobilen Regime-Change-Wanderzirkus. Ein ebenso diskretes wie perfides Zusammenspiel von Geheimdiensten, örtlichen Terrorgruppen, Medien und angesehenen Nichtregierungsorganisationen nimmt sich eine missliebige Regierung vor und macht diese dann nach allen Regeln der Kunst mürbe.

Die NATO hat sich mittlerweile bis in den Kaukasus vorgearbeitet. Dadurch ermutigt, versucht der georgische Präsident Saakaschwili, die abtrünnigen Provinzen Abchasien und Süd-Ossetien in sein Reich heimzuholen, mit dem Einmarsch seiner Armee in diese Länder. Hier zeigt sich, dass Russland sich unter Putin mittlerweile gut erholt hat. Die russischen Streitkräfte reagieren energisch und drängen die georgischen Truppen zurück.

In der Ukraine kann der Regime-Change-Wanderzirkus über die Maidan-Ereignisse das Land unter westliche Kontrolle bringen. Dass dabei notorische Nazi-Totschläger an die Macht gedrückt werden, stört die Regime-Changer kaum. Das Wesentliche dabei ist: der Westen bringt Putin massiv unter Zugzwang. Entweder er verzichtet langfristig auf den Schwarzmeer-Zugang zum Mittelmeer und findet sich mit der Übernahme der Ukraine an die NATO ab. Oder er besteht auf seinen geopolitischen Ansprüchen auf Mittelmeer-Zugang und annektiert die Halbinsel Krim. Damit muss er massiven Gegendruck des Westens hinnehmen. Putin nimmt die zweite Option, was wiederum der Westen nutzt, um nach dem Propagandakrieg den Wirtschaftskrieg in Gang zu setzen. Die Wirtschaftssanktionen haben wenig Bezug zu Putins Vorgehen in der Ukraine. Sie sollen erkennbar Putins energische Rücknahme der Privatisierungen der 1990er Jahre bestrafen. Doch die Sanktionen treffen Russland nicht existentiell. China und andere Länder solidarisieren sich mit Putin und alle gemeinsam bauen an einer neuen Weltordnung, die ohne das US-Hegemonialsystem auskommt.

Der Zusammenbruch des Warschauer Paktes hatte in den betroffenen Ländern ein Vakuum entstehen lassen. In dieses Vakuum waren in den USA ausgebildete Kader hineingegangen, die diese ehemals kommunistischen Länder ganz neu marktradikal und strikt proamerikanisch haben erstehen lassen. Dieses von US-Verteidigungsminister Donald Rumsfeld das „Neue Europa" genannte Machtgefüge wird ausgespielt gegen das „Alte Europa", das den Amerikanern noch nicht amerikanisch genug erscheint. Polen wird ermuntert, eine Phalanx von Staaten zwischen Ostsee und Schwarzem Meer um sich zu scharen, die sich als Aufmarschgebiet gegen Russland massiv aufrüsten. Das Konzept dieser um Polen zentrierten Staatenordnung trägt den Namen „Intermarium".

Doch die USA und ihr Bündnissystem verlieren an Schwung und auch an Bedeutung. Im abschließenden Ausblick wird der Frage nachgegangen, welche Kräfte die Pax Americana ablösen werden, und wie wir im „Alten Europa" uns in dieser neuen Weltordnung positionieren können.

Kapitel 1
Halford Mackinder und das eurasische Herzland

„Das Umschlagen des Machtgleichgewichts zugunsten des Binnenstaates, mit der Folge seiner Ausdehnung über die Randstaaten Euro-Asiens, würde die Nutzung der gewaltigen kontinentalen Rohstoffe für den Flottenbau ermöglichen, und das Aufkommen des (neuen) Weltreiches wäre in Sichtweite. Das könnte passieren, wenn Deutschland sich mit Russland verbündet." *(Halford Mackinder)*

Wem gehört Eurasien?
Eine gute Frage. Aber auch befremdlich, diese Frage. Eurasien sollte doch eigentlich allen Menschen gemeinsam gehören, die darin leben. Leider ist das für die Reichen und Mächtigen dieser Welt kein Grund, sich mit ihren Besitzansprüchen zurückzuhalten. Wie hungrige Vögel, die sich um einen Wurm als Nahrung streiten, und den noch lebenden Wurm in ihren Schnäbeln hin- und her zerren, bis ein Vogel die ganze Beute im eigenen Schnabel verschlingt. Der Kampf um die Kontrolle des riesigen Großraumes Eurasien wird seit Jahrhunderten mit härtesten Bandagen geführt. Denn es gilt, schier unerschöpfliche Bodenschätze und Acker-flächen auszubeuten. Und es gilt, über diesen gigantischen Großraum Eurasien zu herrschen, und damit die ganze Welt unter seine Kontrolle zu bringen. So ermahnte der Cheftheoretiker des Britischen Empires, Sir Halford Mackinder die Lords, Militärs und Handelsleute im Jahre 1919 eindringlich:

„Wer über Osteuropa herrscht, beherrscht das Herzland.
Wer über das Herzland herrscht, beherrscht die Weltinsel.
Wer über die Weltinsel herrscht, beherrscht die Welt." [1]

Mit „Herzland" meint Mackinder die unendliche Weite der Steppen, Tundren und Taiga-Gebiete Eurasiens, zusammen mit den Ländern an der alten Seidenstraße in Zentralasien. Also, politisch ausgedrückt: Russland und die ehemaligen Staaten der Sowjetunion am Südrand zu den großen Gebirgsketten des Himalaya, Pamir oder Hindukusch. Und die „Weltinsel" meint Europa und Asien mit ihren fruchtbaren Küstenstreifen, die als Zugang zu den Weltmeeren den Kontakt zu exotischen Kulturen ermöglichten. Wer also dieses Eurasien unter Kontrolle hat, dem gehört dann auch noch der Rest der Welt.

Arg vereinfacht von Herrn Mackinder, aber er war eben nicht nur Wissenschaftler, sondern auch Propagandist und er wusste, dass vereinfachte Darstellungen die menschliche Vorstellungskraft eher befördern als differenzierte Analysen mit tausenden von Fußnoten. Er wollte ja etwas erreichen. Auch Mackinder wusste bereits die Presse anzufüttern mit eingängigen Redewendungen. Und er hat seine Sache gut gemacht. Denn seine Überlegungen beeinflussten die Politik der Zwanzigsten Jahrhunderts ungemein.

Als Mackinder seine Gedanken einer erlauchten Elite englischer Wissenschaftler, Politiker und Medienleuten im Jahre 1904 zum ersten Mal vortrug, war Eurasien noch ein offener Raum. Niemand hinderte den Reisenden, wenn er wollte, von Paris über Moskau und Jekaterinburg bis nach Wladiwostok zu reisen. Er konnte dabei auch schon komfortabel mit der Transsibirischen Eisenbahn durch die Gegend schweben, wenn ihm das gleichmütige Schaukeln der Kamele eine gewisse Übelkeit bereiten sollte. Die alte Seidenstraße wurde noch immer von den Handelsleuten in Anspruch genommen, hatte allerdings durch die expandierende Seefahrt erheblich an Bedeutung eingebüßt.

Dann allerdings, ausgerechnet im immer reisefreudigeren Zwanzigsten Jahrhundert, fiel der Vorhang, mitten durch den eurasischen Raum. Statt Weltoffenheit und gesteigerter Mobilität nunmehr Absperrung und verringerte Sicherheit. Zentralasien versank für viele Jahrzehnte in einen wirtschaftlichen und kulturellen Winterschlaf.

Die Verbesserung der Mobilität durch Eisenbahnen, Autos und Flugzeuge hätte doch eigentlich einen enormen Aufschwung des inner-eurasischen Handels und Wandels auslösen müssen. Stattdessen wurde Europa von seiner unmittelbaren eurasischen Nachbarschaft abgekoppelt und sukzessive immer mehr an den nordamerikanischen Wirtschaftsraum angekettet – was immerhin die Überwindung von sechs- bis achttausend Kilometern Ozeanüberquerung zwingend erforderlich macht. Eine extrem künstliche Verschweißung zweier sehr unterschiedlich strukturierter Wirtschaftsräume. Wir leben seit über hundert Jahren mit und in diesem künstlichen Wirtschaftsraum. Die extreme Künstlichkeit dieser Verbindung fällt uns schon gar nicht mehr auf. Um diese gigantischen Entfernungen zu überwinden, wird ein extremer Energieverbrauch erzwungen. Gerade die Schifffahrt verursacht heute noch eine Umweltverschmutzung, die der Öffentlichkeit kaum bewusst ist[2]. Von der lawinenartig sich ausdehnenden Fliegerei und der damit verbundenen Zerstörung unserer Atmosphäre ganz zu schweigen.

Wirtschaftsräume erweitern sich eigentlich, das zeigt die Geschichte, in ihrer allernächsten Nachbarschaft und nicht durch mühsame Ozeanüberquerung. Jedoch, gerade in unserer angeblich so globalisierten Zeit, werden wir erneut von unserer eurasischen Nachbarschaft abgekoppelt. 1989 fiel die verhasste Berliner Mauer. Jetzt wird gerade eine neue, viel größere Mauer quer durch Eurasien gezogen, mit verhängnisvollen Folgen für Europa – das so genannte Intermarium.

Wie es dazu kommen konnte, sehen wir jetzt.

Es ist gar nicht möglich, die extreme Vielfalt und die ungeheuren Mischungen und Verwerfungen von Völkern in Eurasien umfassend zu beschreiben. Immer wieder entstanden vielversprechende Kulturen wie z.B. die Kiewer Rus, die dann von Reiternomaden hinweggefegt wurden. Kontakte nach Westeuropa wurden geknüpft und verloren sich nach solchen Invasionen wieder. Jedoch konsolidierte sich mit der Zeit das russische Reich. Dem Zaren gelang es schließlich, Zentralasien unter dem Namen Turkestan unter russische Kontrolle zu bringen.

Das alarmierte wiederum das Weltreich England. Denn die Befürchtung war nicht ganz unbegründet, dass die russischen Streitkräfte sich einen Weg in das britische Besitztum Indien bahnen könnten. So stand das Neunzehnte Jahrhundert unter dem Zeichen des Great Game, des Großen Spiels zwischen Russland und England um den Besitz Zentralasiens und anliegender Regionen. Palastintrigen und Scharmützel belasteten das politische Klima in Afghanistan und dem Iran, die Korridore für den Vormarsch der Russen zum Indischen Ozean hätten werden können. Großbritannien und Frankreich hinderten Russland im verlustreichen Krim-Krieg von 1853 bis 1856 daran, sich aus dem zerfallenden Osmanischen Reich einige Filetstücke zu tranchieren. Das Große Spiel ging unentschieden aus: den Russen gelang es somit nicht, nach Hindustan vorzustoßen. Den Engländern gelang es im Gegenzug aber auch nicht, nach Zentralasien zu gelangen.

Es wurde dennoch deutlich, dass mit Russland ein neuer Spieler auf der Weltbühne auftrat, der in der Lage war, den nördlichen Teil der eurasischen Kontinentalplatte fast vollständig unter seine Kontrolle zu bekommen. Das einstmals unverwundbare Riesenreich China war durch innere Probleme und durch garstige Nadelstiche besonders durch die Engländer[3] geschwächt und musste hilflos mit ansehen, wie die Russen tief in ihre Interessensphäre eindrangen. Das Osmanische Reich wiederum musste sich dem Ansturm russischer Streitkräfte beugen und von Turkvölkern bewohnte Regionen ihrem Schicksal unter russischer Oberhoheit überlassen. Niemand konnte scheinbar der erstarkten russischen Nation Paroli bieten.

Der Austausch zwischen Deutschland und Russland war im Neunzehnten Jahrhundert gut entwickelt. Es gab überhaupt noch keine richtigen Grenzen. Deutschland und Russland gingen sozusagen über das Baltikum und dem Territorium des heutigen Staates Polen fließend ineinander über. Deutsche Intellektuelle arbeiteten in Russland, und russische Kurgäste ließen sich in Baden-Baden therapieren. Das eigentliche Mitteleuropa (unser Kontinent endet ja erst viel weiter östlich, am Ural!) beherbergte die unterschiedlichsten Völkerschaften, bunt durchmischt. In Klein-Strehlitz, dem Geburtsort meines Großvaters, lebten im Neunzehnten Jahrhundert

Deutsche, Polen und Juden ohne größere Spannungen zusammen. Noch hatten keine ethnischen Säuberungen das Klima belastet. Zu beklagen war allerdings, dass Polen durch Beschlüsse der Großmächte von der Landkarte getilgt worden war.

Ein solcher fließender Übergang von Deutschland nach Russland machte einigen Strategen im Westen großes Kopfzerbrechen. Mit der erfolgreichen Neugründung des Deutschen Reiches, als konstitutionelle Monarchie, war jetzt eine Wachstumsdynamik entfaltet worden, die man mit dem kometenhaften Aufstieg Chinas in der Jetztzeit durchaus vergleichen kann. Der US-amerikanische Intellektuelle Archibald Cary Coolidge von der ehrwürdigen Harvard-Universität und spätere Mitbegründer des einflussreichen Council on Foreign Relations warnte bereits im Jahre 1907 in einem Buch vor den überall auf der Welt anzutreffenden effektiv arbeitenden und organisierenden Deutschen. Eigentlich können nur die Deutschen den Amerikanern noch den Vormarsch an die Weltspitze verbauen: „... jeder von beiden begreift, dass in dem harten Kampf um Vorherrschaft der jeweils andere der schwierigste Gegner ist ... Wo immer auf diesem Globus sich eine gute Möglichkeit für Handel ergibt, können wir davon ausgehen, dass wir dort die Deutschen und die Amerikaner in leidenschaftlicher Rivalität ringen sehen ... Die Amerikaner ihrerseits sehen fast überall die hart arbeitenden, energischen Deutschen als ihre wichtigsten Konkurrenten."[4]

Auch der englische Journalist und Militärexperte Spenser Wilkinson warnt seine Landsleute vor der Effizienz der deutschen Gesellschaft. Durch den paternalistischen Sozialstaat schaffen es die Deutschen, auch die Unterschichten für den nationalen Aufbau zu mobilisieren. Die Streitkräfte genießen durch motivierte Industriearbeiter einen viel größeren Rückhalt als in England[5].

Halford Mackinder warnt vor deutsch-russischer Zusammenarbeit
Das ist für unser Thema nicht ganz unerheblich. Denn nun tritt der bereits zuvor erwähnte englische Chefdenker Halford Mackinder auf den Plan. Mackinder war unstreitig einer der wichtigsten Intellektuellen seiner Zeit in Großbritannien. Er begründete unter anderem die bis heute un-

geheuer einflussreiche London School of Economics, wo viele wichtige Theorien und Diskurse des kapitalistischen Westens ausgebrütet werden. Aber Mackinder bemüht sich immer wieder, aus dem Elfenbeinturm der Wissenschaft herauszukommen und direkt auf die Politik Einfluss zu nehmen, unter anderem als Parlamentsabgeordneter. Zu seinen wichtigen Vorträgen versammelt sich die Elite Großbritanniens, um zu erfahren, wie die Macht ihres Weltreiches weiter ausgebaut werden könnte [6].

Wenn man, wie Großbritannien im Neunzehnten Jahrhundert, der führende Welt-Hegemon ist, hat man naturgemäß zwei Hauptsorgen: zum einen, wie baue ich meine Macht weiter aus – denn, so scheint es, nur ein Organismus der wächst, kann langfristig weiterleben. Zum anderen: wo lauern Gefahren durch aufkommende Konkurrenten? Auf beide Fragen liefert Mackinder Antworten. Mackinder: die Europäer auf ihrem kleinen Territorium sind so stark und mächtig geworden, weil sie sich gegen äußere Feinde bewähren mussten – gegen die muslimischen Araber, die islamisierten Turkvölker und dann noch gegen die mongolischen Reiterhorden aus der eurasischen Steppe. Der Weg nach Osten und Südosten war ihnen versperrt, also mussten sie auf das Meer ausweichen und haben in dieser Auseinandersetzung an Statur hinzugewonnen. Über die Randzonen der eurasischen Kontinentalplatte konnten sie die feuchten, fruchtbaren Gebiete, also die eigentlichen Sahnestücke dieses Globus, über die Ozeane erreichen und kontrollieren. Seefahrt war schneller und effizienter als der mühsame Landweg, mit kleiner Packlast auf Kamelen oder Pferden. Bis zum jetzigen Zeitpunkt 1904, meine sehr verehrten Damen und Herren, hatten wir für vierhundert gute Jahre die Welt mit unseren Schiffen unter Kontrolle. Das war das kolumbianische Zeitalter. Keine Frage, die Schiffe wurden immer größer und schneller, jetzt haben wir sogar Dampfschiffe und sind damit von den Launen des Windes vollkommen unabhängig. Aber es gibt eben jetzt auch mit Dampfmaschinen betriebene Eisenbahnen zu Lande. Und das ändert alles. Denn die Gleise interessieren sich nicht für unebene Böden. Schwerste Züge rasen auf glatter Oberfläche von A nach B, da können Wegelagerer so viel mit ihren Flinten und Krummsäbeln herumfuchteln wie sie wollen. Und jetzt ist Russland gerade dabei, sein Eisenbahnnetz massiv auszubauen. Welch' eine Beschleunigung! Waren müssen nicht mehr mühsam von den Schiffen gehievt und dann auf Pferdewagen geladen werden. Die Ware geht auf den Zugwaggon und wird direkt am Zielort wieder entladen. Das heißt: mit den neuen Eisenbahnen kann man die bislang nur von Kameltreibern frequentierten Trockengebiete des Herzlandes, der eurasischen Steppe, wirtschaftlich erschließen. Und was noch viel weniger witzig ist: die Russen können ihre Truppen mit eben diesen Zügen rasend schnell auf ein Schlachtfeld befördern. Das haben sie in der Mandschurei gerade erst unter Beweis gestellt. Damit könnte unsere maritime Überlegenheit bald vorbei sein. Und wenn sich die Russen jetzt auch noch mit den effizienten Deutschen zusammentun, können wir einpacken:

„Das Umschlagen des Machtgleichgewichts zugunsten des Binnenstaates (pivot state), mit der Folge seiner Ausdehnung über die Randstaaten Euro-Asiens, würde die Nutzung der gewaltigen kontinentalen Rohstoffe für den Flottenbau ermöglichen, und das Aufkommen des (neuen) Weltreiches wäre in Sichtweite. Das könnte passieren, wenn Deutschland sich mit Russland verbündet." [7]

Dabei sind die Deutschen sowieso gerade dabei, als Seemacht zu uns aufzuschließen. Wir haben ja, wie Sie wissen, den Two-Power-Standard festgelegt: die englische Flotte muss immer doppelt so viele Marine-Kapazitäten haben wie die zweitstärkste Seemacht, und die Deutschen haben jetzt gerade die Hälfte unserer Marinestärke erreicht, und man weiß nicht, ob sie sich damit zufrieden geben. Großbritannien kann die Weltmeere beherrschen, aber an das Herzland Eurasiens kommt es alleine nicht heran.

Die Geburt der Triple Entente gegen Deutschland

So war die Einschätzung der englischen Meisterstrategen um Mackinder im Jahre 1904. Mit den kontinentalen Mächten ist das so eine Sache. Mit den Franzosen wären die Engländer bei der Faschoda-Krise 1898 im Streit über koloniale Ansprüche in Afrika um ein Haar in einen verhängnisvollen Krieg geraten. Unvergessen war auch, dass Napoleon England durch Absperrung der kontinentalen Atlantikhäfen von den europäischen Märkten abgetrennt hatte – für eine Kaufmannsnation wie Großbritannien wäre das längerfristig der Tod durch Erstickung gewesen. Nur gut, dass sich England und Frankreich im Jahre 1904 über wichtige koloniale Filetstücke in Afrika einigen konnten, und von nun an in der herzlichen Verbindung, der Entente Cordiale, als Verbündete auftraten.

Es blieben also noch zwei gewichtige Mühlsteine im Magen, nämlich Deutschland und Russland. Das Beste ist natürlich, einen von beiden auf die eigene Seite zu ziehen. Deutschland hatte gerade um die Jahrhundertwende England als Wirtschaftsnation Nummer eins überholt, hatte mit über 56 Millionen Einwohnern gegenüber Großbritanniens 36 Millionen Einwohnern ein viel größeres Expansionspotential in Begriffen von Arbeitskräften und Konsumenten. Und die Deutschen heimsten die meisten Nobelpreise ein und meldeten am laufenden Band neue Erfinder-Patente an. Kurzum: sie waren England sehr ähnlich, konnten mit ihren Potentialen in der Zukunft aber ganz anders loslegen als die Engländer.

Und Russland? Wie schon ausgeführt, hatten Großbritannien und Russland im Neunzehnten Jahrhundert ganz massive Sträuße auszufechten. Die Engländer mussten dauernd aufpassen, dass die Russen aus der Konkursmasse des Osmanischen Reiches keine Filestücke rauspickten, und mit der Eroberung von eisfreien Häfen zu einer Meeresnation werden könnten wie die Engländer.

Doch jetzt spielte das angesichts der deutschen Herausforderung keine Rolle mehr. Die Briten entschieden sich für Russland als Verbündeten. 1907 wurde die Triple Entente, diesmal nicht mehr so herzlich, zwischen Großbritannien, Frankreich und Russland verabredet. Den „Kranken Mann am Bosporus", wie man das Osmanische Reich, spöttisch titulierte, für dessen lebenserhaltende Maßnahmen tausende junger Engländer in den Krieg gegen Russland geschickt wurden, ließen die Briten allein, ohne Infusionen, in seinem Sterbebett zurück. Wir werden noch erfahren, mit welchem Lockmittel England das Zarenreich auf seine Seite bringen konnte.

Und Russland war gegenüber den Avancen Englands aufgeschlossen, seitdem sich das Zarenreich im russisch-japanischen Krieg 1904 bis 1905 eine blutige Nase geholt hatte. Russland hatte mit Port Arthur (eigentlich: Lüshunkou) in China endlich einen eisfreien Hafen erobern können. Den mussten sie jetzt wieder abgeben. Obendrein mussten die Russen ihre Kontrolle über Korea und die Mandschurei aufgeben. Jene Niederlage war schon deswegen besonders blamabel, weil bei diesem Krieg zum ersten Mal seit Jahrhunderten eine europäische Macht gegen eine nicht-europäische Macht eine empfindliche militärische Niederlage hinnehmen musste. Der Nimbus der Unbesiegbarkeit des Weißen Mannes war für alle Zeiten dahin.

Damit sind die Koalitionen festgelegt. Deutschland bekam ohne sein Zutun zwei Kranke und Lahme als Verbündete angedient. Österreich-Ungarn hatte als Vielvölkerstaat schon massive Probleme, als Staat noch Zusammenhalt zu gewährleisten. Das moribunde Osmanische Reich erhielt deutsche Militärberater, die aber auch keine Wunder mehr vollbringen konnten. Die Mächte Großbritannien, Frankreich und Russland hielten Deutschland im Zangengriff.

Kapitel 2

Hitler macht sich Mackinders Agenda zu Eigen

„Nur mit England allein vermochte man, den Rücken gedeckt, den neuen Germanenzug zu beginnen."
(Adolf Hitler, Mein Kampf)

Die Triple Entente (also: Großbritannien, Frankreich und Russland) war sich ganz sicher, dass Deutschland vom Kriegsbeginn Ende Juli 1914 an bis Weihnachten desselben Jahres zur Kapitulation gezwungen werden könnte. Da dieser Fall nicht eintrat, und die drei Entente-Partner sehr schnell an ihre Kapazitätsgrenzen gerieten, wurde bereits im Dezember 1914 der amerikanische Banker Henry Pomeroy Davison zu Hilfe gerufen[1]. Der stellte unter der Führung seines Hauses JP Morgan ein Bankenkonsortium zusammen, das Frankreich, Großbritannien, Russland und die kleineren mit der Entente verbunden Staaten großzügig mit Kriegskrediten ausstattete. Ab jetzt gaben amerikanische Banken im Ersten Weltkrieg auf Seiten der Entente den Ton an. Doch auch das half nichts. Die Kontrahenten blieben im Stellungskrieg stecken, und 1917 waren Frankreich und England praktisch insolvent. Um die faulen Kredite und die einträglichen Kriegsgeschäfte zu retten, mussten jetzt amerikanische Streitkräfte auf das europäische Schlachtfeld eilen, um die Entscheidung zugunsten der Entente zu erzwingen[2].

Während dessen hatte der deutsche Generalstab seinerseits unkonventionelle Wege beschritten, um Russland aus der Entente herauszulösen. Deutschland bediente sich der Technik des Regime Change. Ausgerechnet die erzkonservativen Generäle Hindenburg und Ludendorff verhalfen dem Bolschewismus in Russland zum Sieg. Wladimir Iljitsch Lenin, der Mastermind einer kleinen Fraktion innerhalb der russischen Sozialdemokratie, wurde aus seinem behaglichen Züricher Exil in einen verplombten Personenzug der deutschen Reichsbahn gesteckt, über Deutschland und Skandinavien nach St. Petersburg, das jetzt Petrograd genannt wurde, verfrachtet und mit gigantischen deutschen Geldspritzen wurden seine bislang unbekannten Bolschewiki zu einer wichtigen Gruppierung aufgeplustert[3]. Die Entente hatte zuvor den Zaren stürzen lassen und eine Regierung unter Alexander Kerensky installiert. Da diese Regierung jedoch der kriegsmüden russischen Bevölkerung keinen Frieden bescherte, rannte Lenin nunmehr mit seiner Forderung nach bedingungslosem Frieden offene Türen ein. Die Oktoberrevolution, tatsächlich eher ein Putsch als ein Volksaufstand, stieß auf keinen nennenswerten Widerstand.

Nun war der Super-GAU eingetreten: Deutschland und Russland waren vereint, und die europäischen Westmächte, die nun in erster Linie Schuldner amerikanischer Privatbanken waren, mussten das Geschehen aus der Entfernung mit ansehen. Sie konnten aber schnell wieder Hoffnung schöpfen, da die deutschen Unterhändler bei den Friedensverhandlungen in Brest-Litowsk so unverschämt, arrogant und maßlos auftraten, dass den Russen die Lust an einem Bündnis mit Deutschland schnell wieder verging.

Um darauf noch mal zurückzukommen: womit hatte Großbritannien das zaristische Russland für die Triple Entente gewinnen können? Das sollte geheim bleiben. „Doch nichts ist so fein gesponnen, es kommt doch an das Licht der Sonnen". Als nämlich das Winterpalais in Petrograd von Bolschewisten gekapert wurde, fielen diesen hochsensible Geheimverträge der zaristischen Regierungen in die Hände, die in den Jahren 1915 mit diversen verbündeten Regierungen abgeschlossen wurden[4]. Es ergibt sich aus diesen Verträgen ein ganz anderes Bild vom Charakter und den Motiven der Gegner Deutschlands in diesem Krieg. Am 12. März 1915 gestand Großbritannien dem Russischen Reich vertraglich zu, nach dem Ende der Kampfhandlungen vom Osmanischen Reich die Dardanellen und Konstantinopel – heute Istanbul – zu annektieren. In weiteren Verträgen erlaubt Großbritannien im Jahre 1917 Russland, die anatolische Küstenregion zum Schwarzen Meer in sein Reich einzuverleiben.

Und auch sonst werden die neuen Bündnispartner Englands in weiteren geheimen Verträgen reichlich belohnt: Italien bekommt weitere Teile Anatoliens, zwölf kleinasiatische Inseln sowie Libyen spendiert. Frankreich soll die Ost-Türkei bekommen, und Frankreich sowie England teilen unter sich das spätere Syrien und den Irak auf, wo Ölvorkommen vermutet werden.

Bolschewist Trotzki ist Überzeugungstäter. Anstatt die Westmächte mit den hochnotpeinlichen Dokumenten zu einem Wohlverhalten gegenüber den neuen russischen Machthabern zu erpressen, übergibt er die Verträge der Weltöffentlichkeit. Die Empörung ist groß, und Teile der französischen Infanterie lösen sich einfach auf. Die Rekruten gehen nach Hause. Enorme propagandistische Luftblasen müssen in die empörte Öffentlichkeit ventiliert werden, um die Menschen für die Weiterführung des Krieges zu motivieren. US-Präsident Wilson, der gerade Deutschland den Krieg erklärt hat, um die von Morgan akquirierten Mega-Kredite an England und Frankreich zu retten, verspricht in seinem berühmten Vierzehn-Punkte-Programm eine schöne neue Welt voller Frieden und Gerechtigkeit.

Angeblich war der Erste Weltkrieg im November 1918 zu Ende. Das trifft aber nur dann zu, wenn man diesen Krieg reduziert auf das Ziel, Deutschland zu zerschlagen. Das Ziel wurde zweifellos erreicht, als General Ludendorff um die Einstellung der Kampfhandlungen bei den Alliierten gebeten hatte. Der Krieg ging aber tatsächlich noch bis 1923 weiter. Denn durch die massive Unterstützung von Ludendorff und Hindenburg war in Russland die erste kommunistische Regierung an die Macht gekommen. Nachdem Deutschland in die Knie gezwungen war, wurden nunmehr alle Kräfte darauf konzentriert, die Sowjetregierung wieder zu stürzen. Antikommunistische Söldnertruppen nahmen die Bolschewisten von Europa und von der asiatischen Pazifikküste aus in den Zangengriff.

Die Baltikumer, der Kapp-Putsch und die Entente

Wenig bekannt ist in diesem Zusammenhang, dass im Baltikum die dort verbliebenen deutschen Truppen nicht entwaffnet wurden, sondern unter französisch-englischem Oberkommando weiter kämpften, und zwar jetzt gegen die Bolschewisten in Estland, Lettland und Litauen. Als die deutschen Rekruten gegen die brutale Repression der baltischen Bevölkerung aufbegehrten und Soldatenräte gründeten, wurden diese Soldaten entlassen und durch arbeitslose Soldaten aus Deutschland ersetzt, die vom Krieg stark traumatisiert waren und sich im Zivilleben nicht mehr zurechtfanden. Diese Söldner terrorisierten die Bevölkerung mit bislang ungekannter Brutalität – immer unter dem Kommando der auf der Ostsee in Kriegsschiffen stationierten englischen Offiziere. Auch der deutsche de-facto-Kriegsminister Gustav Noske von der SPD inspizierte vor Ort die Fortschritte der Söldner in ihrem Kampf gegen den Kommunismus.

Doch gelingt es baltischen Kampfgruppen unterschiedlichster politischer Couleur, ihre sadistischen Peiniger zu besiegen. In diesem Augenblick üben die britischen Kommandeure massiven Druck auf die Balten aus, den deutschen Söldnern unter englischem Kommando freies Geleit nach Deutschland zu gewähren. Auf ihrem Weg nach Deutschland plündern die Söldner noch ungeniert Litauen. Dann fallen sie über Ostpreußen in Deutschland ein. Diese Geschichte ist deswegen wichtig, weil die so genannten „Baltikumer" in Freikorps-Verbänden und in terroristischen Zellen der Weimarer Demokratie noch große Probleme bereiten sollten. Die Baltikumer bildeten zudem die Kader in den paramilitärischen Verbänden der SA.

Und es gibt Indizien, dass genau diese Baltikumer mit beteiligt waren am Kapp-Putsch im Jahre 1920. Und dass dieser Kapp-Putsch möglicherweise von englischen Geheimdiensten für einen Regime Change in Deutschland instrumentalisiert wurde. Es gibt Hinweise, denen die Historiker bislang nicht nachgegangen sind. Zunächst einmal: der so genannte Kapp-Putsch wurde am 13. März 1920 von reaktionären Kräften wie z.B. dem Ex-General Ludendorff angezettelt, um die gerade eben ins Leben gerufene demokratische Verfassung von Weimar durch eine Militärdiktatur zu ersetzen. Der Putsch scheitert jedoch nach einhundert Stunden kläglich. Die Bevölkerung ignorierte geschlossen die Anordnungen der Putschisten, so dass diese aufgeben mussten. Dieser Putsch ist gekennzeichnet durch eine Reihe von nie aufgeklärten Begleitumständen.

Das fängt schon an mit dem „Pressesprecher" der Kapp-Putschisten. Ignaz Trebitsch-Lincoln hatte eine kurze Karriere als Abgeordneter des englischen Unterhauses, war während des Ersten Weltkrieges als Öl-Makler im Balkan unterwegs, wurde dann wegen Spionage für Deutschland in England verurteilt und musste einige Zeit im Zuchthaus verbringen. Danach begibt er sich umgehend zum deutschen Kaiser im niederländischen Exil, in welcher Mission auch immer. Um sodann in Deutschland mitten unter den Kapp-Putschisten wieder aufzutauchen. Nach dem Scheitern des Putsches flüchtete Trebitsch-Lincoln nach Ostasien, um in einem buddhistischen Kloster unterzutauchen.

Weiterhin zeichnet die Dokumentensammlung der Historiker Könnemann und Schulz[5] ein komplexes Geflecht von Akteuren aus der Entente und russisch-zaristischen Exilanten in Kooperation mit den Kapp-Putschisten. Noch deutlicher äußert sich General Henry T. Allen. Er kommandiert eine kleine amerikanische Besatzungszone rund um die Rhein-Mosel-Stadt Koblenz. Allens persönliche Aufzeichnungen wurden später veröffentlicht als „Mein Rheinland-Tagebuch". Am 14. März 1920, einen Tag nach dem Beginn des Kapp-Putsches, schreibt er: „Einige Mitglieder meiner Gruppe 2 glauben, in dem Putsch Englands Hand zu entdecken, doch vermag ich nicht einzusehen, was ein auf der Kippe stehendes Deutschland den Engländern nützen kann."[6] Drei Tage später sieht General Allen die Dinge bereits ganz anders: „Die merkwürdige Art, mit der englische Agenten in den verschiedenen Hauptstädten Deutschlands auftauchen und gehört zu werden scheinen, macht fast den Eindruck eines abgekarteten Spiels bei den deutschen Ereignissen."[7] Über die Motive dieser Beeinflussungsagenten kann man zurzeit nur spekulieren. Sollte Deutschland schon kurz nach dem Ersten Weltkrieg fit gemacht werden für einen Eroberungskrieg gegen das bolschewistisch gewendete Russland?

Der Vertrag von Versailles und seine Folgen

Durch den Vertrag von Versailles wurden die deutschen Bürger und ihr Staat nicht nur massiv enteignet und in eine vollkommen kontraproduktive Schuldknechtschaft gedrückt, was kein Geringerer als der Ökonom

John Maynard Keynes in einem viel beachteten Buch[8] scharf verurteilt hat. Deutschland als Ganzes wurde mit der Alleinschuld am Ausbruch des Krieges beladen und durch diplomatische Isolierung geächtet. Auch der Sowjetstaat Russland wurde geächtet wegen seiner Gegnerschaft zur kapitalistischen Wirtschaftsordnung und wegen der Enteignung ausländischer Vermögenswerte. Es lag also nahe, dass Strategen beider Pariah-Staaten intensiv über eine deutsch-russische Zusammenarbeit nachdachten. Dabei handelten beide Seiten absolut pragmatisch. Gerade im deutschen rechten politischen Spektrum wurde in der Zusammenarbeit mit den Bolschewisten eine reale Chance gesehen, außerhalb des Versailles-Regimes ein deutsches Comeback zu starten. Die Befürworter eines Zusammengehens Deutschlands mit den Westmächten fanden sich eher bei den Liberalen und Sozialdemokraten, während die Kommunisten naturgemäß für die Sowjets votierten.

Trotzdem schlug der Abschluss des Vertrages von Rapallo am 16. April 1922 zwischen Deutschland und der Russischen Sozialistischen Föderativen Sowjetrepublik auf der internationalen diplomatischen Bühne ein wie eine Bombe. Die Wut war bei Franzosen und Briten gewaltig. Denn eigentlich wollten sie selber mit den Sowjets, die sich auf dem Territorium des ehemaligen Zarenreiches als „Ordnungsfaktor" durchsetzen konnten, Verträge abschließen. Die gewaltigen Rohstoffe des Riesenreiches lassen denn doch alle Vorbehalte gegen den kommunistischen Klassenfeind überwindbar erscheinen.

Nun hatten der deutsche Außenminister Rathenau und sein Staatssekretär Ago von Maltzan den Vertrag am Ostersonntag 1922 mit ihrem sowjetischen Gegenüber Georgi Tschitscherin unterzeichnet – und das kurz bevor die Franzosen und Engländer einen solchen Vertrag unterzeichnen konnten. Im Vertrag sicherten sich die Unterzeichnenden gegenseitig die Meistbegünstigungsklausel zu und verzichteten auf gegenseitige Reparations- und Ausgleichszahlungen für Enteignungen. Deutschland unterstützt die Sowjets bei der Vermarktung aserbeidschanischen Öls auf dem deutschen Markt. Das sozialistische Benzin wurde darauf in 2.000 Tankstellen der Deutschen Vertriebsgesellschaft für Russische Oelprodukte A.-G. (DEROP vermarktet. Daneben verabredeten die neuen Partner eine

Zusammenarbeit im militärischen Bereich. Der Aufbau einer Luftwaffe war dem deutschen Militär durch die Vorgaben des Versailles-Vertrages untersagt worden. Jedoch baute die Flugzeugfirma Junkers eine Fabrik in Russland, die offiziell als Teil der russischen Luftwaffe firmierte. Und so wurden klammheimlich im russischen Lipezk deutsche Piloten ausgebildet und nahmen dort ihre Flugstunden.

Der Vertrag von Rapallo wurde in Deutschland mehrheitlich positiv aufgenommen. Besonders die deutschen Unternehmer drängten Rathenau zur Unterzeichnung, da die Märkte im Westen für sie weitgehend verschlossen waren. Zudem ging man davon aus, dass Lenin mit der Verkündung der Neuen Ökonomischen Politik energisch in Richtung liberale Marktwirtschaft zurückrudern würde – was sich in dieser Form aber nicht verwirklichen sollte, wie man heute weiß. Es gab nur einen Politiker, der gegen den Vertrag von Rapallo schäumte: ein gewisser Adolf Hitler aus Bayern.

Nun war also der Fall eingetreten, den Halford Mackinder als den für die Engländer schlimmsten Fall ansah: eine Binnenlandmacht hatte sich erneut mit einer Küstenrandmacht zusammengetan! Die Deutschen hatten ihre Isolation durchbrochen und ließen mit ihrem aus englischer Sicht frevelhaften Verrat erkennen, dass sie in der Lage waren, in den eurasischen Raum hinein womöglich eine Gegenmacht gegen die westliche Ordnung aufzubauen. Tatsächlich hatten einflussreiche Kreise aus Militär und Wirtschaft bereits kurz nach Kriegsende über eine Partnerschaft mit den Sowjets recht laut nachgedacht. In einer Denkschrift vom 17. Februar 1920 hatten unter anderem Walther Rathenau, der den Elektrokonzern AEG von seinem Vater geerbt hatte, sowie sein Vorstandsvorsitzender Felix Deutsch, eine Denkschrift veröffentlicht. In dem Papier wird hingewiesen auf den Überschuss an Fachkräften in Deutschland, die sich mit einem Überschuss an Rohstoffen in Russland vorzüglich verbinden ließen. Auf die „in nicht sehr ferner Zukunft reifenden Früchte und nicht auf unmittelbar sofort greifbare Vorteile kommt es in erster Linie an, wenn man ein Urteil über das deutsche Interesse am Zusammengehen mit Sowjetrussland gewinnen will."[9] Und Generaloberst Hans von Seeckt, 1920 gerade aufgestiegen zum Chef der Heeresleitung der Reichswehr, ließ im selben

Jahr in zwei Denkschriften keine Zweifel an seiner Sicht der Dinge: „Nur im festen Anschluß an Groß-Rußland hat Deutschland die Aussicht auf Wiedergewinnung seiner Weltmachtstellung ... England und Frankreich fürchten den Zusammenschluß der beiden Landmächte und suchen ihn mit allen Mitteln zu hindern – also ist er von uns mit allen Kräften anzustreben." [10] Weiterhin im zweiten Papier: „Und wenn Deutschland sich auf Rußlands Seite stellt, so ist es selbst unbesieglich, denn andere Mächte werden dann immer Rücksicht auf Deutschland nehmen müssen, weil sie Rußland nicht unbeachtet lassen können." [11]

Doch Rathenau war es nicht mehr vergönnt, die weitere Entwicklung mitgestalten zu können. Genau wie Olof Palme lehnte er Personenschutz ab. So wurde er am 24. Juni 1922, also gerade mal zwei Monate nachdem er seine Unterschrift unter den Rapallo-Vertrag gesetzt hatte, von zwei gedungenen Auftragskillern in seinem offenen Cabriolet auf dem Weg zum Arbeitsplatz im Außenministerium erschossen. Die Empörung in Deutschland über diesen feigen Mord war gigantisch. Hunderttausende folgten seinem Sarg in einer beeindruckenden Großdemonstration für die Demokratie. Bürgerkriegsartige Unruhen waren die Folge. Rathenaus Mörder gehörten der Organisation Consul an. Eine Abspaltung von der Brigade Erhardt, der wiederum größere Abteilungen der Eisernen Division angehörten, die wiederum aus den Baltikumern hervorgegangen waren ...

Die deutsch-russische Zusammenarbeit erreichte nie die von Rathenau und Seeckt anvisierte Dimension. Dennoch wurde die deutsche Luftwaffe weiterhin in der Sowjetunion entwickelt – bis 1933 die Nazis mit einem Federstrich diese Zusammenarbeit beendeten.

Hitlers Agenda: Als Subunternehmer Englands Eurasien erobert

Wir müssen uns jetzt mit den Nazis und vor allen Dingen mit ihrem unumstrittenen Oberhaupt Adolf Hitler beschäftigen. Und mit der für Sie wahrscheinlich überraschenden Frage: was hat Hitler mit Mackinder zu tun? Über den plötzlichen kometenhaften Aufstieg des bis dato absolut unauffälligen Gefreiten Adolf Hitler zum Massenidol ist viel geschrieben worden. Er wurde von der Reichswehr nach dem Krieg in der Propaganda-Abteilung eingesetzt. Aus der Hinterzimmer-Minipartei DAP wurde durch Hitler und seine Unterstützer die Massenpartei NSDAP. Der Versuch, im November 1923 einen Putsch nach dem Vorbild Mussolinis ein Jahr zuvor zu initiieren, scheiterte vor der Münchner Feldherrnhalle im Kugelhagel der bayrischen Ordnungskräfte.

Im Luxusgefängnis Landsberg bereitet Hitler sein politisches Comeback durch die Niederschrift seines Buches „Mein Kampf" vor. In vielen Fragen schärft er sein Profil, zum Beispiel in seinen Positionen zu Rassen und zur Eugenik, oder auch, mit fatalen Folgen, radikalisiert er hier seine Judenhetze. Das alles ist zumindest schemenhaft bekannt. Weniger bekannt sind in der Öffentlichkeit die Darlegungen seiner geopolitischen Positionen.

Jawohl. Hitler hat eine klare geopolitische Agenda, und das ist meines Erachtens der folgenreichste Teil seines sperrigen Buches.

Hitler analysiert zunächst die Gründe für die deutsche Niederlage im Ersten Weltkrieg. Anstatt viel Geld und Personal in die kaiserliche Marine zu stecken, hätte man die Kräfte im Heer bündeln müssen. Mit England im Bunde wäre alles gutgegangen:

„Ich gestehe offen, daß ich schon in der Vorkriegszeit es für richtig gehalten hätte [hat er denn nun oder hätte er?!], wenn sich Deutschland, unter Verzicht auf die unsinnige Kolonialpolitik und unter Verzicht auf Handels- und Kriegsflotte, mit England im Bunde, gegen Rußland gestellt hätte und damit von der schwachen Allerweltspolitik zu einer entschlossenen europäischen Politik kontinentalen Bodenerwerbs übergegangen wäre."[12]

Hätte, hätte, Fahrradkette. Nun traf England aber bereits eine Entscheidung zugunsten eines Bündnisses mit Russland. Hitler sieht genau das als schuldhaftes Vergehen, dass Deutschland es überhaupt gewagt hat, Großbritannien Paroli auf dessen Kerngebieten geboten und damit in die Arme Russlands getrieben zu haben. Nun ging aber das Deutsche Reich den Weg der nachholenden Industrialisierung. Genauso wie alle aufstrebenden Nationen, und geriet dabei notwendig in Konflikt mit England. Das ist aber der unabdingbare Weg, um sich aus unvorteilhaften Handelssituationen und Abhängigkeiten gegenüber höher entwickelten Nationen herauszuwinden. Hitler will jedoch genau diesen Weg nicht gehen. Vielmehr soll nach seinem Wunsch Deutschland zu einem reinen Agrarstaat regredieren. Dazu muss der Raum im Osten, also konkret: Russlands Territorium von den „minderwertigen" Slawenvölkern gereinigt und dann „aufgenordet" werden. Also eine Strategie, wie sie die europäischen Einwanderer in Nordamerika betrieben haben, oder der Deutsche Orden in Nordosteuropa: die Indianer respektive die Prussen ausrotten und sich selber dort ansiedeln. Dabei soll der eroberte Ostraum mit rassereinen Ariern besiedelt werden, die der Staat auswählt. Nach einigen Generationen sollen dann die rassereinen Arier wiederum die Substanz der Bevölkerung im deutschen Kernland aufbessern helfen.

Zudem würde sowieso über kurz oder lang eine Versorgungskrise in Deutschland auftreten, die nur durch die Ansiedelung von rassereinen Bauern im ehemaligen Russland vermieden werden kann. Dabei zeichnete sich zu Hitlers Lebzeiten bereits eine sprunghafte Effektivierung der Landwirtschaft ab, so dass Deutschland nicht länger auf Getreideimporte aus den USA oder Kanada angewiesen war. Die Geschichte mit der drohenden Ernährungskrise war ja auch nur ein Vorwand, um Hitlers Lesern die Zurückstufung Deutschlands zum Bauernland schmackhaft zu machen. Tatsächlich propagiert Hitler, und zwar ziemlich ungeniert, die Positionierung Deutschlands als Juniorpartner Englands, um für Großbritannien das Herzland zu erobern. Und der Zeitpunkt, damit bei England wohlwollendes Gehör zu finden ist günstig. Denn die Franzosen hatten zusammen mit den Belgiern die Gebiete westlich von Rhein und Ruhr besetzt. Das wiederum hatte den Engländern klar gemacht, dass die Franzosen sich zur dominanten Kontinentalmacht mausern wollten: „Mit der Besetzung der Ruhrkohlenfelder durch Frankreich wurde England sein ganzer Erfolg des Krieges wieder aus der Hand gewunden, und Sieger war nun nicht mehr die emsige und rührige britische Diplomatie, sondern Marschall Foch durch sein durch ihn vertretenes Frankreich."[13]

Jetzt ist die Zeit reif, mit England und dem faschistischen Italien einen Dreierbund aufzumachen: „Denn das Gesetz des Handelns läge in der Hand des neuen europäischen **ANGLO-DEUTSCH-ITALIENISCHEN BUNDES** und nicht mehr bei Frankreich."[14] „Nur mit England allein vermochte man, den Rücken gedeckt, den neuen Germanenzug zu beginnen."[15]

Hitlers bündnispolitisches Credo wird verkündet in der Retrospektion auf den Ersten Weltkrieg: „Englands Geneigtheit zu gewinnen, durfte dann aber kein Opfer zu groß sein. Es war auf Kolonien und Seegeltung zu verzichten, der britischen Industrie aber die Konkurrenz zu ersparen ... Das Ergebnis wäre wohl eine augenblickliche Beschränkung gewesen, allein eine große und mächtige Zukunft.“[16] Als Bauernvolk, versteht sich.

Also, um es noch einmal zusammenzufassen: Deutschland soll im Jahre 1925 auf seine Kolonien endgültig verzichten; auf eine Marine und eine Seehandelsflotte verzichten, um England nicht Konkurrenz zu machen. Es soll überhaupt seine Ambitionen im Westen und in der weiten Welt schlechthin ein für alle Mal an den Nagel hängen und stattdessen das eurasische Kernland unter wohlwollender Duldung Englands entvölkern und mit germanischen Ariern neu bepflanzen.

Nicht nur in unseren Ohren klingt Hitlers Strategie für ein wiedererstarktes Deutschland extrem abstrus und kontraproduktiv. Die politisch rechts stehenden Denker in Deutschland hatten ganz andere Pläne, wie sie ja auch schon Hans von Seeckt zum Ausdruck gebracht hatte. Als Wunschpartner kam nur Russland in Frage. Und dass Hitler gar Südtirol opfern wollte, um Italien zu schmeicheln, war ein äußerst gewagter Spagat. Waren doch „die Italiener“ nach ihrem Absprung aus dem Bund der Mittelmächte rüber zur Triple Entente in Deutschland nicht wohl gelitten, und die Volksgruppe der Südtiroler mal eben zu verschachern, zeugt auch nicht gerade von nationaler Gesinnung.

Hitler schaffte den Spagat durch simple Anwendung von rohester Gewalt gegen seine Konkurrenten im rechten politischen Milieu. Zudem verfügte Hitler über schier unerschöpfliche Geldmittel, um seine Ideologie medial durchzupeitschen. Ihm kam auch zugute, dass kaum jemand „Mein Kampf“ gelesen hat. Und in der Geschichtsschreibung wurden diese Aspekte überschattet durch die Themen: die Juden und Hitler, oder die Rassenirrlehre der Nazis.

Verschüttet ist, dass Hitlers Geopolitik – ist es denn auch Wahnsinn, so hat es doch Methode – in vielen Aspekten wie ein Abguss von Mackinders Herzland-Theorie aussieht. Mackinder erkannte ja, dass England die Meere und die Ränder des Herzlandes kontrollieren könne, aber nicht das Herzland. Das müsste wiederum eine Kontinentalmacht bewerkstelligen, als Subunternehmer der Engländer, sozusagen. Und da argumentiert Hitler durchaus rational. Denn die Beziehungen zwischen England und Frankreich hatten sich nach dem Ersten Weltkrieg tatsächlich massiv verschlechtert. Ist da die Suche nach einem neuen Partner für England nicht naheliegend? Und da kommt Hitler und ruft: „Hallo! Hier sind wir!" Ein neuer Partner, der die Agenda der Versailler Verträge noch überbietet, indem er gleich die Herabstufung Deutschlands zum Agrarstaat – quasi eine Art Morgenthau-Plan im Selbstversuch – in Aussicht stellt, und für England den Ackerbauern des Herzlandes abgibt.

Wir werden noch sehen, was aus dem Versuch, sich England als Juniorpartner anzudienen, geworden ist.

Wilsons Plan zur Zerstückelung Europas

Wie stellte sich die Situation nach dem Ersten Weltkrieg östlich von Deutschland dar?

Hier mussten die Landkarten völlig neu gezeichnet werden. Denn der Präsident der USA, Woodrow Wilson, hatte in seinen berühmten vierzehn Punkten für die Nachkriegsordnung auch die Selbstbestimmung der Völker in Europa gefordert. Aus der Konkursmasse Österreich-Ungarns, Russlands sowie des Osmanischen Reiches sollten eine ganze Reihe von Völkerschaften ihre eigenen Staatsorgane erhalten. Als voll souveräne Nationalstaaten. Der Fehler bei dieser so sympathisch anmutenden Konstruktion jedoch: oft sollte die Nation aus einem einzigen Nationalvolk bestehen. Nun erinnern wir uns, dass bislang in Mittel- und Osteuropa ein bunter Flickenteppich von Völkern gestreut war, die friedlich miteinander lebten und wirkten. Jedoch die Vorstellung, dass in Ungarn nur ethnische Ungarn und in Polen nur ethnische Polen leben sollten, barg in sich bereits den Keim zu neuen inneren Unruhen und zu Kriegen zwischen den neu geschaffenen Nationen. So genannte ethnische Säuberungen waren vorprogrammiert.

Es kam wie es kommen musste. Kaum waren die neuen Staaten wie z.B. Ungarn, Polen, Tschechoslowakei oder auch Litauen, Lettland und Estland aus der Taufe gehoben, da ging auch schon das Hauen und Stechen los. Der Weltkrieg ging wieder weiter. Polen und Russland befanden sich in mörderischer Fehde. Der Frieden im Oberschlesien meines Großvaters musste erbitterter Feindschaft zwischen Polen, Juden und Deutschen weichen. Über den grausamen Krieg im Baltikum haben wir schon einiges erfahren. Und so ziehen die Autoren des Buches „The Merchants of Death" folgenden Schluss:

„Wenn ein vorsätzlicher Versuch gemacht worden wäre, eine Situation zu schaffen, in welcher die Waffenhändler Hochkonjunktur erlebten, hätte man gar nichts Besseres erfinden können." [17]

Tatsächlich: kaum hatten die neuen Nationalstaaten das Licht der Welt erblickt, kauften deren frisch gekürte Staatslenker auf dem internationalen Waffenmarkt die neuesten und teuersten Geschütze, Flugzeuge, Panzer, Schlachtschiffe und Munitionen ein, was die kargen Finanzetats herzugeben in der Lage waren. Und wo das Geld nicht mehr reichte, kaufte man auf Pump. Prompt waren die Ländereien und Immobilien an die internationalen Banken verpfändet.

Das Schöne war auf diese Weise ja auch, dass zwischen Russland und Deutschland, ganz nach Gusto von Mackinder und seinen Freunden, ein Gürtel von machtlosen Kleinstaaten gelegt worden war. Und schon träumte der neue starke Mann in Polen, Jòsef Pilsudski, bereits von einem Staatenbund mit dem wohlklingenden Namen „Intermarium" (polnisch: Miedzymorze). Um das militärisch wiedererstarkte Polen sollte sich konzentrisch ein Ring von Staaten von der Ostsee bis zum Schwarzen Meer schmiegen, die Polen als regionale Hegemonialmacht anerkennen sollten. Und Pilsudski wollte schon mal vorführen, wie man's macht. Er stieß mit seinen Truppen tief in das Chaos Russlands hinein, wurde zurückgeworfen bis vor die Tore Warschaus, um dann wiederum die bolschewistischen Truppen ins russische Hinterland zurückzuwerfen. Pilsudski konnte auf diese Weise das Territorium Polens weit hinter die von den Westmächten als deren Ostgrenze vorgesehene Curzon-Linie verschieben. Sein Gewinn: große Areale, die von unterschiedlichsten Völkern bewohnt waren, mit den entsprechenden Konfliktpotentialen. Der Verlust: über vierhunderttausend Tote, Gefangene und Verwundete auf Seiten der Sowjets und über zweihunderttausend Opfer auf polnischer

Seite, als dieser Krieg im Jahre 1921 endlich vorbei war. Pogrome entluden sich gegen jüdische Mitbürger. Ein Horror für die einfachen Menschen, aber buchstäblich ein Bombengeschäft für die internationalen Waffenkonzerne wie, um nur zwei Namen zufällig herauszugreifen, Vickers aus England und Schneider-Creusot aus Frankreich. Letztere erwarben als Schnäppchen auch gleich die Skoda-Werke in der gerade eben erst gegründeten Tschechoslowakei.

Es war nun zumindest gelungen, Westeuropa durch den neuen Staatengürtel vom Baltikum bis zu den Karpaten vom osteuropäischen Schauplatz abzutrennen. Dort ging es drunter und drüber. Die neuen bolschewistischen Machthaber wurden von unterschiedlichsten Söldnertruppen von allen Seiten attackiert. Unter ihnen befanden sich reguläre Armeen, aber auch punktuell angreifende Kleingruppen. Mitglieder des zaristischen Machtapparats arbeiteten an ihrem politischen Comeback. Ölkonzerne stellten ihre eigenen Söldnertruppen zusammen. Kosaken wollten endlich unabhängig sein, ebenso z.B. Ukrainer oder Georgier. Deutsche Soldaten kämpften hier. Selbst eine versprengte Truppe von Tschechoslowaken, die im Ersten Weltkrieg auf der Seite der Alliierten kämpfte, verlor sich in der Tiefe Sibiriens.

Irgendeine Unterstützung durch die Bevölkerung gewannen diese Kräfte allerdings nicht. Anders ist es kaum zu erklären, dass sie gegen die bestenfalls suboptimal aufgestellten Bolschewisten unterlagen. Stück für Stück und überaus verlustreich eroberten die Sowjets das Territorium des alten Zarenreichs, bis endlich auch die Westmächte einsahen, dass sie mit dem neuen geopolitischen „Ordnungsfaktor" Sowjetunion zusammenarbeiten mussten. Österreich-Ungarn konnte man in hilflose Kleinstaaten zerlegen, genauso wie das Osmanische Reich. Den Bolschewisten jedoch gelang es, eine Fragmentierung ihres Territoriums zu unterbinden.

Doch die Bolschewisten waren jetzt pleite, und das Land lag in Trümmern. Auf der anderen Seite waren Konzerne und Banken vor allem aus den Vereinigten Staaten, Großbritannien oder Frankreich sehr daran interessiert, in der Sowjetunion zu investieren und die dortigen Bodenschätze auszubeuten. Ihnen streckte Revolutionsführer Lenin im Dezember 1920 mit der Verkündung der Neuen Ökonomischen Politik die Hand aus.

Im Moskauer Großen Theater verkündete Lenin die berühmte Formel: „Kommunismus – das ist Sowjetmacht plus Elektrifizierung des ganzen Landes." Bald eilten Elektrokonzerne aus der ganzen Welt herbei, um im eben noch verteufelten Sowjetreich zu investieren. Zu Vorzugskonditionen erhielten ausländische Investoren die Genehmigung, die Rohstoffe im kommunistischen Land zu fördern und außer Landes zu bringen. Der mächtige Wallstreet-Unternehmer und Bankier Averell Harriman ließ Mangan in Georgien aus der Erde holen.

Zweifellos ist die Ölförderung in der Sowjetunion ein ganz wichtiges Thema. Hier waren vor dem Krieg die Ölfelder in Aserbeidschan von der schwedischen Nobel-Gruppe profitabel gefördert und weltweit vermarktet worden. Dieses Geschäft wurde von Nobels Konkurrenten neidisch beobachtet. Nach der Revolution waren die Nobel-Brüder draußen, und der Wettlauf um die Konzessionen für die Ölfelder in Aserbeidschan, aber auch auf der fernen Insel Sachalin konnte erneut beginnen.

Kapitel 3
Das deutsch-russische Bündnis wird von Hitler zerschlagen

„Englands Geneigtheit zu gewinnen, durfte dann aber kein Opfer zu groß sein. Es war auf Kolonien und Seegeltung zu verzichten, der britischen Industrie aber die Konkurrenz zu ersparen ... Das Ergebnis wäre wohl eine augenblickliche Beschränkung gewesen, allein eine große und mächtige Zukunft."
(Adolf Hitler, Mein Kampf)

Weltweit hatte lange Zeit die Rockefeller-Dynastie ein quasi-Monopol für die Vermarktung des schwarzen Goldes. Jedoch der niederländisch-britische Konzern Royal Dutch Shell rückte immer mehr auf Augenhöhe zu Rockefellers Standard Oil. Würden die bislang bekannten Ölquellen für die Zukunft ausreichen, um im Zeitalter der anvisierten Massen-Motorisierung den nötigen Treibstoff zu liefern, oder würde man bald an Grenzen stoßen?

Deutschland, das nach dem Krieg von Ölquellen komplett abgehängt war, versuchte den Mangel an eigenen Ölquellen durch eine neue Technik der Erzeugung von Benzin aus Kohle, der Kohlehydrierung, auszugleichen. Die heutigen Werke um Bitterfeld sind ein Überbleibsel dieser deutschen Kohlehydrierung. Die unter sowjetischer Kontrolle befindlichen Ölfelder waren also für die Zukunft der kapitalistischen Wirtschaftsweise von entscheidender Bedeutung. Zunächst hatten nun aber weder Standard Oil noch Shell den Zuschlag bekommen, sondern ein Außenseiter: die Sinclair Ölgesellschaft. Jedoch, bevor Sinclair mit der sowjetischen Ölfördergesellschaft Azneft den Vertrag unterzeichnen konnte, hatten Rockefellers Werbeleute eine Skandalkampagne gegen Sinclair inszeniert. Als Folge verstarb nicht nur plötzlich der damalige US-Präsident Warren

Gamaliel Harding, der Sinclair nahestand; es traten nicht nur sämtliche Mitstreiter Hardings von der politischen Bühne ab; statt Sinclair bekam nun Standard Oil das exklusive Recht, die Ölfelder im Sowjetreich abzusaugen[1]. Woran erkennbar wird, wie wichtig die sowjetischen Ölfelder für die Wirtschaft der USA gewesen sind.

Zudem hatte Rockefeller einen sehr fähigen Subunternehmer für seine Öffentlichkeitsarbeit engagiert: Ivy Lee versorgte alle wichtigen Leitmedien der USA mit überaus wohlwollenden Berichten über die Zustände in der Sowjetunion. Es herrschte in jenen Jahren in den Vereinigten Staaten eine sehr positive Grundeinstellung gegenüber den russischen Kommunisten vor. Der ungeheuer einflussreiche Council on Foreign Relations, sozusagen das Gehirn der US-amerikanischen Eliten, übte unablässig Druck auf die eigene Regierung aus, die UdSSR endlich auch diplomatisch anzuerkennen.

Mit den Öleinnahmen industrialisiert Stalin die Sowjetunion
Durch üppige Öleinnahmen gepolstert, begann Lenins Nachfolger Josef Stalin mit der planmäßigen Industrialisierung des bislang rückständigen und verarmten Bauernlandes. Plötzlich tummeln sich im Herzen Sibiriens unzählige westliche Ingenieure mit ihren russischen Mitarbeitern und errichten in Windeseile futuristische Industrieparks von noch nie zuvor gekannter Größe. Der erste Fünfjahrplan im Jahre 1928 macht es möglich. Neue Städte wie Magnitogorsk schießen aus dem Boden. Mega-Staudämme modellieren ganze Landschaften um. Stalins Blick war wohlwollend nach Westen gerichtet. Der US-Autobauer Henry Ford hatte nämlich in der Nähe der amerikanischen Autostadt Detroit das Örtchen Dearborn als ganz neuartige Fabrik- und Wohnanlage aus dem Boden gestampft. Eine Art von eigenem Mikrokosmos rund um die ruhelosen Fließbänder, von denen die Autos in noch nie gekannter Schnelligkeit den Weg zum Kunden fanden. Ab 1930 erhält Ford von den Sowjets den Auftrag, ein solches wunderbares Dearborn auch in der Sowjetunion zu errichten– das russische Pendant heißt Gorki. Im Großen und Ganzen war die Industrialisierungskampagne ein bedeutender Erfolg - wenn man von den gewaltigen Umweltschäden einmal absieht. Oder auch davon,

dass Stalin auf seine sehr hemdsärmelige Art für die westlichen Investoren ein günstiges Klima schuf. Er ließ die meisten Kommunisten in der Sowjetunion ausradieren. Ihre Stelle nahmen gefügige Bioroboter ein, die mit franziskanischem Kadavergehorsam jeden politischen Kurswechsel kritiklos ausführten.

Stalin, der es „mit Wallstreet hielt"[2], war in jenen Jahren in der vorteilhaften Situation, von allen Seiten umworben zu werden. Denn Deutschland hielt auch nach der Ermordung Rathenaus im Jahre 1922 an den Beziehungen zur Sowjetunion fest. Die deutschen Politiker bekräftigten die Vereinbarungen von Rapallo im Jahre 1926 noch einmal in einem weiteren deutsch-sowjetischen Vertrag. Sebastian Haffner, der hochkomplexe Zusammenhänge immer wieder wunderbar auf den Punkt zu bringen wusste, spricht bezüglich der militärischen Zusammenarbeit beider Staaten von einer „Intimität, wie sie noch nie zuvor zwischen zwei Staaten, selbst verbündeten Staaten, stattgefunden hat."[3] Tatsächlich umging die Reichswehr die Rüstungsbeschränkungen des Versailler Vertrages, indem sie in Lipezk in der Nähe von Moskau mit den Sowjets zusammen eine Luftwaffenbasis unterhielt, obendrein eine Panzerschule bei Kasan, sowie eine Giftgaseinheit in Saratow. Da es noch keine Überwachungssatelliten gab, funktionierte diese Geheimhaltung, bis im Dezember 1926 die englische Zeitung Manchester Guardian jene deutsch-sowjetische Intimität vor der Öffentlichkeit auspackte. Der SPD-Reichstagsabgeordnete Philipp Scheidemann nutzte die Enthüllung, um die Reichsregierung unter Kanzler Wilhelm Marx zu stürzen.

Delikat ist an dieser Angelegenheit, dass Außenminister Gustav Stresemann mit seinem französischen Kollegen Aristide Briand 1925 in den Verträgen von Locarno eine vollständige Anerkennung der deutschen Westgrenzen im Sinne des Versailler Vertrags vereinbarte, was bedeutete, dass Deutschland langfristig auf Elsass-Lothringen und Eupen-Malmedy verzichtete, die Franzosen im Gegenzug ihre misslungene Rhein-Ruhr-Besetzung aufgaben. Dann jedoch weigerten sich Stresemann und seine Mitstreiter, die Grenzen nach Osten aus den Nachkriegsverträgen ebenso anzuerkennen. Nach Osten zu expandieren wurde offenkundig als Option aufrechterhalten. Wollten etwa schon die Politiker der Weimarer Republik mit Russland zusammen Pilsudskis Polen unter sich aufzuteilen? Man ist sich da in der Wissenschaft bis heute noch nicht ganz einig. Auf jeden Fall waren die Bande zwischen der Weimarer Republik und der Sowjetunion sehr viel inniger als das heutzutage im kollektiven Bewusstsein gegenwärtig ist.

Henry Ford und Henri Deterding finanzieren Hitler

Einflussreichen Kreisen im Westen war die heimliche Liaison zwischen Deutschen und Russen definitiv ein Dorn im Auge. Und sie unterstützten jene Politiker in Deutschland, welche ohne Wenn und Aber bereit waren, nicht nur den Kommunismus zuhause auszurotten, sondern auch das Heimatland des Kommunismus mit einem Krieg zu überziehen. Der bereits erwähnte Autoproduzent Henry Ford fütterte mit an Sicherheit grenzender Wahrscheinlichkeit schon seit 1920 Adolf Hitler und seine Naziorganisation mit Millionenbeträgen[4]. Ford hatte allerdings weniger einen Krieg mit der Sowjetunion im Blick, wie wir oben gesehen haben, sondern wollte einen antisemitischen Diktator in Deutschland installieren, der die Rahmenbedingungen für seine Automobilindustrie in Krieg und Frieden gut umsetzt. Die Rechnung ging auf. Denn nach der Machtergreifung wurde Ford einer von Hitlers wichtigsten Fahrzeugherstellern in Deutschland. Im Zweiten Weltkrieg belieferte Ford ohne jede Skrupel alle Kombattanten mit seinen LKWs[5]. Ohne Zweifel ergab sich hier eine gigantische Kriegsdividende.

Ein anderer superreicher Mann ging leer aus beim Investitionswettlauf um die einträgliche Sowjetunion: Sir Henri Deterding. Und dieser Henri Deterding ließ nie locker, für die Vernichtung des Sowjetsystems zu kämpfen. Ein Holländer, der sich aus kleinen Verhältnissen hochgearbeitet hatte. Er schaffte es, den niederländischen Ölkonzern Royal Dutch mit dem englischen Ölkonzern Shell zu fusionieren und auf diese Weise einen gefährlichen Konkurrenten gegen den Platzhirsch Standard Oil aufzubauen. Deterdings Aufsteiger-Konzern hatte Standard Oil auf dem asiatischen Markt schwer zugesetzt. Und möglicherweise hätte Shell die Standard Oil auch noch überholt. Im russischen Zarenreich ergatterte Deterding beträchtliche Anteile für Shell. Aber, wir vernahmen es bereits, nach der bolschewistischen Revolution waren die alten Verträge das Papier nicht mehr wert auf dem sie geschrieben standen. Standard Oil ließ keinen Konkurrenten ran an die Sowjetunion. Deterding, ein untersetzter Choleriker, wollte das nicht so stehen lassen. Bereits 1921 investierte der politisierende Konzernboss vier Millionen Gulden in Hitler und seine Münchner Schlägertruppe. Diese Gelder und viele weitere ließ er durch einen gewissen Georg Bell zu Hitler tragen. Insgesamt, so wird geschätzt, hat der Shell-Chef Hitler und seiner NSDAP 55 Millionen Pfund gespendet[6]. Als die Nazis die Macht errangen, wurde übrigens der Geldbote Bell 1933 als gefährlicher Mitwisser ermordet.

Deterding operierte professionell. Die Verbindung zu den englischen Geheimdiensten stellte er mit dem ehemaligen Chef des Militärischen Geheimdienstes her. Jener MacDonough avancierte zum politischen Chefstrategen von Shell. Sein Auftrag: das sowjetische Öl zurückzuerobern. Und wie alle klugen Konzernstrategen verließ Deterding sich nicht alleine auf den ungewissen Erfolg der Nazi-Maschinerie.

In Deutschland fanden sich bürgerliche Kreise, die die feste Einbindung Deutschlands in die westliche Wertegemeinschaft anstrebten. Da war z.B. der glühend antikommunistische General Max Hoffmann, der im Ersten Weltkrieg erfolgreiche Feldzüge im Osten konzipiert hatte. Die sich dann Ludendorff und Hindenburg frech ans eigene Revers steckten. Bei den Verhandlungen in Brest-Litowsk hatte Hoffmann den deutschen Größenwahn auf die Spitze getrieben, indem er die sowjetische Delegation anbrüllte, Deutschland werde keinen Deut von den besetzten Gebieten jemals wieder abgeben. Zu Deterdings Absichten passte prima der „Hoffmann-Plan": Deutschland walzt mit Frankreich und Großbritannien gemeinsam die Sowjetunion nieder. Hier bestehen große konzeptionelle Übereinstimmungen mit Hitler. In Hoffmanns Programm sollte allerdings auch Frankreich beteiligt werden. Was bei Hitler nicht so explizit gesagt wird, findet bei Hoffmann seinen klaren Ausdruck: man müsse die Sowjetunion allein schon deswegen „zerschlagen", weil das Arbeiter- und Bauernparadies den Widerstand der kolonisierten Völker gegen die europäischen Kolonialherren lenken und unterstützen würde[7].

Als Kampfgenosse gesellte sich zu Hoffmann der Millionenerbe Arnold Rechberg. Der war geradezu fanatisch von der Idee besessen, die Sowjetunion zu vernichten, in Kollaboration mit den Westmächten Frankreich und Großbritannien. Er traf sich mit dem französischen Regierungschef Poincaré, um diesen für den antisowjetischen Kreuzzug zu gewinnen. Henri Deterding konferierte 1926 und 1927 in London mit Rechberg und Hoffmann. Mit georgischen Exilpolitikern zusammen organisierten Rechberg und Hoffmann eine frühe Variante des Regime Change durch wirtschaftliche Destabilisierung. Das Duo ließ 120.000 sowjetische Tscherwonez-Banknoten in Frankfurt fälschen, um diese in der Sowjetunion in Umlauf zu bringen. Tatsächlich gelangten immerhin 12.000 Tscherwonez-„Blüten" in Umlauf.

Max Hoffmann starb 1927 und Rechberg blieb isoliert. Die geballte Investition in Adolf Hitlers faschistisches Dienstleistungsunternehmen NSDAP/SA/SS erwies sich als rentabler. Da jedoch die deutsche Bevölkerung bei den Reichstagswahlen im November 1932 mitnichten daran dachte, Hitlers Machtmaschine irgendeinen Regierungsauftrag zu erteilen[8], bedurfte es einiger schmutziger Tricks, um Deterdings Favoriten doch noch in den Sattel zu schubsen. Zunächst bildete sich im Januar 1933 eine Koalitionsregierung aus Nazis und Konservativen. Durch den Besitz der Staatsgewalt ließ sich nun der Reichstagsbrand vom 27. Februar 1933 wunderbar für die Einführung diktatorischer Vollmachten ausnutzen[9]. Die Kommunistische Partei wurde verboten, ihre Mitglieder verhaftet. Hitler revanchierte sich für die großzügigen Spenden Deterdings. Die zuvor erwähnte sowjetische DEROP-Tankstellenkette wurde zerschlagen, ihr Direktor ermordet und die Mitarbeiter, die allesamt KPD-Mitglieder waren, verhaftet. Ein Shell-Konkurrent war beseitigt. Hitler hatte seine Rentabilität für Deterding eindrucksvoll unter Beweis gestellt. Deterding ließ alle Zurückhaltung fallen und trat offen in die NSDAP ein. Den Ruhestand verbrachte er in seinem Gutshof in Mecklenburg. Zur Beerdigung im Jahre 1939 spendierte der Führer einen opulenten Kranz.

Hitler beendet sofort jegliche Zusammenarbeit mit der Sowjetunion
Selbstverständlich wurde auch jegliche militärische Zusammenarbeit mit

der Sowjetunion sofort beendet. Hitler kommandierte seine deutschen Militärs im Herbst 1933 endgültig aus der Sowjetunion ab. Acht Jahre später sollte der Panzergeneral Heinz Guderian als feindlicher Krieger in das Land einfallen, in dem er in Waffenbruderschaft die Panzerkriegführung gelernt hatte. So mancher deutsche Offizier hatte bei diesem Überfall einen Kloß im Hals.

So paradox es auch klingen mag: die Machtübernahme Hitlers klopfte die Anbindung Deutschlands an die westliche Wertegemeinschaft endgültig fest und verhinderte auf diese Weise einen Ausbau der Beziehungen zum eurasischen Raum. Der Einfluss englischer und amerikanischer Konzerne in Deutschland erreichte ein nie zuvor gekanntes Ausmaß. Verschleiert wurde die Übernahme Deutschlands durch englische und US-amerikanische Konzerne, indem deren Filialen deutsch klingende Namen bekamen. Deterdings Shell hieß damals in Deutschland Rhenania-Ossag; Standard Oil firmierte als Deutsch Amerikanische Petroleum Gesellschaft. Diese beiden Ölhändler waren Spitzenreiter in Deutschland. Oft wird angeführt, es hätte als deutsches Gegengewicht noch die Gruppe des Benzolverbandes gegeben. Es braucht aber nicht allzu viel Recherche um festzustellen, dass der deutsche Ölmarkt sich zu annähernd neunzig Prozent in der Hand von nur drei Konzernen befand: nämlich Standard Oil, Shell und British Petrol[10]. Ähnlich war es in der Automobilbranche, die in Deutschland zu siebzig Prozent von US-amerikanischen Anbietern beherrscht wurde. Opel gehörte seit 1929 zu General Motors, und die deutschen Fordwerke erhielten ab 1933 sogar das Zertifikat „deutsches Erzeugnis". Das auf US-amerikanische Initiative entstandene Chemiekonglomerat IG Farben war durch Austausch von Patenten und Aktienpaketen schon soweit mit Standard Oil zusammengewachsen, sodass man fast von einer Fusion unter amerikanischer Führerschaft sprechen konnte.

Und es geht noch weiter: die deutsche Filiale des amerikanischen Büromaschinenkonzerns IBM hieß Deutsche Hollerith Maschinen Aktiengesellschaft (DEHOMAG). IBM alias Hollerith blühte unter den Nazis so richtig auf: Volkszählungen mit Hollerith-Lochkarten ermöglichten überhaupt nur, jene deutschen Bürger ausfindig zu machen, die man dann der Holocaust-Maschinerie zuführen wollte. Und die getakteten Züge zu den

Vernichtungslagern wurden durch IBM-Systeme organisiert. Die Zählung der Opfer und ihrer Hinterlassenschaften wurden von IBM-Lochkarten erfasst. IBM-Chef Thomas Watson war oft im Nazireich zu Besuch, um den Fortgang der Geschäftstätigkeit persönlich zu überwachen[11]. Der Elektrokonzern ITT investierte massiv in die Nazi-Maschine. Und und und. Wir könnten beliebig fortfahren – die Beispiele nehmen kein Ende.

Diese absolut verwerflichen Tatbestände führen uns zu tieferen Zusammenhängen. Die Kartellisierung der Wirtschaft erreichte gerade nach dem großen Börsencrash von 1929 ganz neue, nie gekannte Größenordnungen. Sei es in der Energiewirtschaft, in der Stahl- und Metallbranche, beim Maschinenbau: überall war ein Trend zu gigantischen Fusionen auf weltweiter Bühne zu beobachten. Diese krakenartigen Netzwerke führten ein überaus mächtiges Eigenleben auf Kosten des politischen Bereiches.

Und die Antwort der Politiker auf diese Herausforderung fiel von Land zu Land recht unterschiedlich aus. Stalin spielte zwar so manches nette Spiel mit den angloamerikanischen Kartellen, ließ sich aber den Vorrang der Politik über die Wirtschaft nicht aus der Hand winden. Franklin Delano Roosevelt wiederum, der genau in demselben Jahr an die Macht kam wie Adolf Hitler, nämlich 1933. fand eine Nation vor, die durch die ungehemmte Macht einer oligarchischen Elite in ein heilloses Chaos gestürzt wurde. Roosevelt versuchte den Vorrang der Politik gegenüber der Wirtschaft zum ersten Mal in der Geschichte der USA einzuführen, zum Vorteil der „normalen" Durchschnittsbevölkerung. Er rettete den Kapitalismus vor seiner Selbstzerstörung. Roosevelt stärkte die Justiz, die Verbraucherrechte. Unterstützte die kleinen Farmer. Stärkte die Rechte der Gewerkschaften und sorgte für eine größere Kaufkraft der unteren Bevölkerungsschichten. Damit zog er sich den Hass der Konzernlenker und Banker zu. Mit ungeheurer Schlauheit konnte „FDR" sich trotzdem zwölf Jahre an der Macht halten.

Genau anders herum ging die Entwicklung in Deutschland nach der Machtergreifung durch Hitler. Entgegen vieler Störmanöver von außen wie von innen hatte die Weimarer Republik immer noch den Primat der Politik gegenüber der Wirtschaft aufrechtzuerhalten versucht. Mit Hitler kam jedoch der Dammbruch zugunsten der anglo-amerikanisch geführten internationalen Kartelle für Deutschland. Die Hitler-Regierung erließ umgehend Gesetze, um die Kartellbildung auch noch mit staatlichem Druck zu forcieren[32]. Staatliche Unternehmen wurden privatisiert, um sie den internationalen Kartellen verfügbar zu machen. Kleinbetriebe wurden kraft Gesetz einfach ausgeknipst. Genossenschaften wurden schikaniert oder gleich in staatliche Konglomerate wie z.B. dem Reichsnährstand einverleibt. Soweit dennoch staatliche Großorganisationen entstanden, dienten diese nur einem Zweck: den von Anfang an geplanten großen Eroberungskrieg gegen die Sowjetunion möglichst perfekt nach allen Seiten abzufedern. Die staatlichen Hermann-Göring-Werke widmeten sich hauptsächlich der Gewinnung von Erzen aus deutschem Boden. Eine Aktivität, die den Kartellen einfach zu unrentabel war. Die „Volksgemeinschaft" durfte die Defizite aus eigener Tasche ausgleichen.

Seit Hitler war Deutschland nunmehr integriert in die westliche Wirtschaftsordnung – auf Kosten möglicher Optionen im eurasischen Raum. Am 15. Juli 1933 schlossen Deutschland, das faschistische Italien, Großbritannien und Frankreich einen so genannten Viererpakt. Hitlers Vision aus Mein Kampf war Wirklichkeit geworden, allerdings wollte nun auch Frankreich dabei sein. Ein wieder eingeschlafenes Stahlkartell wurde rein zufällig gerade im Jahre 1933 mit neuer Tatkraft wiederbelebt: die Internationale Rohstahlgemeinschaft band die Stahlkocher von Frankreich, Belgien, Luxemburg, Deutschland, Österreich, Ungarn, Tschechoslowakei und Großbritanniens zusammen in einem mächtigen Kartell. Als sich dann noch die US-Konzerne United States Steel, Bethlehem Steel und Republic Steel dem bunten Reigen anschlossen, kontrollierte dieses Kartell über neunzig Prozent der Weltproduktion! Hinzu kam im Jahre 1937 die internationale Kokskonvention, der Deutschland, Großbritannien, Niederlande, Polen und Belgien angehörten. Und noch am 16. März 1939 schlossen die Federation of British Industries und die Reichsgruppe Industrie das Düsseldorfer Abkommen für vertiefte Zusammenarbeit ab. Dass gerade in jenen selben Tagen Hitler den kümmerlichen Rest der Tschechoslowakei annektierte, störte die Gentlemen kein bisschen.

Auch auf dem Gebiet der internationalen Finanzkooperation war Deutschland jetzt voll integriert in die westliche Wertegemeinschaft.

Reichsbankpräsident Hjalmar Schacht, der US-Banker Owen Young sowie der Chef der englischen Zentralbank Montagu Norman, hatten bereits 1930 die Bank für Internationalen Zahlungsausgleich (Bank for International Settlements – BIS in Basel gegründet. Angeblich sollte die BIS nur die Schwierigkeiten bei den deutschen Reparationszahlungen an die Siegermächte des Ersten Weltkriegs erleichtern. Doch bereits 1932 wurden bei der Konferenz von Lausanne Deutschland alle Reparationen erlassen. Der wirkliche Zweck dieser Bank in Basel wurde im Krieg deutlich. Denn ihr gehörten praktisch alle Länder an, die im Zweiten Weltkrieg miteinander und auch gegeneinander kämpften, also unter vielen anderen USA, Großbritannien, Frankreich, Italien, Japan und – das Deutsche Reich! Einträchtig saßen die Vertreter der nationalen Zentralbanken der gegeneinander Krieg führenden Staaten an einem Tisch und besprachen die Verteilung von Geldern zwischen Freund und Feind. Der Vertreter der Reichsbank Emil Puhl gehörte dieser Runde auch nach der deutschen Kapitulation unbehelligt an.

Hitler-Deutschland der Liebling der internationalen Kartelle

Deutschland unter Hitler international isoliert? Wie das denn? Die Republik von Weimar wurde damals noch international geächtet und gemieden. Nur der König von Afghanistan stattete dem demokratischen Staat einen Besuch ab. Aber unter Hitler gaben sich die Staatschefs und auch sonstige Würdenträger die Klinke in die Hand. William E. Dodd, Botschafter der USA in Berlin und ein etwas verschrobener aber grundanständiger Mann, musste mit zunehmendem Ekel mit ansehen, wie seine hochrangigen Landsleute aus Politik, Wirtschaft und Finanzen beim Führer antichambrierten[13]. Hitler war der absolute Liebling und der Hoffnungsträger der schönen neuen globalisierten Kartellwelt.

So ist auch zu erklären, dass Hitler machen konnte was er wollte. Er schloss 1934 einen Vertrag mit Polen ab. Denn auch Polens graue Eminenz Pilsudski war von Hitlers Idee, die Sowjetunion zu überfallen, begeistert. Hitler remilitarisierte das Rheinland. Hitler ließ das Saarland heim ins Reich holen. Hitler rüstete auf, entgegen allen internationalen Konventionen. Man ließ ihm alles durchgehen was man keinem demokratischen deutschen Regierungschef jemals zuvor zugestanden hätte.

Und, ganz nach Hitlers Plan, verbesserten sich die Beziehungen Deutschlands zu Großbritannien erheblich. Man kann praktisch von einem deutsch-britischen Bündnis sprechen. 1935 legte das Deutsch-Britische Flottenabkommen fest, dass die deutsche Marine auf 35% des britischen Bestandes aufgestockt werden dürfe. Dem Infanteriegefreiten Hitler war's recht, denn er hielt nichts von der Marine und, wie wir aus Hitlers Mein Kampf wissen, wollte er den Briten ihre Oberhoheit über die Weltmeere auf keinen Fall streitig machen. Die Sympathie für das Nazi-System war in England sehr weit verbreitet. Nicht nur der abgedankte König Edward VIII. profilierte sich mit seinen braunen Neigungen. Im elitären so genannten Cliveden Set, einem exklusiven Gesprächskreis, wurde viel Verständnis für Hitler geäußert. Der Pressezar Lord Rothermere trommelte in seinen Presseorganen, allen voran der Daily Mail, unablässig für Hitler. Der englische Staatsrundfunk BBC und der Deutschlandsender veranstalteten regelmäßig gemeinsame Rundfunksendungen, um die beiden befreundeten Nationen auch auf der menschlichen Ebene einander näher zu bringen. Anglophile Bücher eroberten den deutschen Markt. Hier wurde die Waffenbrüderschaft zwischen britischen und deutschen Soldaten beschworen[14].

Großbritanniens Regierung hatte auch keine Bedenken, Hitler den Anschluss Österreichs heim ins Reich kommentarlos durchgehen zu lassen. Den Höhepunkt der Schamlosigkeit hatte zweifellos der britische Premierminister Neville Chamberlain erklommen, als er Hitler die Tschechoslowakei schenkte. Ausgerechnet in München, der „Hauptstadt der Bewegung", kamen die Regierungschefs des Viererpaktes, nämlich Edouard Daladier für Frankreich, Benito Mussolini für Italien und Neville Chamberlain zusammen, um den Anschluss des in der Tschechoslowakei befindlichen Sudetenlandes an das Dritte Reich vertraglich abzusegnen[15]. Der tschechoslowakische Regierungschef Edvard Benes wurde zu diesem perversen Kuhhandel noch nicht einmal als Beobachter zugelassen. Er saß in einem Hotelzimmer und Chamberlain beschied ihm, er könne sich ja gegen Hitlers Wehrmacht stellen – Hilfe vom Westen könne er aber nicht erwarten. Die Gebirgszüge, die Deutschland von der Tschechoslowakei trennten, waren zu einem Abwehrwall gegen die Wehrmacht ausgebaut worden. Ohne diesen Schutz war die kleine Republik offen wie ein Scheunentor. Polen[16] und Ungarn rissen sich nun ihrerseits Stücke aus dem verwundeten tschechoslowakischen Staatskörper.

Dem immer gut informierten britischen Auslandsgeheimdienst kann auch nicht entgangen sein, dass sich in Deutschland gerade zu dieser Zeit eine um den Frieden in Europa besorgte Verschwörergruppe um Ludwig Beck und Hans Oster anschickte, Hitler zu stürzen. Nach dem großen Prestigegewinn Hitlers, beschert von Chamberlain, durch den Hinzugewinn des Sudetenlandes waren diese Pläne Makulatur geworden.

Kapitel 4

Hitler oder Stalin? Die lachenden Dritten

„Das allgemeine oder politische Ziel besteht darin, Russland den Willen der USA und des Britischen Imperiums aufzuzwingen ... Ein rascher Erfolg könnte die Russen dazu veranlassen, sich unserem Willen zumindest für absehbare Zeit zu unterwerfen; das muss aber nicht eintreffen. Das müssen die Russen selber entscheiden. Wenn sie den Totalen Krieg wollen, können sie ihn haben." (Churchill, Operation Unthinkable)

Warum also kam es dann doch noch zum Bruch zwischen Großbritannien und Deutschland, sozusagen in letzter Sekunde? Wie kam es zur Abweichung vom „Drehbuch": dass nämlich Deutschland für die westliche Wertegemeinschaft die Sowjetunion angreifen soll?

Tatsächlich war die Nachricht vom Nichtangriffspakt zwischen dem Nazireich und der Sowjetunion im August 1939 eine gewaltige Sensation. Die Gefolgsleute Hitlers und andererseits auch die Anhänger Stalins waren mächtig irritiert. Das war eine radikale Drehung der Agenda um hundertachtzig Grad. Wozu hatten sich Kommunisten und Nazis die Köpfe eingeschlagen, damit jetzt Hitler und Stalin auf Schmusekurs gingen? Zunächst einmal wurde der neue Kurs der Öffentlichkeit ja nur als Nichtangriffspakt verkauft. Tatsächlich zeigen aber die zum Nichtangriffspakt mitgelieferten Geheimverträge, dass es sich hier tatsächlich um einen echten Bündnisvertrag handelt. In den Verträgen vom 28. August 1939 teilen sich die neuen Partner die zwischen ihnen liegenden Staaten als Beute auf. Finnland, Estland, Lettland und Ostpolen kommen zur Sowjetunion. Dagegen werden Litauen und das westliche Polen dem deutschen

Reich zugeschlagen[1]. Dazu gesellen sich gegenseitige Verpflichtungen auf Warenlieferungen, vornehmlich von Kriegsgütern.

Warum begann Hitler den Krieg schon 1939?

Eine extrem riskante Kehrtwende des großen Diktators. Eigentlich wollte Hitler den Krieg frühestens 1940 beginnen, spätestens im Jahre 1945. Die Nazimaschine war 1939 noch gar nicht reif für den ganz großen Waffengang. Es gab einen einfachen Grund für die Neuausrichtung: das Dritte Reich war schlicht und ergreifend pleite. Mit diesen wenig schmeichelhaften Wahrheiten hatte der Vorstand der Reichsbank unter Hjalmar Schacht den Führer in einem Brief am 7. Januar 1939 konfrontiert[2]. Jahrelang war die Aufrüstung mit einer Art von „Krypto"-Währung, dem Mefo-Fonds[3] finanziert worden. Eine extrem passive Außenhandelsbilanz hatte die Gold- und Devisenbestände aufgezehrt. Und immer neues, ungedecktes Papiergeld zu drucken ging nicht mehr, befanden Schacht und sein Reichsbankvorstand. Auch die Ausplünderung der Goldvorräte in der eroberten Tschechoslowakei und des angeschlossenen Österreichs konnte die Löcher nicht stopfen.

Die Nazi-Maschine hatte nämlich die Flut von ausländischen und inländischen Geldern verschwendet. Grund war eine extreme Ineffizienz. Franz Neumann legt dar, dass im Hitler-Reich verschiedene Machtgruppen gegeneinander verfeindet an denselben Aufgaben arbeiteten, und dass die eine Hand bisweilen nicht wusste, was die andere Hand tat. Der britische Hitler-Forscher Ian Kershaw baut auf Neumanns Überlegungen auf[4]: das ganze Chaos der verschiedenen Instanzen wurde nur zusammengehalten durch die „charismatische" Führerfigur Adolf Hitler. Hier begann, sagt Kershaw, geradezu ein Wettbewerb, wer „dem Führer am besten zuarbeitet". Also, wenig Effizienz und Koordination. Dazu ein unvorstellbares Ausmaß an Korruption, an neofeudaler Selbstbedienungsmentalität.

Das war den westlichen Investoren vollkommen klar. Sie machten sich Gedanken, wie sie ihrem Adolf Hitler mit Megakrediten aus der Patsche helfen konnten. Da war z.B. der Auslandschef des amerikanischen Weltkonzerns General Motors, James Mooney. General Motors hatte extra den deutschen Autobauer Opel im Krisenjahr 1929 komplett aufgekauft, um beim nächsten Kriegsgeschäft in Europa hautnah dabei zu sein. Dass nun der Krieg einfach nicht stattfinden soll, bloß weil das Nazireich pleite ist, das geht gar nicht. James Mooney hatte 100 Millionen Dollar allein in die Umstrukturierung der Opel-Werke für die Rüstungsproduktion investiert, und sich bei Treffen mit Göring und Hitler in dieser Frage abgestimmt. Im Frühjahr 1939 pendelte er emsig durch die Welt, um in Verhandlungen mit dem amerikanischen Botschafter in London, Joseph Kennedy, sowie mit dem US-Präsidenten Roosevelt einen Megakredit für Hitler im Umfang von maximal einer Milliarde Dollar zu akquirieren. Das Projekt scheiterte am entschiedenen Veto des US-Präsidenten[5].

Hitler versucht einen Bankraub
Hitler konnte sich nun also überlegen, entweder Selbstmord zu begehen – oder einen Bankraub zu versuchen. Stalin hatte ihm den Weg zu den Tresoren der Nationalbank von Polen in Warschau durch seinen Vertrag geebnet. Für die Erbeutung des polnischen Goldes lohnte es sich, so sah es jedenfalls Hitler, auch „va banque" zu spielen und vorübergehend die Engländer zu irritieren, die einen Beistandspakt mit Polen abgeschlossen hatten. Alles sprach dafür, dass Großbritannien auch diesen erneuten Bruch aller Konventionen kommentarlos durchwinken würde – wie bereits im Falle der Militarisierung des Rheinlandes, des Anschlusses Österreichs oder der stückweisen Zerlegung und schließlich vollendeten Einverleibung der Tschechoslowakei geschehen. Im letzteren Falle hatte die Tschechoslowakei ihre Goldbestände von 26 Millionen Dollar in weiser Voraussicht bei der englischen Zentralbank deponiert. Doch der Chef der englischen Notenbank Montagu Norman war ein glühender Nazi-Sympathisant, und er ließ die tschechischen Goldreserven an die deutsche Reichsbank als angeblich legitimen Rechtsnachfolger der tschechoslowakischen Republik weiterleiten.

Umso schockierter war deshalb Hitler, als Großbritannien und Frankreich Deutschland am 3. September, also zwei Tage nach dem Nazi-Überfall auf Polen, den Krieg erklärten. Doch konnte er sich zunächst entspannt zurücklehnen. Denn es passierte bis zum Mai 1940 bis auf ein paar punktuelle Nadelstiche – gar nichts! Der so genannte „Sitzkrieg", oder auch: „Witzkrieg" (französisch: drôle de guerre), zog sich in die Länge. Und selbst als der Krieg blutig und gar nicht mehr witzig war, ließ Hitler die englischen Kampfverbände – alles in allem immerhin etwa 330.000 Soldaten, die im französischen Atlantikhafen Dünkirchen von der Wehrmacht eingekesselt waren, ungehindert den Ärmelkanal passieren. Und als schon viel Porzellan der englisch-deutschen Freundschaft durch Luftgefechte und Bombenangriffe auf englische Städte zerschlagen war, machte Hitler noch ein Damen-Opfer. Er schickte seinen Stellvertreter Rudolf Heß nach England, um von höchster Stelle eine Versöhnung zwischen den „germanischen Brudervölkern" auf den Weg zu bringen[6].

Doch die Würfel waren gefallen. Das Hitler-Reich erhielt aus der Sowjetunion das meiste Material, das es zur Kriegsführung benötigte. Noch im Januar 1941 verpflichtete sich die Sowjetunion vertraglich, an das Deutsche Reich 7,5 Millionen Dollar an Gold anzuweisen. Doch Hitler spielt nicht länger va banque. Er begeht sozusagen Selbstmord. Als letzte, allergrößte Geste an sein geliebtes England überfällt die Wehrmacht am 22. Juni 1941 die Sowjetunion. Nun hat Hitler genau jenen Zweifrontenkrieg, den er immer vermeiden wollte. Und Großbritannien, nunmehr unter der Regierung Churchill, kann und will nicht umkehren und erneut das Bündnis mit Hitler eingehen[7]. Dafür sind mittlerweile viel zu viel britisches Blut und Tränen geflossen. Es ist klar, dass sich die Wehrmacht in der unendlichen Weite des Sowjetreiches verzetteln musste. Hitler ging davon aus, dass die Bolschewisten schwach seien, ohne Rückhalt in der Bevölkerung, und dass der Krieg nach etwa zwei Monaten vorbei sein würde. Das Naziregime erlitt einen schweren Prestigeverlust, als im Winter 1941 auf 1942 die deutschen Soldaten in Sommerkleidung bittere Kälte erlitten, und die deutsche Bevölkerung mit zivilen Wintermänteln aushelfen musste.

Schließlich wurde der deutsche Angriffskrieg an der Ostfront mit allerhärtesten Bandagen ausgefochten. Nichts weniger als die „Aufnordung" Eurasiens stand ja schließlich auf dem Programm. Also nach dem Vorbild der USA mit ihrer Ausrottung der indigenen Bevölkerung, nun auch die Bewohner der Sowjetunion auszurotten, um Platz für Proto-Arier zu schaffen. Bis zum Kriegsende hatten Wehrmacht und SS bereits etwa ein

Achtel der dortigen Bevölkerung ermordet, nämlich über 28 Millionen Soldaten und unschuldige Zivilisten.

Für Hitler ergab sich nun allerdings die hochnotpeinliche Situation, auf das dringend benötigte sowjetische Öl verzichten zu müssen. Die Lage verschärfte sich noch dadurch, dass die deutschen Kriegsfahrzeuge auf dem morastigen russischen Boden nur schwer vorankamen, und sich damit ein doppelt so hoher Kraftstoffverbrauch ergab als geplant. Hitler dirigierte die Wehrmachtseinheiten von Moskau schleunigst nach Südosten zu den aserbeidschanischen Ölfeldern um Baku, um schnellstens in den Besitz des dortigen schwarzen Goldes zu gelangen. Scheiterte dieses Vorhaben, war der Krieg definitiv verloren.

Hitlers Verbündete in Washington und New York

Am 22. Juli 1942 hielt Charles Chaplin, via Telefon aus dem kalifornischen Beverly Hills zugeschaltet, auf einer Großdemonstration von Nazigegnern im New Yorker Madison Square Park eine aufrüttelnde Ansprache. Zwei Millionen englische Soldaten seien bereits mobilisiert und bereit, gegen das Nazireich zu kämpfen. Auch aus den USA seien bereits im Rahmen der Operation Magnet kampfbereite Truppen in Nordirland stationiert. Doch nichts geschah. Die so genannte Zweite Front im Westen, die die Rote Armee massiv entlastet hätte, blieb aus. Warum passierte nichts? Und Chaplin weiter:

„Wenn Rußland den Kaukasus verlieren sollte, dann wäre das für die Sache der Verbündeten die größte Katastrophe. Dann werden wir auf die Beschwichtigungspolitiker achten müssen, denn sie werden aus ihren Verstecken hervorgekrochen kommen. Sie werden mit einem siegreichen Hitler Frieden machen wollen. Sie werden sagen: ‚Es hat keinen Sinn, das Leben einer noch größeren Zahl von Amerikanern zu opfern – wir können mit Hitler ‚ein gutes Geschäft' machen."[8]

Offensichtlich hatte Chaplin in ein Wespennest gestochen. Denn seine Karriere in den USA wurde durch schmutzige Kampagnen von nun an brutal beendet[9]. Warum war die Bereitschaft, die Sowjetunion in Stunden größer Bedrängnis zu helfen, so gering? Der westliche Block im Kampf gegen Hitler war sehr heterogen. Schauen wir uns das mal genauer an. In den USA war die Führungsschicht aufgespalten in mehrere gegensätzliche Fraktionen. Da gab es zunächst die absoluten Kriegsgegner, die nicht wollten, dass die USA wieder einmal in die Gewaltspirale verwickelt wurden. Prominentester Vertreter dieser Richtung war der hochdekorierte General Smedley Butler[10]. Ähnlich sahen es auch Kongressabgeordnete wie Gerald Nye, der in einem gleichnamigen Ausschuss die Machenschaften der internationalen Rüstungslobby entlarvt hatte. Dann gab es die offenen Hitler-Unterstützer. So lud der Texaco-Chef Torkild Rieber zur Feier anlässlich der Kapitulation Frankreichs vor den Nazis am 26. Juni 1940 in das noble New Yorker Waldorf Astoria ein. Unter den ausgelassenen Gästen finden wir den bereits erwähnten General Motors-Auslandschef James Mooney, dann den Autofabrikanten Edsel Ford oder auch ITT-Chef Sosthenes Behn. Sie scharten sich um den deutschen Wirtschaftsanwalt Gerhard Westrick, der schon seit vielen Jahren die Kontakte zwischen Nazis und der Wallstreet organisierte.

Die Fraktion um Präsident Roosevelt bemühte sich dagegen um eine möglichst enge Kooperation mit Großbritannien. Nichtsdestoweniger musste Roosevelt ständig mit den Nazi-Sympathisanten Kompromisse aushandeln. Schließlich gab es noch die Fraktion der zynischen Kriegsprofiteure, denen jede Konstellation recht war – Hauptsache, mit allen Kriegsparteien ließ sich gutes Geld machen. Zu dieser Fraktion gehörte Allen Dulles, der spätere CIA-Chef, der als Wallstreet-Anwalt über die Kanzlei Sullivan & Cromwell die Geschäfte mit den Nazis organisierte, und andererseits zusammen mit seinem Mitstreiter vom Council on Foreign Relations, Hamilton Fish Armstrong, in Büchern dafür trommelte, die gesetzlich vorgeschriebene Neutralität aufzugeben, um trotz allem gegen die Nazis Krieg führen zu können[11].

Dennoch wollte Roosevelt gerne möglichst rasch die Sowjetunion in ihrem Kampf gegen die Nazis unterstützen. Auch der einflussreiche General Dwight D. Eisenhower sprach sich für den raschen Aufbau einer zweiten Front in Nordfrankreich aus. Es war immer wieder der englische Premierminister Winston Churchill, der die amerikanischen Bemühungen um eine eigene Front gegen die Wehrmacht energisch zu vereiteln wusste. US-Präsident Roosevelt erkannte deutlich die Situation Englands:

„Die reiche Klasse in England hat so eine starke Angst vor dem Kommunismus, der aber nie eine wirkliche Gefahr für England dargestellt hat. Dennoch haben sie sich vollkommen in die Arme der Nazis begeben. Und jetzt wissen sie nicht, wie sie da wieder rauskommen."[12] Trotz allem gaben die Amerikaner immer wieder nach. Der englische Premier ließ lediglich über eine zweite Front von Nordafrika über Italien mit sich reden. Dieser Angriff sollte direkt in den Bereich zwischen Schwarzem Meer und Baltikum führen. Dort sollten die regionalen Regierungen daran gehindert werden, den Sowjets in die Hände zu fallen. Nicht nur Stalin sah hierin den Versuch, erneut einen Cordon Sanitaire oder eine neue Variante des Intermariums zu errichten, um die Sowjetunion vom Westen abzuriegeln.

USA, Großbritannien und Sowjetunion keine Kriegsverbündeten

Der heute gern erzeugte Eindruck, die USA und Großbritannien auf der einen Seite und die Sowjetunion auf der anderen Seite seien trotz aller weltanschaulichen Unterschiede fair agierende Verbündete gewesen, ist falsch. Es gab so gut wie keine Abstimmungen über das militärische Vorgehen. Das gegenseitige Misstrauen überwog alle anderen Gefühle. Das wurde auch nicht anders, als sich Roosevelt, Churchill und Stalin in Teheran 1943 zum ersten Mal persönlich begegneten. Und wieder einmal versprachen die Westmächte dem bedrängten Sowjetreich die baldige Invasion über den Ärmelkanal – das einzige, was die Rote Armee wirklich nachhaltig entlastet hätte. Die Amerikaner geizten zwar nicht mit Geld und Material für die Sowjets in ihrem Lend-Lease-Programm. Doch sollten die östlichen Völker mit ihrem Leben den Sieg über den Faschismus bezahlen und die Westler sich durch Ablassgelder vom großen Schlachtfest im Osten freikaufen und damit die eigenen Leute schonen: „Unser Grundkurs muß darin bestehen, das Menschenpotential Rußlands und Chinas mit der nötigen Ausrüstung zu versehen, damit es kämpfen kann."[13] So brachte dieses menschenverachtende Kalkül Admiral Ernest King, seines Zeichens Kommandant der US-Marine, auf der Konferenz von Casablanca Anfang 1943 auf den Punkt.

Es gibt gewiss triftige Gründe, eine zweite Front am Ärmelkanal nicht zu früh aufzumachen und sich womöglich dabei zu verbrennen. Dagegen sprach allein schon die englische Schwäche, vor der Halford Mackinder in seinem Vortrag von 1904 so eindringlich gewarnt hatte: England war eine starke Seemacht. Das konnte aber jetzt im Zeitalter erhöhter Mobilität zu Lande und in der Luft nicht mehr viel nützen. Deswegen scheute Churchill die frontale Auseinandersetzung mit dem Feind und versuchte, den Feind vom Rand her durch Abnutzung zu zermürben. Demgegenüber waren die USA in allen drei Waffengattungen gut aufgestellt und scheuten nicht die direkte Konfrontation mit der Wehrmacht.

Doch zeigt sich in der taktischen Differenz von Großbritannien und den USA noch ein tiefer liegender Antagonismus. Churchill und seine Berater lebten noch immer im Zeitalter des Kolonialismus. Regionen dieser Welt waren dem britischen Empire als unterworfene Provinzen zugeteilt, zu dem einzigen Zweck, kostenlose Rohstoffe für die Herren in London zu liefern. Und so galt Churchills Hauptsorge auch nicht dem Krieg in Zentraleuropa, sondern ob Indien an Japan und Nazideutschland verloren gehen könnte, oder ob die Ölfelder im Nahen und Mittleren Osten noch zu halten waren.

Die neue Weltordnung von Bretton Woods

Demgegenüber hatte der Kreis um US-Präsident Roosevelt ein ganz neues Konzept der Weltordnung im Blick. Die Kolonien sollten aufgelöst und zu formal unabhängigen Nationalstaaten umgewandelt werden. Ein weltumspannendes Netz von supranationalen Organisationen sollte Kriegspotentiale ausschalten, indem diese Organisationen wirtschaftliche und währungspolitische Ungleichheiten ausglichen. Welthandel und Kapitalflüsse brachen sich auf diese Weise weltweit ungehindert ihre Bahn. Dabei bestanden Roosevelt und seine Mitstreiter, allen voran Finanzminister Henry Morgenthau und Staatssekretär Harry Dexter White darauf, dass politische Instanzen diese Weltordnung bestimmten, und nicht private Konzerne und private Bankhäuser. Die Staaten, die sich gegen die Achsenmächte verbündet hatten, sollten jetzt als Vereinte Nationen den Kern einer neuen Weltordnung bilden. Die heutige UNO ist somit direkt aus der Anti-Hitler-Koalition hervorgegangen. Im Kurort Bretton Woods im gemütlichen US-Bundesstaat New Hampshire trafen sich im Juli 1944 die Delegierten aus 44 Staaten der Anti-Hitler-Koalition und schufen die Grundlagen für eine Weltbank und für den Internationalen Währungsfond. Beide Organisationen sind heute in Verruf geraten. Denn sie sind zu Organen einer marktradikalen Diktatur durch Schuldknechtschaft ganzer Volkswirtschaften unter die Knute privater Bankhäuser angloamerikanischer Provenienz pervertiert. Dabei verfolgte die Idee von 1944 gerade das entgegengesetzte Ziel: nämlich schwache Volkswirtschaften in die Lage zu versetzen, gleichberechtigt mit den starken Volkswirtschaften Handel und Wandel zu treiben. Eine Welthandelsorganisation sollte die Handelsbeschränkungen Stück für Stück abbauen helfen. Und Roosevelts Finanzminister Morgenthau stellte klar, dass hier „Instrumente souveräner Regierungen und nicht privater finanzieller Interessen"[14] entstehen sollten. Die Baseler Bank für Internationalen Zahlungsausgleich hätte er am liebsten zerschlagen, da sie als internationale Kriegskasse den Zwecken einer weltweiten Friedensordnung diametral entgegengesetzt war.

Im Prinzip wäre eine Verwirklichung der damaligen Pläne bereits eine frühe Vorwegnahme des aktuellen Seidenstraßen-Projekts gewesen. Denn es war für Morgenthau und White vollkommen selbstverständlich, dass in diese Weltordnung auch die Sowjetunion einzubinden ist. Die Sowjetunion sollte mit einer Gründungseinlage von 1.2 Milliarden Dollar drittgrößter Einzahler in den IWF sein[15]. Auch im feinen Council on Foreign Relations gab es eine Fraktion, die der Vereinnahmung der kommunistischen Sowjetunion in die kapitalistische Weltordnung durchaus Positives abgewinnen konnte. Angeführt wurde sie von Raymond Buell mit seiner Thermidor-Theorie. Die besagte, dass die Kader um Josef Stalin sich bereits weit von den kommunistischen Wurzeln entfernt hätten und nunmehr eigentlich eher nationale Interessen verfolgten. Und dass eine Vereinnahmung der Sowjetunion in den Kapitalismus es Stalin und seinen Anhängern sehr viel leichter machen würde, die radikalen Kommunisten auszuschalten, wie dereinst am Thermidor in der Französischen Revolution der radikale Flügel um Robespierre ausgeschaltet wurde. Damit wären eigentlich die Befürworter des globalisierten Handels der Erfüllung ihrer

Wünsche sehr nahe gewesen. Stalin fühlte sich ermutigt, nunmehr eine Kreditanfrage für sechs Milliarden US-Dollar an Wallstreet-Banken zu stellen, um einen raschen Wiederaufbau der Sowjetunion nach den extrem verheerenden Auswirkungen des Zweiten Weltkrieges für sein Land zu ermöglichen.

In den führenden Kreisen der USA wurden diese Möglichkeiten für eine neue globalisierte kapitalistische Ordnung intensiv diskutiert. Man gelangte jedoch zu einem anderen Beschluss: nämlich, die Sowjetunion und alle mit ihnen verbundenen Staaten rundweg als Feinde und als Störenfriede einer stabilen Nachkriegsordnung zu brandmarken. Die Wallstreet-Strategen verzichteten auf die zukunftsträchtigen Märkte Eurasiens und setzten voll darauf, mit einer erneuten Aufrüstung vor der Bedrohungskulisse einer gefühlten kommunistischen Expansion die Kriegskonjunktur weiterhin am Laufen zu halten.

Bislang hatte US-Präsident Roosevelt die Kräfte des Friedens und der Vernunft im Umgang mit Russland durch seine charismatische Führerschaft unterstützen können. Die Mitstreiter aus dem inneren Zirkel kamen selten aus dem politischen Establishment in Washington, sondern Roosevelt holte sie als externe Experten hinzu. Nun starb Roosevelt leider am 12. März 1945 in seinem Ferienhaus in Warm Springs. Ausgerechnet in dem Augenblick, als der Krieg gewonnen war, und die Weichen für eine Friedenszeit gestellt werden konnten. Hatte jemand nachgeholfen? Sicher nicht. Denn „FDR" war schon lange an den Rollstuhl gefesselt. Rauchte wie ein Schlot Zigaretten und hatte sich in seiner Arbeit rücksichtslos selber ausgelaugt bis die Lebenskräfte aufgezehrt waren. Zwölf Jahre hatte er regiert. So lange wie kein anderer US-Präsident jemals zuvor. Dabei riss er alles an sich. Alles hing von seiner charismatischen Führung ab. Und wie bei anderen charismatischen Präsidenten wie z.B. Hugo Chavez oder Wladimir Putin, die keine andere Machtbasis besitzen als eine nicht zu leugnende überwältigende Zustimmung der Bevölkerung, ist der Zauber meistens sofort mit dem physischen Ende des Regenten verflogen. So war es auch nach dem Tod von Roosevelt. Dieser Ausnahmepolitiker hat die Nachkriegsordnung durch seine Weltorganisationen wie UNO oder die Weltbank geprägt wie kein Zweiter. Doch konnte sein Gefolge, das so viel Gutes und Nützliches für die einfachen Menschen geleistet hatte, ohne sein Oberhaupt nicht politisch überleben. Wie im altägyptischen Pharaonengrab ging das Gefolge mit dem Herrn zusammen in den Tod.

Putsch im Weißen Haus: der gelehrige Schüler Truman

Mit Harry Truman bezog nämlich ein absolut unbeschriebenes Blatt das Weiße Haus in Washington. Seine administrative und weltpolitische Ahnungslosigkeit machte ihn zum Instrument jener finsteren Fraktionen, die ich oben schon beschrieben habe: die Fraktion der Nazifreunde; die Fraktion der England- und Churchill-Freunde, und die Fraktion der prinzipienlosen Opportunisten, die mit jedem paktierten, der gute Geschäfte versprach. Das sollte als erster der sowjetische Außenminister Molotow erfahren, als er im Weißen Haus vom neuen Hausherrn eine respektlose Standpauke entgegennehmen musste, wie sie nur ein gänzlich ahnungsloser Mensch auf dem politischen Parkett vom Stapel lassen kann. Truman war durch die Herrschaften vom Council on Foreign Relations einer politischen „Erziehung" unterzogen worden[16].

Es ist nicht übertrieben, im Zusammenhang mit dem Übergang von Roosevelt zu Truman von einem Putsch und einem gewaltsamen Austausch politischer Paradigmen zu sprechen. Roosevelts Mitstreiter wurden durch die inquisitorischen Schauprozesse des Komitees für Unamerikanische Umtriebe in den Rang von Spionen und Kriminellen degradiert und politisch unschädlich gemacht. Im Alter von sechsundfünfzig Jahren erlag Harry Dexter White, der Schöpfer der neuen finanziellen Weltordnung, nach einem solchen Schauprozess einem Herzinfarkt. Die selbsternannten Ankläger würzten ihre haltlosen Anschuldigungen mit einer gehörigen Prise Antisemitismus, der damals in den USA vorherrschte.

Alle Kräfte, die für Ausgleich und Mäßigung plädierten, alle Kräfte in den USA, die mit der Sowjetunion friedlich zusammenleben und den Nazismus mit Stumpf und Stiel ausmerzen wollten, waren schnell ausgeschaltet. Um sodann zur „Tagesordnung" zurückzukehren: nämlich, die internationalen Kartelle einschließlich der deutschen wieder in den Welthandel zurückzuführen. Die Konjunktur war durch die Kriegsmobilisierung so hochgefahren, dass man jetzt nicht mehr zu einer reinen

Zivilwirtschaft zurückkehren wollte. Dazu gehörte die altbewährte Drohkulisse eines aggressiven Kommunismus. Der Antikommunismus war als Popanz zur Rechtfertigung einer Hochrüstung auch nach dem Ende der Kriegshandlungen unerlässlich. Anstatt der Sowjetunion beim Wiederaufbau zu helfen, erschien es den Spekulanten in den USA einträglicher, das eurasische Riesenreich erst einmal im Rüstungswettlauf auszuhungern. Oder die Sowjetunion sogar anzugreifen, um dann die gigantischen Ressourcen in Eigenregie auszubeuten. Damit war die Entscheidung zugunsten eines neuen, noch undurchlässigeren Vorhangs mitten durch Eurasien gefallen.

Wie gesagt: besonders der englische Premier Winston Churchill hatte die Idee eines Angriffskrieges gegen die Sowjetunion nie aufgegeben. Damit befand er sich ja in bester britischer Tradition seit dem uns nunmehr wohlbekannten Halford Mackinder: solange die Welt durch eine starke Seeflotte zu kontrollieren ist, hat Großbritannien die Asse in der Hand. Seitdem nun aber die Erschließung des Herzlandes durch Eisenbahnen, Autos und Flugzeuge möglich geworden ist, droht England ins Hintertreffen zu geraten. Also muss es sich einen kontinentalen Juniorpartner suchen, der die fehlenden Fähigkeiten aus eigenen Mitteln ausgleicht. Nachdem Frankreich sich als untauglich für diesen Job erwiesen hatte, ging die Staffel an Deutschland. Hitler hatte diese Option allerdings im Jahre 1939 mit seinem notgedrungen eingegangenen Bündnis mit dem Erzfeind Sowjetunion verspielt. Dennoch torpedierte Churchill konsequent alle Versuche, nach Hitlers Einfall in die Sowjetunion das bedrängte Riesenreich durch die Errichtung einer zweiten Front in Frankreich zu entlasten. Vielmehr setzte Churchill eine strategisch eher fruchtlose Aufrollung der Wehrmacht-Phalanx über Nordafrika und Italien durch. Ziel dieser Heereswalze sollte der Raum zwischen Baltikum und Balkan sein, um den Sowjets den Vormarsch nach Westeuropa abzuschneiden. Die von Churchill lange verhinderte Invasion über die Normandie kam dann erst im Sommer 1944 zustande, als die Sowjetunion die Wehrmacht bereits besiegt hatte und ungehindert nach Westen marschierte. Diese zweite Front diente erklärtermaßen nicht mehr dazu, mit den Sowjets zusammen die Nazis zu besiegen, sondern dazu, von der Kriegsbeute zu retten was noch zu retten war.

Nach deutscher Kapitulation sofort Krieg gegen Sowjetunion

Das alleine ist schon moralisch verwerflich: erst zuzuschauen, wer den Krieg gewinnt – Hitler oder Stalin? Dabei zu wissen, dass die Wehrmacht und die SS-Schergen keinen „gewöhnlichen" Eroberungskrieg führen, sondern einen planvollen Genozid gegen alle Völker der Sowjetunion. Gegen alle Juden. Gegen alle Polen. Damit aber nicht genug: sobald Deutschland die bedingungslose Kapitulation unterschrieben hatte, sollten die deutschen Wehrmachts- und SS-Verbände an der Seite der amerikanischen und britischen Truppen sofort gegen die erschöpfte und ausgelaugte Rote Armee losmarschieren. Unglaublich aber wahr: im Frühjahr gab Churchill eine Denkschrift bei den Streitkräften in Auftrag. Fragestellung: wie kann der Krieg gegen die Sowjetunion sofort nach der deutschen Kapitulation in Bewegung gesetzt werden? Das Papier mit dem Namen „Operation Unthinkable" lag am 22. Mai 1945 auf dem Tisch des englischen Premierministers[17]. In diesem Papier heißt es gleich am Anfang unmissverständlich:

„Das allgemeine oder politische Ziel besteht darin, Russland [sic!] den Willen der USA und des Britischen Imperiums aufzuzwingen. Auch wenn der ,Wille' der beiden Länder nur darin bestehen sollte, faire Bedingungen für Polen auszuhandeln, wird dadurch der Einsatz der militärischen Mittel nicht unbedingt begrenzt. Ein rascher Erfolg könnte die Russen dazu veranlassen, sich unserem Willen zumindest für absehbare Zeit zu unterwerfen; das muss aber nicht eintreffen. Das müssen die Russen selber entscheiden. Wenn sie den Totalen Krieg wollen, können sie ihn haben."

Hatte nicht gerade eben noch Reichspropagandaminister Goebbels etwas vom „Totalen Krieg" gebrüllt? Im geplanten Totalen Krieg gegen „Russland" sollten britische und amerikanische Truppen durch polnische Freiwilligenverbände verstärkt werden. Dazu sollten 100.000 Angehörige von Wehrmacht und SS unter alliiertem Oberkommando gen Osten ziehen! Es blieb aber nicht bei Churchills makabren Kriegsszenarien. Man schuf auch Fakten. Elbebrücken wurden zerstört, um die Rote Armee am

Vormarsch zu hindern. Dresden wurde in letzter Minute zerstört, um den Sowjets noch einmal die überlegene Feuerkraft der westlichen Luftwaffe zu demonstrieren. Und als Hitler von der Bildfläche verschwunden war, errichtete sein Nachfolger, Großadmiral Karl Dönitz, in Flensburg ein letztes Deutsches Reich, das sich nördlich der Elbelinie immerhin noch weit nach Skandinavien hinein erstreckte. Dorthin zogen sich ganze Divisionen von Wehrmacht und SS aus den von den Westmächten kontrollierten Gebieten zurück, und verblieben in Schleswig-Holstein und Dänemark als nach wie vor vollständige Kampfeinheiten in Wartestellung.

Der Öffentlichkeit wurde das Restreich des verrückten Großadmirals Dönitz immer als humanitäre Maßnahme verkauft: Dönitz habe dafür gesorgt, dass Flüchtlingsmassen aus Ostpreußen sicher und geordnet über die Ostsee nach Schleswig-Holstein flüchten konnten. Welche logistischen Möglichkeiten der weitgehend isolierte nazistische Erblassverwalter noch gehabt haben sollte, um den bedauernswerten Flüchtlingen zu helfen, bleibt das Geheimnis der Produzenten dieser Legende. Allerdings weist der englische Historiker Richard J. Evans auf einen anderen Aspekt hin: dadurch, dass an der Ostfront im Gegensatz zur Westfront immer noch kein Waffenstillstand abgeschlossen war, soll es 1.75 Millionen Wehrmachts- und SS-Angehörigen gelungen sein, nach Westen zu entweichen und somit der russischen Gefangenschaft zu entkommen[18]. Auch diese Zahlen sind mit Vorsicht zu genießen. Denn wie sollen Millionen von Soldaten in einem Zeitraum von nur zwei Wochen in den sicheren Westen gelangt sein? Dass die Nazi-Funktionäre und höheren Offiziere auf diese Weise entweichen konnten, steht allerdings außer Zweifel.

Schon im Krieg hatten höhere Mitglieder des diplomatischen Corps und der Wehrmacht heimlich mit den Geheimdiensten der USA und Englands über einen Putsch gegen Hitler verhandelt und ihnen die volle Unterstützung des deutschen Machtapparates angeboten, um mit den Westalliierten zusammen die Sowjetunion anzugreifen[19]. Diese Kontakte zahlten sich jetzt aus. 1951 veröffentlichte die Wochenzeitung Die Zeit einen Vorauszug aus einem Erinnerungsbuch von Johann Ludwig Graf Schwerin von Krosigk. Jener Graf mit dem endlosen Namen hatte schon in der Weimarer Republik als Reichsminster gedient, blieb auch unter

Hitler Finanzminister und avancierte nunmehr unter Dönitz zum All-zweck-Minister. Er weiß über die verrückte Flensburger Episode freimütig zu berichten:

„In den Ressorts wurde, soweit das möglich war, Material gesammelt, die Lage in den einzelnen Verwaltungszweigen in Denkschriften dar-gestellt, und es wurden Vorschläge ausgearbeitet, welche der alliierten Kommission, die unter Leitung eines amerikanischen und eines eng-lischen Generals in Mürwik eingetroffen war, vorgelegt und mit deren Sachverständigen besprochen werden sollten. Die Arbeit schien sich nicht schlecht anzulassen."[20]

Also: ranghöchste alliierte Militärs treffen sich mit der amtierenden Regierung eines Terrorapparates, der systematischen Völkermord an mindestens 40 Millionen Menschen begangen hat, um die weitere ge-meinsame Zukunft zu besprechen. Es wird deswegen hier so ausführlich dargelegt, weil diese Nische der Weltgeschichte bislang weitgehend unbe-achtet geblieben ist.

Und weiter:

„Es scheint, als habe man, vor allem auf englischer Seite, in den ersten Tagen nach dem Zusammenbruch ernsthaft an eine Zusammenarbeit mit der Regierung Dönitz gedacht. Nach dem 15. Mai trat eine merkbare Änderung in dem Verhalten der Besatzungsstellen ein."[21]

Der verrückte General Patton und seine SS-„Hurensöhne"

Irgendjemand musste den Kriegseifer Churchills gedämpft haben. Ver-mutlich erfolgte ein Machtwort aus Washington. Am 23. Mai 1945 wurde jedenfalls die Regierung Dönitz von alliierten Soldaten verhaftet. Da-mit fand das „Dritte Reich" nun wirklich ein Ende. Dennoch agierten vereinzelt auch US-Generäle im Sinne Churchills. Der exzentrische US-General George Patton amtierte als provisorischer Gouverneur von Bayern. In dieser Eigenschaft reaktivierte er das bereits aufgelöste XIII. Armeekorps der deutschen Wehrmacht, und unterstellte es der SS-Einheit „Götz von Berlichingen". Sodann landete Patton mit einem Hubschrau-ber inmitten der eigens für ihn angetretenen SS-Einheit und nahm ihre Bereitschaftsbekundung, in einem erneuten Krieg gegen die Sowjetunion

73

zu kämpfen, nach einem frohgemuten dreimalig kollektiv ausgestoßenen „Heil Hitler!", entgegen. Patton lobte seine neuen SS-Mitstreiter als eine „Bande sehr disziplinierter Hurensöhne."[22] Doch auch Patton wurde aus Washington zurückgepfiffen.

Den Menschen in Großbritannien gebührt ein Friedensnobelpreis. Denn am 5. Juli 1945 verjagten die Engländer, Waliser, Nordiren und Schotten den Kriegstreiber Churchill bei der Unterhauswahl mit einem Erdrutschsieg für die Labour-Partei aus dem Amt. Mitten in der Konferenz der Siegermächte in Potsdam im August 1945 musste deswegen Churchill seinen Stuhl räumen für den neuen englischen Premier Clement Attlee. Und der hatte nichts am Hut mit einem neuen Krieg, sondern wollte Großbritannien endlich einen modernen Sozialstaat bescheren.

Großbritannien raus aus der Kriegsmatrix. Die USA dafür erneut hinein. Und zwar mit einer völlig neuen Strategie, gegen die sich Churchills Operation Unthinkable vorsintflutlich ausnimmt. Denn die USA hatten mittlerweile die Atombombe entwickelt. Das änderte alles. Eine solche neue Wunderwaffe mit bislang ungekannter Zerstörungskraft sollte die Sowjets in die Knie zwingen. Zwei Demonstrationen der neuen Macht am lebenden Objekt verfehlten ihren Eindruck nicht. Als die Atombombe von Hiroshima am 8. August, sechs Tage nach dem Ende der Konferenz von Potsdam, ihre grässliche Macht entfaltete, zeigte sich erneut, dass Truman von den „Weisen Männern" der Außenpolitik hinters Licht geführt worden war. Er verkündete, die Horrorbombe habe lediglich eine „Militärbasis" getroffen[23]. Hiroshima und einen Tag später Nagasaki. Unzählige unschuldige Menschen, Tiere und Pflanzen verdampfen in Sekundenschnelle. Es geht nicht darum, den Krieg rascher zu beenden – Kaiser Hirohito hatte bereits die bedingungslose Kapitulation angeboten. Es geht vielmehr darum, zwei verschiedene Arten von Atombomben am lebenden Objekt auszuprobieren. Und vor allem: um die Sowjetunion einzuschüchtern.

Doch auch diese Rechnung geht glücklicherweise nicht auf. Denn bereits bei der Entwicklung der neuartigen Atombombe in Los Alamos in der Wüste Nevadas arbeitet im Entwicklungsteam der deutsche Physiker Klaus Fuchs. Auch ihm gebührt postum der Friedensnobelpreis. Denn

Fuchs erkannte, dass ein dritter, nunmehr atomarer Weltkrieg nur verhindert werden kann, wenn auch die Sowjetunion über eine Atombombe verfügt, und damit sodann das „Gleichgewicht des Schreckens" hergestellt ist. Also gab Fuchs die Formel für die Atombombe an die Sowjets weiter, die auf diese Weise im Jahre 1949 ebenfalls eine solche Waffe einsatzbereit hatten.

Kapitel 5
Der Kalte Krieg – gar nicht so kalt ...

„Churchill führte aus, dass wenn eine amerikanische Atombombe den Kreml ausradieren würde, es ein Leichtes wäre, ein Gleichgewicht mit den Russen auszutarieren. Denn der Ansprechpartner [die sowjetische Regierung] wäre ja dann nicht mehr vorhanden." (Aus einem FBI-Report 1947)

Das war der Zeitpunkt, an dem die Vereinigten Staaten von Amerika sich radikal neu aufstellten.

Bislang waren die USA nämlich durchaus ein ziviler Bundesstaat mit schlanker Sicherheitsarchitektur. Soll heißen: in Friedenszeiten unterhielten die USA nur ein verhältnismäßig kleines Militär. Dieses war aber groß genug, punktuell weltweit den amerikanischen Wirtschaftsinteressen durch Militärschläge gehörige Geltung zu verschaffen. Das war die so genannte „Kanonenboot-Politik". Zu diesem Zweck verfügen die amerikanischen Streitkräfte über eine vierte Waffengattung, die so genannten Marines. Kontingente von Infanterie können auf schnellen Schiffen zeitnah in Krisengebieten erscheinen und dort in die Gefechte eingreifen. Es gab durchaus auch längerfristige kriegerische Auseinandersetzungen, z.B. auf den Philippinen, die ungefähr zehn Jahre dauerten. Jedoch blieben Personal und Staatsausgaben für den militärischen Bedarf überschaubar. Im Ersten Weltkrieg, wir haben es gesehen, sollten die USA zunächst Zuschauer bleiben. Nur das amerikanische Geld kämpfte zunächst auf französischer und englischer Seite mit. Erst als Frankreich und England zahlungsunfähig wurden, und Russland durch die Bolschewisten neutralisiert wurde, musste die Regierung der USA mitsamt ihrer industriellen Kapazitäten rasch in den Modus eines totalen Krieges umschalten. Nach dem Krieg fuhr Präsident Harding die Kriegsmaschine allerdings gleich wieder zurück auf den vertrauten Kanonenboot-Modus.

Nach dem gewonnenen Zweiten Weltkrieg waren die Karten jedoch völlig anders gemischt. Zuvor hatte die Regierung Roosevelt im Krieg auch wieder improvisieren müssen, wie wir wissen. Erst nach Pearl Harbor und nach Hitlers vollkommen überflüssiger Kriegserklärung gegen die USA hatte Roosevelt die Akzeptanz gewonnen, gegen die Nazis Krieg zu führen. Auch diesmal wieder wurde der totale Krieg mehr improvisiert als geplant. Dennoch lief alles mit hoher Effizienz an. Nun war das Nazireich zerfetzt worden. Und auch die US-Geheimdienste stellten zutreffend fest, dass auf der anderen Seite die Sowjetunion in diesem mörderischen Vernichtungskrieg, den Wehrmacht und SS geführt hatten, vollkommen ausgelaugt war. Die verbliebenen Kräfte wurden absorbiert für die Wiederherstellung der Ordnung und für polizeiliche Aufgaben in den neuen Satellitenstaaten westlich der UdSSR. Die Russen waren weit davon entfernt, an einen Angriffskrieg auch nur ansatzweise zu denken[1].

Nichtsdestoweniger begann nun im Angesicht des totalen Triumphes die rücksichtslose Umwandlung der USA in einen Staat extremer Aufrüstung und ständiger Gefechtsbereitschaft. Die Nation war nun in permanenter Habachtstellung. Es ist nur wenigen Menschen bewusst, dass die USA sich seit dieser Zeit ununterbrochen im Kriegszustand befindlich fühlt. Optionen, ab jetzt mit dem Kriegsverbündeten Sowjetunion in Frieden und in wirtschaftlichem Austausch zusammen zu leben und von den Vorzügen der anderen Seite zu profitieren, wurden abgewiesen. Da die Bevölkerung in Amerika eine überwiegend positive Meinung zu den sowjetischen Partnern hatte, mussten die elitären Putschisten aus den obersten Etagen der Gesellschaft der USA schön methodisch Schritt für Schritt vorgehen.

Der Aufbau einer Geheimregierung in den USA

Schritt eins: die stille und klammheimliche Umwandlung des politischen Systems. Die USA war immer ein extrem exklusives System. Eine selbsterklärte Elite von wenigen superreichen Familien samt ihrer Entourage lebt in einem selbstreferentiellen Orbit und reproduziert sich über Generationen. Das gemeine Volk bleibt außen vor und ist nur Objekt der Beschlüsse der chosen few, der wenigen Auserwählten. Nun hatte Franklin Delano Roosevelt diesen inzestuösen Zirkel ein wenig aufgebrochen und die mittleren und unteren Gesellschaftsschichten in die Gestaltung der Politik mit einbezogen. Es waren also 1945 zwölf Jahre einer vorsichtigen Demokratisierung vergangen. Nun jedoch sollte Schluss sein mit der Teilung der drei Gewalten: Exekutive – Legislative und Judikative, also: dass sich Regierung, Parlament und Gerichtsbarkeit gegenseitig kontrollieren und zähmen in ihrer Machtgier. Die berühmten checks and balances, auf die die Amerikaner immer so stolz sind, wurden außer Kraft gesetzt.

Präsident Truman veranlasste nämlich im Juli 1947 die Gründung des Nationalen Sicherheitsrates. Eine Art geheimes Kern-Kabinett. Hier sitzen Präsident, Verteidigungs- und Außenminister sowie die Chefs der Geheimdienste zusammen. Weitere Experten werden je nach Bedarf hinzugeholt. Über Verlauf der Sitzungen und deren Beschlüsse wird strengstes Stillschweigen bewahrt. Der National Security Council (NSC verfügt über einen Etat, dessen Verwendung die Öffentlichkeit nichts angeht. Der Kongress in Washington, also das Zweikammern-Parlament der USA, stimmte seiner Entmachtung begeistert zu.

Die USA sind seit der Einführung des NSC keine Demokratie mehr, sondern bestenfalls noch eine Fassadendemokratie. Dem Präsidenten sind diktatorische Vollmachten zugeteilt. Er darf z.B. ohne jede weitere Rücksprache in jenen besonderen Raum gehen und den roten Knopf drücken, der den Atomkrieg auslöst[2]. In den 1950er Jahren erreicht die Arroganz der Macht neue Bestwerte, als Präsident Eisenhower für sein Amt das executive privilege beansprucht: das Staatsoberhaupt und seine Mitarbeiter können Informationen ganz nach Gusto zurückhalten und ihre Veröffentlichung verweigern mit der Begründung, ihre Geheimhaltung befände sich im Interesse des großen Ganzen[3].

Doch mit dem National Security Act von 1947 werden nicht nur die wirklich wichtigen Entscheidungen vor der Öffentlichkeit verborgen. Es wird zudem der neue Super-Geheimdienst Central Intelligence Agency (CIA gegründet, bei dessen Namensnennung bei vielen Menschen auf diesem Globus der Adrenalinpegel automatisch ansteigt. Später sollte dem Super-Geheimdienst CIA noch der Super-Ausspähdienst National Security Agency hinzugefügt werden.

Die nukleare Auslöschung der Sowjetunion als kostengünstige Variante

Soweit die Maßnahmen, um die USA von innen her für einen dauerhaften Kriegszustand bereit zu halten. Aber: welche Art von Krieg wollte man mit diesem autoritär-diskreten Regierungsapparat denn eigentlich führen? Eine von Roosevelts Sozialreformen genussfreudiger gewordene US-Gesellschaft gleich wieder in Rekrutenaushebungen gigantischen Ausmaßes zu stoßen war nicht wirklich ratsam. Doch glaubte man nun, die jungen amerikanischen Männer schonen zu können durch eine weitaus rationellere und weitaus anonymere Methode, den Feind niederzuringen. Die im Manhattan Project entwickelte Atombombe erschien als das ideale Mittel der Wahl. Ein buchstäblicher Quantensprung in der imperialistischen Weltbeherrschungskunst.

Schon im Krieg, noch vor der Invasion in der Normandie 1944, plagte die US-Strategen und Geheimdienstoffiziere nämlich nur eine Sorge, dass nämlich „nach einer Niederlage Deutschlands keine Macht allein und keine Gruppe von Mächten, in der wir [die USA] keinen starken Einfluss haben, die Kräfte Europas führen darf."[4] Also mussten die Sowjets um jeden Preis in Schach gehalten werden, um Europa als Brückenkopf nach Eurasien für die Amerikaner frei zu halten. Zugleich war allerdings das seit den 1920er Jahren anvisierte Ziel, die Sowjetunion zu vernichten, nie ganz aufgegeben worden. Für Präsident Roosevelt war das zwar keine Option. Aber sein unerfahrener Nachfolger Truman nahm den Faden wieder auf. Nach Hiroshima und Nagasaki hatten die US-Strategen die Gewissheit, dass die Atombombentechnologie in zwei Varianten funktioniert. Die neuartige Nuklearwaffe hatte nun ihr Gütesiegel als „combat proven", als tauglich im Ernstfall, redlich erworben. Der Strategieplan Totality aus dem Jahre 1945 sah vor, die zwanzig wichtigsten Großstädte der Sowjetunion gerade so wie Hiroshima und Nagasaki in atomare Asche zu legen. Diesen Plan hatte kein Geringerer als General Eisenhower für Truman ausgearbeitet.

Glücklicherweise für uns alle zündete die Sowjetunion am 29. August 1949 ihre erste Atombombe. Nun konnten die Sowjets mit einem Schlag so viele Bomben bauen, um mit dem Gleichgewicht des Schreckens die grausige nukleare Apokalypse zu verhindern. Die Amerikaner mussten einsehen, dass die atomare Einäscherung der Sowjetunion nicht sofort durchzuführen war. Zudem lastete als Mühlstein auf den US-Militärpraktikern, dass es noch keine wirklich zuverlässigen Trägersysteme gab, die Atombomben an den richtigen Ort zur richtigen Zeit zu transportieren wussten. In Japan war zur Zeit des Abwurfs der A-Bombe „Little Boy" durch die Boeing Superfortress B-29 jegliche japanische Luftabwehr zum Erliegen gekommen. Aber wie wollte man die sowjetische Luftabwehr überlisten und dann Moskau bombardieren? Man musste noch ein wenig nachbessern. Folglich wurde als Reaktion auf das sowjetische Aufholmanöver noch im Jahre 1949 die Operation Dropshot von den höchsten Militärs zusammen mit den Geheimdiensten erarbeitet. Der erst 1978 aus der Geheimhaltung entlassene Masterplan sah vor, dass im Jahre 1957 einhundert sowjetische Städte eingeäschert werden sollten von nunmehr 300 Atombomben sowie 29.000 konventionellen Bomben. Das sei ja nur ein Gedankenspiel der Militärs gewesen, die frustriert waren, dass Truman den Wehretat in den ersten Nachkriegsjahren drastisch heruntergefahren hatte, so argumentierten 1978 dem Pentagon nahestehende Wissenschaftler und Medienleute[5]. Eine makabre und wenig überzeugende Argumentation.

Und schon zogen die Zauberer aus den radikal militarisierten USA das nächste Kaninchen aus dem Hut. Denn 1952 konnten die Amerikaner mit der Zündung der ersten Wasserstoffbombe mit der 800fachen Zerstörungskraft der Hiroshima-Atombombe erneut auftrumpfen. Doch die Sowjets hatten mittlerweile technologisch aufgeholt, und zündeten ihrerseits im Jahre 1953 eine Wasserstoffbombe. Damit war das Gleichgewicht des Schreckens erneut hergestellt. Dennoch verkündete die US-Regierung 1954 ihre Militärdoktrin der Massiven Vergeltung. Das hieß: wenn die Sowjetunion versuchen würde, in das Revier der USA einzudringen, dann würden die amerikanischen Streitkräfte sofort und ohne weitere Rücksprache mit den Sowjets ihre Nuklearwaffen auf Moskau schießen.

Das war hoch gepokert und verwandelte die nukleare Auslöschung der Menschheit in eine beklemmend realistische Option.

Wie gesagt: dass die nukleare Auslöschung der Sowjetunion auf der Agenda-Liste der US-Regierung stand, haben die diskreten Eliten natürlich nicht öffentlich zugegeben. Henne und Ei wurden hier von der US-Propaganda mal eben vertauscht: die Amerikaner rüsteten ja nur atomar im Turbomodus auf, weil die Sowjets die „Freie Welt" mit ihren Waffen bedrohten. Aktion und Reaktion wurden fortwährend verwechselt, um die bedrohte Sowjetunion quasi zu kriminalisieren. Den Menschen draußen im Lande präsentierte man die Sowjetunion und ihre Menschen deshalb lieber von der denkbar negativsten Seite.

Es waren aber nicht nur Hillbilly-Populisten und politische Glücksritter wie McCarthy, die Stimmung gegen die Sowjetunion machten. George Kennan war ein Mann aus der Elite, hochgebildet, sprach fließend Russisch und war als Botschaftsmitarbeiter lange Jahre in Moskau tätig. Andererseits ging er seinen Kollegen wegen seiner Begeisterung für Hitler und die Nazis auf die Nerven[6]. Dieser Ostexperte schrieb 1947 unter dem nicht sonderlich originellen Pseudonym „Mister X" sein berühmt-berüchtigtes „Langes Telegramm" aus Moskau an die Eliten der USA. Was bedeutet: sein Telegramm-Elaborat wurde im Zentralorgan Foreign Affairs des ungeheuer einflussreichen Council on Foreign Relations veröffentlicht und gilt als Wegbereiter der noch zu erläuternden „Truman Doktrin"[7]. Wesentlicher Gedanke: die Sowjets haben ihren Weltrevolutionsanspruch nie aufgegeben, auch wenn es im Moment gar nicht danach aussieht. „Die Russen" sind von Natur aus misstrauisch und werden sich nicht auf irgendwelche Integration in das von den Amerikanern dominierte Weltsystem einlassen. Kurzum: man muss „die Russen" mit einem Zaun einhegen. Diese Einhegung nannte Kennan „Containment". Krieg sollte man nicht gegen sie führen, aber sie so langsam in ihrem eigenen Saft verschmoren lassen. Eine Konzeption, beiläufig bemerkt, die sich 1989 letztlich als erfolgreich erweisen sollte.

Churchill-Rede:
Die Welt soll von USA und Großbritannien geführt werden

Es ging, wie wir sehen, auch ganz wesentlich darum, dass die angloa-merikanische Koalition potentiellen Widersachern wie der Sowjetunion die Deutungshoheit in der großen Politik abknöpfen und das Monopol erringen für die Definition, was Freiheit, was Frieden und was Wohlstand ist – und entsprechend auch die angloamerikanische Sichtweise über die Negation dieser Schlagworte zu bestimmen, also: was sind Unfreiheit, Krieg und Armut?

Ein ganz wichtiger Baustein in dieser ideologischen Besitzergreifung stellt Winston Churchills Rede an der Mini-Universität Fulton im US-Bun-desstaat Missouri am 5. März 1946 dar. Den Menschen draußen im Lande wird diese Rede vorgestellt als Beginn des Kalten Krieges zwischen den Westmächten und der Sowjetunion. Alles was wir darüber gelernt haben ist Churchills Aussage, dass nunmehr ein Eiserner Vorhang sich mitten durch Europa gezogen hat. Um das festzustellen, muss man nun nicht unbedingt nach Fulton reisen. Tatsächlich ist Churchills Fulton-Rede ge-spickt mit ungeheuerlichen Machtanmaßungen, sodass sich ihre genaue Lektüre absolut lohnt und hier nacherzählt wird.

Churchill bekam von der Westminster-Universität in Fulton einen Ehrendoktortitel zuerkannt. Mit der Einladung eines politischen Schwer-gewichts kann eine kleine Universität kostengünstig viel Aufmerksamkeit auf sich lenken und Fördergelder einheimsen. Präsidenten-Azubi Truman wiederum war noch kein politisches Schwergewicht. Churchills Agenda war aber auch seine Agenda. Also begleitete Truman Churchill, der ge-rade vor sieben Monaten von den Wählern in Großbritannien in den politischen Vorruhestand geschickt worden war, mit der Eisenbahn nach Fulton, um den entmachteten Churchill das sagen zu lassen, was dem Washingtoner Establishment schon lange auf dem Herzen lag. Churchills Rede wird also im ganzen Land via Radio übertragen.

Nach ein paar Artigkeiten kommt der Redner zum Thema. Die neu geschaffene UNO sollte unbedingt eine bewaffnete internationale Streit-kraft zur Seite gestellt bekommen. Die Atombombe sollte man dieser UNO-Truppe jetzt aber noch nicht in die Hand geben. Und, meine Herren, diese Weltorganisation, die in diesen instabilen Zeiten so ungeheuer wichtig ist, kann nur existieren auf der Grundlage der „fraternal association of the English speaking peoples". Also eine Waffenbruderschaft der englisch sprechenden Völker. Zu diesem Zweck müssen die USA und das Britische Commonwealth weitaus enger zusammenrücken als bisher. Sie müssen ihre Waffensysteme synchronisieren und ihre Geheimdienste ineinander verzahnen. Letztendlich sollte auch eine gemeinsame Staatsbürgerschaft der Bürger der USA und des Britischen Commonwealth dabei nicht ausgeschlossen sein.

Die Menschheit steht vor der Wahl: Demokratie oder Tyrannei. Demokratie ist absolut identisch mit den politischen Systemen der USA und Großbritanniens. Demokratie entstand aus Magna Carta, Habeas Corpus, amerikanischer Verfassung, Rechtstaatlichkeit und der Möglichkeit zu wählen. Dass es bereits seit siebenhundert Jahren die Schweizer Demokratie gegeben hat; dass Frankreich die Revolution von 1789 vollbracht hat; dass Deutschland die bürgerliche Revolution von 1848 hinter sich hatte und das Bürgerliche Gesetzbuch hervorbrachte: nicht der Erwähnung wert. Nein, Demokratie ist ausschließlich die Errungenschaft der englisch sprechenden Völker. Und Churchill weissagt, dass in den nächsten Jahrzehnten dank der englisch sprechenden Völker ein noch nie zuvor gekannter Massenwohlstand ausbrechen wird. Ist es nicht illoyal, wenn die englisch sprechenden Völker die UNO so deutlich dominieren? Nein, findet Churchill: wenn zwei so eng miteinander verwandte und vertraute Familien gemeinsam am Tempel des Weltfriedens bauen, kann das nur von Nutzen für alle sein. Frieden, so lernen wir also von Churchill, ist ein spezifisch angloamerikanisch generiertes Produkt.

Aber – leider, leider! – so Churchill weiter, wirft sich da ein bedrohlicher Schatten auf die neue angloamerikanische Friedensordnung. Es ist meine moralische Verpflichtung, dass ich Ihnen das hier in Fulton mitteilen muss. Wir alle, und besonders ich, bewundern ja die Standhaftigkeit des russischen Volkes im letzten Krieg, und ich hege eine tiefe Bewunderung für Marschall Stalin. Aber es trennt die freie Welt von der Tyrannei ein neuer Eiserner Vorhang, und der geht von Stettin an der Ostsee bis nach Bukarest. Überall – furchtbar! – Polizeistaat. Nur in der Tschechoslowakei gibt es noch Demokratie. Wenn es nun den Sowjets noch gelingen sollte, auch in Ostdeutschland ein prokommunistisches Regime zu installieren, könnte das die drei deutschen Westzonen destabilisieren, und die Deutschen könnten am Ende auch noch selber das politische System auswählen, das ihnen mehr gefällt. Dagegen hilft nur eine europäische Einigung. Die Fünften Kolonnen der Kommunisten sind überall und stellen eine massive Gefahr für die christliche Zivilisation dar.

Und es ist nun mal so, meine Damen und Herren, ich kenne die Russen: die werden uns nur respektieren, wenn wir ihnen mit Stärke und Entschlossenheit entgegentreten. Und: irgendein Machtgleichgewicht zwischen dem angloamerikanischen Block und anderen Staaten ist einfach „unsolide" (unsound). Das darf es nicht geben. Deswegen muss die angloamerikanische Bruderschaft entschlossen vorgehen unter dem Dach der UNO. Von daher meine Vision vom wiedererstarkten Britentum. Und noch einmal: wenn sich alle englisch sprechenden Völker zusammentun, dann ist endgültig Schluss mit dem wackligen Gleichgewicht der Mächte.

Soweit die Zusammenfassung der berühmten Fulton-Rede Churchills. Sie erhält nicht wegen ihrer Brillanz (die nicht ohne weiteres für jeden erkennbar ist) so einen breiten Raum in dieser Betrachtung. Sondern wegen der ungeheuerlichen Offenheit, mit der ein schrankenloser Machtanspruch zweier Staaten über die ganze Welt eingefordert wird. Die Fulton-Rede wird immer nur wegen der Begriffsprägung „Eiserner Vorhang" herangezogen. Dabei vollzieht sich hier eine dreiste Umfunktionierung vorhandener Begriffe und Institutionen. Die UNO und die anderen Instrumente der Ordnung von Bretton Woods wie z.B. IWF, Weltbank oder GATT waren von ihren Inspiratoren Roosevelt, Morgenthau und Dexter White als weltumspannende und weltverbindende Instrumente eines friedlichen und zivilen Systems erdacht worden. Staaten unterschiedlichster ideologischer Orientierung sollten miteinander Handel und Wandel treiben und sich auf diese Weise näher kommen. Churchill und seine amerikanischen Mitstreiter widmen nun die mit hohem Ansehen gestartete UNO um in ein Werkzeug angloamerikanischer Weltbeherrschung. Die UNO soll sozusagen als Verstärker des Willens der anglophonen Staaten dienen. Das muss notgedrungen Staaten wie die UdSSR ausschließen. Konfrontation auf höchstem Niveau ist auf diese Weise unvermeidlich. Kriege sind in einem solchen Verständnis unausweichlich. Churchills Fulton-Philosophie kommt im manichäischen Gewand daher: was nicht angloamerikanisch ist, ist totalitär, kriegerisch, unfrei, dunkel, moralisch unsauber.

Churchill: die englischen Völker sollen die Menschheit beherrschen

Nun verstehen wir auch, warum Churchills Fulton-Rede den Titel trägt: „Die starken Sehnen des Friedens" (The Sinews of Peace). Und die starken Muskeln – das ist mit „Sehnen" gemeint - von Churchills Weltfriedensvision bestehen in der Verschmelzung Großbritanniens und der USA zu einer einzigen unwiderstehlichen Hegemonialmacht. Geschichtlich gut unterrichtete Leser wissen, dass Churchills Vision nicht auf seinem eigenen Mist gewachsen ist. Vielmehr hatte Ende des Neunzehnten Jahrhunderts der englische Abenteuer-Unternehmer Cecil Rhodes sein immenses Vermögen, das er bei der hemmungslosen Ausbeutung des südlichen Afrikas durch Gold- und Diamantenabbau und deren Vermarktung erworben hatte, einer Stiftung vermacht, die sich der Wiedervereinigung Großbritanniens und der USA verschrieben hatte. Einflussreiche englische Politiker, Wissenschaftler und Medienleute arbeiteten „an einer geheimen Gesellschaft nach den Vorschriften des Jesuitenordens zur Förderung von Frieden und Wohlfahrt in der Welt, sowie der Errichtung einer amerikanisch-britischen Föderation, mit einer absoluten innenpolitischen Selbständigkeit der beiden Bestandteile." So formulierte im Jahre 1902 die New York Times anlässlich des Todes von Cecil Rhodes[8]. Die Wiedervereinigung der abgespaltenen USA mit dem Mutterland Großbritannien war immer ein Wunschtraum der Eliten beiderseits des Atlantiks. Dass Churchill diese Vision einer angloamerikanischen Welt-Vorherrschaft so medienwirksam hinausposaunt zeigt allerdings, dass hinter Churchill eine starke Gemeinschaft stand.

Und trotz des Süßholzgeraspels in Churchills Rede durchschaut sein politisches Gegenüber Marschall Josef Stalin, selber alles andere als ein Unschuldslamm, den hoch gefährlichen Antrieb des englischen Matadors: „Die englische Rassentheorie führt Herrn Churchill und seine Freunde zu der Schlussfolgerung, dass die Englisch sprechenden Nationen, als die einzigen überlegenen Rassen, über die restlichen Nationen auf der Erde herrschen sollen. Tatsächlich präsentieren Herr Churchill und seine Freunde in Großbritannien und in den USA eine Art von Ultimatum: ‚Entweder akzeptiert Ihr unsere Herrschaft freiwillig, und dann ist es gut; anderenfalls ist ein Krieg unausweichlich‘. Aber die Völker haben keine Opfer gebracht, um die Sklaverei unter Hitler einzutauschen gegen eine Sklaverei unter Churchill."[9] Tatsächlich enthüllt ein Memorandum der US-Bundespolizei FBI aus dem Jahre 1947, dass Churchill den US-Präsidenten Truman zum heißen Atomkrieg gegen die Sowjetunion anstiften wollte: „Er [Churchill] führte aus, dass wenn eine amerikanische Atombombe den Kreml ausradieren würde, es ein Leichtes wäre, ein Gleichgewicht mit den Russen auszutarieren. Denn der Ansprechpartner [die sowjetische Regierung] wäre ja dann nicht mehr vorhanden."[10] Die Gelegenheit war günstig, denn noch besaß die Sowjetunion keinerlei Atomwaffen. Irgendwo musste es wohl selbst bei Truman moralische Skrupel gegeben haben, dass er auf diese Einflüsterung seines britischen Kampfgefährten nicht eingegangen ist.

Churchills ungenierter Rassismus

Wen meint Churchill eigentlich in seiner Fulton-Rede mit den „Englisch sprechenden Völkern"? Sollten jetzt also auch die Inder, die Englisch als gemeinsame Verkehrssprache benutzen, den Rest der Welt mit den Engländern und Nordamerikanern gemeinsam beherrschen? Gegen diese Annahme spricht allerdings eine Begebenheit. In den 1940er Jahren verursachte ein Wirbelsturm Missernten in Bengalen, die eine furchtbare Hungersnot zur Folge hatte. Millionen Menschen siechten elend dahin. Aus Kanada und aus Australien kam das Angebot, mit Nahrungslieferungen wenigstens ein bisschen die Not zu lindern. Churchill blockte diese Offerten ab. Die Nahrungsmittel würden noch benötigt für die Menschen im Balkan, die von den Westmächten in Bälde befreit werden sollten, wie es ja Churchills Planung war. Die sowjetischen Truppen sollten auf ihrem Vormarsch nach Westen abgefangen werden, wie wir bereits vernahmen. Churchill gab 1943 zu Protokoll: „Ich hasse die Inder. Sie sind ein viehisches Volk mit einer viehischen Religion …eine dreckige

Rasse, die nur durch ihre völlig aus dem Ruder gelaufene Fruchtbarkeit am Leben erhalten wird." Der berüchtigte General Arthur Harris, verantwortlich für die Bombardierung Dresdens, sollte gefälligst, so Churchill 1945 „…einige seiner überzähligen Bomber einsetzen, um sie [die Inder] zu vernichten."[11] Es kann also angenommen werden, dass Churchill mit den „Englisch sprechenden Völkern" wohl nur die weißen Bewohner der Britischen Inseln, der USA, Kanadas, Australiens und Neuseelands gemeint hat.

Uns wurde in der Schule gesagt, in der Fulton-Rede habe Churchill beklagt, dass die Sowjets jetzt einen Eisernen Vorhang über Europa gelegt hätten. Nun, es ist nicht anzunehmen, dass Churchill mit seinen 73 Lebensjahren bereits unter derart starkem Gedächtnisverlust gelitten haben sollte. Konnte er sich denn nicht mehr erinnern, dass er selber vom 9. bis zum 19. Oktober 1944 in Moskau mit Stalin an einem Tisch gesessen und in einem regelrechten Kuhhandel die schwächeren Staaten Europas verschachert hatte? Zusammen mit den Außenministern Molotow und Eden wurde die lange Zeit geheim gehaltene so genannte Prozentuale Abmachung vereinbart. Churchill saß am Tisch und schrieb auf einen Zettel, wieviel Prozent von jedem Land er für England haben wollte, und wie viel er großzügig Stalin überließ. Dann schob er den Zettel zu Stalin rüber, der dann seine eigenen Prozentzahlen darüber kritzelte. Demzufolge sollte Polen zu 100% an die Sowjets gehen; ebenso sollten 90% von Rumänien in Stalins Reich wandern. Ungarn und Bulgarien gingen zu 75% an Stalin. Jugoslawien wollte man sich halbe-halbe teilen. Griechenland überließ der Sowjetführer dagegen den Engländern <12>. Der später in diesen Deal eingeweihte Roosevelt war zwar irritiert über diese Alleingänge, segnete das dann jedoch ab.

Der Eiserne Vorhang war also von allen Seiten akzeptiert worden und stellte keine Neuigkeit dar. Es handelte sich um ein geopolitisches Abstecken der Reviere. In der Durchsetzung dieser Flurbereinigung zählt der Wille der einheimischen Bevölkerung sehr, sehr wenig, um nicht zu sagen: gar nichts. Entsprechend half Stalins Machtmaschine in seiner Einflussregion ihm genehmen Leuten in den Sattel. Wer sich widersetzte, musste ins innere oder äußere Exil gehen. Tat er das nicht, fand er sich möglicherweise in Umerziehungslagern wieder.

Auf der westlichen Seite des Eisernen Vorhangs ging es nicht zimperlicher zu. Eher im Gegenteil. Dazu in den nächsten Kapiteln mehr.

Kapitel 6
Flurbereinigung Europas für den großen Kreuzzug

„Das war ein ekelhaftes Geschäft, jeden Bastard einzusetzen, Hauptsache er war ein Antikommunist.",
(Harry Rositzke, Sowjetexperte beim CIA)

Griechenland war bei der Angliederung Westeuropas an die Pax Americana das härteste und eindringlichste Beispiel. Die Brutalität der geopolitischen Flurbereinigung zugunsten der Westmächte übertrifft in Griechenland alles, was sich an Tragödien im Ostblock zugunsten Stalins je abgespielt hat. Davon zeugen allein schon die 160.000 Toten vornehmlich in der Zivilbevölkerung, die dieser Krieg gekostet hat. Hier wurde mit härtesten Bandagen gegen die Bevölkerung gekämpft, wobei auch Napalm zum Einsatz kam.

Griechenland war bereits 1941 von deutschen, italienischen und bulgarischen Einheiten überfallen und besetzt worden. Die faschistische Besetzung manifestierte sich in Brandschatzungen, Morden und Entführungen von monströser Größenordnung. Achtzig Prozent der Industrie Griechenlands wurde zerstört. Schätzungsweise zehn Prozent der Bevölkerung gingen durch Exekutionen, kriegerische Auseinandersetzungen oder durch Hungersnöte zugrunde. Allerdings hatte die Härte der Unterdrückung zur Folge, dass der antifaschistische Widerstand einen außergewöhnlichen Mobilisierungsgrad erreichte. Von den verbliebenen 7.3 Millionen Griechen waren je nach Schätzungen 500.000 bis zwei Millionen Bürger aktiv im Widerstand. Also etwa jeder vierte Grieche oder Griechin riskierten ihr Leben für ihre Freiheit. Die Nationale Befreiungsfront EAM und die Griechische Volksbefreiungsarmee ELAS waren gut aufgestellt. Diese Kämpfer hatten in ihrer Heimat eine Infrastruktur aufgebaut, die sich für eine Nachkriegsordnung gut geeignet hätte, wenn nicht ...ja wenn nicht Churchill und seine Mitstreiter ganz andere Pläne gehabt hätten, die sie mit äußerster Brutalität durchzusetzen gewillt waren.

Im Oktober 1944 zogen nämlich die Truppen der Wehrmacht und Bulgariens aus Griechenland ab, um an der Ostfront zu retten, was noch zu retten war. Nun war Griechenland eigentlich endlich frei. Doch als nächstes marschieren die Engländer in Athen ein, und die gutmütigen Griechen ahnen noch nicht, was ihnen nun blüht. Denn die Briten kooperieren sofort mit den griechischen Faschisten, die als Nazi-Kollaborateure die deutsche Terrorherrschaft unterstützt hatten. Zu ihnen gesellen sich noch liberale und konservative Griechen, die in Ägypten, weit ab vom Schuss, eine Exilregierung geführt hatten. Dazu griechische Truppenverbände, die als Unterstützungsarmee die englischen Verbände zu allen möglichen Kriegsschauplätzen begleiteten. Zunächst kommt es zu einer Regierung der Nationalen Einheit, an der auch sechs EAM-Mitglieder beteiligt sind. Nun wird allerdings die Schraube angezogen. Die neuen Herren aus dem Ausland verlangen jetzt eine einseitige Entwaffnung der legitimen Antifaschisten der EAM und der ELAS. Die Nazi-Kollaborateure sollten ihre Waffen behalten. Es kommt zum Dekemvriana, zum Bürgerkrieg im Dezember 1944. Britische Besatzungstruppen gemeinsam mit den Nazi-Kollaborateuren bereiten EAM und ELAS eine militärische Niederlage.

Bürgerkrieg? Eher ein Massaker

Das Schlachtfest, das nun beginnt, trägt in der westlichen Wertegemeinschaft den Titel: „Griechischer Bürgerkrieg". Ein solcher Begriff soll bewusst in die Irre führen. Erstens kämpfen hier keine griechischen Bürger gegeneinander, sondern faschistische Schocktruppen unter ausländischer Regie zerschlagen gewachsene zivile Strukturen, die geopolitischen Interessen Dritter im Wege stehen. Zweitens suggeriert der Begriff „Bürgerkrieg" einen symmetrischen Krieg. Also einen Krieg zwischen zwei gleich starken Parteien, wo das Kriegsglück entscheidet. Das ist im Falle Griechenlands in den späten 1940er Jahren so unzutreffend wie bei allen späteren „Bürgerkriegen", sei es in Ruanda, Kongo oder aktuell in Syrien.

Im Falle Griechenlands handelte es sich um ein perfides Katz-und-Maus-Spiel, das die vollständige Vernichtung der griechischen Selbstbestimmung zum Ziel hatte. Denn, um auf den Jahreswechsel 1944/45 in Griechenland zurückzukommen: nach ihrer militärischen Niederlage gaben EAM und ELAS ihre Waffen ab und waren nun bereit, an einer zivilen Koalitionsregierung mitzuwirken. Das wurde im Vertrag von Varkiza am 12. Februar 1945 feierlich von allen Seiten besiegelt. Doch das Ziel der Westmächte bestand definitiv darin, alle Kräfte, die auch nur ansatzweise der Einbindung Griechenlands in den militärischen Aufmarsch gegen die Sowjetunion im Wege stehen könnten, mit Stumpf und Stiel auszurotten. Man musste also die nunmehr entwaffneten Volksbefreiungskräfte so weit provozieren, dass sie in einen militärisch chancenlosen Endkampf – alles oder nichts – einsteigen würden. Die nunmehr entwaffneten Kämpfer der EAM und ELAS sahen sich dem so genannten „Weißen Terror" ausgesetzt. Faschistische Terrorbanden massakrierten die wehrlosen Antifaschisten. Es ist wohl nachzuvollziehen, dass die Antifaschisten nicht an den allgemeinen Wahlen im Jahre 1946 unter solchen Umständen teilnahmen. Sie beschließen, sich erneut zu bewaffnen. Hierbei kommt ihnen die Nachbarschaft zu den mittlerweile kommunistisch gewendeten Staaten Jugoslawien und Bulgarien zugute. Ähnlich wie die Vietkong die Nachbarländer Laos und Kambodscha als Rückzugsgebiete nutzten, so nutzten die Antifaschisten diese Nachbarländer, die ihnen gerne halfen.

Und hier erweist sich, dass auch der oft für den Griechenland-Konflikt verwendete Begriff „Stellvertreterkrieg" nicht zutreffend ist. Denn Großbritannien lässt zwar seine Marionetten für sich tanzen – Stalin hält sich dagegen vornehm aus dem Gemetzel heraus. Wir wissen heute warum. Er saß ja 1944 mit Churchill zusammen und überließ dem Engländer im Gegenzug für Rumänien das bevölkerungsarme Griechenland. Während die Kommunisten in Jugoslawien und Bulgarien noch ganz frisch und unverbraucht als Überzeugungstäter an der bedingungslosen Solidarität mit ihren gequälten Schwestern und Brüdern in Griechenland festhalten, denkt der Routinier Stalin in anderen geopolitischen Größenordnungen.

Die Truman-Doktrin

Nun kommt ein neuer, ebenfalls unverbrauchter Spieler dazu, nämlich die USA. Denn wieder einmal, wie schon im Ersten Weltkrieg, ist Großbritannien durch die exorbitanten Kriegskosten pleite, und kann die Arrondierung der Westfront am Mittelmeer nicht mehr länger bezahlen. Das ist der Auslöser der Truman-Doktrin. Das Militär-Industrielle Establishment in Washington hatte schon länger Ausschau gehalten nach einem geeigneten Anlass, um mit einer Rundum-Eroberungsstrategie in Europa einzusteigen. Also, mit einer kombinierten Aktion von Militär, Geheimdiensten, zivilen Netzwerkorganisationen, finanziellen Investitionsspritzen und kulturellen Beeinflussungsstrategien. Da kommt der britische Hilferuf Griechenland betreffend gerade recht. Die Chefstrategen trommeln den zu hundert Prozent gefügigen Washingtoner Kongress mit seinen zwei Kammern zusammen für eine außerordentliche gemeinsame Sitzung, um ihrem Präsidenten Truman zu lauschen, der natürlich wieder nur ihr Bestes will, nämlich noch mehr Steuergelder für seine ehrgeizigen außenpolitischen Vorhaben.

Am 12. März 1947, also ziemlich genau ein Jahr nach Churchills Iron Curtain-Rede, stellt sich Truman ans Rednerpult des Kongresses und liest eine für ihn verfasste Rede ab[1]. Truman sagt: Unsere Sicherheit entscheidet sich in Griechenland. Die dortige Regierung ersucht uns dringend um Hilfe. Die Griechen sind durch die Nazi-Besetzung extrem gebeutelt, und 85% der Kinder dort sind tuberkulös. „Als ein Ergebnis dieser tragischen Bedingungen gelang es einer militanten Minderheit unter Ausnutzung menschlicher Not und Elends, ein politisches Chaos anzustiften, das bis jetzt wirtschaftliche Erholung unmöglich macht." Und Truman argumentiert wie folgt: Deswegen bat uns die griechische Regierung, sie mit amerikanischen Fachleuten für Verwaltung, Wirtschaft und Technik zu unterstützen. Die griechische Armee ist nicht in der Lage, die Störer an der jugoslawischen, albanischen und bulgarischen Grenze in den Griff zu bekommen. Die Briten können ihnen nicht mehr länger helfen, und sonst hilft ihnen auch keiner. Die UNO braucht zu lange für Entscheidungen über solche Maßnahmen. Da bleiben nur die USA. Sicher, die Mitglieder der griechischen Regierung sind auch keine Unschuldslämmer. Aber 85%

der gewählten Parlamentarier stehen hinter ihnen. Und die Wahl von 1946 war fair, das sagen unabhängige amerikanische Beobachter. Rechtsextreme wie Linksextreme müssen eben maßhalten. Es gibt zwei Welten: die freie Welt, wo der Wille der Mehrheit regiert, und die totalitäre Welt, wo die Minderheit der Mehrheit ihren Willen aufzwingt. Und wenn Griechenland totalitär wird, fällt auch die Türkei in die Hände der Feinde der Freiheit. Überall sehen wir schon Verletzungen der Abmachungen von Yalta: in Polen, in Rumänien oder auch in Bulgarien. Also: „Wir müssen sofort und energisch handeln." Das heißt in Geld ausgedrückt: der Kongress soll sofort 400 Millionen Dollar für Griechenland freistellen. Was ist das schon? Der gesamte Zweite Weltkrieg hat die USA 341 Milliarden Dollar gekostet. Die aktuell auszugebenden ein Prozent dieser Summe für die griechische Regierung sollen uns die Freiheit doch wohl wert sein.

Und Truman beendet seine Rede, die als Verkündung der Truman-Doktrin in die Geschichtsbücher Eingang findet, unter donnerndem Applaus der Abgeordneten. Was ist das Neue an der Truman-Doktrin? Erstens: es gibt eine gute Welt (demokratisch) und eine böse Welt (totalitär). Die gute Welt gruppiert sich um die angloamerikanischen Staaten. Die böse Welt schart sich um die Sowjetunion. Weil die gute Welt gut ist, hat sie geradezu die moralische Verpflichtung, die böse Welt einzudämmen und letztendlich zu vernichten. Das heißt: wenn eine Regierung auf der Welt um Hilfe ersucht, oder eine Regierung böse ist, haben die Guten das Recht, in die inneren Angelegenheiten (im Präzedenzfall Griechenland) dieses souveränen Staates einzugreifen. Damit verstoßen Truman und seine politischen Unterstützer eindeutig gegen die Charta der Vereinten Nationen. In Artikel 2 heißt es: „Alle Mitglieder [der UNO] unterlassen in ihren internationalen Beziehungen jede gegen die territoriale Unversehrtheit oder die politische Unabhängigkeit eines Staates gerichtete oder sonst mit den Zielen der Vereinten Nationen unvereinbare Androhung oder Anwendung von Gewalt." Gewiss, die USA waren nicht mit Truppen in Griechenland einmarschiert. Aber nach dem Offenbarungseid der Engländer strömten jetzt US-amerikanische „Berater" ins Land und steuerten die Bekämpfung der verbliebenen griechischen Widerstandskämpfer nach ihrem Masterplan. Ganze Dörfer, deren Bewohner man der Sympathie und Unterstützung der EAM und ELAS verdächtigte, wurden gnadenlos evakuiert. Tausende von griechischen Partisanen, die auf der Selbstbestimmung ihres Landes bestanden, fanden sich auf den öden Gefängnisinseln Leros, Gyaros oder Makronisos wieder, die weit mehr Ähnlichkeit mit Konzentrationslagern als mit Einrichtungen rechtsstaatlichen Strafvollzugs hatten. Den Partisanen schwante übelstes. Darum brachten sie ihre Kinder in sozialistische Länder in Sicherheit. Die griechische Regierung reagierte mit der so genannten „Paidamoza". Mindestens 12.000 Kinder von Partisanen wurden gewaltsam entführt, in Umerziehungslager gesteckt. Weitere 25.000 Partisanenkinder fanden sich unter Schirmherrschaft der griechischen Königin Frederica in so genannten „Kinderstädten" wieder, um von dort in die USA zwangsadoptiert zu werden.

Doch auch von innen her war der Widerstand geschwächt. Denn 1948 bricht die Sowjetunion jegliche Beziehung zu Titos Jugoslawien ab. Die Kommunistische Partei Griechenlands KKE, die wesentlichen Einfluss auf den nationalen Widerstand der Griechen hatte, schlug sich auf die Seite Stalins. Das war Selbstmord. Denn Stalin hatte nie einen Finger gekrümmt für die bedrängten Griechen, wie wir wissen. Tito schließt genervt die Grenzen zu Jugoslawien und stellt jede Hilfe ein. Stalin beordert die gesamte Führung der KKE nach Taschkent im fernen Usbekistan, wo selbige Führung in Internierungslagern verfault. Niemand kann also ernsthaft behaupten, Stalin würde sein Ehrenwort nicht halten – das wissen Churchill, Truman und deren Freunde nur zu genau. Und Stalin war klar, dass er die Angloamerikaner niemals ernsthaft provozieren durfte. Es leuchtete dem sowjetischen Diktator ein, wer auf dieser Welt als Platzhirsch anzusehen und zu respektieren war. Griechenland hörte endgültig auf, ein souveräner Staat zu sein. War Griechenland vor der Truman-Doktrin ein „britisches Protektorat"[2], so bestimmte ab jetzt der Botschafter der USA in Athen, was die griechische Regierung zu tun und zu lassen hatte. Griechenland war ein wichtiges Bollwerk, um das Mittelmeer freizuhalten für den Westen, und damit ja auch den Zugang zu den neuen Ölförderländern im Mittleren Osten.

Am Beispiel Griechenlands kann man sehen, zu welchen extremen Zwangsmaßnahmen die Angloamerikaner zu greifen bereit sind, wenn mildere Sanktionen nicht greifen. Sie erwiesen sich nach dem Zweiten Weltkrieg als wahre Virtuosen der abgestuften Anwendung von Zuckerbrot und Peitsche. Später sollte der Chefdenker des New Yorker Council on Foreign Relations, Joseph Nye, diese zirzensische Dressurleistung als geschickt dosierten Einsatz von Harter Macht (hard power) und Weicher Macht (soft power) bezeichnen[3]. Am liebsten griffen die Eliten der USA zur Weichen Macht. Denn das erweist sich im Zweifelsfall als die kostengünstigere Variante, wenn man die unterworfene Nation mit Schmeicheleien und Geschenken gefügig machen kann. Sollte aber ein ganzes Volk, wie zum Beispiel die Griechen, zur Unterwerfung unwillig sein, mussten die Herren mit der ganzen Bandbreite Harter Macht ihren Willen durchsetzen: Ausschaltung missliebiger Personen und Gruppen; Entzug von Unterstützung und wirtschaftliche Aushungerung; Destabilisierung; im schlimmsten Fall die militärische Besetzung des anvisierten Landes mit feindlichen Truppen.

Von daher können wir auch verstehen, dass andere Länder, die auf den Konferenzen der Alliierten dem Westen versprochen waren, weitaus glimpflicher davonkamen als Griechenland. Die von Truman in seiner Doktrin-Rede auch erwähnte Türkei, die beim Umfallen Griechenlands an die Kommunisten ebenfalls hätte umfallen können, war im Krieg unbeschadet um alle Klippen navigiert. Die neutrale Türkei war in keine Kampfhandlungen verwickelt worden. Nach dem Zusammenbruch des einstigen osmanischen Großreiches hatte Kemal Atatürk eine vorsichtige Verwestlichung des neuen Rumpfstaates Türkei durchgesetzt. Atatürks Reformen stießen auf allgemeine Zustimmung, und so war es auch kein Problem, den Türken eine Anbindung an die Westmächte schmackhaft zu machen. Die paternalistische Fassadendemokratie eines Adnan Menderes mit dem Militär als Fels in der Brandung ermöglichte im Jahre 1952, gemeinsam mit dem zusammengefalteten Griechenland, den geschmeidigen Eintritt in das neue Militärbündnis NATO.

Italien: Rattenlinien, Mafia und Heiliger Stuhl

Auch in Italien gestaltete sich die Einverleibung der Nation in das neue westliche Militärbündnis verhältnismäßig unblutig, immer verglichen mit dem Horror in Griechenland. Auf Drängen von Churchill wurde statt der zweiten Front am Atlantik zunächst eine Invasion auf Italien durchgeführt, an der die Truppen der USA und Englands teilnahmen. Dieser Vorstoß sollte bekanntlich der Ausgangspunkt sein für die Eroberung der Balkanstaaten, um die Sowjetunion von Westeuropa abzuschnüren und so eine bessere Ausgangsposition für den beabsichtigten Überfall auf Eurasien zu erobern. Unter dem Eindruck der angloamerikanischen Attacke löste sich der faschistische Machtapparat in Italien von selber auf. Der entmachtete Faschistenführer Mussolini fand sich im Gefängnis wieder. Und die neue Militärregierung Badoglio verbündete sich mit den Westmächten.

Doch die deutsche Wehrmacht installierte in Norditalien einen eigenen Marionettenstaat mit dem vom SS-Mann Otto Skorzeny befreiten Benito Mussolini. Dieser Satellitenstaat hielt sich hartnäckig bis zum Kriegsende und es wurden grauenhafte Massaker durch die Nazis verübt. Hier entstanden dennoch Strukturen des antifaschistischen Widerstands, die Partisanen, die nachwirken sollten nach dem Kriegsende. Die Niederschlagung der Naziherrschaft dauerte trotz massiver angloamerikanischer Truppenpräsenz bis zum April 1945 an. Am 29. April 1945 schlossen der Europachef des amerikanischen Geheimdienstes OSS Allen Dulles und die Nummer Drei in der SS-Hierarchie, Karl Wolff[4], einen separaten Waffenstillstandsvertrag im romantischen Schloss Caserta bei Neapel ab, also zehn Tage vor dem Waffenstillstand in Deutschland. Auch dieser Vertrag schmiedete eine wichtige Koalition für die Zeit nach dem Krieg, nämlich die Kooperation zwischen Angloamerikanern und Nazis. Dulles, katholische Geistliche und das Rote Kreuz öffneten in aller Stille einen Fluchtweg für die schlimmsten Kriegsverbrecher des Naziregimes. Über die so genannte Rattenlinie (Ratline fanden schätzungsweise 30.000 SS- und NS-Funktionäre ihren Ausweg nach Lateinamerika. Klaus Barbie, Adolf Eichmann und zahllose niedere Ränge stellten jene Ersatzreserve, derer sich die angloamerikanischen Geheimdienste und die faschistischen

Diktaturen in Lateinamerika bedienten, um Drecksarbeiten durchzuführen. Die Organisation Odessa war ein von den USA unterstütztes Netzwerk von SS-Verbrechern, auf das man im Kampf gegen die Sowjetunion im Kalten Krieg je nach Bedarf zurückgreifen konnte.

Operation Bloodstone

Zugrunde lag dieser Nazi-Ratten-Bevorratung die Operation Bloodstone. Den Blutstein ersannen Herrschaften aus dem amerikanischen Außenministerium. Die Streitkräfte nutzten auf diese Weise Nazi-Kriegsverbrecher, die im Machtbereich der Sowjets Sabotage, Attentate, Desinformationskampagnen und Entführungen durchführten. „Das war ein ekelhaftes Geschäft, jeden Bastard einzusetzen, Hauptsache er war ein Antikommunist.", erinnert sich Harry Rositzke, Sowjetexperte beim CIA[5]. Der Deal des späteren CIA-Chefs Allen Dulles mit der SS-Hierarchie vollzog sich, während die Weltöffentlichkeit gebannt nach Berlin schaute, wo am 9. Mai 1945 Generalfeldmarschall Wilhelm Keitel für Deutschland die bedingungslose Kapitulation unterschrieb.

Doch die westliche Wertegemeinschaft gewann für die zukünftige Machtbasis der NATO-Anbindung Italiens einen weiteren wichtigen Partner, und der Stoff ist geeignet für Kriminalromane. Denn im Januar 1942 hatten deutsche U-Boote 27 Handelsschiffe vor der Ostküste der USA versenkt oder leck geschlagen. Die US-Regierung vermutete, dass diese kriminellen Akte nur durch Unterstützung von Kollaborateuren aus den eigenen Reihen geschehen konnten. Man setzte sich mit dem im Gefängnis wegen Prostitutionsgeschäften einsitzenden Mafia-Boss Charles „Lucky" Luciano in Verbindung. Der nutzte seine Verbindungen zu den Gewerkschaften und zu Fischern, um deren Loyalität für die Kriegsziele der Alliierten durchzusetzen. Fortan gelang den deutschen U-Booten kein einziger Treffer vor der US-Ostküste mehr. Eine langanhaltende Koalition war geschmiedet. Denn durch den gut vernetzten Mafioso Luciano, der im Gegenzug aus der Haft entlassen wurde, gewannen die Alliierten die logistische Unterstützung durch die süditalienischen Mafia-Abteilungen Cosa Nostra, Ndrangheta und Camorra. Die ehrenwerte Gesellschaft war auf die Faschisten und auf Mussolini nämlich nicht gut zu sprechen, denn diese hatten die ebenfalls hochgradig gewalttätigen Mafiosi äußerst brutal niedergeschlagen, sodass es bis zum Eintreffen der Alliierten praktisch keine funktionierenden Mafia-Strukturen in Süditalien mehr gab. Doch der erste amerikanische Panzerfahrer, der italienischen Boden befuhr, kroch aus seiner Kanzel und hielt ein großes Tuch mit dem Buchstaben „L", was für „Luciano" stand, in die Luft, woraufhin ein italienischer Mafioso ebenfalls ein großes Tuch mit dem Buchstaben „L" in die Luft reckte. Die Unterstützung durch die Rest-Mafia erleichterte den alliierten Truppen ihren Vormarsch auf der italienischen Halbinsel. Die Mafia, beinahe ausgelöscht, stieg auf zu neuer Blüte.

Damit war das unheilige Dreigestirn perfekt, das die italienische Bevölkerung bis heute im Schwitzkasten hält und jeden Fortschritt blockiert: die Katholische Kirche, die Mafia und die von Faschisten kontrollierten Geheimdienste. Letztere sind seit ihrer Entlarvung in den 1990er Jahren als Gladio bekannt und berüchtigt. Die Angst der Westmächte war groß, dass die Italiener womöglich einen Weg nationaler Selbständigkeit gehen könnten. Der Übergang vom faschistischen Ständestaat zur demokratischen Republik verlief zunächst ohne Blutvergießen. Eine Verfassunggebende Versammlung ermöglichte die Abschaffung der Monarchie. Eine Regierung der Nationalen Einheit von Christdemokraten, Kommunisten und Sozialisten brachte eine längst überfällige Landreform auf den Weg. Doch schon 1947 zerbrach die Koalition. Kommunisten und Sozialisten gingen in die Opposition. Denn die USA setzten jetzt neben der Peitsche der Repression das bewährte Zuckerbrot ein, um die Anbindung des ihnen von Stalin zugesprochenen Westeuropa zu verwirklichen. Der berühmte Marshallplan schüttete beachtliche Hilfen in Form von Geld und Sachspenden über Europa aus. Diese Wohltaten waren aber an ein entsprechendes Wohlverhalten der Empfänger gekoppelt. Kommunisten und echte Sozialisten waren jedenfalls keine Garanten, dass das amerikanische Fördergeld in die richtigen Bahnen geleitet würde.

Alles schaute gebannt auf die italienischen Parlamentswahlen am 16. April 1948. Die Kommunisten hatten das Zeug, die Mehrheit zu gewinnen. Mit 1.8 Millionen Mitgliedern die mit Abstand stärkste und im Innern geeinigte Partei, genoss die PCI ein enormes moralisches Renommee in der Bevölkerung wegen ihres bedingungslosen Einsatzes im Partisanen-kampf gegen Nazis und Faschisten. Zusammen mit den Sozialisten bilde-ten sie die Frente Democratico Popolare und galten als Favoriten für die Wahlen. Die Democrazia Cristiana war erst 1943 gegründet worden und versammelte in ihren Reihen Katholiken, Konservative und ehemalige Faschisten. Die DC hatte gefälligst die Wahlen zu gewinnen. Zweifelsfrei verfügten sie über ein sicheres Wählersegment von etwa 35%. Doch das reichte nicht für die alleinige Macht. Also halfen die USA mit 10 Millio-nen Dollar Wahlkampfhilfe und massiven Schmierkampagnen gegen die Kandidaten der Volksfront nach[6]. Im Übrigen war klar, dass das Füllhorn des Marshallplans nur bei richtigem Verhalten der Wähler ausgeschüttet würde. Das wirkte. Die DC konnte mit 48% einen Erdrutschsieg ver-buchen, die Volksfront wurde mit 13% am Boden zerschmettert. Große Skepsis machte sich breit in der Bevölkerung, ob es bei dieser Wahl mit rechten Dingen zugegangen sein konnte. Protestdemonstrationen und Landbesetzungen wurden mit äußerst brutaler Repression, mit vielen Verletzten und Toten, beantwortet. Mittlerweile verfügte die Democrazia Cristiana auch über paramilitärische Einheiten, um ihrem Willen Gel-tung zu verschaffen. Wenn auch das nicht gegriffen hätte, dann wären die US-Streitkräfte aktiv geworden, um die Dinge in die gewünschten Bahnen zu lenken: „Es wäre gut möglich gewesen, dass Italien zur glei-chen Zeit wie Griechenland einen Bürgerkrieg erlebt hätte.", resümiert Daniele Ganser[7]. Jedenfalls kann die DC jetzt alleine regieren. So kommt es am 30. April 1949 zur Gründung des italienischen Militärgeheimdiens-tes SIFAR, der zukünftig durch verdeckte Terroroperationen gegen die eigene Bevölkerung unrühmlich in Erscheinung treten sollte. Dergestalt innerlich gefestigt, trat Italien am 4. April 1949 der neu gegründeten NA-TO bei. Damit ist ein weiterer Brückenkopf zur Eroberung und Kontrolle Eurasiens und des Mittleren Ostens im Besonderen errichtet.

Und Frankreich …

Frankreich wiederum hatte seine Souveränität schon beim Ansturm der Wehrmacht nach Paris weitgehend eingebüßt. In dem Kurort Vichy vegetierte ein Rest-Frankreich von Hitlers Gnaden unter Führung des greisen General Petain. Und das kämpfende Frankreich wäre um ein Haar mit Mann und Maus in deutsche Kriegsgefangenschaft geraten. Es war in Dünkirchen, wo sich neben 220.000 britischen Soldaten auch 110.000 französische Soldaten in der Umklammerung der Wehrmacht befanden. In England erklärte sich dann General de Gaulle zum Führer des freien Frankreich, mit seinen exilierten Soldaten. Wenn es nach dem Willen des amerikanischen Präsidenten Roosevelt gegangen wäre, hätte de Gaulle jedoch seinen Hut nehmen müssen, denn FDR bevorzugte als militärischen Partner einen General, der dem Vichy-Regime nahestand. Löblicherweise stärkte Churchill de Gaulle den Rücken, so dass sich der bisweilen starrköpfige französische General als Führer des freien Frankreichs durchsetzen konnte.

Aber Frankreich wurde nie wieder eine vollkommen selbständige Nation. Die zutiefst geschwächte und gedemütigte Grand Nation büßte genau wie Großbritannien ihre riesigen Kolonien ein. Andererseits gab es in Frankreich ein beachtliches Potential für eine unabhängige Politik. Kommunisten und Sozialisten kamen bei den ersten freien Wahlen auf 50% und konnten zusammen eine Regierung bilden. Das alarmierte Washington. Aber Hoyt Vandenberg, der Chef des CIA-Vorläufers CIG (Central Intelligence Group), konnte Truman in einem Brief vom 26. November 1946 beruhigen: „Das Ausbleiben der Machtergreifung durch die Kommunisten unter diesen Umständen ist erstens darauf zurückzuführen, dass sie es vorziehen, mit legalen Mitteln die Macht zu erlangen, und zweitens auf die Tatsache, dass dies der derzeitigen Politik des Kremls wiederspräche."[8] Also, wie schon gesagt: Väterchen Stalin hielt sich strikt an die Abmachungen mit Roosevelt und Churchill. Und wieder erweist sich der Marshallplan als zuverlässige Waffe zur Ausschaltung der Kommunisten. Denn bereits im Jahre 1947 verlässt die Kommunistische Partei die Regierung unter dem Sozialisten Ramadier. Denn die USA hatten gedroht, Frankreich bekäme keine Anschubhilfen aus dem Marshall-Füllhorn, wenn die Kommunisten mitregieren dürften. Die Amerikaner und Engländer verließen sich jedoch nicht allein auf die Geldkeule und die Fügsamkeit der Kommunisten. Sie regten die Gründung eines antikommunistischen Geheimdienstes an, dem SDECE (Service de Documentation extérieure et de contre-espionage). Hier wurden auch Leute angeworben, die schon Erfahrungen im Griechischen „Bürgerkrieg" gewonnen hatten.

Mit den nunmehr passenden Leuten in der französischen Regierung und mit einem schlagkräftigen Geheimdienst für das Grobe konnte nunmehr Frankreich zum kontinentaleuropäischen Zentrum der angloamerikanischen Militärmacht ausgebaut werden. Die neu gegründete NATO erhielt ihre zentrale Residenz im Herzstück französischen Nationalstolzes, in Paris.

Kapitel 7
Das Imperium der USA als allumfassendes Verbundsystem

*„Das Aufrüstungsprogramm der USA ist für den Westen so
ungeheuerlich, daß die Grundlagen der politischen Freiheit
und der parlamentarischen Demokratie nicht imstande sein
werden, den Schlag auszuhalten."*
*(Aneurin Bevan, britischer Arbeitsminister bei seinem
Rücktritt im April 1951)*

Wir müssen jetzt einmal innehalten, um die Funktionsweise und „Philosophie" des US-Herrschaftssystems möglichst genau zu erfassen. Es handelt sich nämlich um den mit Abstand raffiniertesten und gleichzeitig flexibelsten imperialen Apparat aller bisherigen Zeiten. Wir werden gerade Zeugen einer zunehmenden Versteinerung und Verkrustung dieses einstmals nahezu omnipotenten geschmeidigen Machtkörpers. Es besteht die Gefahr, dass die Megamaschine USA den Rest der Welt in ihrem Todeskampf mit ins Grab zerren könnte.

Fangen wir also an. Der Übergang von einem improvisatorischen Regierungsstil, wie ihn noch Präsident Woodrow Wilson auf der Pariser Friedenskonferenz pflegte, hin zu einer langfristigen Politikplanung und Strategie vollzog sich durch die Gründung des privaten Council on Foreign Relations[1]. An elitären Runden Tischen und Denkfabriken trafen sich führende Persönlichkeiten aus Politik, Medien, Wissenschaft, Militär, Geheimdiensten, Wirtschaft und Finanzen, um in freier Aussprache die aus ihrer Sicht besten Lösungen auszuhandeln. Dieses System der freien Aushandlung erwies sich im Zwanzigsten Jahrhundert allen anderen Formen der Entscheidungsfindung durch repräsentative Demokratien und Diktaturen gleichermaßen haushoch überlegen. Die neuesten Erkenntnis-

se der Systemtheorie und der Spieletheorie flossen in die Entscheidungsfindung mit ein. Eine faszinierende Entfaltung von Schwarmintelligenz
und Emergenz überwältigte alle anderen Herrschaftsformen. Bis heute
haben die meisten von der US-Intelligenz überwältigten Völker nicht
begriffen, durch welche raffinierten Tricks sie auf den Rücken geworfen
wurden.

Der Council on Foreign Relations brütete für die verschiedenen US-Re-
gierungen, egal welcher politischen Couleur auch immer sie sein mochten, Strategien und Taktiken aus. Brachten die Strategien keinen Erfolg,
wurden sie schnell ausgetauscht oder der aktuellen Situation angepasst.
Nachdem die maßgebenden Kreise der USA nach dem siegreichen Zweiten Weltkrieg unangefochten die alleinigen Platzhirsche der Weltpolitik
waren, konnten sie nunmehr die Welt nach ihrem Bilde formen. Denn
die ausgelaugte, dauerhaft auf Armut und Entbehrung festgelegte Sowjetunion war bestenfalls ein Sparringspartner der USA. Frankreich, die
Grande Nation, war unter dem Ansturm der Nazis auseinandergefallen,
und das andere Frankreich musste sich unter der geistigen Führerschaft de
Gaulles erst wieder zusammenfinden. Und die einstige Hegemonialmacht
Großbritannien war jetzt tief verschuldet bei den Banken der Wall Street.

Der Kolonialismus Großbritanniens erwies sich nun als hoffnungslos
veraltet. Churchill, in seinem Altersstarrsinn die ideale Verkörperung
des Britischen Empire, begriff nicht, dass das britische Konzept des Kolonialismus von den Amerikanern schon lange auf das Abstellgleis der
Geschichte geschoben worden war. Das Kolonialsystem: konzentrisch
um das „Mutterland" Großbritannien gruppierten sich die „unterentwickelten" Länder Afrikas und Asiens, deren Bewohner von den weißen
Herrenmenschen in einer Mischung aus tiefer Verachtung und wohlwollender Herablassung ausgebeutet wurden. Je schwärzer die Hautfarbe,
umso brutaler und umso sklavenhafter wurden diese bedauernswerten
Mitmenschen behandelt. Die Menschen jener vielfarbigen Länder wussten, dass sie und ihr geschundenes Land keine Entwicklungsperspektive
hatten. Nur der selbstmörderische Kampf gegen die mit modernsten
Distanzwaffen bewehrten Kolonialherren konnte ihnen den Weg zum
wahren Menschsein eröffnen. Die Völker, welche die Engländer in ih-

rem Sortiment als zivilisierter betrachteten, wurden durch die indirect rule beherrscht. Den indischen Großkönigen, den Maharadschas, zeigte man in kurzen Scharmützeln, wer der Herr im Haus ist, um dann zu verkünden: „Ganz ruhig! Es kann bei Euch alles so bleiben wie bisher. Hauptsache, Ihr zahlt zuverlässig Eure Tribute an uns, und Ihr haltet Eure Untertanen bei der britischen Weltordnung." Das klappte eine Zeitlang wunderbar. Doch so langsam tröpfelte etwas von der Schlauheit der britischen Herren herunter zu den Unterworfenen, und Mahatma Gandhi und viele andere geniale Köpfe in den Kolonien machten den Engländern ihre Herrschaft immer schwerer und kostspieliger. Neben den exorbitant ausufernden Kosten des Zweiten Weltkrieges trieb auch der zunehmend schwieriger werdende Kampf gegen all jene Gandhis dieser Welt die Britische Weltherrschaft in den Bankrott.

Die US-Eliten lernen aus den Fehlern des Britischen Empires

Die klugen Köpfe an den Runden Tischen der USA beobachteten das Straucheln der Briten und analysierten ihre Fehler. Es war klar, dass man langfristig nicht ein Weltreich gegen die überwältigende Mehrheit seiner unterworfenen Glieder betreiben konnte. Man musste alle Mitglieder des Imperiums mitnehmen. Ihnen zumindest das Gefühl vermitteln, ein gleichberechtigter Teilhaber des großen Ganzen zu sein. Eine reelle Chance zu besitzen, von dieser Pax Americana zu profitieren – auch wenn man als Toilettenputzer in Thailand lebt. Die Leute draußen in den vereinnahmten Ländern sollten sich mit Freude anstrengen, etwas zur Stärkung des Imperiums beizutragen. Denn dann geht es auch ihnen irgendwann besser. Eine Win-Win-Situation. Das Zauberwort für diese Mitnahme lautet: Ko-Optation.

In diesem Sinne zimmerten 1944 Finanzminister Morgenthau und sein Staatssekretär Harry Dexter White die Weltordnung von Bretton Woods. Der Dollar avancierte zur Leitwährung, sozusagen zum Kammerton A im Weltfinanzorchester. Der Dollar wurde fest an das Gold angebunden. Das brachte die Verpflichtung, immer genug Gold für die weltweit kursierenden Dollarnoten bereit zu halten. Da die Golddeckung in der Praxis ja nur das Versprechen beinhaltete, auf Anfrage Gold herauszugeben, hatten die USA gewaltige Finanzierungsspielräume, die sie weidlich ausreizten. Mit diesem Fundament des goldfixierten Dollars konnte der Internationale Währungsfond installiert werden, der ursprünglich dazu da war, Schwankungen im Wechselkurs unterschiedlicher Währungen auszugleichen und damit die Weltfinanzen zu stabilisieren, sie sozusagen mit einer Federung zu versehen. Die Weltbank sollte entlegenen Ländern, denen keine private Bank Kredite zur Entwicklung geben wollte, große und gleichzeitig zinsgünstige Kredite gewähren. Damit sollten diese Länder in die Lage versetzt werden, am amerikanisch bestimmten Welthandel teilzunehmen. Die Welthandelsorganisation GATT sollte dafür sorgen, dass die Zollschranken gesenkt und Handelsnormen vereinfacht wurden, um der Expansion US-amerikanischer Globalkonzerne schrankenlose Geschäfte zu eröffnen. Die Vereinten Nationen schließlich sollten die Beziehungen der Staaten auf diesem Globus über eine neutrale Instanz gewaltfrei und aufgrund rechtlicher Normen regeln. Die Vereinten Nationen, das sollte man wissen, war ursprünglich das Bündnis der Gegner der Achsenmächte Deutschland, Italien und Japan. Dieses Bündnis, dem in Bretton Woods bereits 44 Staaten angehörten, wurde dann auf Initiative von US-Präsident Roosevelt zum Fundament der Nachkriegsordnung ausgebaut. Der Sitz der UNO wanderte schnell von San Francisco nach New York, um näher am zukünftigen Kampfort Europa dran sein zu können.

Damit waren schon einmal wichtige Grundlagen für das um die Sonne USA kreisende Planetensystem, die Pax Americana, geschaffen worden. Die Entkrautung und Aufräumung des wild wuchernden Weltmarktes mit seinen rasch wachsenden Volkswirtschaften als Aufgabe erkannt und in die eigenen ordnenden Hände genommen zu haben war eine geniale Maßnahme der Amerikaner. Auf diese Weise konnten sie dem Weltverkehr Regeln auferlegen, die ihnen überall Vorfahrt verschafften. Die konkurrierenden Volkswirtschaften waren, nicht zuletzt durch Zutun der USA, nach nationalistischen Kriegen ausgelaugt. Die Banken der Wall Street und die US-Regierung jedoch platzten vor lauter prall gefüllten Geldspeichern und konnten mit ihren Spendierhosen andere Länder finanzieren und ihnen ihre eigenen Bedingungen auferlegen und dabei auch noch tiefe Dankbarkeit abverlangen. Der European Recovery

Act, besser bekannt als Marshallplan, von 1948 half den gestrauchelten europäischen Nationen wieder ein wenig auf die Beine, sodass diese dann zukünftig mit eigenen Geldern zur Stärkung der amerikanischen Weltordnung beitragen konnten. Das ist das Unwiderstehliche an dieser Variante des Imperialismus. Das raffinierte Geben und Nehmen verdeckt schon recht erfolgreich, dass es sich hier um eine Einbahnstraße handelt – verglichen damit ist das Vasallensystem noch eine ausgeglichene Beziehung auf Gegenseitigkeit.

Harte und weiche Macht

Es gehört zu diesem konzentrischen System zwingend dazu, dass sich sowohl die Herrscher der untergeordneten Nationen als auch deren Völker irgendwie wichtig und geachtet fühlen in der Pax Americana. Das ist die Aufgabe der Soft Power, der weichen Macht der USA: die Umschmeichelung der nationalen Eliten und die mediale Bearbeitung der Fußvölker mit ideologischen Wirkstoffen der USA. Jeanshosen, McDonald's, Rockmusik, oder auch das lustvolle Konsumieren kurzlebiger Waren – das alles ist Soft Power: das alles verschafft den unterworfenen Völkern das Gefühl, Teil einer großen weltweiten Gemeinschaft zu sein. Zu den Gewinnern zu gehören. Also: „Amerikaner" zu sein.

Dazu gehört auch der beflissene Eifer, möglichst viele Anglizismen in seinen schütter werdenden deutschen Wortschatz einzubauen und auf Lebenszeugnisse der eigenen Tradition und Kultur nur noch mit Verachtung und Ekel zurückzuschauen. Um solche Wirkungen über Jahrzehnte nachhaltig zu erzielen bedarf es diskreter Netzwerkorganisationen, in denen sich nationale Alphatiere aus Politik, Wirtschaft, Militär, Geheimdiensten, Medien und Wissenschaft treffen und durch lockere Gespräche und Verbindungen das Paradigma der ewig guten, für alle vorteilhaften Unterordnung unter die Pax Americana zu inhalieren und zu verinnerlichen. Diesen Alphatieren obliegt es, ihre ins Blut übergegangene US-amerikanische Weltsicht an ihre jeweiligen Unterlinge herunterzureichen mit dem Auftrag, die alleinseligmachende Amerikanisierung an alle Menschen draußen im Lande weiterzutragen. Bei uns in Deutschland besorgen diese Arbeit vor allem die Atlantikbrücke und die Deutsche Gesellschaft für

Auswärtige Politik. Von ihnen zweigt sich ein Gewebe von Metastasen und Tochter-Metastasen ab, das kaum noch zu überblicken ist. Bisweilen sind die deutschen Konvertiten amerikanischer als die Amerikaner. Das wurde deutlich, als in den USA mit Donald Trump ein Selfmade-Milliardär Präsident wurde. Trump gehörte nicht zum Netzwerk der Soft Power. Die deutschen Adepten der Pax Americana waren entsetzt. Sie verliehen ihrem Abscheu über den Außenseiter beredten Ausdruck und sie wirkten ein wenig wie Hänsel und Gretel, im dunklen Wald alleingelassen von ihren Eltern.

Leider, das sehen die US-Hierarchen auch so, kommt man bisweilen nicht nur mit Süßholzgeraspel der Soft Power zum erwünschten Ziel. Wenn sich Politiker wie z.B. Charles de Gaulle oder Olof Palme anschicken, ihr Land aus der Pax Americana herauszuschälen, dann müssen diese Politiker bedauerlicherweise durch Schmutzkampagnen oder durch die unelegante physische Liquidation unschädlich gemacht werden. Sollte sich gar ein ganzes Volk als unbotmäßig erweisen, kommt man um eine militärisch geprägte Strafmaßnahme nicht herum. Zum anderen kann selbstverständlich eine konzentrische Macht wie die USA niemals auf ein omnipotentes Militär und auf Geheimdienste verzichten. Zum einen reagiert der gütige Hegemon auf widerspenstige Völker, die er als „minderwertig" erachtet, auch bei kleinsten Insubordinationen ausgesprochen blutrünstig. Zum anderen gibt es Regionen, die wegen ihrer Naturschätze einfach unwiderstehlich sind.

Und damit sind wir wieder bei unserem Kernthema: dem Griff nach Eurasien. Die große Aufgabe und Herausforderung, an der sich schon Napoleon und danach England und die USA und zuletzt Hitler die Zähne ausgebissen hatten. Nach dem Zweiten Weltkrieg standen nun die Chancen, zum letalen Genickschuss auszuholen, besser denn je. Denn die UdSSR war extrem verwundet: sie hatte 28 Millionen Menschen im Krieg verloren. 31.000 Fabriken wurden in Schutt und Asche gelegt; dazu 65.000 Quadratkilometer Gleisanlagen; 2.900 Maschinen und Traktorstationen; 20 Millionen Schweine; sieben Millionen Pferde; 17 Millionen Rinder; sechs Millionen niedergebrannte Gebäude, die wiederum 25 Millionen Menschen ohne Obdach buchstäblich im Regen stehen ließen; 40.000

Krankenhäuser; 84.000 Schulen; 43.000 öffentliche Bibliotheken. Alleine im kleinen Weißrussland verschwanden 209 Städte einschließlich der Hauptstadt Minsk komplett von der Erdoberfläche. Extrem arme Rotgardisten im sowjetisch besetzten Ostdeutschland, von ihren Offizieren gepeinigt und sadistisch gequält. Die Hälfte des Fuhrparks der legendären Sowjetarmee bestand aus so genannten Panje-Wagen, also: Pferdekarren! Dazu ein gealterter, von Paranoia heimgesuchter Stalin. Ein Politbüro im Kadavergehorsam und ständig beschäftigt mit Palastintrigen. Also absolut kein Gegner für die reich gewordenen, wohlgenährten Elitemenschen aus Amerika. These Russians are no match for the wise men from New York, really!

Was noch fehlte, war nun ein gigantischer Militärapparat, um dem ausgehungerten, schlaflosen und kränklichen Sowjet-Skelett den finalen Streckschuss zu verpassen. Das zu vollbringen, was dieser unfähige Hitler sträflich versäumt hatte.

Die Gründung der NATO

Die Regierungen der USA waren nach dem Ende des Ersten Weltkrieges durch Gesetze darauf festgelegt, sich zukünftig aus kriegerischen Auseinandersetzungen strikt herauszuhalten – solange sie nicht selber angegriffen wurden. Präsident Franklin Delano Roosevelt musste also zunächst tatenlos zuschauen, wie Hitler Europa mehr und mehr unter seine Kontrolle brachte. Erst als die Japaner den US-amerikanischen Marinestützpunkt Pearl Harbor auf Hawaii angriffen, konnte der Zweite Weltkrieg auch für die USA losgehen. Zunächst nur auf dem asiatischen Schauplatz, so schien es. Jedoch gab Adolf Hitler den Wallstreet-Strategen eine bis heute nicht nachvollziehbare geniale Steilvorlage, als er wenige Tage nach Pearl Harbor ohne jede Notwendigkeit seinerseits den USA den Krieg erklärte. Hiermit war auch Europa offen für eine amerikanische Intervention.

Nun war wegen des Gerangels zwischen Isolationisten, Nazi-Sympathisanten und zynischen potentiellen Kriegsprofiteuren in den Chefetagen der USA überhaupt noch keine Kriegsmaschinerie errichtet worden. Man musste sich nun in einem improvisatorischen Spiel von Versuch und Irrtum in einen erneuten Modus des Totalen Krieges hineinarbeiten – wie in Weltkrieg Eins. Doch dann, nach einigem Stottern, beschleunigte die amerikanische Kriegsmaschine. Schließlich entschied die Fähigkeit der Amerikaner, Rohstoffe und Maschinen in einem noch nie gekannten Ausmaß zu mobilisieren – neben den immensen Opfern der Sowjetvölker – den großen Krieg gegen die Nazi-Achse. Als der Krieg – zum Leidwesen mancher Industriekartelle – bereits 1945 zu Ende war, befand sich die Kriegsmaschine der USA auf dem Höhepunkt ihrer Beschleunigung. Sollte jetzt alles zu Ende sein? Wir haben ja schon erfahren, dass man sich nach einigen Diskussionen dafür entschied, die Kriegsmaschine nach dem Ende des Zweiten Weltkriegs nicht zu demontieren, sondern gegen einen neuen Feind, nämlich die Sowjetunion weiterzuführen. Eingebildete Feinde lassen sich bekanntlich immer wieder erfinden.

Diese Brüche ließen sich zunächst auch nicht so einfach der amerikanischen Öffentlichkeit verkaufen. So fuhr Roosevelt-Nachfolger Harry Truman den Rüstungsetat erst einmal herunter und entließ die meisten jungen Männer unter Waffen wieder in das ersehnte Zivilleben. Auch war klar, dass die Amerikaner ein derart hohes Maß an Aufrüstung als Dauerzustand nicht hinnehmen würden. Es galt, einen Teil der US-Aufrüstung fürderhin auf die Schultern anderer Völker aufzuladen. Die US-Streitmacht zur Weltbeherrschung quasi im Outsourcing-Verfahren anderen Nationen aufzubürden. Zur eigentlichen Streitmacht der USA eine Außenhaut von Paktsystemen abhängiger Staaten hinzuzugesellen, die mit ihren Steuergeldern und ihren jungen Männern die Weltherrschaft der Vereinigten Staaten durchsetzen mussten. So wie der Cowboy auf einem bereits domestizierten Pferd mit seinem Lasso ein noch wildes Pferd einfängt, um dieses dann ebenfalls zu domestizieren. Um mit diesem neu domestizierten Pferd wiederum noch weitere wilde Pferde mit dem Lasso einzufangen und so weiter.

Und diese domestizierten Staaten werden dann auch gefügig die Produkte der US-Rüstungsindustrie kaufen, denn es muss ja im Bündnissystem ein gewisses Maß an Normierung geben, damit die befreundeten Kampfnationen auch genügend „inter-operabel" sind. Die Überproduktionskrise der amerikanischen Rüstungswirtschaft kann am besten durch eine fortwährende Ausdehnung der Bündnissysteme vermieden werden.

Die US-Streitkräfte werden trotzdem die ganze Welt kontrollieren durch ihre eigenen Streitkräfte – man kann ja nie wissen. Aber dazu gesellen sich die Bündnissysteme, komplett finanziert von den konzentrisch um die USA gravitierenden Satellitenstaaten, aber immer unter dem Oberkommando eines US-amerikanischen Generals oder Admirals. Und der ist immer gleichzeitig der Oberkommandierende der regionalen Kommandozone der US-Streitkräfte. Das dürfen aber die einfachen Bürger der Satellitenstaaten nicht begreifen. Deshalb gibt es zu jedem amerikanisch bestimmten militärischen Bündnissystem eine zivile Bürokratie, die den Leuten draußen im Lande als die „Regierung" dieser Bündnissysteme verkauft werden. Die aber gar nichts zu entscheiden hat. Eine reine Werbeagentur des Militärbündnisses. Die NATO-Generalsekretäre kommen oft aus kleinen Mitgliedsländern wie Dänemark, Belgien oder den Niederlanden. So können auch Politiker dieser kleinen Länder mal so richtig Weltgeltung erschnuppern. Der Däne Anders Fogh Rasmussen oder der Norweger Jens Stoltenberg geben ihr Gesicht her für die von US-Militärs regierte NATO.

Die USA weben am Bündnis

Wie gesagt, so etwas hatten die USA noch nie zuvor. Präsident Wilson, oder genauer gesagt: sein Souffleur Walter Lippmann, hatte für die Zeit nach dem Ersten Weltkrieg den Völkerbund erfunden. Der wurde aber nach dem Abgang Wilsons vom damals noch unabhängigen Kongress verworfen. So dümpelte der Völkerbund mehr schlecht als recht für zwei Jahrzehnte in Genf vor sich hin – ohne die Amerikaner. 1947 schloss die USA im Vertrag von Rio mit den lateinamerikanischen Staaten ein Bündnis auf gegenseitige Verteidigung ab. Der Vertrag von Rio fand in der US-amerikanischen Öffentlichkeit kaum Beachtung. Erstens war man ja gewohnt, dass die lateinamerikanischen Staaten mithilfe der altbewährten Kanonenbootpolitik zum Vorgarten der USA verkommen waren. Zudem schaute die ganze Welt gebannt auf den Schauplatz Europa.

Schwieriger war es denn schon, genau diesen Schauplatz Europa in ein um die USA herum gruppiertes Bündnissystem den eigenen Landsleuten zu präsentieren. Ein wichtiger Vermittler der öffentlichen Meinung in den

Vereinigten Staaten war nach wie vor der Kongress in Washington. Macht-politisch hatte dieses Organ in der Gewaltenteilung nach der Einführung des Nationalen Sicherheitsrates nicht mehr viel zu sagen. Doch konnten die Abgeordneten immer noch so viel Lärm verursachen, dass der Regierung das Regieren um einiges schwerer fallen würde. Der Kongress musste in die Gründung eines transatlantischen Sicherheitssystems eingebunden werden. Der Wallstreet-Banker und damalige Verteidigungsminister Robert Lovett besuchte also nun häufiger den Anführer der oppositionellen Republikaner im Senat, Arthur Vandenberg, und führte lange Gespräche mit ihm. Vandenberg, protokollarisch nach dem Präsidenten und dessen Vizepräsidenten der dritte Mann im Staate, war früher fest davon überzeugt, dass die USA sich am besten aus allem internationalen Schlamassel heraushält. Nun war er aber zum überzeugten Internationalisten mutiert und hatte die Gründung der UNO mit großer Begeisterung unterstützt. Verteidigungsminister Lovett überreichte Vandenberg eine dreiseitige Resolution. Diese Resolution sollte ermöglichen, dass die USA in Zukunft internationale Militärbündnisse einging, was bislang undenkbar war. Mit der UNO hatte man bereits ein scheinbar überparteiliches Weltparlament geschaffen. Nun berief sich die Resolution auf den Artikel 51 der UN-Charta. Ein wunderbarer Gummiparagraph. Darin ist Gewalt im internationalen Umgang verboten. Außer, jemand fühlt sich angegriffen. Dann darf der sich angegriffen Fühlende Gewalt anwenden, um sich zu wehren. Und: er darf sich Verbündete dazu holen, die ihm dabei helfen. Das fließt in die Vandenberg-Resolution mit ein. Und damit ist der Weg frei, damit sich die USA an festen Militärbündnissen beteiligen dürfen. Arthur Vandenberg, der sich bei der nächsten Wahl um die Präsidentschaftskandidatur der Republikaner bewerben wollte, sah die einmalige Chance, sich in die Geschichtsbücher einzutragen. Er peitschte am 11. Juni 1948 die von Lovett geschriebene und von Vandenbergs Frau auf eine Seite gekürzte Resolution unter seinem eigenen Namen im Kongress durch. Viele Abgeordnete hatten gar nicht begriffen, dass sie hier eine „substantielle Abkehr von der bisherigen Außenpolitik dieses Landes"- [2] durchgewunken hatten. Nun konnte die NATO gegründet werden.

Als Nächstes mussten noch die gerupften Reststaaten Westeuropas von der seligmachenden Wirkung der NATO überzeugt werden. Das war nicht einfach. Denn die Europäer waren vom Kriegführen erst einmal ziemlich bedient. Die Städte glichen teilweise nur noch Mondlandschaften. Invalide hinkten durch die Trümmerbrocken. Millionen vom Krieg entwurzelte Menschen (Displaced Persons) aus aller Herren Länder irrten durch das Chaos. Entwaffnete deutsche Soldaten hockten schutzlos auf eingezäunten Wiesen, von GIs bewacht. Immer noch vegetierten Juden in Konzentrationslagern vor sich hin[3].

Großbritannien war verschuldet und verarmt. Frankreich musste sich erst einmal wieder neu selber erfinden und war heillos zerstritten. Der Verschleiß an französischen Regierungschefs gab beredtes Zeugnis davon. Frankreich, Italien, Griechenland und die Türkei bügelte man mehr oder minder gewaltsam auf Westorientierung. Es ist eher unwahrscheinlich, dass diese traumatisierten Länder sich nach neuen militärischen Abenteuern unter der Führung der USA gesehnt haben könnten. Westeuropa soll sich dennoch gar sehr vor dem Expansionsdruck der Sowjetunion gefürchtet und dann die Amerikaner um Beistand ersucht haben. Es fehlen aber jegliche Beweise für die Existenz solcher Hilferufe über den Atlantik. Nur Winston Churchill hatte am 12. Mai 1945 an Truman telegraphiert, die Sowjets würden immer zudringlicher und ohne Hilfe aus Washington ginge Europa bald unter. Aber das war ja derselbe Churchill, der einen Angriffskrieg gegen die Sowjetunion plante, und der dann die nächsten Wahlen kolossal verloren hatte. General de Gaulle dagegen, der starke Mann des neuen Frankreichs, hatte, sehr zum Ärger der Angloamerikaner, mit der Sowjetunion bereits im Dezember 1944 einen Bündnis- und Beistandspakt abgeschlossen. Wie die Hilferufe der griechischen und der italienischen Regierungen zustande gekommen sind, haben wir ja schon ausgeführt.

Der Marshallplan: Hilfe mit Widerhaken

Zunächst einmal mussten die gestrauchelten Länder wieder auf die Beine gebracht werden, damit deren Landeskinder wieder ordentlich und wohlgenährt gen Osten marschieren konnten. Geld hatten die Amerikaner in den letzten Jahren ja mehr als reichlich verdient. Davon konnten sie jetzt einiges auf Europa herabregnen lassen. Als Kredit. Wenn Europa sich wieder selber tragen konnte, dann würde es auch locker die Kosten der Außenhaut der amerikanischen Weltrüstungsmaschine selber aufbringen können. Also: eine sinnvolle Investition in Europa, die langfristig Rendite bringen würde. Zunächst ließ der oberste Statthalter der USA für Deutschland, Lucius D. Clay den Unternehmer Lewis H. Brown nach Deutschland kommen. Lewis erstellte eine Bestandsaufnahme des Ist-Zustandes der deutschen Wirtschaft[4], um auszuloten, wie man dem Verliervolk zu neuem Schwung verhelfen konnte: die Ernährungslage musste dringend verbessert werden. Denn wenn ein deutscher Kohlekumpel im Ruhrpott nur die Hälfte zu Essen bekommt, kann er auch nur die Hälfte Kohlen fördern. Die Kohlereviere in Schlesien waren an Polen verloren. Das Einzige, was hilft, ist eine neue Anbindung der deutschen Schwerindustrie an die französischen Erzhütten. Zudem braucht Deutschland dringend Fachkräfte. Die belasteten Nazis mit Qualifikation müssen sofort wieder in ihre alten Positionen zurückgebracht werden. Entnazifizieren kann man später immer noch...

Und die ehemaligen Kriegsverbündeten wie Frankreich und Großbritannien mussten auch wieder angeschoben werden. Das European Recovery Program, besser bekannt als Marshall-Plan, schob nun bis 1951 etwa 11 Milliarden Dollar in die europäische Wirtschaft, also nach heutigem Wert etwa 100 Milliarden Dollar. Das Geld wurde ausgeschüttet als Kredit, teilweise auch einfach als Spende. Vom Marshall-Füllhorn erhielten die Briten 28%, Frankreich 18% und Deutschland 11%. Auch dem Sowjetblock wurden diese Wohltaten angedient, die dort allerdings höflich aber bestimmt zurückgewiesen wurden. Denn für das Geld waren auch nicht unbeträchtliche Gegenleistungen zu erbringen: man muss sich zum kapitalistischen Wirtschaftssystem bekennen; die Zollschranken müssen gelockert werden; die Wirtschaft muss dereguliert werden; „moderne" – sprich: amerikanische – Geschäftspraktiken müssen verpflichtend eingeführt werden. Von der Wallstreet wurden Divisionen von Finanzfachleuten in die europäischen Administrationen geflutet. Für die monetären Wohltaten mussten die europäischen Länder sich vor den amerikanischen

Bankern komplett ausziehen: alle Finanzbücher auf Anforderung geöffnet und den Schnüffelnasen der Amerikaner dargeboten werden. Wie bei den heutigen berüchtigten IWF-Kreditpaketen mussten die Nationen für eine Kredittranche in letzter Konsequenz ihre Souveränität aufgeben. Letztlich, so haben Wirtschaftshistoriker mittlerweile ausgerechnet, war die Anschubhilfe durch den Marshallplan gar nicht so bombastisch: er habe, sagen sie, nur zu etwa einem halben Prozent des Wachstums des Bruttoinlandsproduktes in den beliehenen Nationen beigetragen[5].

Frankreich und Großbritannien waren in den Zweiten Weltkrieg gesprungen als Tiger und sind am Ende des Krieges als Bettvorleger gelandet. Dennoch wollten sie ihre subalterne Stellung gegenüber den USA zunächst nicht akzeptieren. So schlossen Briten und Franzosen am 4. März 1947 den Vertrag von Dünkirchen. Ironie der Geschichte: am 24.Mai 1940 waren genau hier über 330.000 französische und britische Elitesoldaten von der Wehrmacht in Dünkirchen eingekesselt worden. Nur durch den mysteriösen Haltebefehl Hitlers konnten diese Soldaten nach England entweichen. Sonst wäre der Zweite Weltkrieg möglicherweise schon damals zugunsten der Nazis entschieden gewesen. Im Jahre 1947 schlossen Frankreich und Großbritannien also erneut einen Vertrag, um gegen zukünftige Attacken der Deutschen vereint vorgehen zu können. Warum eigentlich? Die englisch-französische Waffenbruderschaft hatte doch die letzten Jahre wunderbar funktioniert? Und Deutschland war zerlegt, war sogar zwischen zwei feindlichen Machtblöcken aufgeteilt. Gegen wen versicherte man sich erneut der gegenseitigen Treue? Ein Jahr später wurden im Brüsseler Vertrag vom 17. März 1948 noch die Niederlande, Belgien und Luxemburg in das Bündnis aufgenommen. Ein Schutz und Trutzbund gegen Deutschland war gegenstandslos. Stellte das Brüsseler Vertragswerk einen letzten Versuch dar, ein rein europäisches Militärbündnis aufzubauen, das nicht konzentrisch um die neue Supermacht USA kreiste?

Die Europäer murren, aber sie müssen mitmachen
Es half nichts. Die Europäer mussten sich den Amerikanern ergeben. Am 4. April 1949 unterzeichneten Belgien, Dänemark, Frankreich, Island

(allerdings ohne Truppen), Italien, Kanada, Luxemburg, Niederlande, Norwegen, Portugal, Großbritannien und die Vereinigten Staaten von Amerika in Washington den Nordatlantikvertrag. Damit war die NATO gegründet. Und entgegen der Mär von der glatten Geburt des neuen Militärbündnisses ergeben Zeugnisse jener Tage, dass es hier alles andere als harmonisch zuging. Die NATO war noch geraume Zeit weit entfernt von einer Operationsfähigkeit zu Lande, zu Wasser und in der Luft. Die USA müssen immer wieder vorfinanzieren und den Vorturner abgeben. Die Europäer greifen auf die Tricks aller abhängig Beschäftigten zurück: sie bummeln, streiken und obstruieren. So zumindest liest es sich in den Berichten der Amerikaner aus jenen Tagen. Europa feiert krank. Die italienischen Arbeiter versuchen die massive Aufrüstung durch Streikmanöver auszuhebeln. Der amerikanische Verteidigungsminister James Forrestal schlägt vor, mit eigenen Streitkräften in Italien zu intervenieren und die italienischen Arbeiter mit Waffengewalt zur Herstellung von Waffen zu zwingen[6]. In Frankreich muss der Staat selber Rüstungsunternehmen aus dem Boden stampfen, weil private Unternehmer Angst vor dem Volkszorn haben. Der Auftritt von Militärs in Fabriken wird als massive Provokation empfunden: „Die zum Teil neu errichteten staatlichen Waffenwerke leiden unter kritischer Materialknappheit ... Dazu kommt eine offizielle Arbeitszeit von 40 Wochenstunden[7], die aber durch ‚Absentismus' (Fernbleiben wegen angeblicher Krankheiten, Zuspätkommen, Bummeln) noch weiter verringert wird, und dauernde störende Auseinandersetzungen zwischen inspizierenden Offizieren und roten Arbeitern."[8]

Immer deutlicher sehen die europäischen Politiker, dass der Marshallplan die Einstiegsdroge ist, mit der Europa zu einer gigantischen selbstmörderischen Aufrüstung im Interesse der USA angefixt werden soll. In Großbritannien hatten die Wähler Churchill fortgejagt, damit die Labour-Partei Frieden und sozialen Fortschritt durchsetzt. Doch beide Agendapunkte der Regierung unter Clement Attlee sind kaum durchführbar wegen der neu geschaffenen Abhängigkeit vom US-Kapital durch den Marshallplan. Im April 1951 tritt deswegen Attlees Arbeitsminister Aneurin Bevan zurück: „Das Aufrüstungsprogramm der USA ist für den Westen so ungeheuerlich, daß die Grundlagen der politischen Freiheit und der parlamentarischen Demokratie nicht imstande sein werden, den Schlag auszuhalten ... Ich sage deshalb, daß das 4,7 Milliarden-Pfund-Aufrüstungsprogramm bereits tot ist. Es kann nicht verwirklicht werden, ohne der Wirtschaft Großbritanniens und der Welt unheilbaren Schaden zu tun." Der unmittelbare Anlass: Im neuen Budget hatten die Ausgaben für Rüstungszwecke mit 1490 Millionen Pfund fast die Höhe der Sozialausgaben erreicht. Im Vorjahresbudget betrugen sie nur gut die Hälfte. Es ist also für den Arbeitsminister klar, dass die sozialen Ziele seiner Labour-Regierung auf Dauer wohl auf der Strecke blieben. Einen Tag später trat aus denselben Gründen der Handelsminister Harold Wilson zurück, der in den 1960er Jahren selber Premierminister werden sollte [9].

Es ist ein ständiges gereiztes Gezänk zwischen den Unterhändlern aus den USA und den europäischen Regierungsvertretern. Es ist nicht anders wie heutzutage bei den Verhandlungen zwischen dem Internationalen Währungsfond und verschuldeten Ländern: in jenem Falle gibt der NATO-Rat „Empfehlungen" an die Regierungsvertreter, die ziemlich unverhohlen als Befehle zu lesen sind, denn auf Nichtbeachtung der „Empfehlungen" folgen Strafmaßnahmen: „Die NATO empfahl Belgien ... eine Heraufsetzung seiner Militärisierungsausgaben im laufenden Jahr von 340 auf 520 Millionen Dollar. Für das nächste Jahr von 470 auf 700 Millionen und anstatt der in Brüssel für 1953/54 vorgesehenen 482 Millionen die Summe von 740 Mill. Dollar." Natürlich maulen die derart Erpressten erst einmal herum, um sich dann doch in das Unvermeidliche zu fügen: „Keiner der delegierten Minister war von den Vorschlägen des NATO-Exekutivbüros begeistert. Im gemeinsamen Klagechor erklärten alle, daß das vorgesehene Aufrüstungs - Programm ohne weitere amerikanische Hilfe untragbar sei. Die Minister versprachen aber, den Empfehlungsbericht der ‚Drei Weisen‘ genau zu studieren und ihn ihren Regierungen zu empfehlen. Bis zur Konferenz in Lissabon am 20. Februar soll über die neuen Budgetsätze Einigung erzielt sein." Und noch mal eine „Empfehlung": „Grundsätzlich empfiehlt die NATO als Beitrag zehn Prozent vom Sozialprodukt." [10] Diese Diskussion kommt uns doch irgendwie bekannt vor. Allerdings geht es heute um „nur" zwei Prozent vom Bruttosozialprodukt. Die amerikanischen Investoren der europäischen Aufrüstung sind frustriert, wie der Spiegel feststellt: „1950 versprach René Pleven den Amerikanern 900.000 Soldaten bis zum Sommer 1953. Bis heute sind davon noch nicht einmal ein Zehntel aufgestellt worden. Unablässig pumpen die Amerikaner Dollarmillionen in die französische Wirtschaft. Das Geld wurde für eine höhere Lebenshaltung und bessere Renten verplempert. Keine nennenswerte Rüstungsproduktion ist in Gang gebracht worden." [11]

René Pleven war auch mal kurzzeitig Ministerpräsident von Frankreich. In seiner Regierungszeit hat er nicht nur Gelder im Sinne sozialer Verantwortung für die Bürger in Form von Renten „verplempert". Er ist auch der Namensgeber des so genannten Pleven-Plans. Eine konzeptionelle Weiterentwicklung des Dünkirchener und Brüsseler Vertrages: Europa sollte eine eigene, von den Amerikanern unabhängige Europäische Verteidigungsgemeinschaft EVG bilden, mittendrin Deutschland mit einer eigenen konventionellen Streitmacht und alle zusammen mit einem eigenen Supranationalen Verteidigungsminister. Ein Plan, der viel diskutiert wurde, und für den sich auch Bundeskanzler Adenauer erwärmen konnte. Seltsamerweise fanden irgendwann auch Truman und der NATO-Oberbefehlshaber Dwight D. Eisenhower Gefallen an dem Plan. Er scheiterte aber letztlich 1954 am Veto der französischen Nationalversammlung. Es führte anscheinend kein Weg an der Unterwerfung unter das um die USA kreisende Planetensystem NATO vorbei.

NSC-68: Die Geburt des Militärisch-Industriellen Komplexes

Es gab einen triftigen Grund für die noch einmal verschärften „Empfehlungen" des NATO-Rates oder auch der US-Regierung, der den Europäern zunächst nicht bekannt war. Es kursierte im Frühjahr 1950 in den Entscheider-Kreisen in Washington ein hochgeheimes Thesenpapier des Nationalen Sicherheitsrates mit der Laufnummer NSC-68 [12]. Ausgearbeitet wurde es im Policy Planning Staff des US-Außenministeriums. Der bisherige Leiter dieses geheimen Planungsstabs, George Kennan, der uns ja schon bekannt ist als „Mister X" mit seinem langen Telegramm aus Moskau mit der Eindämmungspolitik, wurde extra weggelobt nach Lateinamerika. Denn sein Nachfolger Paul Nitze galt als „Falke". Im

Gegensatz zum für den Geschmack der Falken viel zu soften Kennan hatte sich Nitze einen Namen gemacht als unversöhnlicher Scharfmacher gegen die Sowjetunion. So ein Mann wurde jetzt gebraucht. Über diese Machenschaften wurde nicht einmal der zuständige Verteidigungsminister Louis Johnson informiert. Als Johnson sich über die Mauschelei rund um das Thesenpapier beschwerte, feuerte ihn Truman kurzerhand. Das Dokument ist aus vielen Gründen aufschlussreich. Zum einen war es ja an wirkliche Entscheider gerichtet, und verzichtet somit auf Propaganda. Zum Zweiten offenbart es einen recht lockeren Umgang mit der Logik. Zunächst gibt NSC-68 ein realistisches Bild der Sowjetunion: die Sowjetunion ist in wirtschaftlicher, militärischer und technologischer Hinsicht den USA weit unterlegen. Die Sowjetunion weist alle Merkmale eines rückständigen, ineffizienten Landes auf: sie verwendet 40% ihrer Wirtschaftskraft für Militär und Rüstung und kann höchstens noch auf 50% steigern: „Die UdSSR sind heute an der Oberkante der Produktionsmöglichkeiten." Die quantitativ und qualitativ weit überlegenen USA wenden gerade mal 20% ihrer Wirtschaftskraft für Rüstung auf, und können im Kriegsfall auf 50% hochfahren: „Die Vereinigten Staaten verfügen jetzt über das größte militärische Potential irgendeiner einzigen Nation auf der Welt."

Einen Krieg kann die Sowjetunion also gar nicht wünschen. Kein Zweifel: bei der atomaren Rüstung sind die USA haushoch überlegen und werden bald mit der noch destruktiveren Wasserstoffbombe auftrumpfen. Und trotzdem, so die Autoren weiter, müssen die USA sich verdammt vorsehen. Die Sowjets hielten ihr Volk durch Heraufbeschwören äußerer Bedrohung zusammen. Als totalitäre Diktatur bräuchten die Sowjets keine Rücksicht zu nehmen auf Widerstände in der Bevölkerung. Der Kreml halte immer noch am Kommunismus fest. Die enorme Geheimhaltung mache es den Amerikanern schwer, Überraschungseffekte gerade bei Nuklearwaffen rundheraus auszuschließen. Dagegen hilft nur: die abgeschlafften Europäer weiter stützen und vor Neutralität bewahren. Europäer müssen mindestens 4.8% ihres Bruttoinlandsprodukts für Rüstung ausgeben. Psychologische Kriegsführung und enorme konventionelle Aufrüstung der USA und ihrer europäischen Verbündeten sind gegen sowjetische Überraschungen unerlässlich. „Empfehlung" der NSC-68-Autoren an den US-Präsidenten heißt: Keynes sowohl invers als auch pervers: enorme Ausweitung des Rüstungsetats durch Kürzung in zivilen Bereichen und durch Steuererhöhungen.

Die „Argumentation" des NSC-68 ist zutiefst unlogisch: gerade weil die Sowjetunion so schwach und labil ist, müssen die Amerikaner aufrüsten! Wenig zur Behaglichkeit tragen solche Sätze bei wie: „Ein hohes Maß an Aufopferung und Disziplin wird dem amerikanischen Volk abverlangt werden." Oder: „Im Fall, dass wir Atomwaffen einsetzen entweder als Vergeltung für den Ersteinsatz durch die UdSSR oder weil es keine andere Methode gibt, unsere Ziele zu erreichen, ist es unerlässlich, dass die strategischen und taktischen Ziele, gegen die sie eingesetzt werden, angemessen sind und die Art wie sie verwendet werden, mit jenen Zielen zusammenpassen." Also, der Einsatz der Atombomben ist nicht nur statthaft als Vergeltung auf einen gleichrangigen atomaren Erstschlag des Feindes, sondern auch, wenn man gewisse Ziele anders nicht erreichen kann[13].

In diesem Zusammenhang müssen wir mit dem Mythos vom rein defensiven Charakter der NATO aufräumen. Denn auf dem NATO-Treffen in Paris im Herbst 1951 schwören die USA ihre NATO-„Partner" auf die so genannte Präventivtaktik ein: „Wenn ein NATO-Mitglied von einem potentiellen Gegner bedroht wird und verbindliche Anzeichen dafür vorliegen, daß dieser Gegnerstaat eines oder mehrere NATO-Mitglieder angreifen will, so können die bedrohten Staaten diesem Angriff durch einen Einbruch in das Aufmarschgebiet des potentiellen Gegners zuvorkommen."[14] Wer bestimmt, wann und wie „verbindliche Anzeichen" vorliegen? Dies ist ein Freibrief für jeden nur denkbaren Angriffskrieg.

Der Korea-Krieg als Testfeld der Großmächte

Vermutlich wären die Vorschläge des NSC-68 von den diskreten Entscheidern in Washington abgelehnt worden, wenn nicht ausgerechnet am 25. Juni 1951 der nordkoreanische Diktator Kim-Il-Sung den Überfall seiner Truppen auf Südkorea angeordnet hätte. Ein Geschenk des Himmels für Paul Nitze und seine Freunde. Es ist ein Rätsel, was den nordkoreanischen Despoten zu dieser Wahnsinnsentscheidung getrieben hat. Josef Stalin jedenfalls riet Kim eindringlich von einem solchen hochriskanten Abenteuer ab. Da die Amerikaner auf einen solchen Überfall nicht eingestellt waren, trieben die nordkoreanischen Divisionen die südkoreanischen Truppen nebst ihren amerikanischen Beratern zunächst mühelos bis an die Südspitze der Halbinsel. Doch die USA konnte jetzt zum ersten Mal im realen Kampfeinsatz den Bündnisfall nach UNO-Artikel 51 ausprobieren. Die USA zitieren die Mehrheit der NATO-Mitglieder in den Fernen Osten. Die NATO-Aspiranten Griechenland und Türkei sind auch dabei, um sich schon mal zu bewähren. Zudem noch die Philippinen und Thailand als südliche Nachbarn. Die NATO-Mitglieder Italien, Dänemark und Norwegen schicken erstmal nur Ärzte an den Schauplatz. Da es die NATO aber de facto noch gar nicht als einsatzbereite Kraft gibt, übernimmt die UNO erstmal selber den Part des kriegführenden Bündnisses. Damit wird in jenen Tagen noch unverblümt deutlich, wem dieser Weltenbund verpflichtet ist. Es bleibt auch noch immer aufzuklären, warum der sowjetische Delegierte im Weltsicherheitsrat, der das nun folgende Morden mit einem einfachen Veto hätte verhindern können, bei der entscheidenden Sitzung nicht anwesend war. Offiziell hatten sich die Sowjets aus Protest gegen die Nichtberücksichtigung der kommunistischen Volksrepublik China aus dem Sicherheitsrat zurückgezogen. Ein schwer nachvollziehbarer Fall von Abstinenz. Letztlich stellten die USA in dieser frühen Koalition der Willigen 90% der wehrpflichtigen Rekruten. Die Beteiligung der anderen Nationen erfolgte nur, um den USA die nötige Seriosität bei ihrem kriegerischen Abenteuer zu verleihen.

Die Koalition der Willigen rollt mit einer halben Million Mann die Nordkoreaner zurück bis zur chinesischen Grenze. Aus der gerade noch nicht einmal ein Jahr alten kommunistischen Volksrepublik China strömt ein Tsunami von hochmotivierten Volkssoldaten auf die koreanische Halbinsel, stellt sich der modernen Bewaffnung der Amerikaner und ihrer Freunde mit nichts anderem als antiquierten Schießprügeln und ihren schutzlosen Leibern entgegen. Für die wehrpflichtigen jungen Amerikaner aus dem reichen Westen ist das ein ungeheurer Schock. Sie schießen ziellos um sich herum oder starren nur paralysiert auf das Geschehen. Sie können lediglich die Flucht nach Süden antreten. Die Kommunisten haben ihren Sieg teuer bezahlt. Auf jeden gefallenen West-Soldaten kommen zehn gefallene Chinesen. Beide Seiten reklamieren den Sieg für sich. Der Oberkommandierende General Douglas MacArthur erwägt den Einsatz von Atombomben auf Chinas Kernland. Er wird von Truman entlassen. Denn für ihn und für den Chef der US-Streitkräfte und gleichzeitig drittem Mann in der neuen NATO, Omar Bradley, ist klar, dass der Dritte Weltkrieg nicht in Asien stattzufinden hat, sondern – in Europa: „Unter den gegenwärtigen Umständen haben wir davon abgeraten, den Krieg in Korea auszuweiten und China mit einzubeziehen. Der Ablauf der Aktion, der häufig beschrieben wird als ein begrenzter Krieg mit Rotchina würde das Risiko beinhalten, dass wir ein viel zu hohes Maß unserer Kräfte in einer Region aufwenden würden, die für uns nicht der strategische Hauptgewinn wäre. Rotchina ist nicht die mächtige Nation mit dem Ehrgeiz, die Welt zu beherrschen. Offen gesagt, nach Auffassung der Gemeinsamen Stabschefs, würde uns diese Strategie verwickeln in den falschen Krieg am falschen Ort, zur falschen Zeit und mit dem falschen Feind."[15] Denn, so behauptete wider alle Fakten Präsident Truman, hinter der Volksrepublik China stünde die Sowjetunion, die im Fernen Osten die Fäden ihrer Marionetten zöge. Und die maßgebenden Herren in Washington und an der Wallstreet Harriman, Lovett oder Acheson waren rein zufällig auch genau dieser Meinung.

Ansonsten war jener furchtbare Krieg mit seinen 900.000 getöteten Soldaten und seinen drei Millionen unschuldigen zivilen Toten der erste Test von neuen Strategien und neuen Waffen, seit nunmehr fünf kampflosen Jahren endlich wieder unter realen Kampfbedingungen. Die Sowjets hatten Chinesen und Nordkoreanern dann doch noch Teile ihrer Luftwaffe ausgeliehen und konnten mit ihrem Kampfjäger MIG-15 international einen Achtungserfolg erzielen. Die Amerikaner entwickelten im Verlauf dieses Krieges den Kampfjet Sabre F-86 und konnten zum ersten Mal im ganz großen Stil Napalm ausprobieren. Zudem mauserte sich das nunmehr mit amerikanischer Hilfe konsolidierte Südkorea dauerhaft als zweiter großer Militärstützpunkt der US-Streitkräfte neben Okinawa in Japan. Ein Jahr nach dem heißen Krieg in Korea gründeten die USA 1954 ein fernöstliches Gegenstück zur NATO, die Southeast Asia Treaty

Organization, kurz: SEATO. Das war indes kein großer Erfolg. Lediglich die Philippinen und Thailand wollten sich neben den klassischen angloamerikanischen Domänen Australien und Neuseeland diesem Bündnis anschließen.

Die USA zogen Bilanz: zum einen wurde die UNO nie wieder so offen und ungeniert als Instrument der amerikanischen Machtmaschine eingesetzt. Die erneute Präsenz des sowjetischen Delegierten im Weltsicherheitsrat würde solche Auftritte in Zukunft sicher vereiteln. Zum anderen nahm die zunächst nur als Gedanke präsente NATO immer realere Gestalt an und konnte zukünftig die militärischen Aufgaben viel besser erfüllen als die militärisch eher ungeeignete UNO. Bis auf die massenhaften Ausfälle im Kampfeinsatz bei den wehrpflichtigen Infanteristen konnten die Strategen der USA rundum zufrieden sein. Die anfängliche Wehrlosigkeit durch den Überraschungseffekt hatte man schnell überwunden. In Fernost herrschte scheinbar wieder Ruhe, und man konnte sich erneut dem Hauptschauplatz Europa und der weiteren Einkreisung der Sowjetunion widmen. Nunmehr wurden die Truppenaufgebote der USA in Europa locker verdreifacht, und der Korea-Schock hatte die Bedenken der Europäer, sie könnten dabei ihre Selbständigkeit verlieren, hinter der nackten Kriegsangst zurücktreten lassen. Hauptsache: am Leben bleiben, wenn auch unfrei.

Collier's Weekly: Die Sehnsucht nach dem Atomkrieg
Ganz anders werden Kriegsbedrohungen in den Vereinigten Staaten von Amerika wahrgenommen. Noch nie seit 1815 hat eine feindliche Macht den Boden von god's own country betreten. Das Grauen des Krieges ist den Amerikanern erspart geblieben. Nur wenige Familien in den USA mussten den Tod oder die Verstümmelung eines ihrer Söhne auf ausländischem Schlachtfeld beklagen. Und auch der Zweite Weltkrieg hat kein wirkliches Leiden am Krieg, kein wirkliches Nachdenken über den Krieg und seine Schrecken ausgelöst. Nur ein Katzenjammer, eine Depression wie nach einer durchzechten Nacht umwölkte das kollektive Bewusstsein der Nordamerikaner. Davon legt der depressive, unendlich einsame Film Noir mit seinem stolzen Einzelgänger Humphrey Bogart beredtes

Zeugnis ab. Oder die Einsamkeitsstillleben des Ölmalers Edward Hopper. Oder später der herankeimende testosteron-melancholische Jungmann, in Verkörperung von James Dean. Diese provinzielle Monotonie schreit geradezu nach Befreiung durch Zerstörung. Kriege sind für Amerikaner nur eine ferne Bedrohung. Dazu gesellt sich eine technikvernarrte ästhetische Faszination an den choreographierten Stahlgewittern des Krieges.

In diese Konstellation hinein fesselt die amerikanische Illustrierte Wochenzeitschrift Collier's ihre Leserschaft in einer Sonderausgabe vom 27. Oktober 1951 mit der „Vorschau auf den Krieg, den wir nicht wollen" [16]. Ein ganzes Heft voller Kriegspornographie: „Unser übergreifendes Konzept dieser Ausgabe wurde in der Recherche und der Diskussion abgestimmt mit den führenden politischen, militärischen und ökonomischen Denkern – einschließlich hochrangiger Beamter aus Washington und außenpolitischen Experten hier und in Übersee." Vielleicht könnte man das Pferd auch von vorne her aufzäumen: unsere uns mittlerweile bekannten Freunde, die Truman anleiten, haben die berühmte Zeitschrift instrumentalisiert, um die Menschen draußen im Lande schon einmal an den Dritten Weltkrieg heranzuführen?

In dem gerade zitierten Editorial von Collier's heißt es einige Zeilen zuvor bereits, fast regierungsamtlich: „Ein noch nie zuvor dagewesenes Projekt ... Sein Zweck war nichts weniger als: (1) die üblen Herren des russischen Volkes zu warnen, dass ihre monströse Verschwörung zur Versklavung der Menschheit den finsteren Weg nach unten in den Dritten Weltkrieg bedeutet; (2) einen mächtigen Appell für Vernunft und Verständigung zwischen den Völkern in West und Ost anzustoßen – bevor es zu spät ist; (3) klar zu machen, dass, wenn wir zum Krieg Den Wir Nicht Wollen gezwungen werden, wir diesen auch gewinnen werden."

Und während in der realen Welt die Zinksärge mit den an der koreanischen Front gefallenen wehrpflichtigen GIs diskret in die Heimat verfrachtet werden, geben die besten Autoren, Zeichner und Wissenschaftler eine Visitenkarte ihres handwerklichen Könnens ab. Titelbild: ein Soldat, auf dessen Helm nebeneinander die Stars and Stripes, das Zeichen „MP" für: Militärpolizei und das Emblem der UNO prangt. Zufrieden grinst er mit aufgeklapptem Bajonett die Leser an. Hinter ihm eine Landkarte. Die

Sowjetunion ist bereits weitgehend von den UNO-USA-Truppen besetzt. Wir lesen und schauen fiktive Reportagen vom Kriegsgeschehen, das sich zwischen 1952 und 1960 abspielt. Auf Seite 18 ein ganzseitiges Schlachtengemälde, wie eine Atombombe gerade Moskau nuklear auflöst. Auch Washington im Nuklearbrand ist zu bestaunen. Auslöser des ungewollten Krieges ist ein Angriff der bösen Sowjets auf Jugoslawien. Als nächstes bombardieren die Ostmenschen mit den Physiognomien der geborenen Bösewichte Washington und andere amerikanische Städte. Doch das Blatt wendet sich. Agenten in der Sowjetunion stiften Aufstände, die GULAG-Insassen überwältigen und töten ihre Aufseher im sibirischen Eis. Und schließlich freuen sich alle Russen über ihre Befreiung. Arthur Koestler ist einer der heute vielleicht bekannteren Autoren dieser feuerhungrigen Soap Opera.

Bemerkenswert auch: die real existierende Senatorin Margaret Chase Smith, die 1950 erst großes Ansehen erworben hatte, weil sie im Kongress eine mutige Rede gegen den perfiden antikommunistischen Großinquisitor Josef McCarthy gehalten hatte, schreibt in diesem Sonderheft – nämlich eine fiktive Reportage über ihren Besuch in der atomar zerstörten Sowjetunion im Jahre 1956: „Überall sah und fühlte ich ein starkes Gefühl der Erleichterung der russischen Frauen, dass dieser Krieg vorbei war. Gewiss, die Bomben der freien Streitkräfte zerstörten viele ihrer Häuser, töteten viele ihrer liebsten Nächsten – aber sie zerschlugen auch die Ketten der Sklaverei, die Russlands Frauenschaft fesselten." Dieser Mix aus Empathielosigkeit, unerschütterlicher Selbstgerechtigkeit und erschreckender Naivität, der diese Zeilen auszeichnet, sollte den Ton vorgeben für unzählige journalistische Ergüsse, die in Zeitschriften wie Reader's Digest die nächsten Jahrzehnte die Hirne zuschmalzen sollte. Dieser realitätsabweisende Mindset lag bis zum Aufkommen der Bürgerrechtsbewegung in den 1960er Jahren als Firnis über den USA.

US-Außenminister: Europa muss sich bewegen!

Währenddessen wälzen sich die Europäer schlaflos im Bett, weil ihnen nach dem noch unverdauten Zweiten Weltkrieg bereits ohne ihr Zutun ein Dritter Weltkrieg aufgeholfen werden soll. Es soll in Deutschland

Hamsterkäufe geben. Die Menschen pilgern in Massen zum Wunderheiler Bruno Gröning, der von Stadt zu Stadt zieht wie ein neuer Messias. Was sonst wenn nicht ein Wunder kann uns noch retten? So ist die Stimmung. Niemand will wieder unter Waffen – bis auf einige hunderttausend Männer, die sich nach Jahren in der Wehrmacht ein Leben ohne Krieg gar nicht mehr vorstellen mögen, und die einstweilen als Taxifahrer oder Fremdenlegionäre auf ihren erneuten Fronteinsatz warten.

Die Amerikaner jedoch verstärken den Druck auf die europäischen Länder, endlich mitzuhelfen bei der Aufstellung einer neuen deutschen Wehrmacht (dieser Ausdruck ist in der zeitgenössischen Presse üblich): „Acheson schlug 1950 bei NATO-Versammlung vor, einen Vertrag zwischen NATO und Deutschland abzuschließen, um die Aufrüstung Deutschlands zu beschleunigen. Gegen diesen Plan, mit dem Ziel der Aufstellung einer deutschen Nationalarmee, habe schließlich nur noch Frankreich opponiert, nachdem Bevin anfängliche Bedenken aufgegeben hatte."[17] Und beim NATO-Treffen in Lissabon wird der US-Außenminister richtig unangenehm: „Mitten im bunten, lauten Lissabon standen die Politiker und Militärs des Westens unter der aufreibenden Spannung einer schweren Auseinandersetzung zwischen den USA und ihren europäischen Alliierten. Mit ultimativer Schärfe hatte US-Außenminister Acheson auf der letzten NATO-Vollsitzung in Rom gefordert, daß in Lissabon ein endgültiger Beschluß über die Aufstellung deutscher Militär-Verbände im Rahmen einer internationalen europäischen Verteidigungsgemeinschaft gefaßt wird, andernfalls Amerika auf die Aushebung einer deutschen Nationalarmee dringen werde."[18]

Warum hatten die Amerikaner es denn so eilig, Deutschland wieder mit einer Armee auszustatten? Warum war Deutschland für die Strategen in Washington so ungeheuer wichtig? Dieser Frage gehen wir im nächsten Kapitel nach.

Kapitel 8
Die Zurichtung Deutschlands zum Aufmarschgebiet nach Eurasien

„Wir sollten eine politische Neuorganisation Kontinentaleuropas als föderaler Staatenbund anstreben. Es muss ein hohes Maß an lokaler Selbstregierung entlang ethnischer Linien geben. Diese kann über das föderale Prinzip erreicht werden, das in dieser Hinsicht sehr flexibel ist. Doch die Wiedererrichtung von rund 25 völlig unabhängigen und souveränen Staaten in Europa wäre ein politischer Wahnsinn."
(John Foster Dulles 1941)

Sommer 1945: Deutschland ist ausgebrannt. Die großen Städte wie Hamburg, Berlin, Köln, Mannheim, Dresden oder aber auch kleinere Städte wie Remscheid sind durch kolossale Bombenattacken in Mondlandschaften verwandelt. Von Ost nach West und von West nach Ost ergießen sich Millionen von Menschen, obdachlos, entwurzelt, zutiefst traumatisiert.

Auch das Zentrum von Frankfurt ist komplett ausradiert. Wie durch ein Wunder jedoch steht ein großes Bürogebäude völlig unversehrt inmitten der Apokalypse. Es handelt sich um die Zentrale des weltweit größten Chemiekonzerns jener Jahre, der IG Farben. Die amerikanischen Superfortress-Bomber haben aus über 8.000 Meter Flughöhe das Kunststück fertig gebracht, das IG Farben-Haus aseptisch sauber von ihrem Feuer auszusparen. Der Megakonzern IG Farben war Mitte der 1920er Jahre auf Initiative amerikanischer Banken aus sieben Chemiefirmen zusammengegossen worden. Durch zahlreiche Abkommen war die IG eng verbunden mit der Geschäftspolitik des amerikanischen Mineralölkonzerns Standard Oil. Der Austausch von Aktien-Anteilen und Aufsichtsratsposten hatte Standard Oil und IG Farben de facto bereits zu einem gigantischen Global

Player zusammengeschweißt. Der Jurist James Stewart Martin war aus den USA nach Deutschland gekommen, um die mannigfachen deutsch-amerikanischen Verstrickungen nicht nur der IG Farben und Standard Oil, sondern auch vieler anderer Konzerne aufklären zu können. Er war mit seinem Team im Auftrag der Wirtschaftsabteilung der SHAEF (Supreme Headquarters Allied Expeditionary Force) unterwegs.

Ihn soll eine böse Überraschung erwarten. Denn es kommen aus dem Eingang des IGF-Gebäudes abgerissene Gestalten ins Freie, dick bepackt mit Aktenordnern aus den Archiven im Haus. Bei diesen Aktenträgern handelt es sich um so genannte Displaced Persons. Menschen, die als Zwangsarbeiter in Deutschland schuften mussten bis zur völligen Auslöschung. Diese Menschen hier haben überlebt und schleppen nun für ein kleines Handgeld im Auftrag der amerikanischen Besatzer kompromittierende Akten auf einen großen Scheiterhaufen vor dem Haus. Martin macht sich mit seinen Leuten daran, noch zu retten was zu retten ist. Offensichtlich wollen die neuen Herren in der Besatzungsbehörde nicht, dass die engen Verzahnungen zwischen Nazi-deutschen Konzernen und ihren US-amerikanischen Partnern einer größeren Öffentlichkeit bekannt werden. Dass man ihre Komplizenschaft aktenkundig nachweisen kann.

Genau das aber beabsichtigte die Roosevelt-Regierung. Beamte aus Finanzministerium und Justizministerium waren fest entschlossen, den Augiasstall der transatlantischen Korruption auszumisten. Bekanntlich wollten Roosevelt und sein Finanzminister Morgentau sowie Staatssekretär Harry Dexter White eine Nachkriegsordnung schaffen, die die Macht der weltweit agierenden Kartelle und Konzerne bändigen und in das Regelwerk von Bretton Woods einbinden sollte. Es ging darum, den Nationalstaat und die Politik wieder in ihre Rechte einzusetzen und damit die Willkürmacht der privat, autoritär und intransparent agierenden Konzerne zu brechen. Und damit dem Willen aller Bürger Geltung zu verschaffen. Die Kartelle hatten die Schwerindustrie aufgeplustert und damit am Bedürfnis der Bürger vorbei geradewegs auf den Krieg hingearbeitet. Das sahen nicht nur die „Morgenthau-Boys" in der US-Regierung so. So sahen es auch Parlamentarier im Washingtoner Kongress. Der Nye-Untersuchungsausschuss hatte Mitte der 1930er Jahre Machenschaften der Rüstungskonzerne vor und nach dem Ersten Weltkrieg sorgfältig studiert. Und während James Stewart Martin in Deutschland nach der Wahrheit sucht, ist im Washingtoner Kongress gerade der Kilgore-Untersuchungsausschuss den Kriegstreibern auf der Spur.

Leider war Roosevelt im März 1945 verstorben, und danach wurden seine sämtlichen Gefolgsleute aus allen wichtigen Ämtern entfernt. Es kam, wie wir sahen, zu einem Putsch. Und der wurde betrieben von genau jenen Kreisen, denen die „Morgenthau-Boys" auf der Spur waren. Und genau jetzt ist James Stewart Martin in Deutschland, um in diesem Wespennest zu stochern. Martins erster Vorgesetzter in der Wirtschaftsabteilung war ausgerechnet ein erklärter Hitler-Sympathisant: Graeme K. Howard, lange Jahre Topmanager bei General Motors und Autor des Buches „America and a New World Order". Howard forderte, dass die USA sich mit Nazideutschland und Japan die Macht weltweit teilen und unter allen Umständen Frieden mit Hitler machen. Sein Nachfolger William H. Draper ist allerdings um keinen Deut besser. Draper führte in den 1920er Jahren die Privatbank Dillon Read & Co, die genau diese Förderung der Schwerindustrie betrieben hat, „um Deutschland wirtschaftlich und industriell auf einen Krieg vorzubereiten."[1] Dieser Draper war, als der Krieg begann, schnell in Generalsuniform geschlüpft und hatte sich in der Militärregierung der USA in Deutschland eingenistet. Jetzt passt er gut auf, dass seine Pfründe nicht von staatlichen Kontrolleuren überprüft werden. Einige „Morgenthau-Boys" sind bereits derart behindert worden, dass sie aufgeben mussten. Martin will es aber wissen. Im Kölner Bankhaus J.H. Stein findet er die Akten zum Sonderkonto S. Eine mafiöse Veranstaltung. Deutsche Industrielle zahlten über das Sonderkonto Schutzgeld an die SS. Die SS teilte den Industriellen im Gegenzug besondere Filetstücke aus den Beutezügen in den überfallenen Ländern zu. Das Puzzle bleibt lückenhaft.

Das Gewebe der Fraternity legt sich über Deutschland

Dennoch erkennt Martin ein recht großes Netzwerk von US-amerikanischen und deutschen Konzernen, die sich weltweit die Bälle zugespielt haben und Konkurrenten gemeinsam zur Strecke brachten. Nachdem

Martin einsehen muss, dass auch er gegen Draper und Co nicht ankommt, wirft er hin und kehrt in die USA zurück. Martin hat über seine Erkenntnisse ein aufschlussreiches Buch geschrieben, das leider bis heute nicht die Beachtung gefunden hat, die es unstreitig verdient[2]. In seinem Buch prägt er für das Netzwerk der „Ehrenwerten Männer" den Begriff „Fraternity", also Bruderschaft. Diesen treffenden Ausdruck werden wir im weiteren Ablauf übernehmen.

Einige Bestandteile dieser Fraternity haben wir ja schon in vorhergehenden Kapiteln beschrieben. Neben den schon genannten transatlantischen Kartellen im Ölsektor und in der Autoindustrie sowie der frühen Computertechnik durch IBM alias DEHOMAG sind hier „Verbrüderungen" in der ebenfalls kriegswichtigen Elektrobranche zu nennen. Und Martins Erkenntnisse lassen den Eindruck aufkommen, dass die Fraternity auf einen Sieg Hitlers gegen die verhasste Roosevelt-Administration gesetzt hatte. Denn im Krieg, so ergaben Recherchen des amerikanischen Justizministeriums, hatten US-Konzerne den Achsenmächten zu äußerst günstigen Preisen ihre Waren verkauft, die sie den USA entweder erheblich teurer oder gar nicht verkaufen wollten. Es bedurfte energischen Drucks, um diese Sabotage abzustellen[3].

Im besetzten Deutschland spiegelt sich ein Trend, der in den USA bereits in vollem Gange war. Der New Yorker Council on Foreign Relations hatte bekanntlich Stalins Kreditanfrage zurückgewiesen und Russland stattdessen als Zielscheibe erneuter rentabler Kriegsanstrengungen ausersehen. Entsprechend wurden in Deutschland bereits seit 1945 die Weichen gestellt. Passend zur überzüchteten amerikanischen Schwerindustrie mit ihrer zwangsläufigen Entladung in einem erneuten Krieg sollte auch in Deutschland die Schwerindustrie nicht nur weiterhin mit Hochdruck vorangetrieben werden, sondern sie sollte sogar noch einen Gang zulegen. Jetzt waren nämlich die staatlichen Strukturen in Deutschland endgültig zerschlagen. Jetzt konnte man aus den Trümmern eine kolonisierte Filiale der amerikanischen Rüstungskartelle modellieren. Die leergewischte Tafel konnte neu beschrieben werden. Ein Akt von „schöpferischer Zerstörung"[4].

Was war die Alternative? Nach dem Ende des Zweiten Weltkrieges stand in der Konferenz von Potsdam für alle Teilnehmer fest: Deutschland sollte als Ganzes erhalten bleiben. Die gefährlichen Kartelle der Schwerindustrie, die die ganze Welt in diesen furchtbaren Krieg geführt hatten, sollten zerschlagen werden. Deutschland sollte entmilitarisiert werden. An diesem Konsens hielt die Sowjetunion noch lange Jahre fest. Frankreich und Großbritannien waren zu geschwächt, um in der Deutschlandfrage ein gewichtiges Wort mitreden zu können. Und die USA warteten mit zwei miteinander verfeindeten Konzeptionen auf. Die Fraktion unter Morgenthaus Führung beabsichtigte, die Schwerindustrie in Deutschland komplett zu zerschlagen. Stattdessen sollte eine zivilistische Wirtschaft mit starker mittelständischer Prägung gefördert werden. Dem Territorium Deutschlands sollten Ostpreußen, weite Teile der Länder östlich der Oder-Neiße-Linie und Oberschlesien mit seinen Kohlegruben abgeschnitten werden. Das Saarland sollte an Frankreich abgegeben werden. Deutschland sollte geteilt werden in einen Nord- und in einen Südstaat. Die Morgenthau-Feinde verzerrten diese Forderungen in propagandistischer Manier: demzufolge fordere der „Morgenthau-Plan" die radikale Herabstufung Deutschlands zu einem primitiven Bauernstaat. Alle deutschen Männer sollten kastriert werden – ein Märchen, das ich selber noch als Kind von den Erwachsenen zu hören bekam, und in dieser Form auch in der Schule nachzuplappern wusste. Nun war Familie Morgenthau, deren Vorfahren aus Mannheim stammten, tatsächlich nicht ganz frei von antideutschen Ressentiments. Als Henry Morgenthau junior von der industriellen Vernichtung der europäischen Juden hörte, war er sehr empört. Das prägte seine Meinung über Deutschland. Nichtsdestoweniger ging es Morgenthau in seiner Eigenschaft als politischem Planer in erster Linie um die Entflechtung und Rückstufung der Konzerne auf ein unschädliches Format – und zwar zuerst und vor allem in den USA, und folglich dann auch in Deutschland.

Und nun der dritte Deutschland-Plan, diesmal von der Fraternity: alles sollte konzentriert werden auf einen möglichst raschen Wiederaufbau und die Aufblähung der deutschen Wirtschaft in Richtung Schwerindustrie. Da der Osten Deutschlands von der Sowjetunion okkupiert wurde, war auch bei dieser Variante eine Teilung unvermeidlich – diesmal in einen West- und in einen Oststaat. Die territorialen Verluste waren in der Fraternity-Variante sogar noch größer: im Osten sollte ganz Schlesien an Polen gehen. Saarland an Frankreich. Wo also ist der große Unterschied? Nur in der Betonung auf den raschen Ausbau der Rüstungswirtschaft. Diese Variante sollte sich, wie wir alle wissen, durchsetzen. Mit der Folge, dass sich zwei deutsche Staaten bis an die Zähne bewaffnet gegenüberstanden. Eine hochexplosive Lage, wo quasi eine achtlos hingeworfene Zigarettenkippe ein Höllenfeuer hätte auslösen können. Nur eine Abfolge von außergewöhnlich glücklichen Zufällen hat den dritten großen Weltenbrand bislang verhindern können.

Die Fraternity hatte sich also kackfrech über die Vereinbarungen von Teheran, Jalta und Potsdam hinweggesetzt und ihre Pfründe retten können. Doch nicht nur das: kurz nach dem Ende der Kampfhandlungen im Mai 1945 hatte eine Expertengruppe aus den USA, zu der auch der bekannte Ökonom John Kenneth Galbraith gehörte, in Deutschland untersucht, welche Folgen die britischen und amerikanischen Bombardierungen auf die deutsche Wirtschaft hatten[5]. Ergebnis des Bombing Survey: die Bombenangriffe verhinderten nicht, dass die unter Albert Speer enorm gesteigerte Rüstungsproduktion 1944 ihren höchsten Ausstoß hatte. Die Bomber machten um die Betriebe der Fraternity einen sauberen Bogen. Fabrikanlagen von Konkurrenten der Fraternity wurden dagegen schwer geschädigt. Durch die Kriegsführung selber fand also noch einmal eine Konzentration zugunsten der Fraternity statt. Kein Wunder, denn der im amerikanischen Kriegsministerium für die Bomber zuständige Staatssekretär war kein Geringerer als der Wallstreet-Anwalt John McCloy. Der hatte in der Anwaltssozietät Cravath bereits am Dawes-Plan mitgearbeitet und sodann den italienischen Diktator Benito Mussolini bei der fachgerechten Verwendung eines amerikanischen Megakredits in Höhe von 100 Millionen Dollar beraten. 1949 gab McCloy den interessanten Job als Präsident der Weltbank auf, um als Nachfolger von Lucius Clay neuer amerikanischer Statthalter („Proconsul") von Westdeutschland zu werden. Nun konnte er wie ein Raubvogel aus hoher Warte aufpassen, dass die Pfründe seiner Fraternity auf keinen Fall von zudringlichen Konkurrenten angetastet wurden. Nicht zufällig beschweren sich denn auch massenhaft Unternehmer bei James Stewart Martin, dass ihnen keine Zulassung für ihre Firma erteilt wurde, obwohl sie die Kriterien für eine Lizenz durchaus erfüllten. Ihr Fehler: sie gehören nicht zur Fraternity. So baut die Fraternity im Krieg und erst recht nach dem Krieg ihre Vormachtstellung in Europa weiter aus.

Die Mitglieder der Bruderschaft arbeiten im Stillen, dafür aber umso nachhaltiger. Nach außen hin wird erst einmal der Eindruck erweckt, die Amerikaner wollten nicht an Roosevelts Agenda rütteln. Denn im September 1946 hält der damalige US-Außenminister James F. Byrns in Stuttgart eine überaus wohlwollende Rede. Die anwesenden deutschen Politiker vernehmen mit Erleichterung aus dem Munde des Amerikaners, dass man nicht vorhat, Deutschland ein zweites Versailles zu bereiten. Deutschland soll kein Paria werden und stattdessen schnell wieder auf die Beine kommen. Rüstungsindustrie soll es jetzt „erst mal" für die nächsten Jahrzehnte nicht wieder geben. Die Gebiete östlich der Oder-Neiße sind allerdings genauso verloren wie das Saarland. Ansonsten soll Deutschland auf jeden Fall als Ganzes erhalten bleiben und rasch auch wieder eine gesamtdeutsche Nationalregierung selber wählen dürfen.

Die deutsche Einheit wird von der D-Mark gesprengt
Doch die Fraternity wühlt sich weiter durch alle Verästelungen der amerikanischen Machtmaschine. Und es gibt einen Trick, schnell und unwiderruflich Fakten zu schaffen. Das Instrument besteht in der Schaffung einer neuen Währung für die drei Westzonen. Genau ein Jahr nachdem Byrnes ein vereintes Gesamtdeutschland versprochen hatte, drucken und prägen die American Note Company in New York und das Bureau of Engraving and Printing in Washington D.C. ab dem September 1947 die neue Währung exklusiv für die Westzonen. Gesamtumfang dieses Lebenselixiers: 5.7 Milliarden Deutsche Mark. Und das alles unter höchst konspirativen Umständen, sorgfältig konfektioniert für die Bedürfnisse der Westzonen. Am 20. Juni 1948 regnet sodann die neue Valuta in die Schürzen der westdeutschen Bürger. Die Währungsreform wurde dem Fürther Wirtschaftsprofessor Ludwig Erhard zugeschrieben, der sich auch gerne

mit diesen amerikanischen Federn schmückte und damit dem Eindruck Vorschub leistete, die D-Mark sei auf deutschem Humus gewachsen. Die neue Wunderwährung schafft Fakten. Die deutsche Einheit ist damit für lange Zeit unmöglich gemacht.

Wie sollen denn die Sowjets auf so einen Alleingang angemessen reagieren? Von Februar bis Juni 1948 findet nämlich die Londoner Sechsmächtekonferenz statt. Sechs Mächte? Es gibt nur noch eine Macht, nämlich die USA. Unter amerikanischer Regie beschließen Großbritannien, Frankreich, Luxemburg, Belgien und die Niederlande, eine enge Wirtschaftszusammenarbeit zwischen den drei deutschen Westzonen und den Benelux-Staaten auf den Weg zu bringen. Die Sowjetunion wird gar nicht nach London eingeladen und noch nicht einmal informiert. Ein außerordentlich rüpelhaftes Vorgehen, auf der diplomatischen Bühne absolut unüblich. Die Aufgaben einer deutschen Regierung übernahm seit Sommer 1945 ein so genannter Alliierter Kontrollrat. Hier trafen sich regelmäßig die obersten Statthalter der vier Besatzungsmächte, um sich abzustimmen. Bei der Kontrollratssitzung vom 20. März 1948 fragt der sowjetische Statthalter Wassili Sokolowski seine drei West-Kollegen, was denn bei der Londoner Konferenz gerade so Thema ist. Die westlichen Kollegen schweigen ihn ebenso höhnisch wie vielsagend an. Darauf verlässt Sokolowski mit seinem Team den Sitzungssaal und wird nie mehr dort gesehen. Damit ist die Option auf ein geeintes Deutschland bis zur Wiedervereinigung 1989 vom Tisch.

Man muss in aller Klarheit anmerken: Stalin war nicht besonders schlau. Denn er quittiert die Intrige der Westmächte mit der berühmten Berlin-Blockade. Vier Tage nach Einführung der D-Mark lässt Stalin die Grenzübergänge von und nach Westberlin absperren. Die West-Berliner befinden sich ab dem 24. Juni 1948 in einem großen Freiluftgefängnis. Berlin ist auf lebenswichtige Lieferungen aus dem Umland angewiesen. Plötzlich ist auch der Strom knapp. Da schlägt die Stunde des amerikanischen Hohen Kommissars Lucius D. Clay. Er überredet Präsident Truman, die amerikanischen Bomber als Transporter einzusetzen, um auf dem Luftweg Lebensmittel und Kohlen ins eingeschlossene Berlin zu transportieren. Eine unwirtschaftlichere Transportweise kann man sich gar nicht vorstellen. Aber als enormer Imagegewinn der Amerikaner hat sich die Investition unbedingt gelohnt. Die Westberliner lernen die amerikanischen Bomberpiloten als lockere, humorvolle große Jungs kennen, die den Berliner Gören als große Brüder aus Übersee Bonbons und Kaugummis schenken. Vergessen das Leid, das diese Piloten den Berlinern im Krieg zufügten. Stattdessen das einprägsame Bild von den Rosinenbombern. Als dann noch Berlins Oberbürgermeister Ernst Reuter, ehemaliger Kommunist, hunderttausende Berliner zu einer anti-kommunistischen Manifestation zusammenruft und mit überschlagender Stimme ins Mikrophon bellt: „Völker der Welt! Schaut auf diese Stadt!" – da ist aus genervten Berlinern im Schnelldurchlauf ein einiges Volk von Kommunistenhassern geworden. Stalin muss kleinlaut am 12. Mai 1949 die Blockade abbrechen. Ein Eigentor von durchschlagender Wirkung.

Die Menschen im restlichen Deutschland teilen diese Begeisterung für „die Amis" einstweilen noch nicht. Mal abgesehen davon, dass sie andere Sorgen haben als Geopolitik, hegen die Deutschen gegen die Amerikaner erhebliche Vorbehalte. Viel zu forsch bestürmen die Amerikaner die Deutschen mit ihrem Kreuzzug gegen die Kommunisten und die Russen. Verärgert registriert die aus dem amerikanischen Exil zu einer Reise nach Deutschland zurückgekehrte Politikwissenschaftlerin Hannah Arendt den Mangel an Enthusiasmus für die Guten: „Furcht vor einer russischen Aggression führt nicht notwendigerweise zu einer unzweideutigen pro-amerikanischen Haltung, sondern oftmals zu einer entschiedenen Neutra-lität, als ob eine Parteinahme in dem Konflikt ebenso absurd wäre wie bei einem Erdbeben."[6]

Große Bewegung für den Frieden in Deutschland

Die Menschen in Deutschland sind in ihrer überwältigenden Mehrheit für den Frieden und wollen sich aus dem Händel der Großmächte heraus-halten. Das ist wahr. Was muss man denn tun, um eine solche Mauer der Kriegsunwilligkeit zu knacken? Ganz einfach. Man muss den Menschen einhämmern, die Sowjetunion sei ganz genau so schlimm wie der Hit-ler-Faschismus. Auch „der Russe" wird nicht locker lassen, bis er die ganze Welt versklavt hat, gerade so wie Hitler es wollte. Die zutiefst künstliche und herbei gequälte „Theorie", die so einen kontrafaktischen Unsinn verbreitet, wird prompt von bestellten Auftragsideologen am Reißbrett entwickelt. Das neue Ideologieprodukt heißt: Totalitarismus. Nazideutschland und Sowjetkommunismus sollen dasselbe sein: beide Gesellschaften werden von allmächtigen Parteien gesteuert. Beide lassen den Menschen keinen privaten Raum mehr zum Nachdenken. Beide stecken alles, was nicht konform geht, in Zwangslager: Auschwitz hier, Gulag dort. Es wird nur noch eine Weltsicht geduldet. Es ist gar nicht zu leugnen, dass es frappierende Ähnlichkeiten zwischen Nazismus und Stalinismus gibt. Aber seriöse Wissenschaftler unterscheiden zwischen Wesen und Erscheinung. Die Sowjetunion war hervorgegangen aus dem zaristischen Russland, in dem zu einem hohen Prozentsatz ehemals leibeigene Bauern lebten und Industrie noch nicht einmal in den Kinderschuhen steckte. Ein städtisches Bürgertum sowie Ansätze von Mittelstand waren nur in Ansätzen erkennbar. Diese Bauerngesellschaft war dann von den Bolschewiken mit brutaler Gewalt industrialisiert worden. Demgegenüber war Deutschland bereits eine ausgefaltete bürgerliche Gesellschaft, die durch die Nazidiktatur zur Kriegsgesellschaft gewaltsam umprogrammiert wurde[8]. Das sind ganz bedeutende Unterschiede.

Es ging ja auch gar nicht darum, das Wesen von Diktaturen und Despotien zu verstehen. Es ging nur darum, das Grauen über die Nazi-Untaten begrifflich zu verbacken mit den Gräueln des Stalinismus und die Botschaft auszusenden: der Krieg gegen die Sowjetunion ist moralisch genauso gerechtfertigt wie der Krieg gegen Hitler! Der Vorgang der Neu-Definition der Sowjetunion vom Alliierten Partner im Zweiten Weltkrieg zum vernichtungswürdigen Monster erinnert fatal an die Aktivitäten des Wahrheitsministeriums in George Orwells dystopischen Roman „1984". Die Wahrheitsbeamten in Washington und London mussten vergessen machen, dass zum Beispiel die Zeitschrift Newsweek im Jahre 1943 Stalin und seinen Terministenstaat in einem Extraheft in höchsten Tönen gelobt und gepriesen hatte. Aus „Uncle Joe" (also: Stalin) musste jetzt der Satan persönlich gemacht werden. Scheinheilig musste man erzählen, man wolle die Russen (die anderen Völker der Sowjetunion blieben unerwähnt) aus ihrer Knechtschaft befreien. Während man ja in Wirklichkeit einen bislang in der Menschheitsgeschichte nie dagewesenen nuklearen Holocaust gegen die Menschen in der Sowjetunion (siehe vorherige Kapitel) bis ins kleinste Detail bereits ausgearbeitet hatte.

Um die vorherrschende Anti-Kriegsstimmung in Deutschland zu zermürben bedurfte es einer Reihe von Maßnahmen. Zunächst einmal war es notwendig, den Menschen im zertrümmerten Deutschland einzubläuen, sie seien persönlich schuld am Naziterror. Hier kam die Politologin Hannah Arendt zum Einsatz[7]. Hannah Arendt stammte aus Königsberg, studierte bei Martin Heidegger und Karl Jaspers, und musste als jüdische Mitbürgerin 1933 in die USA emigrieren, wo sie eine akademische Karriere machte und sich nach dem Zweiten Weltkrieg unter anderem als führende Theoretikerin des Totalitarismus einen Namen machte. In Deutschland wurde in erster Linie ihre Lesart der Totalitarismustheorie verbreitet[9]. Arendt geht davon aus, dass totalitäre Systeme ein Ergebnis der neuen Massengesellschaften sind. Die Massen, oder der „Pöbel" verlangen geradezu nach Diktatur. Auch die Deutschen hätten nach Hitler verlangt und hätten den Münchner Schlägerkönig in einer demokratischen Wahl 1933 zu ihrem Führer gewählt. Wir wissen aufgrund von harten Fakten, dass das nicht stimmt. Aber diese auf elitärer Überheblichkeit fußende Auffassung sollte sich in den Medien nach dem Krieg durchsetzen und wurde und wird heute mehr denn je den Menschen draußen im Lande eingetrichtert. Nach diesem Narrativ haben „die Deutschen" also ihre Misere: den Verlust von Heimatregionen, die immense Anzahl von Toten, Verstümmelten und Traumatisierten, die kulturelle Entwurzelung, einzig und allein ihrer rätselhaften teutonischen Neigung zu autoritären Systemen und ihrem eingeborenen Rassismus zu verdanken. Die Deutschen verdienen kein Mitgefühl. Sie sind kollektive Täter. Sie müssen als Kollektiv bestraft werden. Aus dieser atavistischen alttestamentarischen Konstruktion ergibt sich im Kreuzzug gegen den Totalitarismus ein klarer Handlungsauftrag: die Deutschen können ihre kollektive Schuld wenigstens ein bisschen wieder abschwächen, wenn sie diesmal auf der Seite der Guten gegen die andere Spielart des Totalitarismus, den Sowjetkommunismus, kämpfen. Dieses ideologische Konstrukt beherrscht den Diskurs in Westdeutschland bis zum Zusammenbruch des Sowjetkommunismus im Jahre 1989.

Aber, wie Hannah Arendt schon 1950 verärgert festgestellt hat: die Deutschen wollen nicht mehr kämpfen. Sie wollen sich aus allem Gerangel heraushalten und in Ruhe ihr Land wieder aufbauen. Über das Ausmaß und die Menge von Kundgebungen, Demonstrationen, Seminare, Kirchentage und Kongresse, die in der unmittelbaren Nachkriegszeit stattgefunden haben, und in denen nichts anderes als ein überwältigender Wunsch nach Frieden zum Ausdruck kommt, finden wir bemerkenswerter Weise nichts in den gängigen Sachbüchern oder Lehrmitteln für Schulen. Wir müssten uns mühsam durch Jahrgänge verstaubter Tageszeitungen jener Jahre durchwühlen, um das ganze Ausmaß der pazifistischen Bekundungen in Deutschland nach dem Krieg zusammenzustellen. Es besteht kein politisches Interesse an der Erforschung und Dokumentierung des deutschen Pazifismus. Es gibt eine löbliche Ausnahme: der Multimillionär Jan Philip Reentsma hat den Historíker Wolfgang Kraushaar großzügig unterstützt, damit dieser seine gigantische Protestchronik der Jahre 1949 bis 1959 erstellen konnte[9]. Und von daher wissen wir, dass in Berlin am zehnten Jahrestag des Ausbruchs des Zweiten Weltkriegs, am 1. September 1949, über hunderttausend Menschen auf die Straße gingen und konsequenterweise die Gründung der NATO als großes Risiko für den Weltfrieden erkannten. Bereits am 5. Mai 1949 wird das westdeutsche Komitee der Friedenskämpfer gegründet, und schnell bilden sich 600 Ortsgruppen. Besonders gut aufgestellt ist der antifaschistische Widerstand, auch und gerade in Westdeutschland. Die Menschen sind außer sich über die nicht zu übersehende Kumpanei zwischen westdeutscher Justiz, die personell in hohem Maße mit der Nazi-Justiz identisch ist, und Alt- und Neonazis. Der Regisseur des antisemitischen Hassschinkens „Jud Süß", Veit Harlan, wird in mehreren Instanzen vom Vorwurf der Volksverhetzung freigesprochen. Während seine Fans Harlan auf ihren Schultern aus dem Gerichtssaal tragen, kocht die Empörung über diese skandalösen Urteile immer höher. Als die Süddeutsche Zeitung einen antisemitischen Leserbrief veröffentlicht, kommt es am 10. August 1949 zu regelrechten Straßenschlachten zwischen 3.000 empörten Bürgern und der Polizei in München, wobei auch ein Polizeiauto in Flammen aufgeht. Als der einschlägig bekannte Nazi-Bundestagsabgeordnete Wolfgang Hedler im schleswig-holsteinischen Neumünster am 15. Februar 1950 von der Anklage der Volksverhetzung freigesprochen wird, kommt es dort zu Massenprotesten und spontanen Streiks. Als in Augsburg – wieder einmal – zwei sadistische Nazischergen von sympathisierenden Richtern freigesprochen werden, gehen spontan über 12.000 Menschen aus Protest auf die Straße.

Nur ein kleiner Auszug aus Kraushaars Protestchronik. Die Friedensfreunde und Antifaschisten sind eine sehr heterogene Gruppe. Da gibt es die Weltbürgerbewegung, angeführt vom Amerikaner Garry Davis, der seinen US-Pass verbrannt hat und der sich nun für eine nationen-überwindende Weltregierung einsetzt. Da gibt es den neutralistischen Nauheimer Kreis unter Leitung von Ulrich Noack, der für eine unvoreingenommene Kontaktaufnahme mit der Sowjetunion eintritt und sich dabei explizit auf den Vertrag von Rapallo bezieht. Prompt wird eine Tagung des Nauheimer Kreises in Aschaffenburg am 2. April 1949 von der amerikanischen Besatzungsmacht untersagt. Da gibt es die Überlebenden der Bekennenden Kirche mit Martin Niemöller an der Spitze. Niemöller handelt sich mächtig Ärger ein als er sagt, er würde lieber unter dem Joch des Bolschewismus leben als atomar ausgelöscht werden. Eine buntscheckige und kaum vernetzte Mehrheit.

Ulbrichts Bioroboter

Wir kennen das aus vielen Beispielen der Geschichte: eine kleine radikale und sehr gut abgestimmte Minderheit von Kriegshetzern kann die Mehrheit der Friedvollen schachmatt setzen. Und in unserem Falle sind es gleich zwei extrem gut vernetzte und entschlossene Minderheiten, die den Friedenskonsens schließlich vernichtet haben: die Putschisten um Truman auf der einen Seite, und die stalinistischen Drahtzieher und Intriganten auf der anderen Seite. Was die Stalinisten angeht, haben wir dazu einen sehr spannenden Bericht aus erster Hand von Wolfgang Leonhard[10]. Leonhard war als Kind deutscher kommunistischer Emigranten in der Sowjetunion aufgewachsen. Er erlebt, wie Kommunisten plötzlich in sibirischen Arbeitslagern verschwinden. In jener beklemmenden Atmosphäre traut sich keiner mehr zu fragen, wo die Genossen geblieben sind. Im Mai 1945 bekommt Leonhard den Bescheid, er werde mit neun anderen Kommunisten unter Leitung von Walter Ulbricht nach Deutschland fliegen. Und wieder wagt keiner zu fragen, wohin die Reise genau geht, was dort gemacht werden soll oder auch nur, ob es wieder zurück geht nach Moskau. Im zertrümmerten Berlin sucht Leonhard mit Ulbricht zusammen nach geeigneten Kommunalpolitikern, die die zusammengebrochene Berliner Verwaltung wieder in Gang bringen sollen. Als Ulbricht Kommunisten wiedertrifft, die er aus seiner Zeit als Vorsitzender der KPD für Berlin und Brandenburg noch kennt, bleibt er vollkommen kalt und behandelt seine Genossen wie Untergebene. Ulbricht ist der Prototyp des Apparatschiks, der sich durch die Mühlen stalinistischer Schauprozesse, Foltern und Exekutionen aufgrund seiner ungewöhnlichen Anpassungsfähigkeit hindurchgewieselt hat und sich als Virtuose der politischen Intrige erweist. Männer vom Schlage Ulbrichts stellen die neue Führungsschicht in der künftigen DDR. Zu bedauern sind die überzeugten Kommunisten und auch jene Sozialdemokraten, die die DDR auf ihren Schultern aufgebaut haben und die von dieser eiskalten Clique wendiger Bioroboter zu purer Manövriermasse degradiert werden. Millionen Deutsche sind hochmotiviert, an einem besseren, friedlichen Deutschland mitzuarbeiten. Auch die Vereinigung von KPD und SPD ist von der Basis gewollt und wird 1946 von der Mehrheit der betroffenen SPD- und KPD-Mitglieder nicht als erzwungen erlebt, sondern als logische Konsequenz aus der erfahrenen Machtlosigkeit der Arbeiterbewegung gegenüber den Nazis. Jedoch war alles das, wie Ulbricht gegenüber Leonhard freimütig zugibt, nur die scheindemokratische Fassade, damit die Bioroboter aus dem Hintergrund alles in der Hand haben. Und dieser Kern von Apparatschiks verfügt über den nötigen Kadavergehorsam, jede geopolitische Wendung der Zentrale umgehend umzusetzen und Leute, die im Weg stehen, in Zuchthäusern und Lagern geräuschlos verschwinden zu lassen. Diese Funktionäre haben nicht einmal Bedenken, aus der Nazizeit berüchtigte Konzentrationslager für das neue Regime einzusetzen.

Bei den Volkskammerwahlen hat der Wähler nur eine Einheitsliste in seinen Händen, wo er nur mit ja oder nein stimmen darf. Zunächst nehmen die bürgerlichen Parteien CDU, LDPD und NDPD ihre Unterordnung unter den Deckel der SED hin, in der Hoffnung, irgendwann als eigenständige Liste kandidieren und mit der SED in einen echten Wettbewerb treten zu können. Im August 1950 wird jedoch der Generalsekretär der liberalen LDPD, Günter Strempel, von der Stasi verhaftet. Sein Vergehen: er hatte sich dagegen gewandt, dass das Prinzip der Einheitsliste in der DDR-Verfassung festgeschrieben werden soll. Strempel verschwindet bis 1956 im sowjetischen Gulag-System. Bereits im Juli 1950 wird der Rostocker Jura-Student und Funktionär der LDPD Arno Esch zum Tode verurteilt und später in der Sowjetunion exekutiert. Sein Vergehen: er wollte die LDPD zu einer ernstzunehmenden Konkurrenz zur SED aufbauen.

Der Arm der Stasi reicht bis in die Bundesrepublik. Der stellvertretende Bundesvorsitzende der KPD Kurt Müller wird nach Ostberlin zitiert. Nach einem Gespräch mit Walter Ulbricht wird Müller von der Stasi verhaftet und verschwindet irgendwo. Immer wieder werden KPD-Mitglieder, die die neusten geopolitischen Kehrtwendungen Moskaus nicht in tiefsten Kadavergehorsam umsetzen, aus der Partei ausgeschlossen. Im Streit zwischen Stalin und Tito werden diese Ausgeschlossenen in Bausch und Bogen als „Titoisten" bezeichnet. Infolgedessen treffen sich die Exkommunizierten mit anderen unabhängigen Linken und wollen eine neue, von geopolitischen Interessen unberührte linke Partei gründen. In ihrer Erklärung in Ratingen im Juli 1950 wird die Situation treffend beschrieben: „... sie [die KPD] stellt sich in den Dienst der außenpolitischen Interessen der Sowjetunion und vertieft auf diese Weise die schädliche Teilung der Welt in zwei Lager ... Die KP Deutschlands hat durch ihre unbedingte Bindung an die Außenpolitik der Sowjetunion viel Anhängerschaft unter den Arbeitern verloren und hat aufgehört, die Partei des Proletariats zu sein."[11] Die SED und ihr Ableger KPD in Westdeutschland haben es nach noch nicht einmal fünf Jahren geschafft, ihren immensen Vertrauensvorschuss ganz erheblich zu verspielen.

US-Propaganda als Negativabguss der Kominform

Dabei war die Vernetzung der sowjetischen Beeinflussungsorgane nach dem Zweiten Weltkrieg zunächst wesentlich besser entwickelt als jene des Westens. Stalin ließ im Oktober 1947 in Belgrad die Kominform gründen. Diese Nachfolgeorganisation der Komintern koordinierte alle Auslandsaktivitäten der KPdSU und auch alle nach Moskau ausgerichteten nationalen kommunistischen Parteien. Kongresse und Seminare der Kommunisten sind zunächst gut besucht und Prominente wie Pablo Picasso, Charles Chaplin oder Jean Paul Sartre engagieren sich hier mit Herzblut. Während die Engländer und Franzosen mehr schlecht als recht nach einer Gegenwaffe zum sowjetischen Propagandanetzwerk suchen, machen die Amerikaner das, worauf sie sich immer noch am besten verstehen: sie kaufen einfach Talente und Erfahrungen auf. Da sie sich weder personell noch in der Funktionsweise kommunistischer Netzwerke auskennen, nehmen sie einfach Ex-Kommunisten unter Vertrag, die noch eine Rechnung offen haben mit den stalinistischen Biorobotern[12]. Die sollen ihnen sodann zunächst einen Negativ-Abguss der Kominform basteln. Das passt. Denn die ehemaligen Kulturarbeiter aus dem kommunistischen Stall brauchen dringend einen neuen Gelderwerb. Und Geld fließt reichlich bei den Amerikanern. Zentraler Einfüllstutzen für alle Gelder und Aktivitäten ist der gerade neu gegründete CIA. Alleine aus Rückzahlungen, die die mit Marshallplan-Geldern beglückten Länder tätigen müssen, fließen der Geheimagentur jedes Jahr erkleckliche 200 Millionen Dollar zu, damals eine unvorstellbar riesige Summe. Auch inhaltlich sollte es keine Grenzen geben in der antikommunistischen Gegenoffensive. Mastermind George Kennan hatte schon beim National War College, der Hochschule der US-Streitkräfte, 1947 gesagt: die Kommunisten lügen immer. Das gibt uns Amerikanern das moralische Recht, selber auch unbegrenzt zu lügen. In der Operation Mockingbird wird sodann 1947 festgelegt, dass die Meinungshoheit der USA in der Welt durch verdeckte Operationen hergestellt werden soll: Zeitungen, Intellektuelle, Wissenschaftler im Sold der USA sollten so tun, als wenn sie aus eigenem Antrieb, nur ihrem Wissen und Gewissen verpflichtet, ihre Meinung kundtun würden.

Arthur Koestler, der diesem Netz lange genug in führender Position angehört hat, sprach später von einem „internationalen Hurenring der Intellektuellen". Damit das Ganze nicht den Ruch von konspirativer Geheimdienstarbeit bekam, wurde die Wühlarbeit offiziell einem Office of Policy Coordination (OPC) im US-Außenministerium zugeordnet. Die OPC agierte weltweit, an der Seite der operativen Geheimdienste. Allein in Westberlin wuselten für die OPC 1.400 Mitarbeiter. Zunächst mischten die Amerikaner Friedenskongresse der Sowjets auf. Ab 1950 organisierten sie dann selber Kongresse. Diese erreichten gewiss nur eine kleine intellektuelle Elite der Zielländer. Aber das entsprach dem in den USA vorherrschenden elitären Selbstverständnis von Demokratie: eine handverlesene kleine Gruppe beschließt am Runden Tisch oder am Kamin, was gut ist für die dumme Masse, und das wird dann in scheindemokratischen Ritualen den gemeinen Menschen draußen im Lande nahe gebracht. Deswegen hatte die USA ihrer deutschen Besatzungszone auch die repräsentative Demokratie verordnet und nicht die in der Schweiz übliche direkte Demokratie. Die vom CIA finanzierte neue Zeitschrift Der Monat bot in diesem Sinne den neuen transatlantischen Eliten in Deutschland die benötigten Stichworte und Diskurse für das Leben und Arbeiten in der schönen neuen US-Welt. Selbst die Kunst wurde, man glaubt es kaum, von der CIA in Europa implantiert. Abstrakte Künstler wie Jackson Pollock wurden plötzlich zu Mega-Stars aufgebauscht. Exkommunitische und linksliberale Schriftsteller und Philosophen wie Ignazio Silone, Arthur Koestler, Franz Borkenau, Hannah Arendt oder auch Heinrich Böll verdankten der US-Connection ihre Prominenz im Nachkriegseuropa. Als diese Verknüpfungen in den späten 1960er Jahren öffentlich gemacht wurden, haben all die Genannten von der CIA-Connection natürlich nichts gewusst und waren angeblich arglistig getäuscht worden. Ganze Universitäten wie die Freie Universität in Berlin standen unter dem Patronat der diskreten amerikanischen Wohltäter und fühlten sich diesen auf ewig zu Dankbarkeit verpflichtet. An anderer Stelle habe ich die Beeinflussung von Politik, Medien, Wissenschaft und Wirtschaft in Deutschland durch diskrete transatlantische Beeinflussungsgruppen bereits ausführlich dargestellt. In diesem Zusammenhang sind der Kürze halber nur zu nennen: Atlantikbrücke, Deutsche Gesellschaft für Auswärtige Politik, Stiftung Wissenschaft und Politik, German Marshall Fund of the US oder das Aspen-Institute. Diese Institutionen haben die erforderlichen Kader für eine langfristige Anbindung Deutschlands an die USA herangezüchtet[13]. Shepard Arthur Stone[14] war unter dem amerikanischen Statthalter John McCloy für die Pressearbeit zuständig, „indem er Verleger und Journalisten beim Erschließen von Geldquellen unterstützte", wie die online Enzyklopädie Wikipedia vornehm andeutet. Es ist klar, um welche „Geldquellen" es sich nur gehandelt haben kann. Die derart Geförderten genossen damals eine enorme Bekanntheit, die allerdings ihr physisches Ableben selten überdauert hat. Oder kennen Sie noch William S. Schlamm?

Deutsche Gewerkschaften als Abbild amerikanischer Gewerkschaften
Das Bildungsbürgertum zu amerikanisieren war das Eine. Die Arbeiter und Angestellten auf Linie zu bringen ist das Andere. Hatten sich doch nach dem Zweiten Weltkrieg deutsche Hafenarbeiter geweigert, mit Waffen und Munition beladene Schiffe zu leeren. Renitente Arbeiter könnten den geplanten Krieg gegen die Sowjetunion empfindlich ins Stottern bringen. Und wenn diese Arbeiter auch noch von Moskau gesteuert sind und ganz punktuell alles zum Erliegen bringen, was gegen die Sowjets gerichtet ist, was soll dann aus dem geplanten Krieg werden? Die Kontrolle über die Gewerkschaften Westdeutschlands war von buchstäblich kriegsentscheidender Bedeutung für die Amerikaner. Klar, der FDGB in der DDR war auch keine wirkliche Interessenvertretung der Arbeiter, sondern ein Instrument im Orchester der sowjetischen Macht. Folglich musste der DGB im Westen ebenso als geopolitisches Instrument unter die Kontrolle der USA gebracht werden. In der Weimarer Republik gab es den Dachverband ADGB. Keine sonderlich scharfe Waffe im Arbeitskampf. Am 1. Mai 1933 rief der ADGB zur Teilnahme an Adolf Hitlers ersten arbeitsfreien Tag der Arbeit auf. Hitler bedankte sich, indem er am 2. Mai 1933 die Gewerkschaftsführer in Konzentrationslager abführen ließ. Das Vermögen der Gewerkschaft ließ er der neuen Deutschen Arbeitsfront zuführen. Das war das schmachvolle Ende des ADGB.

Nach dem Zweiten Weltkrieg ergab sich für die Strategen aus den USA nach der gründlichen Ausrottung freier Gewerkschaften in Deutschland durch Hitler die einmalige Gelegenheit, auf die leere deutsche Tafel die Gewerkschaften von Grund auf nach amerikanischem Vorbild neu aufzubauen. Nach amerikanischem Vorbild hieß: die Gewerkschafter als „erste Offiziere der Industriekapitäne" zu definieren, wie es ein Mitstreiter von Präsident Theodore Roosevelt einmal so treffend zu formulieren wusste. Freie Gewerkschaften wie die International Workers of the World (IWW) wurden in den USA immer mit härtester Gewalt unterdrückt. Stattdessen gründete die National Civic Federation, eine Organisation der mächtigsten Wirtschaftsgruppen der USA, mit der American Federation of Labor (AFL) eine eigene Pseudo-Gewerkschaft, deren erster Präsident auf Lebenszeit Samuel Gompers sich immer vorrangig Gedanken gemacht hat, wie er die Arbeiter am besten auf die Ziele der Kartelle, die ihn bezahlten, ausrichten konnte. Der AFL hatte sich noch eine etwas progressivere Pseudo-Gewerkschaft Congress of Industrial Organizations (CIO) für die ungelernten Arbeiter hinzugesellt, die der New Deal-Politik von Präsident Roosevelt nahe stand. Beide wurden nach dem Zweiten Weltkrieg quasi als Entwicklungshelfer auf die deutschen Arbeiter losgelassen. AFL und CIO waren im Krieg tief verwickelt in die Kriegsanstrengungen der US-Regierung, unter anderem im War Production Board. Beide Gruppen waren schon personell verflochten mit dem Labor Branch des US-Geheimdienstes OSS. Und konsequenterweise waren beide auch in der CIA-Abteilung Clandestine Service (heimlicher Dienst) unter Leitung von Allen Dulles sehr aktiv[15].

Doch zunächst galt es den 1945 gegründeten Weltgewerkschaftsbund zu spalten. Dort waren alle wichtigen Gewerkschaften, auch die CIO und die britische TUC, gemeinsam mit den kommunistischen Arbeitervertretungen unter einem Dach organisiert. Die AFL-Leute gründeten mit dem Geld der amerikanischen Geheimdienste und des Office of Policy Coordination neue synthetische Spaltergewerkschaften: Die Force Ouvriére in Frankreich als Konkurrenz zur kommunistischen CGT. Oder in Italien die Confederazione Italiana Sindicata Lavoratori (CISL). Diese Stoßtruppen bewährten sich, um den Boykott der Rüstungstransporte in französischen und italienischen Häfen zu brechen. Als die antikommunistischen Gewerkschaften auf eigenen Füßen stehen konnten, gründeten die AFL-Funktionäre 1949 als nächstes einen neuen konkurrierenden Weltdachverband, die International Confederation of Free Trade Unions (ICFTU), auf Deutsch: Internationaler Bund Freier Gewerkschaften. Jetzt war die Zeit reif, um auch in Deutschland einen antikommunistischen gewerkschaftlichen Dachverband zu gründen: den Deutschen Gewerkschaftsbund (DGB). Die Befehlskette verlief jetzt von Allen Dulles vom CIA über den AFL-Exekutivsekretär Jay Lovestone zum AFL-Europachef Irving Joseph Brown, weiter zum AFL-Deutschlandsekretär Henry Rutz, ein gebürtiger Deutscher, der in die USA emigriert war, und der jetzt aufgrund seiner deutschen Sprachkenntnisse auch bei DGB-Massenkundgebungen auftrat. Am deutschen Ende dieser transatlantischen Befehlskette befand sich der DGB-Vorsitzende Hans Böckler. Ihre ersten Pluspunkte konnten die amerikanischen Freunde von der AFL verbuchen, als sie erfolgreich Fabrikdemontagen in Deutschland durch Fürsprache bei der US-Regierung verhindern konnten. Auch die Geldspritzen aus Übersee waren nicht unwillkommen: „Sowohl AFL als auch CIO hatten Kontakt zur CIA und verteilten Gelder, die aus dem immensen Budget stammten, an gewerkschaftliche Organisationen und Parteien des Westens."[16]

Nunmehr hatte die amerikanische Regierung die westdeutsche Arbeiterschaft beinahe vollständig unter Kontrolle. Vom DGB-Vorstand bis zum Vertrauensmann in der Fabrik ergibt sich hier eine lückenlose Kontrolle und Überwachung der Arbeiter: „Es ging darum, pro-western people in gewerkschaftliche Schlüsselpositionen zu bringen, und dort zu sichern und zugleich detaillierte Analysen der Gewerkschaften und der politischen Entwicklung in den europäischen Ländern zu erhalten."[17] Folglich wurden schon wenige Jahre nach der Gründung des DGB alle Kommunisten aus der Organisation entfernt. Der Gehorsam der deutschen Gewerkschaftler gegenüber ihren Sponsoren aus Übersee hielt lange Jahre an. Erst Ende der 1960er Jahre wagte der damalige DGB-Chef Ludwig Rosenberg, dem vom AFL-Vorsitzenden George Meany verhängten Gesprächsverbot gegen Kommunisten zu widersprechen – woraufhin Meany seine AFL aus dem Internationalen Bund Freier Gewerkschaften abzog. Jedoch gehört es nach wie vor zu den ungeschriebenen Gesetzen, dass immer deutsche Gewerkschaftsvertreter zu Gast sind in den elitären Tafeln der Bilderberger und der Trilateral Commission. In letzterer ist traditionell der jeweilige Chef der Chemiearbeitergewerkschaft vertreten. Die Formel von der „Sozialpartnerschaft" ist ein direktes Ergebnis dieser amerikanischen Beeinflussung des DGB. Die Einheitsgewerkschaft genoss lange Jahre ein hohes Ansehen in der Bevölkerung, weil sie die betriebliche Mitbestimmung und relativ hohe Löhne durchgesetzt hatte. Das Preis-Leistungsverhältnis in diesem einseitigen Abhängigkeitsverhältnis stimmte zunächst.

Ebenfalls ein Produkt der CIA ist die frühe Europa-Bewegung. Hier wurde mit der Lobbyorganisation Americans for a United Europe (ACUE der Eindruck erweckt, die insolventen Europäer würden von wohlhabenden amerikanischen Europa-Enthusiasten finanziell unterstützt[18]. Der Geheimdienst blieb als Sponsor unsichtbar. Kongresse und spektakuläre Aktionen sollten eine Begeisterung für Europa ohne Grenzen anfachen. Am 6. August 1950 marschierten Jugendliche aus verschiedenen Ländern zum deutsch-französischen Grenzübergang zwischen Rheinland-Pfalz und dem französischen Elsaß bei St. Germanshof. Sie rissen die Schlagbäume aus den Halterungen, zerlegten sie und fachten damit das „Feuer von Haguenau" an. Rein zufällig waren gerade weder Polizei noch Grenzschutz zugegen. Die jungen Leute, unter ihnen der zwanzigjährige Helmut Kohl, wurden zuvor in speziellen Camps für jene Aktion trainiert. Es ist keine Frage, dass diese „spontane" Demonstration von langer Hand vorbereitet worden ist, um der Agenda eines entfesselten Wirtschaftsraums Europa den nötigen Touch von jugendlichem Schwung zu verleihen. Nachdem sich ganz harmlose Menschen zuvor in zwei Kriegen unter aufgebauschten nationalistischen Wahnideen gegenseitig abgeschlachtet hatten: wer sehnte sich denn jetzt nicht nach einem geeinten Europa ohne nationale Grenzen?[19]

Das war geschickt inszeniert. Denn unter Ausnutzung der besten Instinkte des Menschen für Frieden und Harmonie wurde indes der Faden der Kriegsvorbereitung schon wieder aufgenommen, exakt dort, wo nach Hitlers Ausbruch aus dem vorgesehenen Drehbuch 1939 aufgehört werden musste. Wir hatten ja gesehen, dass sich bereits in den 1920er Jahren Stahlkartelle gebildet hatten. Da war z.B. die Internationale Rohstahlgemeinschaft aus dem Jahre 1926. Später war dann die Beziehung zwischen britischen und Nazi-deutschen Stahlkochern besonders eng. Nach dem Zweiten Weltkrieg hatten zunächst wieder die Briten als Besatzungsmacht den besten Zugriff auf die deutschen Rohstoffe. Jedoch gelingt es sodann den Franzosen, sich in das Geschäft einzubringen. Hier spielt ein Mann eine ganz geheimnisvolle Rolle, über den man immer nur sehr nebulöse Auskünfte erhalten kann. Ein Mann, bei dem man sich wundert, dass sich um ihn nicht die wildesten Spekulationen ranken. Die Rede ist von Jean Monnet. Eine unauffällige Erscheinung. Ein Mann ohne erkennbaren Geltungsdrang. Dabei war er die graue Eminenz, der Erfinder des geeinten, kartellisierten Europas. Das Bemerkenswerte dabei ist auch, dass Monnet sich als Franzose wie ein Fisch im Wasser angloamerikanischer Ränkespiele bewegen konnte. Denn schon im Ersten Weltkrieg stand er einer Institution vor, in der der Materialeinkauf für die Krieg führenden Mächte USA, Großbritannien, Frankreich und Italien koordiniert wurden. 1920 bis 1923 dient Monnet als stellvertretender Generalsekretär des Völkerbundes. Aber schnell wird ihm jener Job zu langweilig. Also übernimmt Monnet mal eben die von den Eltern geerbte Firma und gründet obendrein ganz nebenbei eine eigene Bank in Kalifornien. Als nächstes sehen wir ihn in China, wie er frische Kredite für die einheimischen Banken akquiriert. Im Zweiten Weltkrieg ist er dann schon wieder Chef der alliierten Materialeinkäufe für die Rüstung. Nach dem Krieg kann er die Siegermächte davon überzeugen, dass es das Beste ist, wenn man die fragmentierten Schwerindustrien Frankreichs, Deutschlands, der Benelux-Staaten und Italiens aus der staatlichen Hoheit herausnimmt und sie zu einer autonomen politisch-wirtschaftlichen Einheit zusammenfasst. Damit hat Monnet die erste supranationale Einheit der Welt ins Leben gerufen. Soll heißen: einen Organismus, der losgelöst von nationalen Kompetenzen innerhalb des Staatengefüges ein Eigenleben führt. Das war ein Quantensprung für die Konzern- und Kartellmacht. Davon hatten die Konzernlenker schon immer geträumt. Das war die Keimzelle jener kafkaesken Europäischen Union in Brüssel, die heute losgelöst von demokratischen und nationalen Verpflichtungen ihre ganz eigenen Beschlüsse den Rumpfstaaten, denen sie entwachsen ist, auferlegt. Charmant ausgedrückt ist Jean Monnet der „Vater des geeinten Europas". Es hat indes schon ein Geschmäckle, wenn die geeinten Europäer ihren Erzeuger gar nicht kennen. Denn Monnets Konzept wurde den Menschen draußen im Lande als „Schuman-Plan" verkauft – benannt nach dem französischen Außenminister Robert Schuman.

Die aus dem Samen Monnets hervorgegangene supranationale Montanunion wurde im Vertrag von Paris am 18. April 1951 feierlich besiegelt. Die Regierung dieser überstaatlichen Instanz nannte man Hohe Behörde, was sehr würdig klingt. Die amerikanisch gesteuerten Gewerkschaften holte man ins Kartellboot mit der paritätischen Mitbestimmung: zum ersten Mal in der Geschichte saßen jetzt genau so viele Kapitalistenvertreter im Aufsichtsrat wie Arbeitervertreter. Der deutsche Wirtschaftsminister Ludwig Erhard mochte die Montanunion überhaupt nicht. Ihm als Wirtschaftsliberalen war das viel zu viel Dirigismus. In der Tat wurden Produktionskontingente für die Mitgliedsländer festgelegt, Preise dirigistisch verordnet und die belgische Stahlproduktion aus Überschüssen extra modernisiert. Dagegen schmeckte den Liberalen die in der Montanunion bereits praktizierte vollständige Zollfreiheit. Auch Kanzler Adenauer war begeistert. Denn die Deutschen hatten mit ihrer Mitwirkung in der Montanunion wieder ein Wörtchen in Europa mitzureden. Mit der Montanunion war die Voraussetzung geschaffen, Westeuropas Wirtschaft durch die Aufblähung der Schwerindustrie wieder fit zu machen für einen erneuten Kriegszug nach Eurasien.

Die braunen Seilschaften werden recycelt

Spätestens nach der verheerenden Niederlage von Stalingrad, wo ganze Divisionen in sowjetische Gefangenschaft gehen mussten, war für klarsichtige Menschen eindeutig: der Krieg ist verloren! Wer etwas zu verlieren hatte, traf nun Vorkehrungen für die Zeit nach der deutschen Kapitulation. Bereits im selben Jahr 1943 trafen sich zwei Arbeitsgruppen von Unternehmern und Bankern, um Details der Nachkriegsordnung auszuarbeiten. Zwischen beiden Arbeitsgruppen vermittelte der später als

Vater des westdeutschen Wirtschaftswunders legendär gewordene Ludwig Erhard. Und am 10. August 1944 trafen sich deutsche Unternehmer mit Vertretern der SS und Regierungsmitarbeitern im elsässischen Straßburg, um die Nachkriegsordnung zu regeln[20]. Die Regierungsbeamten machen klar, dass das bis jetzt strikt verhängte Kapitalausfuhrverbot ab sofort beendet ist und die Unternehmer aufgefordert werden, ihr Kapital über Schweizer Banken ins Ausland zu verlagern. Dort sollen Zellen der NS-DAP an der Wiederkehr des Nazisystems arbeiten. Nach dem Prinzip der Mafia sollen die Unternehmer den Nazis Schutzgelder zahlen. Dafür sollen sie nach der Machtergreifung 2.0 mit bevorzugten Pfründen belohnt werden. Die deutschen Konzerne sollen in ihren Auslandsfilialen deutsche Naziverbrecher beschäftigen. Tatsächlich, nebenbei bemerkt, wurde der Schreibtischmörder Adolf Eichmann später jahrelang bei der Mercedes-Filiale in Buenos Aires beschäftigt.

Diese Pläne waren den Geheimdiensten der Briten und der Amerikaner selbstverständlich bekannt, wie ja schon dieses Dokument belegt. Es bedurfte aber gar nicht dieser Dokumente, denn sicher nicht zufällig befanden sich die Zweigstellen der nazideutschen Abwehr des Wilhelm Canaris und des amerikanischen Geheimdienstes OSS beide in der schweizerischen Hauptstadt Bern. Abwehr-Mitarbeiter Hans Bernd Gisevius traf sich häufig mit OSS-Chef Allen Dulles. Dulles hatte gegenüber Nazis keinerlei Berührungsängste, um das Mindeste zu sagen. Er traf sich ja auch, wie wir schon erfahren haben, mit der Nummer Drei der SS, Karl Wolff. Und diese Gespräche haben wesentlich das Gentlemen's Agreement zwischen Amerikanern und Nazis geprägt.

Aus dem Fortbestand der NSDAP in einer weltweiten Diaspora wurde nichts. Aber allein 30.000 Nazi-Schwerstverbrecher wurden bekanntlich in Zusammenarbeit von Vatikan, Internationalem Roten Kreuz und amerikanischen Geheimdiensten außer Landes geschafft und über den Erdball verstreut. Sie dienten als zuverlässige, jederzeit abrufbare informelle Mitarbeiter der US-Geheimdienste. Die US-Strategen dachten äußerst ökonomisch. Wozu intakte Gewebe zerstören, um dann mühsam jahrelang eine neue Infrastruktur aufzubauen? Das „Schöne" an diesen schwer belasteten Mitarbeitern war ja auch ihre Erpressbarkeit. Man konnte die

Nazischergen jederzeit im Falle mangelnder Kooperationsbereitschaft an Nazijäger wie Simon Wiesenthal oder Beate Klarsfeld ausliefern, die den Nazis auf den Fersen waren. Was man nicht bedachte: der Feind, also der sowjetische Geheimdienst KGB oder der DDR-Geheimdienst mit dem Kurznamen Stasi waren auch nicht schlecht im Erpressen.

Berühmtestes Beispiel: der ehemalige stellvertretende Chef des Bundesnachrichtendienstes Heinz Felfe. Ein Mann, wie alle BND-Mitarbeiter, mit einer schaurigen Vergangenheit als SS-Massenmörder. Der KGB konfrontierte Felfe mit äußerst kompromittierenden Dokumenten aus seiner schmutzigen Vergangenheit. Daraufhin „verbrannte" Felfe allein über 100 CIA-Spione, das heißt: er verriet ihre wirkliche Identität. Auch aus der Zentrale des BND entwendete Felfe unglaubliche Mengen an geheimen Dokumenten. 1961 hatte ihn dann wiederum ein sowjetischer Überläufer „verpfiffen".

Aber zunächst einmal überwog für die Amerikaner der enorme Gebrauchswert dieser Naziverbrecher. Man konnte sie für Dirty Jobs einsetzen. Bei einer nuklearen Verstrahlung der Sowjetunion sollten die SS-Männer in das kontaminierte Gebiet als Vorauskommando eindringen. Doch auch die Altnazis in Westdeutschland wurden gerne recycelt als Ersatzreserve im Kampf gegen Friedensbefürworter. Getarnt als Bund Deutscher Jugend, wohinter wiederum ein „Technischer Dienst" stand, beteiligten sich suspekte Uraltjugendliche (Durchschnittsalter: 42 Jahre) an so genannten Stay-Behind-Übungen[21]: sie trafen sich zu Schießübungen und lernten Guerillataktiken. Ihnen wurde eine Liste von Persönlichkeiten überreicht, die im Fall des Falles von ihnen ermordet werden sollten. Auf der Tötungsliste befanden sich angesehene Politiker wie z.B. der hessische Ministerpräsident Georg August Zinn von der SPD[22]. Als der BDJ 1952 enttarnt wurde, taten die amerikanischen Hintermänner gerade so, als hätten sie mit den illegalen Kriegsmanövern nichts zu tun. Die Mitarbeiter für den BDJ engagierte kein Geringerer als Klaus Barbie, berüchtigt als „Schlächter von Lyon". Als Chef der Gestapo von Lyon hatte er tausende von unbescholtenen Bürgern in die Konzentrations- und Vernichtungslager geschickt. Er machte sich einen Spaß daraus, selber zu foltern. Frauen aus der französischen Résistance ließ er nackt ausziehen und vollzog sadistische Quälereien mit Peitschen und brennenden Zigaretten und Dinge, die man sich nicht vorstellen mag. Dieses Subjekt war ein umworbener Talentsucher für britische, amerikanische und deutsche Geheimdienste gleichermaßen. Später durfte er seine Qualifikationen als Foltermeister unter Protektion des CIA in faschistischen Diktaturen in Lateinamerika, insbesondere in Bolivien weiter perfektionieren.

Alte Eliten = Neue Eliten

Nach kurzen lästigen Gefängnisaufenthalten sind auch die deutschen Unternehmer, die an den Naziverbrechen wunderbar verdient haben, alle wieder frei, unter ihnen die Krupp-Dynastie. Unter den schnell wieder in Amt und Würden eingesetzten Bankiers finden wir auch Hermann Josef Abs. Abs war als Vorstand der Deutschen Bank einer der mächtigsten Finanzleute im Nazireich. Unter seiner Führung konnte das Vermögen der Deutschen Bank durch das bereits beschriebene Mafia-System durch Raubgüter aus besetzten Ländern und durch Raub an jüdischen Mitbürgern (die so genannte „Arisierung") um den Faktor vier vergrößert werden. In der neuen Bundesrepublik steigt Abs noch einmal eine Treppe weiter auf. Neben seiner Leitungstätigkeit bei der privaten Deutschen Bank bestimmt er jetzt obendrein die Richtlinien bei der öffentlichen Bank deutscher Länder und ihrer Nachfolgeorganisation, der Bundesbank. Und für Bundeskanzler Adenauer ist er genau so ein Finanzguru wie zuvor Hjalmar Schacht für Hitler.

Manche Nazis machen noch einmal einen Karrieresprung in der jungen Bundesrepublik. Hans Globke, im Nazisystem Ministerialbeamter, der durch Kommentare zu den Nürnberger Rassegesetzen im Detail ausarbeitete, wie die Juden ausgegrenzt und entrechtet werden sollten, steigt unter Adenauer zur „grauen Eminenz" der Bundesregierung auf. Der Kanzler hört und schwört auf Globkes Einflüsterungen. Vertriebenenminister Theodor Oberländer tritt 1960 zurück, weil bekannt geworden ist, dass er an Massakern an Juden in der Ukraine beteiligt war. Bundespräsident Lübcke hatte Baracken für Konzentrationslager konstruiert und Bundeskanzler Kiesinger betrieb als stellvertretender Chef des Auslandsradios im Außenministerium Nazi-Propaganda unter seinem Chef

Ribbentrop. Der Euthanasie-Arzt Werner Heyde, der beim Projekt T4 Behinderte mit Kohlenmonoxyd vergasen ließ, tauchte nach dem Krieg in Schleswig-Holstein als Fritz Sawade unter und schrieb gut dotierte nervenärztliche Gutachten. Als er nur durch einen dummen Zufall 1959 enttarnt und verhaftet wird, fliegt fast das gesamte konservative politische Establishment des nördlichsten Bundeslandes auf, weil sehr viele Würdenträger von der Doppelexistenz des Euthanasiemörders wussten und ihn gedeckt und protegiert hatten.

Was sicher so manche Leser überraschen wird: auch das Hamburger Nachrichtenmagazin der Spiegel war braun durchsetzt. Erst die so genannte Spiegel-Affäre verlieh dem Spiegel sein bewährtes linksliberales Image. Jedoch war der Spiegel zuvor ein Sammelbecken von schwer belasteten Kriegsverbrechern aus den Reihen der SS oder der Nazi-Geheimdienste. Um nur ein paar Namen zu nennen: Stellvertretender Chefredakteur des Spiegel war in den 1950er Jahren Georg Wolff. Im Krieg war Wolff in der SS Hauptsturmführer. Horst Mahnke war seit 1952 Ressortleiter Ausland beim Spiegel. Seit 1939 war Mahnke im Reichssicherheitshauptamt verantwortlich für „Weltanschauliche Forschung". Im Krieg musste Mahnke auch selber mit Hand anlegen bei der massenhaften Ermordung von Juden und Kommunisten in der Sowjetunion als Hauptsturmführer Vorkommando Moskau und nahm an den Erschießungen von Smolensk teil. Wilfried von Oven berichtete aus Lateinamerika als Korrespondent für den Spiegel. Augstein hatte ihm für die Flucht nach Argentinien extra einen Presseausweis ausgestellt. Oven war schon 1931 in NSDAP und SA eingetreten und nahm an den Massakern der berüchtigten Legion Condor im Spanischen Bürgerkrieg teil. Beim Überfall auf Polen setzte er als Mitglied der Propagandakompanie den deutschen Blitzkrieg in das richtige Licht. Besondere Verdienste erwarb sich Oven, als er beim Attentat auf Hitler am 20. Juli 1944 die Telefonleitung von Hitler zu Goebbels herstellte, was dem Propagandaminister die Gewissheit gab, dass der „Führer" noch lebte. Damit trug Oven zum Scheitern des Putsches von Stauffenberg bei. Auch Erich Fischer oder Johannes Matthiesen hatten sich im Krieg bei der SS „bewährt" und waren jetzt an führender Stelle beim Spiegel beschäftigt. Die meisten der genannten Leute waren während ihrer Tätigkeit beim Spiegel zugleich informelle Mitarbeiter der Organisation Gehlen, die heute Bundesnachrichtendienst heißt. Und wie wir von BND-Chronist Heinz Höhne wissen, trafen sich BND-Agenten und die Redaktionsleiter des Spiegel regelmäßig, um die Anliegen des Geheimdienstes im Spiegel gut platzieren zu können.

Umworbene SS im Adenauer-System

Auch die Strukturen der SS wurden von niemandem nach dem Krieg auch nur angetastet. Weltweit, wie gesagt, verstreuten sich die Herren Massenmörder von der SS in alle Winde. Trotzdem hielten sie Kontakt miteinander, woran auch die Geheimdienste ihren Anteil hatten. Ob die SS-Recken sich tatsächlich in einer Dachorganisation mit Namen Odessa (Abkürzung für: Organisation der ehemaligen oder entlassenen SS-Angehörigen) versammelt hatten, ist letztlich unerheblich[23]. Sie zogen auf jeden Fall alle am selben Strang und waren äußerst geschickt darin, ihr erbeutetes Vermögen so gut anzulegen, dass sie sich um ihre Existenz keine Sorgen mehr machen mussten. Sie hatten sich zudem im Krieg als beinharte Feinde des Kommunismus bewährt. So wusste die CIA um ihren Aufenthaltsort und konnte gegebenenfalls bei Bedarf auf sie zurückgreifen. Zudem gab es einen „legalen" Arm der SS – ganz offiziell in Deutschland. Die SS HIAG (Hilfsgemeinschaft auf Gegenseitigkeit der Angehörigen der ehemaligen Waffen-SS) wurde 1951 als Verein zugelassen und fungierte bis 1992 als anerkannter Lobbyverband der SS-Massenmörder. Die Politiker umwarben den mitgliederstarken Verein mit seiner Vereinszeitung „Der Freiwillige", die immerhin 12.000 Abonnenten hatte. Um die Wählerstimmen der SS-Leute und ihrem familiären Anhang zu gewinnen, wurde die SS nahezu „rehabilitiert" und die Berufsmörder bekamen einen Rentenanspruch für ihre ehrenwerte Arbeit zuerkannt. Ja, sie durften sogar ganz ungeniert als SS in ihren alten Abteilungen durch deutsche Städte marschieren. Im Oktober 1952 demonstrierten 5.000 SS-Männer aus dem ganzen Bundesgebiet durch das niedersächsische Städtchen Verden an der Aller, mitten in der britischen Besatzungszone[24]. Sie hatten zwar keine Uniformen an und auf ihre Waffen mussten sie auch verzichten. Die Stadt Verden hatte Graffiti, die die SS-Leute zu unerwünschten Personen erklärten, rasch wegwaschen lassen, um die Ehrengäste nicht zu provozieren, und das örtliche Trompetenorchester begleitete den Zug. Misstöne gab es nur, als Ex-General Hermann-Bernhard Ramcke, selber kein Mitglied der SS, auf der Kundgebung eine Rede hält und dabei sagt, die USA hätten mit Hiroshima, Nagasaki und der Bombardierung unschuldiger deutscher Zivilisten schwere Schuld auf sich geladen. Ramcke war selber an Massakern an der Zivilbevölkerung in Kreta beteiligt gewesen. Die SS-Recken buhen den Gastredner aus. Sie wissen ja schließlich, wem sie ihr unbehelligtes Dasein verdanken.

Die oben erwähnte SS HIAG war ein Teilverband des von der Bundesregierung 1951 ins Leben gerufenen Verbands deutscher Soldaten. Hier ging es pro forma um die Interessenvertretung der ehemaligen hauptberuflichen Wehrmachtssoldaten. Und damit gelangen wir zum eigentlichen Daseinszweck dieser Dachverbände: sie wurden von der Bundesregierung aktiviert, um die ehemaligen Wehrmachts- und SS-Soldaten sukzessive an die neu zu gründende Bundeswehr heranzuführen. Denn es gab ja bereits seit Ende des Zweiten Weltkriegs intensive Bemühungen der USA und Großbritanniens, das enorme Personal der deutschen Wehrmacht möglichst bald für den Krieg gegen die Sowjetunion zu nutzen. Churchill hielt seine deutschen Kriegsgefangenen im skurrilen Dönitz-Reich zur baldigen Wiederverwendung in ihren Einheiten zusammen, wie wir schon erfahren haben. Ähnlich verfuhren die USA mit ihren deutschen Kriegsgefangenen. Auch sie wurden ungewöhnlich lange in ihren Divisionen, allerdings entwaffnet, zusammengehalten. Die genaue Zahl der bereit gehaltenen Wehrmachtssoldaten ist nicht mehr zu ermitteln, aber 250.000 deutsche Ex-Soldaten arbeiteten eine Zeitlang im Rahmen der Operation Eclipse für die Amerikaner. Auch wurde die Wehrmacht erst am 20. September 1946, nach massiven Protesten der Sowjets, aufgelöst.

Dieses enorme Potential soll jetzt reaktiviert werden. Während jedoch die gewöhnlichen Fußsoldaten der Wehrmacht ohne Zelte monatelang im Schlamm stehen, werden ihre Generäle bereits von den Amerikanern ehrenvoll empfangen und dürfen zunächst in der kriegsgeschichtlichen Forschungsgruppe der US Army ihr Fachwissen einbringen. Dabei schälen sich zwei Führungspersönlichkeiten heraus: die eine ist Hans Speidel, die andere heißt Adolf Heusinger. Die beiden Wehrmachtsgeneräle dürfen sich in der Stille des Klosters Gedanken über eine neue antikommunistische deutsche Streitkraft machen. Heraus kommt die Himmeroder Denkschrift, die dann im neu gegründeten Amt Blank den Weg zur eigenen Armee weist. Speidel avanciert zum militärischen Berater Adenauers. Es ist klar: für den inneren Kreis der neuen deutschen Streitkraft haben nur Offiziere Zugang, die schon unter dem Führer gedient haben. Bei den Petersberger Gesprächen im Dezember 1950 ist Speidel der Berater der Bundesregierung in den Verhandlungen mit den Westalliierten, die der US-Hochkommissar John McCloy leitet.

Wie wir schon ausführten, sollte Deutschland zunächst im Rahmen der Europäischen Verteidigungsgemeinschaft (EVP die Lizenz zur Errichtung einer eigenen neuen Streitkraft erhalten. Zu diesem Zweck wurde am 26. Mai 1952 der so genannte Deutschlandvertrag abgeschlossen, der Westdeutschland eine begrenzte Souveränität durch USA, Großbritannien und Frankreich gewährte. Weil aber die Gründung der EVP am Veto der Französischen Nationalversammlung scheiterte, verschob sich die Unterzeichnung des Vertrages auf den 23. Oktober 1954. In dem größeren Mantel der Pariser Verträge wurde die bedingte Souveränität gekoppelt mit dem Eintritt in eine neu gegründete Westeuropäische Union (WEU und – jetzt waren die USA am Ziel ihrer Wünsche – Deutschlands Eintritt in die NATO. Als Bonbon wurde das Saarland wieder in das deutsche Territorium zurückgeführt.

Nun konnte endlich die Bundeswehr auch offiziell gegründet werden. Und ihre wichtigsten Generäle waren von Anfang an Adolf Heusinger und Hans Speidel. Heusinger führte den Vorsitz im Militärischen Führungsrat und studierte die Kriegsführung unter „besonderer Berücksichtigung des Atomwaffeneinsatzes", wie sich die online-Enzyklopädie Wikipedia vornehm auszudrücken weiß. Allerdings darf die Bundeswehr noch keine Atomwaffen besitzen.

Westdeutsche Bevölkerung ohne Alternative

Die westdeutsche Bevölkerung ist zutiefst verunsichert. Sie hat keine Alternativen mehr. Der Ostblock ist innerhalb kürzester Zeit moralisch vollkommen diskreditiert. Dazu trug nicht nur der Korea-Krieg bei, der eine große Angst vor einer erneuten großformatigen bewaffneten Auseinandersetzung geschürt hat. Korea war gespalten. Deutschland jetzt auch. Konnte Deutschland wie Korea zum Kriegsschauplatz der Großmächte werden? Zudem wurden die berechtigten Proteste der Arbeiter in der DDR gegen Normerhöhungen am 17. Juni 1953 mit sowjetischen Panzern blutig niedergeschlagen. 1956 wurde der Wunsch des ungarischen Volkes nach Selbstbestimmung von den Sowjets ebenfalls blutig niedergeschlagen. Der anfangs noch recht lockere Austausch zwischen Friedensgruppen in der DDR und der Bundesrepublik versickerte zunehmend. Die dogmatische Versteinerung der SED war für die Linken in der Bundesrepublik absolut indiskutabel. Der Wunsch nach einem vereinigten friedlichen neutralen Deutschland war von den Großmächten beider Seiten brutal erstickt worden.

Zudem zeigten sich erste Anzeichen einer Besserung der Lebensbedingungen für immer weitere Kreise in der Bundesrepublik. Löhne stiegen in Westdeutschland und die Arbeitslosigkeit nahm kontinuierlich ab. Zudem konnte Kanzler Adenauer mit seinem Staatsbesuch in Moskau im September 1955 einen großen politischen Erfolg für sich verbuchen. Chruschtschow, Malenkow und Bulganin versuchten erste vorsichtige Lockerungsübungen. Anstatt auf die vertragliche endgültige Einbindung der Bundesrepublik in das westliche Waffensystem mit Kontaktverweigerung zu reagieren, trat die sowjetische Führung eine beherzte Flucht nach vorne an und lud die Regierung Westdeutschlands nach Moskau ein. Als Ergebnis der historischen Begegnung konnten beide Seiten die Aufnahme diplomatischer Beziehungen für sich verbuchen. Gespräche über die Wiedervereinigung fanden indes nicht statt. Dafür konnte der Bundeskanzler die Freilassung und Heimholung der letzten 10.000 deutschen Kriegsgefangenen aus sowjetischen Lagern erreichen. Ein gewaltiger Prestigegewinn für den Kanzler. Die nächsten Monate bewegten die Fotos und Filmaufnahmen von den wieder heimgekehrten deutschen Soldaten die Herzen der Bundesbürger. Auch dass Adenauer sich persönlich für die dynamische Rentenanpassung an die Erhöhung der Löhne in der Rentenreform stark gemacht hatte, kam ihm zugute. So hatte er noch im Januar 1957 die gesetzliche Verbesserung des Rentenniveaus durchgesetzt.

Allerdings hatten sowohl Adenauer wie auch sein von Anfang sehr polarisierend auftretender neuer Verteidigungsminister Franz-Josef Strauß die Öffentlichkeit alarmiert mit der Forderung, die Bundeswehr sollte atomare Sprengköpfe erhalten. Es regte sich vehementer Widerstand. Die KPD war mittlerweile verboten worden, so dass deren Mitglieder jetzt nur noch im Rahmen anderer Zusammenhänge auftreten konnten. Die Göttinger Erklärung führender deutscher Wissenschaftler forderte ein Verbot von Atomwaffen. Die SPD schloss sich der Kampagne Kampf dem Atomtod an. Jedoch konnte Konrad Adenauer im September 1957 für CDU/CSU knapp die absolute Mehrheit der Stimmen und Mandate holen. Das war für die Opposition ein vernichtender Rückschlag. Adenauer hatte die Westintegration und die Umwandlung Westdeutschlands in eine militärische Aufmarschbasis erfolgreich durchgesetzt. Die demoralisierte SPD kapitulierte und übernahm de facto durch das 1959 verabschiedete so genannte Godesberger Programm komplett die Adenauer-Politik.

Die deutsche Spaltung und die Zurichtung Westdeutschlands als terrestrischer Flugzeugträger der USA waren damit abgeschlossen. Doch die Ironie der Geschichte wollte es so, dass der Schöpfer dieser Politik, nämlich Konrad Adenauer, auch diese Politik wieder infrage stellen und eine Alternative ausprobieren sollte. Doch darüber später mehr.

Kapitel 9

Massive Vergeltung und Kampf um den Weltraum – die Eisenhower-Jahre

„Sie können sehen, es geht gar nicht wirklich um Landesverteidigung, sondern es geht um mehr Geld für einige Leute, die sowieso schon gemästet sind." (Dwight D. Eisenhower)[1]

Jetzt hatten die Republikaner zwanzig Jahre lang nicht mehr den Präsidenten der USA gestellt. Harry Truman konnte trotz schwacher Leistung 1948 seine Wiederwahl erreichen, wollte aber 1952 nicht mehr für eine weitere Amtszeit kandidieren. Weltkriegsgeneral Dwight D. Eisenhower war durchaus nicht abgeneigt, für die Demokraten in den Ring zu steigen. Dann hatte er sich aber doch für das republikanische Ticket anwerben lassen. Ein guter Fang, so dachten sich die Republikaner. Besonders erfreut waren die Brüder Allen und John Foster Dulles. Ihnen war die Gangart gegen die Sowjetunion bei den Truman-Demokraten viel zu lahm. Mit einem zackigen Kriegsgeneral dürfte es doch wohl ein Leichtes sein, in die direkte Konfrontation mit der Sowjetunion überzuwechseln. Und Eisenhower, das konnte man ohne Übertreibung sagen, war eine lebende Legende. Die Verkörperung des grandiosen Sieges gegen die Nazis schlechthin. Der Krieg gegen Hitler war gerechtfertigt. Dieses moralische Kapital könnte man doch gut in den nächsten Krieg mitnehmen?

Eisenhower, oder wie seine Fans sagten: Ike, wurde denn auch im November 1952 triumphal zum 34. Präsidenten der USA gewählt. Nichts stand nun dem erneuten Griff nach Eurasien im Weg. Jedoch die Kriegsbefürworter in Washington hatten die Rechnung ohne den Wirt gemacht. Denn Eisenhower stellte sich letztendlich allen Bestrebungen nach Eskalation der Spannungen mit der UdSSR energisch in den Weg. Die Menschheit hatte wieder einmal ein unglaubliches Glück. Um zu verstehen wie es dazu kommen konnte, müssen wir uns noch einmal das komplizierter gewordene Machtgefüge in Washington anschauen.

Mit wem muss Eisenhower in Washington rechnen?

Der Präsident hatte seit dem National Security Act von 1947 quasi diktatorische Befugnisse. Er konnte ohne irgendwelche Rücksprache mit anderen Instanzen auf den berühmten Roten Knopf drücken, um einen Atomwaffenangriff gegen eine andere Macht zu starten. Eine neugeschaffene Geheimregierung in Form des Nationalen Sicherheitsrates; dazu ein immer noch weiter ausuferndes Krakennetz von Geheimdiensten, die ebenfalls an der Öffentlichkeit vorbei äußerst dubiose Dinge vollbringen an Orten weit außerhalb der USA. Um den scheinbar allmächtigen Präsidenten ranken sich weitere Netzwerke, die der Präsident auf jeden Fall berücksichtigen muss, wenn er nicht wie Richard Nixon zum Rücktritt gedrängt werden möchte. Da sind die Medien, die Präsidentenkandidaten nach oben pushen oder im Orkus der Nichterwähnung verschwinden lassen. Die harte Pranke der medialen Vierten Gewalt im Staate haben die Präsidenten Nixon, Carter oder auch Bill Clinton am eigenen Leib zu spüren bekommen. Andere Präsidenten wie z.B. Ronald Reagan konnten noch so viele Kostproben ihrer Unfähigkeit abliefern. Die Presse fand bei diesen Inkompetenzbolzen einfach alles goldig.

Dann gibt es die in den USA überaus mächtigen Denkfabriken für Politikberatung, deren Empfehlungen ein US-Präsident unbedingt beachten muss. Und über allen thront der übermächtige New Yorker Council on Foreign Relations, der alle diese Machtknoten zusammenfasst und ihnen eine Richtung gibt. Dort sind alle wichtigen Flügelmänner- und frauen der Macht versammelt. Hier wird die „öffentliche Meinung" vorgegeben: Die Agenda wird festgelegt und dann in den Medien, in der Wissenschaft und in der Politik kommuniziert. Das gemeine Volk bleibt bei diesen Aushandlungsprozessen außen vor. Es hat gefälligst vorgestanzte Meinungen zu konsumieren wie die berühmten Hamburger oder Coca Cola. Kein Einwurf aus dem Leben der einfachen Leute hat je eine Chance, hier verhandelt zu werden. Die Machtmaschine von Washington ist ein sich selbst bestätigender und verstärkender Kreislauf. Selbstreferentiell nennt man das. Man kann auch weniger fein von Inzucht sprechen.

Und trotz aller Entmachtung der Legislative muss auch der allmächtige Präsident noch immer Rücksicht nehmen auf die Abgeordneten im Washingtoner Bundesparlament, mit seinen beiden Kammern: dem Oberhaus, also dem Senat und der unteren Abteilung, dem Repräsentantenhaus. Jene Kongressabgeordneten beider Häuser vertreten die handfesten Interessen der Wirtschaftsbosse ihrer jeweiligen Wahlkreise. Und so besteht der wichtigste Teil beim Kuhhandel zwischen dem Präsidenten und den Abgeordneten darin, dass Ersterer dafür sorgt, dass der betreffende Wahlkreis auf jeden Fall angemessen mit Bundesaufträgen bedacht wird. Das bringt Geld und Arbeitsplätze in den Wahlkreis, und der Abgeordnete wird dann mit hoher Wahrscheinlichkeit wiedergewählt.

Truman hatte man bekanntlich quasi-diktatorische Vollmachten verliehen, weil die „weisen Männer" von Washington und New York sich sicher sein konnten, dass Truman ein schwacher Präsident ohne eigene politische Vorstellungen war. Entsprechend rechneten sie auch bei dem politischen Nobody Eisenhower mit einer fügsamen Umsetzung ihrer Pläne. Wen meine ich mit „sie"? Das waren die diskreten Banker und Wallstreet-Juristen wie z.B. Averell Harriman (sehr einflussreich in jenen Jahren), der Bankier Robert Lovett oder eben auch die Wallstreet-Staranwälte John Foster und Allen Dulles2. Die Dulles-Brüder verbanden ihre Ambitionen mit dem Prestige von Eisenhower. John Foster Dulles wurde nun Außenminister. Bruder Allen Dulles kontrollierte dagegen den immer mächtiger werdenden Geheimdienst CIA. Von diesen Schlüsselpositionen aus konnten sie ihren Präsidenten gut lenken. Dachten sie.

Aber es kam ganz anders. Eisenhower gelang es nämlich, den Spieß mithilfe seiner fast absoluten präsidentiellen Befugnis und seines enormen Ansehens umzudrehen. Im Fall Eisenhower kann man studieren, dass in bestimmten Brennpunkten der Geschichte tatsächlich der Charakter einer Einzelperson entscheidend sein kann für das Wohl und Wehe des Ganzen. Denn Eisenhower dachte gar nicht daran, sich zum Vollstrecker diskreter Seilschaften machen zu lassen. Eisenhower kam aus einer deutschstämmigen pazifistischen Familie und strebte dessen ungeachtet eine Karriere beim Militär an. Seine außergewöhnlichen Fähigkeiten als Organisator, Stratege und Teamchef ließen ihn an die Spitze des Militärs vorrücken. Im Krieg zeigte sich sein ausgeprägter Sinn für Fairness. Er plädierte schon früh für eine zweite Front im Westen, um die Sowjetunion zu entlasten. Bei der Siegesparade nach der Befreiung von Paris im August 1944 ließ er de Gaulle alleine den Triumph auskosten und mischte sich bescheiden unter die Bevölkerung. Auch die Russen blieben für ihn immer noch Mitmenschen und Freunde. Bei Stalins Siegesparade in Moskau stand Ike mit verschränkten Armen - was nicht so ganz passt - auf der Ehrentribüne neben dem Generalissimus und genoss die Situation sichtlich. Den sowjetischen General Schukow sah er als seinen Freund an. Im Gegensatz zu den Herrschaften aus der Wallstreet-Finanzwelt hatte Eisenhower die Folgen des Krieges selber erfahren. Er fuhr nach der Invasion in der Normandie durch die Alleen in Richtung Paris. Der Anblick der Leichenberge von Mensch und Tier auf den Straßen hat in ihm einen tiefen Abscheu gegen den Krieg ausgelöst. Der Krieg war für Eisenhower nur als notwendiges Übel zu sehen, um sich gegen feindliche Angriffe angemessen zu verteidigen. Es tat ihm Leid um jeden jungen Mann, der im Krieg verheizt wurde.

Diese ambivalente Einstellung zum Krieg brachte der General nun in seine Präsidentschaft ein. Ansonsten war Eisenhower ein Wirtschaftsliberaler: er wollte einen ausgeglichenen Staatshaushalt hinbekommen. Soziale Belange waren ihm dagegen eher egal. Eisenhower umgab sich stattdessen gerne beim Golfspielen mit den führenden Millionären seiner Zeit und machte den Chef des Autokonzerns General Motors, Charles E. Wilson, zu seinem Verteidigungsminister. Eisenhower wurde in seiner Amtszeit auch mit der stärker in den Vordergrund tretenden Frage der Bürgerrechte konfrontiert. Energisch schickte er Bundestruppen in die Südstaaten, um ein Ende der schändlichen Rassentrennung durchzusetzen. Bei der Durchsetzung der Bürgerrechte war allerdings der spätere Präsident Johnson erheblich mutiger. Eisenhower plagte bei der Unterdrückung der Afroamerikaner in seinem Land vor allem die Sorge, dass die unschönen Bilder von den „Rassenunruhen" dem Image der USA in den

Ländern der Dritten Welt erheblich schaden und die ehemaligen Kolonien in die Arme der Sowjets treiben könnten.

Manchmal braucht es wohl einen General, um Kriege zu beenden und abzuwenden. So wie es später General de Gaulle war, der den Algerienkrieg beendete, so war Eisenhowers erste Großtat, den Koreakrieg rasch beendet zu haben. Mit seiner Autorität akzeptierte die oben beschriebene „öffentliche Meinung" sogar den dauerhaften Fortbestand eines Nordkoreas unter kommunistischer Herrschaft, die synchronisiert war mit Maos China. Einem zivilen Präsidenten hätte man das wahrscheinlich nicht so leicht abgenommen. Eisenhower war sogar schon vor seiner Amtsübernahme persönlich nach Korea geflogen, um vor Ort die nötigen Kontakte für den Waffenstillstand zu knüpfen. Damit eroberte der neue Präsident die Herzen der gewöhnlichen Leute, die in der Washingtoner „öffentlichen Meinung" keine Stimme haben. Denn der Koreakrieg war tatsächlich „außerordentlich unbeliebt" in der amerikanischen Bevölkerung[3].

Stalins Tod: eine Chance für den Frieden

Und er ist keine drei Monate im Amt, da sagt Eisenhower in seiner ersten denkwürdigen Rede vor dem amerikanischen Verband der Zeitungsredakteure Dinge, die jeder vernünftige Mensch sofort unterschreiben kann. Die Situation: der sowjetische Dauerdiktator Josef Stalin ist nun endlich gestorben. Da er keinen Nachfolger bestimmt hat, ergibt sich in Moskau zunächst eine unklare Situation. Stalins allmächtiger Geheimdienstchef Beria fand sich recht schnell vor dem Erschießungskommando wieder, diesmal in dessen Fadenkreuz. Mit Malenkow, Bulganin und Chruschtschow teilen sich zunächst drei Männer die Macht. In dieser Situation tritt Eisenhower am 16. April 1953 im Washingtoner Statler Hotel vor die Mikrophone. Die Rede wird USA-weit übertragen im Fernsehen und im Rundfunk, wird also für außerordentlich wichtig gehalten. Ihr Name: „Chance for Peace". Die einmalige Gelegenheit für den Frieden ergibt sich daraus, dass die neuen Sowjetführer die von Eisenhower ausgestreckte Hand ergreifen könnten. Denn, so der Präsident vor den Zeitungsredakteuren, acht Jahre lang hätten nun die Sowjets immer nur grimmig die Rüstungsspirale angezogen, und die „freie Welt" hätte immer gegenhalten müssen. Dabei sei die Lebensqualität für alle Völker dieser Welt ins Hintertreffen geraten. Eine klare Täter-Opfer-Umkehrung. Es waren schließlich nachweislich immer die USA, die eine neue Aufrüstungsrunde mit immer neuen Horrorwaffen angeheizt hatten. In diesem Punkt ist Eisenhowers Rede „reine Propaganda" [4].

Doch wie Eisenhower im weiteren Ablauf seiner Rede die Folgen dieser Rüstungsspirale den Menschen draußen im Lande verdeutlicht, steigert nicht gerade die Kriegslust. Hören wir mal rein: „Jedes Gewehr, das verfertigt wird; jedes zu Wasser gelassene Kriegsschiff, jede abgeschossene Rakete, bedeutet in letzter Konsequenz einen Diebstahl an jenen, die Hunger leiden; an jenen, die frieren; an jenen, die nichts anzuziehen haben. Diese Welt in Waffen bedeutet nicht nur: noch mehr Geldausgaben. Sie vergeudet zudem den Schweiß der Arbeiter, die Erfindungsgabe der Wissenschaftler, die Hoffnungen der Kinder. Die Kosten eines einzigen schweren modernen Bombers sind gleichbedeutend mit je einer modernen in Stein gebauten Schule für dreißig Städte. Es ist gleichbedeutend mit dem Geld für zwei Kraftwerke, jedes davon könnte 60.000 Bewohner versorgen. Es bedeutet zwei gute, modern ausgestattete Krankenhäuser. Oder 50 Meilen Betonstraßen. Oder 140.000 Tonnen Weizen. Wir bezahlen für einen einzigen Zerstörer so viel wie für neu gebaute Wohnhäuser, die über 8.000 Menschen beherbergen könnten … Das kann keineswegs eine geeignete Lebensweise sein, in irgendeinem vernünftigen Sinn. Unter dem Dunkel eines drohenden Krieges hängt die Menschheit an einem eisernen Kreuz."

Natürlich, wie gesagt, schiebt der Redner die Schuld an dieser immensen Vergeudung von Ressourcen den Sowjets zu. Aber so deutlich hatte noch kein US-Präsident zuvor den Wahnsinn des Wettrüstens beim Namen genannt. Leider konnte sich die neue Führung der Sowjetunion nicht zu einer Antwort auf diesen genialen Schachzug herbeilassen. Stalin hatte immer spontan nach seinen paranoiden Impulsen regiert. Ein vergleichbares Instrument der politisch-strategischen Entscheidungsfindung wie die USA mit ihrem Council on Foreign Relations, dem auch Eisenhower angehörte, hatten die Sowjets nie aufgebaut. Stattdessen gab es nur Parteikaderschulung, die inzestuös immer dieselben altbackenen

Phrasen drosch. Einen freien Wettstreit der Meinungen gab es auch für das sowjetische Spitzenpersonal nicht. Das neue Sowjet-Führungstrio stocherte verdammt lange im Nebel, bis es überhaupt eine neue Außenpolitik entwickelt hatte.

McCarthy: der Großinquisitor schlägt zu

Zur gleichen Zeit, in der Eisenhower den Ton vorgibt für eine Entspannung und für Dialogbereitschaft mit der Sowjetunion, verschafft sich der Senator von Wisconsin, Joseph McCarthy, enorme Publicity als führender Großinquisitor gegen vermeintliche Kommunisten im Establishment der USA. Es gab bereits im Repräsentantenhaus seit Roosevelts Tagen den Ausschuss für Unamerikanische Umtriebe (HUAC). Der hatte sich zunächst mit Einflussagenten der Nazis in den USA befasst, war aber nach dem Zweiten Weltkrieg hauptsächlich damit beschäftigt, vermeintliche Kommunisten aufzuspüren. Vor diesem Ausschuss sind viele bedeutende Mitstreiter von Roosevelt gegrillt worden. Den Baumeister der Bretton Woods-Weltordnung, Harry Dexter White, hatten die Großinquisitoren so übel gepeinigt, dass er danach an Herzversagen starb, mit Mitte Fünfzig. Doch McCarthys neuer Ausschuss im Senat schürte noch einmal so richtig das Scheiterholz. In einem unflätigen Stil wurden vor seinem Tribunal 653 unbescholtene Mitbürger beleidigt, gedemütigt und existentiell durch Rufmord ruiniert. McCarthy hatte mächtige Unterstützer, z.B. John Foster Dulles. Seine Immunität als Senator alleine hätte ihm kaum die Macht verliehen, einflussreiche Persönlichkeiten derart herunterputzen zu können. Die Presse gab McCarthy großen Raum, seine vollkommen unbegründeten wahnwitzigen Verschwörungstheorien einer breiten Masse vortragen zu können. Mächtige Kreise in Washington deckten den pseudoreligiösen Eiferer aus dem Schoß der Katholischen Kirche.

Die Stoßrichtung von McCarthys Attacken wie auch des HUAC zielte eindeutig auf alle Vertreter der New Deal-Politik des früheren Präsidenten Franklin Delano Roosevelt. Unverhohlen wurde auch Roosevelt selber postum der Kungelei mit den bösen Kommunisten bezichtigt. McCarthy pustete das gesamte außenpolitische Establishment aus Trumans Umfeld hinweg und machte damit den Weg frei für die Dulles-Brüder und deren

Mitstreiter. In den Augen der Inquisitoren war praktisch der gesamte Regierungsapparat seit Roosevelts Zeiten flächendeckend von Kommunisten kontrolliert worden und habe die Interessen Moskaus willfährig bedient. Anstatt dass die Guten gleich gen Russland marschierten, hatten die „Kommies" jetzt eine viel zu lange Atempause, in der sie ihren perfiden Plan zur Welteroberung in aller Ruhe durchführen konnten. Dieses paranoide Gebilde war erkennbar eine Weiterentwicklung der Wahnideen der antisemitischen „Protokolle der Weisen von Zion". Der Autobauer Henry Ford hatte in seinen Büchern vom Internationalen Juden die Fortsetzung von der jüdischen zur kommunistischen Verschwörung konstruiert. Aus dem Judenstern wurde der Rote Stern der Bolschewisten. Dieser Schund, der von dem entflohenen zaristischen Agenten Boris Brasol für Ford geschrieben wurde, hatte sich tief in die Hirne der Hillbilly-Amerikaner aus der Provinz hineingefressen[5]. Dieser latente Antisemitismus artikulierte sich besonders augenfällig in dem berüchtigten Schauprozess gegen das Ehepaar Ethel und Julius Rosenberg. Die beiden sollten Geheimnisse der amerikanischen Atombombe an die Sowjetunion verraten haben. Ein Vorwurf, der bis zum heutigen Tag nicht einwandfrei geklärt werden konnte. Die Richter verhängten das Todesurteil für beide. Die Weltöffentlichkeit, mit dabei sogar Papst Pius XII., schickte waschkörbeweise Gnadengesuche an Präsident Eisenhower, der die Todgeweihten vor dem elektrischen Stuhl hätte retten können. Doch Eisenhower blieb untätig und die Rosenbergs wurden hingerichtet.

Die unheilige Inquisition des Joseph McCarthy suchte sich immer aberwitzigere Ziele aus. Ausgerechnet die Mitarbeiter des amerikanischen Propagandasenders Voice of America wurden bezichtigt, heimliche Kommunisten zu sein. „Beweis": in ihren Bibliotheken befanden sich auch linke Bücher. Und Außenminister Dulles verordnet sofort die Durchsuchung sämtlicher Bibliotheken aller propagandistischen Außenstellen der USA nach linker Literatur und befahl den Rausschmiss sämtlicher linksliberaler Mitarbeiter. Es kommt aber immer wieder der Punkt, an dem sich die Inquisitoren allzu sicher fühlen und sich in ihrem Rausch immer mächtigere Opfer suchen. Nun knöpfte sich McCarthy bereits Regierungsmitglieder wie z.B. den ehemaligen Außenminister und General

George Marshall vor, den Initiator des nach ihm benannten Marshallplans, mit dem Europa angeblich wieder auf die Beine geholfen wurde. George Marshall war der väterliche Förderer von Eisenhower beim Militär gewesen. Aber der Präsident rührte keinen Finger für Marshall. Eisenhower beschützte jedoch seine Mitarbeiter durch die nirgendwo gesetzlich verankerte Executive Privilege, von der in diesem Buch schon die Rede war. Er verfügte, dass die Regierungsmitglieder ihre Erkenntnisse nicht den Kongressausschüssen offenbaren durften. Gut gemeint, allerdings war durch das Executive Privilege auf Dauer die Regierung gegen die Aufsicht der Parlamentarier immun, was nicht Sinn einer Demokratie sein kann. Als McCarthy sich noch an den Mitgliedern der Streitkräfte vergehen wollte, bekam er endlich Gegenwind. Trotzdem wurde McCarthy nie offiziell entmachtet oder gar zur Verantwortung gezogen für sein frevelhaftes Tun. Die Medien verloren einfach das Interesse an McCarthy. Frustriert trank der Senator aus Wisconsin noch mehr Alkohol als bisher und verstarb 1957 an Schrumpfleber.

Der politische Zweck wurde jedoch erreicht: die Vertreter von Roosevelts Politik waren komplett ausgeschaltet. Ein Klima der Lähmung und Einschüchterung hatte das Land fest im Griff. Jetzt waren wieder die Freunde Hitlers ganz oben. Jene Leute, die gute Geschäfte mit den Nazis gemacht hatten. Und die darauf gesetzt hatten, dass Hitler den Krieg gewinnt und Roosevelt sodann gestürzt würde. Die Agenda, jetzt Eurasien in Besitz zu nehmen, wenn es nicht anders geht, dann mit Gewalt, war jetzt noch deutlicher als schon unter Truman präsent. Hinter allem und jedem, was diesen modernen Kreuzrittern im Wege stand, wurde ein zentral gesteuerter Komplott der allgegenwärtigen Kommunisten aus Moskau gesehen. Die eigene Aggressivität wurde somit auf das Gegenüber projiziert. Der amerikanische Soziologe Richard Hofstadter sprach rückblickend davon, dass sich hier der paranoide Stil der US-Politik artikuliert habe[6].

Sogar die verbindlichen Abmachungen der Alliierten Konferenz von Jalta 1945 sollten geschleift werden. Soll heißen, jene Gebiete, die Roosevelt und Churchill der Sowjetunion als ihr eigenes Revier zugesichert hatten, sollten jetzt so bald wie möglich von den Westmächten erobert werden. Also vor allem die osteuropäischen Staaten. Der Westen sollte jetzt nicht mehr nur die Sowjets in diesem in Jalta zugesicherten Gebiet eindämmen. Jetzt sollten die osteuropäischen Satellitenstaaten den Sowjets weggenommen werden. Ein Übergang vom Containment zur „Liberation": die osteuropäischen Völker sollten „befreit" werden – ob sie das nun überhaupt wollten oder nicht.

Eisenhower trickst Dulles aus – trotz Massiver Vergeltung

Wie ging Eisenhower mit dieser Situation um? Er ließ erst mal andere für sich vordenken. So initiiert er im Sommer 1953 das Project Solarium. In aller Heimlichkeit bilden sich drei Arbeitsgruppen mit Experten aus Außenpolitik und Militär, um eine neue Strategie gegen die Sowjetunion auszuarbeiten. Und Ike macht tatsächlich den gerade eben von Dulles gefeuerten George Kennan zum Leiter der Gruppe Eins. Dulles muss die Kröte schlucken. Aus den Ergebnissen der drei Arbeitsgruppen wird ein Destillat verdichtet, das dann in das Denkpapier NSC 162/2 des Nationalen Sicherheitsrates einfließt.

Diese neue Militärdoktrin der Regierung Eisenhower geht als Massive Retaliation in die Geschichte ein. Zu Deutsch: Massive Vergeltung. John Foster Dulles dekretiert die neue Strategie den Menschen draußen im Lande am 12. Januar 1954 über Funk und Fernsehen, und zwar aus dem Haus des allmächtigen Council on Foreign Relations in New York. Überall, so doziert Dulles, kommen ja jetzt neue Widerstandsherde gegen die Amerikaner auf. Sie alle sind von Moskau ferngesteuerte Kräfte, die nur die Machterweiterung der Sowjets zum Ziel haben. Wenn wir Amerikaner auf jedes Dorfgemetzel mit voller Kraft reagieren, haben wir uns bald verzettelt, und die vielen kleinen Nadelstiche werden uns letztlich zu Fall bringen. Da können wir nicht gewinnen. Wir müssen selber die Mittel des Kampfes bestimmen. Dank der neuen Nuklearwaffen „stützt sich die Regierung in erster Linie auf eine große Kapazität, sofort Vergeltung zu üben durch Mittel und an Orten, die wir selber bestimmen ... Anstatt versuchen zu müssen, auf die verschiedenartigen Entscheidungen des Feindes zu reagieren, ist es jetzt möglich, mehr grundlegende Sicherheit zu erhalten und zu teilen mit geringeren Kosten ... Regionale Verteidigungskräfte müssen unterstützt werden durch die zusätzliche Abschreckung der Macht einer massiven Vergeltung." Man schlägt sich nicht mehr mit den kleinen Helferlein herum – man geht gleich zum obersten Chef und droht ihm Stress an: Diese Doktrin der Massiven Vergeltung geht jedoch von der falschen Annahme aus, dass hinter allen Konflikten die Sowjets stünden und wie der Rat der Juden in den „Protokollen der Weisen von Zion" alles zentral steuern könnten. Tatsächlich ergaben sich jedoch nach den Verwerfungen des Zweiten Weltkrieges ganz neue Konstellationen, die austariert werden mussten. Die alten Kolonialmächte Großbritannien und Frankreich waren pleite und konnten ihre Kolonien nicht mehr in Schach halten. Selbstverständlich nutzten die bislang unterjochten Völker die Gelegenheit, sich selbständig zu machen. Es war diesen Völkern egal, wer sie in ihrem Freiheitskampf unterstützte. Und die USA waren ja längst dabei, dieses Machtvakuum in der Dritten Welt zu ihren eigenen Gunsten neu zu füllen. Es ging eben auch darum, die Sowjetunion als Rivalen um die Gunst der neuen Staaten zu vertreiben. Zum anderen war das Bild von der Sowjet-Krake, die den ganzen Erdball umklammerte, das bevorzugte Bedrohungsszenario, um zum Krieg gegen die Sowjetunion zu blasen.

Also: Falls es der Sowjetunion einfallen sollte, irgendwo auf der Welt in das Revier der USA einzudringen, würden die USA sofort mit einem atomaren Erstschlag auf Moskau antworten. Das klingt wahnwitzig. Eisenhower wollte mit dem höchsten Einsatz Kriege zukünftig verhindern. Die Sowjets wären auf höchster atomarer Stufe eingeschüchtert und würden sich entsprechend zurückhalten. Die USA könnten nun ihre konventionellen Streitkräfte stufenweise verringern, und der Bundeshaushalt könnte aufgrund reduzierter Militärausgaben entlastet werden. Am Ende dieses Prozesses stünde womöglich ein ausgeglichener Staatsaushalt. Um jenes Ziel zu erreichen, wurde die Luftwaffe erheblich modernisiert und um die Raketenwaffe erweitert. Armee und Marine sollten heruntergefahren werden. Und anstatt mit großem Geschütz in Länder einzufallen, die sich dem Willen der USA widersetzten, verfeinerten die neuen Strategen die Technik der verdeckten Operationen. Also: Regime Change. Das kam

Eisenhowers Wunsch entgegen, die jungen wehrpflichtigen Männer seiner Nation zu schonen.

Es ist kein Zufall, dass nun John Foster Dulles Außenminister wurde und sein jüngerer Bruder Allen zum neuen Chef des Geheimdienstes CIA avancierte. Nun konnten sie den Angriff auf Eurasien mit einer neuen Taktik durchführen und sich an den Kabinettskollegen vorbei schnell austauschen über die Vertrautheit ihrer Familienbande. Beide waren ja schon, wie wir wissen, tief eingetaucht in die europäische Szenerie. Sie hatten über die Anwaltssozietät Sullivan und Cromwell lukrative Geschäfte mit dem Naziregime gemacht und das führten sie in den 1930er Jahren mit einer solchen Ungeniertheit durch, dass den anderen Wallstreet-Größen wie Averell Harriman oder John McCloy diese Nazi-Kumpanei peinlich war, wohl gerade weil sie selber mit den Nazis paktierten und das aber erheblich diskreter handhaben. Den kultivierten Ostküsten-Aristokraten war das Benehmen der beiden Dulles-Brüder zu grobschlächtig. Sie waren bei der feinen Elite ziemlich unbeliebt. Churchill machte sich über den drögen John Foster „Dullith" lustig. Und der Diplomat Carles „Chip" Bohlen brachte die Steigerung „dull, duller, Dulles" erfolgreich in Umlauf, also: „öde, noch öder, Dulles". Das kostete Bohlen den geliebten Posten als Botschafter in Moskau[8]. Obendrein nervte John Foster Dulles seine Wallstreet-Kollegen durch seinen frömmelnden Eifer. John war in kirchlichen Kreisen aktiv, hatte seine Broschüre von Stalin über „Probleme des Leninismus" immer dabei, um die Gottlosigkeit der Bolschewisten anhand von Textbeispielen zu geißeln. Zu seiner Schroffheit im Umgang mit seinen Standesgenossen trug möglicherweise auch sein schweres Asthmaleiden bei. John Foster war aber in den frühen 1950er Jahren der starke Mann in der republikanischen Partei, die jetzt aufräumen wollte mit all den Softies in der Regierung, die angeblich mit dem Kommunismus herumknutschten.

Präsident Eisenhower – oder Präsident Dulles?

Wer regierte denn jetzt tatsächlich in Washington? Ike oder John Foster? Wer benutzte wen? Für die Führer der Sowjetunion war das bei der Genfer Konferenz 1955 völlig klar: „Molotows [der sowjetische Außenminister]

Ebenbild, Foreign Secretary Dulles ... genoß die besondere Wertschätzung der Russen. Wie er dem Präsidenten notorisch Sprechzettel über den Verhandlungstisch schob, schlossen sie, daß er der eigentliche Chef im anderen Lager sei ...'Dieser bissige Köter', schrieb Chruschtschow später, ,schlich dauernd um Eisenhower rum und schnappte nach ihm, wenn er aus der Reihe zu tanzen versuchte.'" [8]. Eisenhowers Biograph Stephen E. Ambrose meint dagegen, Ike sei der Boss gewesen und Dulles „würde immer das tun, was Eisenhower wünschte."[9] Die Wahrheit liegt, wie so oft, in der Mitte. Eisenhower und Dulles zogen sich gegenseitig, immer freundlich lächelnd und respektvoll, immer wieder gerne über den Tisch. Ergebnis: wir leben noch immer, aber das metastasenartige Wachstum des Militärisch-Industriellen Komplexes konnte nicht aufgehalten werden. Die Dulles-Brüder haben oft genug einfach gemacht, was sie wollten und setzten darauf, dass der Chef das nicht merkt. Mit ihren geheimen Intrigen und Kabalen in wildfremden Ländern brachten sie Eisenhower mehr als einmal in äußerst peinliche Situationen, dazu gleich mehr. Und obwohl Ike den Einsatz von vermeintlichen „Wetterballons" über dem Territorium der Sowjetunion streng verboten hatte, wurden die Spionageflüge munter fortgesetzt, auch als die Sowjets bereits einige Ballons abgeschossen hatten.

Andererseits: dass wir noch nicht zu atomarem Feinstaub verbrannt wurden, verdanken wir unter anderem auch Präsident Eisenhower. Die Heißsporne im Nationalen Sicherheitsrat empfahlen dem Präsidenten doch tatsächlich, nach den schweren Niederlagen, die die Franzosen im Kampf um ihre Kolonien in Vietnam erlitten hatten, eine Atombombe auf Vietnam zu werfen. Ike schüttelt den Kopf: „Ihr Kerle müsst verrückt sein. Wir können doch diese abscheulichen Dinger nicht zum zweiten Mal in weniger als zehn Jahren gegen die Asiaten einsetzen. Mein Gott nochmal!"[10] Die Geheimregierung scheint von der Idee besessen gewesen zu sein, mal eben die Chinesen, die Vietnamesen oder die Russen zu „nuken", ihnen also mit der Atombombe das Maul zu stopfen, um sich im Jargon dieser maßgebenden Kreise auszudrücken: „Fünf Mal in einem einzigen Jahr [1955] empfahlen die Experten dem Präsidenten, einen atomaren Schlag gegen China zu führen. Fünfmal sagte er [Eisenhower] nein."[11] Die besondere Macht des Präsidenten, einstmals ihm zugesprochen, um den Willen einer kriegerischen Clique durchzusetzen, richtete sich unter Eisenhower gerade gegen diese Clique. Welch' ein Glück ...

Kommen wir nun also zu jenen Aktionen der Dulles-Brüder, die so heimlich durchgeführt wurden, dass selbst der Chef nichts davon erfuhr oder aber Eisenhower lieber so tat als hätte er nichts gesehen, weil es denn doch zu „touchy" war oder einfach nur eklig. Zunächst einmal sind ja die Dulles-Brüder aufgefallen durch ihre verdeckten Operationen in Guatemala und im Iran. Der iranische Regierungschef Mohammad Mossadegh plante, das Volk des Landes stärker teilhaben zu lassen an den reichhaltigen Ölvorkommen, die von einer britischen Ölgesellschaft außer Landes geschafft wurden, und wovon lediglich 8 Prozent der Erlöse im Land blieben. Mossadegh wollte das ändern. Grund genug für die Dulles-Brüder, in einer Zusammenarbeit mit dem britischen Geheimdienst MI6 am 15. August 1953 Mossadegh zu entmachten und die alten Verhältnisse weitgehend wieder herzustellen. Diese Aktion trug übrigens den Namen „Operation Ajax", nicht nach dem griechischen Helden, sondern nach dem amerikanischen Reinigungsmittel Ajax, das auch deutschen Hausfrauen wohl bekannt ist („Ajax weißer Wirbelwind"). Ein Jahr später, am 27. Juni 1954, wurde dann der demokratisch gewählte Präsident Jacobo Árbenz Guzmán von Guatemala von den amerikanischen Geheimdienstleuten hinweggewaschen. Sein Fehler: er wollte mehr Teilhabe für sein Land an den Gewinnen der United Fruit Company, die in Guatemala Bananen anbaute. In beiden Fällen war natürlich der angebliche sowjetische Einfluss frei erfunden. Ein billiger Vorwand, um die tatsächlich entscheidenden geschäftlichen Interessen in diesen Ländern nicht ansprechen zu müssen. Es handelte sich hierbei eigentlich nur um eine Fortführung der guten alten Kanonenbootpolitik mit anderen Mittel.

Dulles-Brüder recyceln Nazis für den Krieg gegen Eurasien

Ganz anders lag der Fall bei den verdeckten Operationen in Europa. Hier standen eindeutig langfristige politische Ambitionen im Vordergrund. Und darum erfährt man bis auf den heutigen Tag ausgesprochen wenig von diesen Machenschaften, die eine verhängnisvolle Tiefenwirkung sowohl in Osteuropa als auch in den USA selber ausüben sollten. Es ist der peniblen Recherchearbeit des Kommunikationswissenschaftlers Christopher Simpson zu verdanken, dass wir auch über dieses Kapitel jetzt mehr wissen[12].

Es fing damit an, dass den Amerikanern in der Endphase des Zweiten Weltkrieges im südlichsten Zipfel Deutschlands ein seltsamer Alien begegnete, der sich als Reinhard Gehlen vorstellte. Gehlen war Generalmajor der Wehrmacht und Direktor der Abteilung Fremde Heere Ost. Er bot den Amerikanern sämtliche Erkenntnisse seiner Spionagebehörde über das Innenleben der Sowjetunion zur Übernahme an. Da die US-Geheimdienste über keine vergleichbar flächendeckende Kenntnisse der UdSSR verfügten, gingen sie auf Gehlens Angebot ein. Sie nahmen Gehlen und seine Akten mit nach Washington, und nach einem gründlichen Check nahmen sie Gehlen als ihren neuen Mitarbeiter unter Vertrag. Die Gruppe Gehlen residierte zukünftig in Pullach bei München, beschäftigte 4.000 Mitarbeiter und erhielt von den USA von Kriegsende bis 1955 die stolze Summe von 200 Millionen Dollar überwiesen. Ab dann galt Westdeutschland als souveräner Staat Bundesrepublik Deutschland. Nun wurde die Gruppe Gehlen zu der anerkannten Bundesbehörde BND, und von da an durfte der westdeutsche Steuerzahler diese US-amerikanische Spionage-Agentur mit ihren deutschen Mitarbeitern vollständig aus seiner eigenen Geldbörse bezahlen.

Obendrein hatten die USA eine riesige Datei von acht Millionen Kriegsgefangenen und Displaced Persons angelegt mit Namen CROWCASS (Central Registry of War Crimes and Security Suspects). Über 130.000 Personen aus diesem Register wurden ausführliche Dossiers angelegt. Zu Roosevelt-Zeiten sollten diese Personen strafrechtlich verfolgt werden und sie sollten von öffentlichen Ämtern ferngehalten werden. Jetzt dreht sich die Funktion von CROWCASS glatt um hundertachtzig Grad: die Kartei wird geradezu zu einer Casting-Liste. Die amerikanischen Geheimdienstleute suchen sich die aus ihrer Sicht fähigsten Leute aus für den Krieg gegen die Sowjetunion. Die neuen Mitarbeiter sind zum großen Teil schwer belastete Kriegsverbrecher. Kollaborateure der Nazi-Terroristen in den besetzten Gebieten. Sie haben an Massenerschießungen teilgenommen, haben Menschen zusammengetrieben und der Holocaust-Vernichtungsmaschine zugeführt oder waren als ausländische Kämpfer bei der SS an vorderster Kriegsfront. Russen kämpften in der Wlassow-Armee auf Seiten der Nazis. Ukrainische SS-Einheiten verbreiteten Schrecken und Zerstörung im eigenen Land. Das alles spielte jetzt keine Rolle mehr. Die braunen Massenmörder wurden umlackiert zu „antikommunistischen Freiheitskämpfern". Und während Präsident Eisenhower die Bodentruppen reduziert, bilden die Dulles-Brüder aus ehemaligen Nazi-Divisionen eine neue Ersatz-Infanterie. Diese Leute haben natürlich den Vorteil, aus der Region zu kommen und gute Ortskenntnisse und eine Kenntnis von Personen vor Ort zu besitzen. Tatsächlich setzen die US-Geheimdienste Fallschirmspringer aus diesem Personal als Partisanen im Gebiet der Sowjetunion ab, die dort den Guerillakampf gegen das Regime beginnen sollen. Man wundert sich zunächst, dass die sowjetischen Sicherheitskräfte immer gleich vor Ort sind und die Möchtegern-Regime-Changer sofort verhaften …

Mit den Steuergeldern der US-Bürger wird ein riesiges Netz von Ex-Nazis aufgespannt für die unterschiedlichsten Aufgaben. Radio Free Europe und Radio Liberty strahlen antikommunistische Propaganda weit in den Ostblock hinein in der jeweiligen Landessprache, gesprochen von ehemaligen SS-Leuten. Die Nazi-Kollaborateure werden von den USA in neun Landsmannschaften zusammengefasst für: Albanien, Bulgarien, Lettland, Tschechoslowakei, Estland, Litauen, Polen und Rumänien. Allen Dulles gründet für die CIA die Frontorganisation Free Europe Committee, die die Kongressabgeordneten massiv bearbeitet. Obendrein kontrolliert dieses Gremium, dem auch Eisenhower angehört, Radio Free Europe und schickt Ballons über das Territorium der Sowjetunion, die Flugblätter auf die Menschen vor Ort regnen lassen. Die osteuropäischen Landsmannschaften sind zusammengefasst in der Assembly of Captive European Nations ACEN. Die Einwanderungsbestimmungen in die USA sind eigentlich sehr restriktiv. Jedoch die Dulles-Brüder erwirken, dass jedes Jahr an den Bestimmungen vorbei ein Kontingent von Nazi-Kollaborateuren aus Osteuropa in die USA einwandern darf. Zudem dürfen ab jetzt 12.500 Ausländer in den US-Streitkräften dienen. So baut man in aller Stille eine Ersatzreserve für den geplanten Krieg gegen die UdSSR auf. Falls Gebiete des Ostblocks durch US-Atombomben verwüstet werden, sollen Einheiten gebildet werden aus den Reihen der Nazi-Kollaborateure, die in die kontaminierten Gebiete gehen und dort die Kontrolle übernehmen[13].

Im Lauf der Zeit soll sich herausstellen, dass dieses Beschäftigungsprogramm für arbeitslos gewordene Naziverbrecher den USA eher geschadet als genützt hat. Zum einen müssen diese Schwerverbrecher zeitlebens geschützt und gedeckt werden, denn eine Enttarnung dieser Verstrickungen könnte auf die Führungspersonen der amerikanischen Geheimdienste zurückschlagen und im Falle eines Skandals den ganzen Apparat zerreißen. Zweitens ist die Qualität der Informationen dieser Altnazis maßlos überschätzt worden. Aber die schwerste Hypothek bei dieser pronazistischen Personalpolitik war die Anfälligkeit der angeworbenen Nazi-Mitarbeiter für Erpressungsmanöver durch die Ostblock-Geheimdienste. Wir haben das schon im Fall des ehemaligen stellvertretenden BND-Direktors Heinz Felfe gesehen. Dasselbe geschah mit den US-Geheimdiensten im großen Stil. So erklärt sich auch, dass die Fallschirmspringer, die den Regime Change im Ostblock anfachen wollten, schon gleich nach ihrer Landung von der kommunistischen Polizei einkassiert wurden. Die Doppelagenten hatten sich tief im US-amerikanischen Geheimdienst eingenistet. Am verhängnisvollsten erwies sich der Anteil dieser Doppelagenten beim Scheitern des Ungarn-Aufstandes 1956: vom KGB angestiftete Mitarbeiter bei US-Propagandasendern verkündeten über Radio den Ungarn, sie könnten getrost gegen die Kommunisten einen Aufstand wagen, denn westliche Hilfstruppen seien im Anmarsch. Die fehlinformierten Ungarn begannen die Revolte und rannten ins offene Messer. Denn der Westen hielt sich an die Jalta-Vereinbarungen und griff nicht in den Ungarn-Aufstand ein. Das war ein deutliches und bitteres Signal für Leute, die in den sowjetischen Satellitenstaaten mit einer Revolte liebäugelten.

Das war neben Eisenhowers Kriegsabstinenz der andere Faktor, der uns in den 1950er Jahren einen erneuten Weltkrieg erspart hat: die Dummheit und Unfähigkeit der Dulles-Brüder im Umgang mit den Antikommunisten im Osten. Neben der fundamentalen Fehleinschätzung, dass alle neuen Konflikte in der Welt nur eine Ursache hätten, nämlich die zentrale Steuerung durch ein weltumspannendes bolschewistisches Revolutionsnetz, nun auch noch die irrige Annahme, man könne ohne weiteres mal eben Mitarbeiter der Nazi-Maschinerie für die eigenen Zwecke recyceln.

Dass nun unablässig rechtsextreme Elemente aus den nunmehr sowjetisch kontrollierten Satellitenstaaten in die USA eingeschleust wurden, veränderte langfristig die politische Landschaft. Denn die Neulinge waren sehr straff organisiert und hatten eine klare Agenda. Sie infiltrierten die Gemeinden ihrer ethnischen Zugehörigkeit in den USA und machten sich rasch zu deren Sprechern. Neu gebräunte Landsmannschaften der Ukrainer, Albaner, Russen oder Balten in den USA traten in die republikanische Partei ein und machten dort als Lobbys Druck für mehr Aggressivität gegen die Sowjetunion. Das sollte sich spätestens ab der Präsidentschaft Ronald Reagans auszahlen – für beide Seiten. Aus diesen Reihen wurden die Kader rekrutiert, die nach dem Zusammenbruch des Sowjetsystems in das nachfolgende politische Vakuum stießen und die neuen Eliten in diesen Ländern stellten. So ist es kaum verwunderlich, dass heute in der Ukraine geradezu ein Kult um Nazi-Verbrecher wie z.B. Stepan Bandera veranstaltet wird.

Sehr gut für Eisenhower – sehr schlimm für Dulles

Doch zurück ins Jahr 1953. Am 8. Dezember jenes Jahres überrascht Eisenhower die Weltöffentlichkeit mit seiner berühmten „Atoms for Peace"-Rede vor der UN-Vollversammlung in New York. Der US-Präsident möchte gerne die destruktive Kraft der Atombomben umwidmen – die Psychologen würden sagen: sublimieren – in friedliche Kernenergie. Sein Vorschlag: es soll eine internationale Atomenergiebehörde geben, an der alle Staaten dieser Welt, egal welcher Weltanschauung auch immer zugehörig, gleichberechtigt teilhaben sollen. Diese Idee elektrisiert die Welt. Aber es dauert noch bis 1957. Erst dann erblickt die internationale Atomenergiebehörde IAEA das Licht der Welt.

Als 1954 die Franzosen in der Schlacht von Dien Bien Phu eine vernichtende Niederlage gegen die Vietcong erlitten, wurde Eisenhower bedrängt, mit amerikanischen Truppen in die Bresche zu springen. Was er aber nicht tat. Allerdings formulierte Eisenhower bei einer Pressekonferenz den berühmten Begriff von der Dominotheorie: wenn Vietnam an die Kommunisten fällt, dann fallen auch die umliegenden Länder über kurz oder lang an die Kommunisten. Zunächst setzt seine Administration allerdings darauf, in Südvietnam eine Marionettenregierung zu installieren.

Im Januar 1955 erfährt die Doktrin von der Massiven Vergeltung ihre erste Abschwächung mit der Geheimregierungsdirektive NSC 5501. Schon beim Project Solarium hatte ja Eisenhower mithilfe von George Kennan der Angriffslust von John Foster Dulles den Schwung genommen. Die neue Direktive beendet quasi schon die Massive Retaliation durch die Möglichkeit begrenzter Kriege mit taktischen Nuklearwaffen auf kleinem Raum. Ein Zugeständnis an die Tatsache, dass die Alles-oder-nichts-Strategie einfach für alle erkennbar unrealistisch war. Die kleiner dimensionierten Atombömbchen für den Hausgebrauch sollten nicht mehr nur den USA zur Verfügung stehen, sondern in die NATO eingebunden werden[14]. Ebenfalls 1955 kommt es zu der schon von Jörg Friedrich erwähnten Genfer Konferenz. Zum ersten Mal seit Potsdam im Jahre 1945 treffen sich in der neutralen Schweiz die Sieger des Zweiten Weltkrieges, einschließlich Frankreichs, um über die deutsche Einigung zu konferieren. Gerade war ja die Bundesrepublik teilweise für souverän erklärt worden. Heraus kam nichts, aber es war gut, mal wieder miteinander gesprochen zu haben.

1956 war das Jahr einer schweren Blamage für Außenminister Dulles und eines großen Triumphes für Eisenhower. In Ägypten hatte nämlich der neue Machthaber Gamal Abdel Nasser den Suez Kanal verstaatlicht, wobei er allerdings den englischen Eigentümern eine angemessene Entschädigung angeboten hatte. Frankreich und Großbritannien wollen ein Exempel statuieren und mit einem entschlossenen Militärschlag allen potentiellen Verstaatlichungsaspiranten in der Dritten Welt klarmachen, dass man sich nicht an postkolonialem Eigentum zu vergehen hat. Das scheint gut zu Ambitionen Israels zu passen, ihre Grenze nach Ägypten südwärts zu verschieben und zu befestigen. Doch Eisenhower spielt nicht mit. Das kann er sich leisten, denn die USA ersetzen überall auf der Welt die alten Kolonialreiche durch ihre Netzwerksysteme der Ko-Optation: also, den Staaten scheinbare Selbständigkeit zu gewähren und sie stattdessen in die ökonomischen Bindungen US-amerikanischer Konzerne zu überführen. Zum ersten Mal in der Weltgeschichte zogen die USA und die bislang verteufelte Sowjetunion an einem Strang. In einer atemberaubenden Rede vor der UNO-Vollversammlung staucht der US-Präsident die drei Hasardeure Großbritannien, Frankreich und Israel zusammen und setzt ihnen ein Ultimatum, sich zurückzuziehen. Die Weltöffentlichkeit reibt sich die Augen: die USA stellen sich auf die Seite eines schwachen Drittweltlandes, auf Kosten ihrer klassischen Verbündeten? Kaum zu glauben! Eisenhower hat in den entkolonisierten Ländern mit einem Schlag große Sympathien gewonnen, und damit de facto gegenüber der Sowjetunion an Prestige in diesem Teil der Welt einiges gutmachen können.

Für Außenminister John Foster Dulles sieht die Lage dagegen sehr finster aus. Im Windschatten der Suez Krise ereignete sich der tragisch verlaufende Aufstand in Ungarn. Die dortige Regierung Imre Nagy hatte sich äußerst eigenwillig den Kommunisten entgegengestellt. Zu ihrer Courage trug nicht zuletzt die von der US-Propaganda lancierte Falschmeldung bei, die Westmächte würden den Aufständischen zu Hilfe eilen. Was, wie wir schon erfuhren, eine Finte der im US-Dienst befindlichen sowjetischen Doppelagenten war. Dulles geht über diesen Fehler hinweg und lamentiert stattdessen in der Kabinettsrunde, wegen der Suez Krise hätte man jetzt nicht die Kraft zur Verfügung gehabt, den überfälligen Regime Change in Ungarn zum erfolgreichen Ende zu führen.

Endlich Respekt vor den Sowjets dank Semjorka

Man wusste in Washington schon länger, dass die Sowjets an einer mächtigen Interkontinentalrakete arbeiteten, die womöglich nukleare Bomben in das Herz der USA katapultieren würde. Dass dann jedoch die Sowjets bereits am 4. Oktober 1957 mithilfe der Rakete R-7 Semjorka einen Satelliten in die Umlaufbahn um die Erde bringen konnten, kam denn doch überraschend. Jetzt hatten die Russen ihre Interkontinentalrakete. Der angebliche Satellit konnte jedoch nur biep-biep sagen und damit bekunden, dass er sich im Orbit befand. Aber der Schock in den USA war groß, auch wenn die Rüstungslobbyisten einen Gutteil dazu beitrugen, diese Überraschung zu einer konjunkturfördernden Hysterie aufzublähen. Die

PR-Leute der Rüstungsindustrie hatten schon Erfahrung im Erfinden von angeblichen Versorgungslücken. Schon 1954 wurde die Bomber-Lücke (bomber-gap) kreiert, und da waren die Sowjets den Rüstungspropagandisten in Washington durchaus behilflich. Denn bei einer Flugschau vor ausländischen Gästen im Juli 1955 auf dem Tuschino-Fliegerhorst bei Moskau flogen sowjetische Düsen-Langstreckenbomber immer wieder erneut ihre Runden über den Platz und wussten vor den westlichen Beobachtern den Eindruck zu erwecken, es handle sich um immer neue Flugzeuge. Ja, wer arm ist, muss sich was ausdenken, um als reich angesehen zu werden. Ein U2-Spionageflugzeug der USA erkennt auf dem Flugplatz in Saratow 20 M-4 Bison Langstreckendüsenjäger, und das wird dann gleich so hochgerechnet, als stünden auf allen sowjetischen Flugbasen je 20 Bisons, was dann 800 Bisons insgesamt ergeben hätte. Allein, wie sich herausstellte, gab es nur diese 20 Bisons in Saratow – und sonst nichts![15]

Nun also der Missile-Gap. Die USA lägen bereits weit hinter der Sowjetunion in der Frage der Raketentechnik zurück, behaupteten Fachleute der Luftwaffe sowie Kongress-Abgeordnete im Gaither-Ausschuss, die der Rüstungsindustrie nahestanden. Unter ihnen ein gewisser Senator John F. Kennedy von den Demokraten, der zeigen wollte, dass seine Partei in Rüstungsfragen forscher war als der General im Präsidentenamt. Doch selbst der CIA widersprach und sagte ganz klar, dass die USA auch bei Raketen die Nase vorn hatten. Als die Marine mit ihrer Rakete einen schmählichen Fehlstart hingelegt hatte (die Rakete versank kurz nach dem Startzeichen im Erdboden), ließ man den deutschen Raketenpionier Wernher von Braun ran, der mit seiner Jupiter-Rakete einen sauberen Start hinlegte. Und sofort entdecken die Amerikaner den nach ihrem Theoretiker benannten Van-Allen-Gürtel: eine Strahlenschicht um die Erde in einer Entfernung zwischen 700 und 60.000 Kilometern. Man könnte doch schon mal verhindern, dass die Sowjets dort oben womöglich Kommunikationskanäle aufmachen. Gesagt, getan. In der Operation Argus wurden im Spätsommer 1958 drei Raketen in bis zu 540 Kilometer Höhe geschossen. Hier über der Südsee hat der Van-Allen-Gürtel eine Delle und ist schon in jener Höhe zu erreichen. Die Atombombenexplosionen, die aus den Raketen heraus gezündet werden, erhellen den Himmel über

Hawaii und legten den Kurzwellenempfang weltweit lahm. Es folgten noch mehr Nuklearexplosionen der Serie Hardtack in geringerer Höhe. Die Amerikaner sind hochzufrieden: sie sind in der Lage, im Weltraum einen künstlichen Strahlungsgürtel zu legen. Welche Langzeitfolgen dieser destruktive Akt gehabt haben könnte, ist bis heute nicht so richtig klar. Eine unmittelbare Folge des sowjetischen Vorpreschens im Weltraum war jedenfalls die von Eisenhower veranlasste Gründung der zentralen und zivilen Weltraumfahrtbehörde NASA.

Immerhin musste man mit den Sowjets etwas vorsichtiger umgehen. Was sie jetzt gezeigt hatten, machte es vorstellbar, dass die sowjetischen Raketen das Herzland der USA treffen konnten. Als Chruschtschow 1958 verlangt, dass die drei Westmächte sich aus Westberlin zurückziehen, um diese Insel des Kapitalismus inmitten der DDR zu einem eigenen Staatsgebilde zu machen, ist die Reaktion diesmal deutlich anders als 1948 bei Stalins Berlin-Blockade, die für die Sowjets ein glattes Desaster gewesen ist. Bei der so genannten „Deutschlandkonferenz" in Genf im Sommer 1959 konferieren die Außenminister der USA, Großbritanniens und Frankreichs geduldig mit dem sowjetischen Außenminister, um die Lage zu entschärfen. Während man über Stalins Berlin-Blockade nur gelacht hatte, werden die Sowjets jetzt endlich respektiert, der Semjorka sei Dank. Und im Spätsommer desselben Jahres tourt der sowjetische Regierungschef Chruschtschow sage und schreibe zwei Wochen durch die USA, als Staatsgast von Eisenhower. Die bleierne Reserviertheit der Amerikaner wird tatsächlich durch die menschliche Art von Chruschtschow aufgelöst, und als er wieder abfliegt, macht sich eine vorsichtige Hoffnung auf dauerhaften Frieden breit. Der kommunistische Regierungschef hat Eisenhower zu einem Gegenbesuch eingeladen, und beide stellen sich schon auf eine große Abrüstungskonferenz in Paris im nächsten Jahr ein.

Die Geheimdienste zeigen Ike die lange Nase
Doch der Geheimdienst sollte Eisenhower einen Strich durch die Rechnung machen.

Der Präsident selber befürwortete den Einsatz von Spionageflügen über der Sowjetunion. Er wollte einwandfrei bewiesen haben, dass es die von den Militaristen im eigenen Lager behauptete Überlegenheit der Sowjets bei Interkontinentalraketen und Bombern nicht gab. Jedoch jetzt im Vorfeld der Pariser Verhandlungen wollte er nicht mehr das Risiko eingehen, noch bei Spionage aus der Luft in flagranti erwischt zu werden. Doch der CIA trotzte ihm noch einen Spionageflug pro Monat ab. Und bislang waren alle U2-Flieger wieder heil zurückgekehrt. Doch am 1. Mai 1959 kam das Flugzeug nicht wieder zurück zur türkischen Basis. Die U2 war von den sowjetischen Boden-Luft-Raketen abgeschossen worden. Der Pilot Gary Powers konnte sich mit dem Fallschirm retten und wurde gefangen genommen. Chruschtschow triumphiert und zeigt allerlei Fotos in einer Sitzung des Obersten Sowjets. Das Publikum johlt und skandiert „Schande!" Die Amerikaner versuchen es erst mal auf die dumme Tour: die U2 sei auf Wetterbeobachtung unterwegs gewesen. Doch die Kommunisten präsentieren weitere Beweise und ein Geständnis von Gary Powers. Am 11. Mai gesteht Eisenhower. Eine für die Weltmacht ungewohnte Situation, vor der Weltöffentlichkeit so nackt ausgezogen zu werden.

Die lange geplante große Gipfelkonferenz der vier Nuklearmächte USA, Großbritannien, Frankreich und Russland, auf der man zum Verbot der Atombombentests und zu Maßnahmen der Abrüstung gelangen will, ist auf den 16. Mai 1960 angesetzt. Am Tag zuvor treffen sich schon mal die Regierungschefs des Westens, Eisenhower, Macmillan und der Gastgeber Charles de Gaulle, um ihre Linie abzusprechen. Der eigentliche Beginn des Treffens am nächsten Tag mit allen vier Mächten wird zur Kalten Dusche für Eisenhower: hereinstapft ein wütender ukrainischer Diktator Chruschtschow mit seinem blassen Außenminister Andrej Gromyko und Marshall Malinowski. Er poltert gleich los: Mister Eisenhower, entschuldigen Sie sich erstmal für die U2! Ich verlange zudem, dass die Verantwortlichen für diesen illegalen Akt bestraft werden, und schließlich will ich die Garantie, dass es keine weiteren U2-Flüge mehr geben wird. Gegen alle diplomatischen Gewohnheiten verzichtet Chruschtschow auf jede Contenance und gibt sich ganz seinen Impulsen hin. Sicher ist auch das Poltern bewusst inszeniert. Aber was will er damit eigentlich erreichen? Er fällt damit genau jenem Mann, Eisenhower nämlich, massiv in den Rücken. Denn es ist ja gerade Eisenhower, der die ganze Zeit versucht, seine Militaristen im Zaum zu halten mit viel List und Geschicklichkeit. Doch Chruschtschow dampft ab, und die Konferenz ist nach einer Stunde zu Ende. Die Kriegshetzer auf beiden Seiten können sich erleichtert zurücklehnen. Der Druck auf die Sowjetunion wird diese auch weiterhin nötigen, einen übergroßen Anteil des Bruttosozialprodukts, das dringend zur Steigerung des Lebensstandards gebraucht wird, für Rüstung auszugeben. Das kann sie sich aber immer weniger leisten.

Eisenhower steht vor einem Scherbenhaufen. Er verbringt die letzten Monate im Präsidentenamt als geschlagener Mann. Er hinterlässt einen Scherbenhaufen. Der ewige Kampf gegen die Rüstungslobbyisten in seinem engsten Umfeld hat ihn viel Kraft gekostet. Ein Herzinfarkt und ein Schlaganfall sind der Preis. In den letzten zwei Jahren hatten zudem die Demokraten die Mehrheit in beiden Häusern des Kongresses gewonnen, und sie hatten nichts Besseres zu tun als die Republikaner militaristisch zu überholen und dem Präsidenten Untätigkeit bei der Aufrüstung vorzuwerfen. Und der selbstreferentielle Kreislauf der fabrizierten Öffentlichen Meinung ermutigt die Demokraten, allen voran John F. Kennedy, in einer wahnwitzigen Aufrüstungsauktion mit zu steigern.

Blick zurück im Zorn …
Eisenhower hat nur noch eine Gelegenheit, den Militaristen eins auszuwischen: seine Abschiedsrede als Präsident am 17. Januar 1961 wird eine knallharte Abrechnung[16]. Er nimmt Bezug auf die gescheiterte Abrüstungskonferenz in Paris und sagt offen, dass er schwer enttäuscht sei, wenn nicht gar verbittert über die verpasste Gelegenheit. Und er macht jetzt nicht billig-wohlfeil die Sowjets verantwortlich für die verfahrene Situation, sondern er klagt den Militärisch-Industriellen Komplex in aller Deutlichkeit an: nach dem Ersten Weltkrieg hörten die Konzerne auf, weiterhin Rüstung und Munition zu verfertigen und gingen wieder über zu zivilen Produkten. Nach dem Zweiten Weltkrieg sind Rüstungsunternehmen einfach weiterhin Rüstungsunternehmen geblieben, und sie expandieren weiterhin. Das ist ein Moloch, der immer weitere Bereiche der Zivilgesellschaft auffrisst: „Diese Verbindung eines gewaltigen Militärapparates mit einer großen Rüstungsindustrie stellt eine neue Erfahrung in

den USA dar. Der gesamte Einfluss – wirtschaftlich, politisch, ja sogar spirituell – wird wahrgenommen in jeder Stadt, in jedem Parlament unserer Bundesstaaten und in jeder Behörde der Bundesregierung … All unsere Bemühungen, Mittel und Existenzgrundlagen sind betroffen, das gilt auch für die Struktur unserer Gesellschaft." Jetzt schaut Eisenhower uns unverwandt direkt und eindringlich an: „In den Gremien der Regierung müssen wir uns verwahren gegen die Inbesitznahme einer unbefugten Einmischung, ob angefragt oder nicht, durch den Militärisch-Industriellen Komplex. Das Potential für die katastrophale Zunahme deplatzierter Macht existiert und wird weiter bestehen bleiben."

Damit schließt sich der Kreis – von der hoffnungsvollen Chance for Peace-Rede ganz am Anfang der achtjährigen Regierungszeit von Eisenhower hin zum eindringlichen Schwanengesang vom Militärisch-Industriellen Komplex.

Schlussfolgerungen

Nur eine ganz besonders angesehene Persönlichkeit konnte sich dem Druck der Rüstungslobby entgegenstellen und den Trend umkehren. General Eisenhower wusste die Kriegstreiber in Washington zu besänftigen, indem er ihnen pro forma die scheinbar stahlharte Doktrin der Massiven Vergeltung zugestand, diese aber gleichzeitig geschickt abzuschwächen wusste. Der Versuch, die Rüstungsausgaben auf diese Weise drastisch zu senken, gelang: der Verteidigungshaushalt wurde jedes Jahr um den Betrag von acht Milliarden Dollar gesenkt, und der Anteil des Militärs am Bundeshaushalt wurde in den Eisenhower-Jahren von 64 auf 43 Prozent gesenkt! Dabei wurde Eisenhower ständig von der „öffentlichen Meinung" massiv bedrängt. Trotz angeblicher Bomber- und Raketenlücken hielt er aber dem Druck stand.

Zu den Schwachpunkten der Regierung Eisenhower gehört, dass er den Dulles-Brüdern bei deren fragwürdigen verdeckten Operationen weltweit und besonders in Osteuropa vollkommen freie Hand ließ. Die Schäden dieser covert operations waren beträchtlich, und haben den Versuch Eisenhowers, in der Beziehung zur Sowjetunion eine Entspannung zu erreichen, massiv behindert. Sein Pech war, dass sein Gegenpart

Chruschtschow offenbar nicht die Chancen gesehen hat, die sich aus einer stillen Zusammenarbeit zwischen ihm und Eisenhower hätten ergeben können. Der Sowjetführer hätte den U2-Zwischenfall hervorragend nutzen können, um für sein Land bessere Bedingungen herauszuholen. Anstatt sich narzisstisch im Aufklärungserfolg zu suhlen hätte Chruschtschow mehr erreicht, wenn er seine Erkenntnisse über den U2-Abschuss für sich behalten hätte. Er hätte Eisenhower auf der Pariser Konferenz mal beiseite nehmen können und hätte ihm seine Erkenntnisse unter vier Augen mitgeteilt und ihm nahegelegt, sich für diese Diskretion erkenntlich zu zeigen. Warum war Chruschtschow so unflexibel? Mit Chruschtschow und seinen Handlungsoptionen befassen wir uns im folgenden Kapitel.

Kapitel 10

Der Geist von Rapallo schwebt durch Bonn ...

„Wenn ich in Moskau laut huste, hören meine westlichen Kollegen sofort: ‚Rapallo, Rapallo!‘" (Hans Kroll, ehemaliger deutscher Botschafter in Moskau[1])

Manche Personen der Weltgeschichte werden gar nicht richtig ernst genommen. Das kollektive Gedächtnis, vertreten und aufbereitet durch die anerkannte Historikerzunft, würdigt in erster Linie Staatsmänner, die viele Kriege angezettelt und dabei ganze Länder verwüstet und nach Möglichkeit noch ganze Völker ausgelöscht haben. Weniger bedeutend erscheinen dieser Zunft Führergestalten, die Kriege vermeiden und sich stattdessen um eine Verbesserung der Lebenssituation ihrer Bevölkerung kümmern.

So ergeht es auch Nikita Sergejewitsch Chruschtschow, dem zeitweiligen Alleinherrscher der Sowjetunion von 1953 bis 1964. Ihm waren elf Jahre gegeben, um die Sowjetunion zu prägen. Chruschtschow ist uns in Erinnerung geblieben als derjenige, der mit seinem Schuh bei der UN-Vollversammlung auf den Tisch gehauen haben soll, und den man auch ansonsten nicht als voll zurechnungsfähig anzusehen hat. Berühmt sind seine Wutanfälle und seine manchmal in kindlicher Unschuld offenbarten Meinungsäußerungen. Impulsiv und aus dem Bauch heraus wie US-Präsident Donald Trump, der Grönland kaufen wollte. Aber im Gegensatz zu Trump hat Chruschtschow tatsächlich „geliefert".

Warum? Chruschtschow hat mit großem persönlichem Risiko die Abkehr vom Stalinismus in seiner berühmten Geheimrede vor dem Zentralkomitee 1956 vollzogen. Schonungslos hat er dabei den nahezu als Gott verehrten Josef Stalin als Verbrecher und Massenmörder, als absolut unfähigen Regenten entlarvt. Das führte letztlich zum Bruch mit den chinesischen Kommunisten, und auch die Aufstände in Polen und Ungarn im selben Jahr sollen auf Chruschtschows Enthüllungen der Untaten Stalins zurückzuführen sein. Aber das war der notwendige Befreiungsschlag, um die Sowjetunion aus ihrer bleiernen Lähmung zu erlösen, die der skurrile georgische Diktator über das Land zu legen wusste. Als Stalin starb, befanden sich über fünfeinhalb Millionen Menschen in den Zwangsarbeitslagern, den so genannten Gulags. In einer ersten Amnestiewelle befreite Chruschtschow viereinhalb Millionen Menschen aus diesen Gulags. Die Zahl der politischen Gefangenen reduzierte sich von 580.000 im Jahre 1953 auf „nur noch" 11.000 Ende der 1950er Jahre[2]. Immer noch zu viel, aber doch ein beträchtlicher Schritt in die richtige Richtung. Zu Stalins Zeiten lebten Millionen Sowjetbürger in der ständigen Angst, dass nachts die Geheimpolizei an die Wohnungstür klopft und die Bewohner aus völlig unerfindlichen Gründen abschleppt auf Nimmerwiedersehen, ab in den Gulag-Orkus. Chruschtschow führt das Prinzip der Rechtsstaatlichkeit ein. Keine Anklage ohne begründeten Verdacht. Keine Verurteilung ohne wasserdichte Beweise. Ein Aufatmen geht durch das Land.

Die Renten steigen jetzt deutlich. Mindestlöhne sind gesetzlich garantiert. Viele so genannte Kolchosen übernimmt die Regierung in das System der Sowchosen. Kolchosen sind Genossenschaften, in denen nur das an die Mitglieder ausgeschüttet wird, was tatsächlich erwirtschaftet wurde, und das bedeutete bei Missernten: gar nichts. Die Bauern hungerten dann. Jetzt wurden sie in die staatlichen Sowchosen übernommen, und bekamen einen festen Lohn, sowie Krankenversicherung und bezahlten Urlaub. Nach dem Zweiten Weltkrieg waren 25 Millionen Sowjetbürger obdachlos. Chruschtschow investiert massiv in den sozialen Wohnungsbau; zwar nur spartanische Plattenbauten, aber das ist allemal besser als im Regenmatsch zu liegen. Die Verbesserungen im Sozial- und Gesundheitswesen konnte man z.B. ablesen am Rückgang der Säuglingssterblichkeit: im Jahr 1940, dem letzten Friedensjahr unter Stalin, starben bei 1.000 Geburten noch 182 Babys; 1965 waren es 27 Todesfälle von 1.000 Neugeburten[3].

Weniger konventionelle Rüstung, mehr nukleare Abschreckung

Wo sollte das Geld für diese Wohltaten herkommen? Nun, Chruschtschow hat es aus dem überdimensionierten Rüstungsetat entnommen. Denn er verfolgte exakt dieselbe Strategie wie US-Präsident Eisenhower: als Abschreckung für potentielle Angreifer förderte seine Regierung die Entwicklung einer zeitgemäßen Luftwaffe, einschließlich der neuen Raketentechnik. Alles bestückt mit Nuklearwaffen. Dafür baute Chruschtschow, genau wie Eisenhower, die konventionelle Rüstung ganz erheblich zurück. Die Marine über Wasser ließ er fast ganz verschrotten, baute aber die U-Boot-Flotte aus. Das Heer schrumpfte empfindlich. Besatzungstruppen im Ausland holte er zurück in die Heimat[4].

Chruschtschows größtes Interesse galt aber der Optimierung der Landwirtschaft. Die staatlichen Investitionen in die Landwirtschaft erhöhte er um das Zweieinhalbfache. Die verheerenden Hungersnöte in der Sowjetunion saßen Chruschtschow noch in den Knochen. Zudem war die Sowjetunion auf Getreideimporte aus den USA und Kanada angewiesen. War also erpressbar, was so nicht bleiben durfte. Der Regierungschef ließ riesige Brachflächen in Sibirien und in Kasachstan als Ackerland kultivieren, wodurch die sowjetische Getreideernte um die Hälfte vergrößert werden konnte[5].

Im Gegensatz zu seinen Kollegen aus der stalinistischen Elite hatte Chruschtschow aktiv an den Kämpfen um Stalingrad und Kiew teilgenommen und legte immer großen Wert auf den direkten Kontakt zur Bevölkerung. Aufgrund seines organisatorischen Talents steigt er rasch auf in den inner circle um Stalin. Nach dem Sieg im Großen Vaterländischen Krieg dreht Stalin seinen Terrorapparat noch mal so richtig auf. Zugleich gibt es praktisch keine Regierung mehr. Die zwanzig engsten Mitarbeiter müssen stattdessen Stalin bei seinen Saufnächten Gesellschaft leisten, und wehe, jemand aus dem Kreis spielt nicht mit! Wenn der Diktator auf Klo ist, legt Chruschtschow einen Minutenschlaf ein, um nicht irgendwann in den langen Palavernächten einzuschlafen und dann im Gulag wieder aufzuwachen. Dann soll er für den Diktator einen ukrainischen Tanz aufführen. Als Stalin im Frühjahr 1953 stirbt, oder gestorben wurde, sind seine Jünger zunächst wie betäubt. Bis jetzt wieder ein normaler Regierungs- und Verwaltungsmodus gefunden ist, vergeht eine gewisse Zeit. Der andere georgische Mafioso, der Geheimdienstchef Lawrenti Beria, mutiert jetzt wenig glaubwürdig vom Saulus zum Paulus: die Gulags sollen sofort komplett aufgelöst werden; die Satellitenstaaten in die Freiheit entlassen werden. Seine Kollegen wittern einen nahenden Putsch und lassen Beria nach seiner eigenen Methode an die Wand stellen. Zunächst teilt Chruschtschow die Macht mit den Herren Malenkow, Molotow und Bulganin, die aber einer nach dem anderen in der Versenkung verschwinden. Übrig bleibt Chruschtschow, der ab 1957 nicht nur Parteichef, sondern auch Ministerpräsident des Riesenlandes ist.

Und Chruschtschow erfreut sich zunächst großer Beliebtheit. Dazu trägt auch bei, dass er jetzt Schriftsteller und Künstler duldet, die sich bislang besser nicht allzu sehr aus dem Fenster gelehnt hätten. Sogar im Westen wird diese Tauwetterperiode registriert. Dennoch wird Chruschtschow im Westen dämonisiert, weil eine Drohkulisse einfach unerlässlich ist, um gute Rüstungsgeschäfte abschließen zu können. Dabei hat der russische Reformer genau wie Eisenhower einen tief sitzenden Abscheu gegen den Krieg, der sich auf eigene Erfahrungen stützt. Dass 1941 die deutschen und die sowjetischen Panzerverbände aufeinander prallen, und tausende junger Männer auf beiden Seiten elend in ihren Panzern verglühen oder ersticken, das bleibt ihm für das restliche Leben als Horrorgemälde im Gedächtnis. Noch als erfolgreicher Staatenlenker kann er Kriegsdokus im Fernsehen nicht ansehen ohne dass ihm schlecht wird[6].

Zum ersten Mal seit Langem wartet die Sowjetunion unter Chruschtschow mit einer eigenen Außen- und Militärpolitik auf. Stalin hatte aufgrund seiner Paranoia eine tiefe Abneigung gegen Auslandsreisen. Wer was von ihm wollte, musste zu ihm in die Sowjetunion kommen. Zudem ließ sich der Horrordiktator, innenpolitisch der absolute Platzhirsch, in der Außenpolitik eher treiben wie eine Qualle im Küstengewässer. Der Hitler-Stalin-Pakt wurde ihm von Ribbentrop angetragen. Nachdem er sich von Hitler hatte linken lassen und 1941 die Wehrmacht in die Sowjetunion einfiel, brauchte er Wochen, um zu begreifen, dass es der Sowjetunion an die Gurgel ging und er vergeudete wertvolle Zeit. Eine effiziente Abwehr mussten andere an seiner Stelle auf den Weg bringen. Von den

Alliierten ließ er sich dann mitschleppen, und seine Untertanen mussten sich ohne seine Führung mehr schlecht als recht durchschlagen. Als nach dem Sieg gegen die Nazis die Westmächte Stalin und sein Riesenreich als nächste zu verzehrende Beute ausfindig machten, hatte Stalin mindestens eine genauso lange Leitung wie bei Hitlers Perfidie, bis er diese nächste Lebensbedrohung überhaupt wahrzunehmen bereit war. Stalin gab nur den passiven Sparringspartner für die Westmächte ab. Über die Berlin-Blockade lachten die Herren aus dem Westen nur. Dass der sowjetische UNO-Botschafter im Weltsicherheitsrat auf Geheiß von Stalin für längere Zeit dort nicht anwesend sein durfte, ermöglichte den USA, die UNO als ihr geeignetes Militärbündnis im Korea-Krieg zu missbrauchen, was mit einem Veto des sowjetischen Delegierten leicht zu verhindern gewesen wäre. Stalin war de facto der perfekte Dummy der Westmächte. Perfekter waren die westlichen Bedürfnisse gar nicht erfüllbar als wie mit dem Generalissimus Stalin. Viel zu spät, nämlich 1952, bietet Stalin die Preisgabe der DDR an, und möchte dafür im Gegenzug ein neutrales, NATO-freies Gesamtdeutschland bekommen. Mehr als ein müdes Lächeln vermag Stalin den Westmächten dafür nicht zu entlocken. Dann drängt er die DDR-Führung, jetzt mal ganz schnell den Sozialismus im deutschen Teilstaat einzuführen – mit der bekannten Folge, dass sich 1953 die Arbeiterklasse, sicher nicht ganz ohne logistische Unterstützung von Regime-Change-Experten aus dem Westen, gegen die stalinistischen Satrapen erhebt.

Unter Chruschtschow endlich eine effiziente Außen- und Verteidigungspolitik

Nach Stalins Tod weht ein frischer Wind: 1954 verblüffen die neuen Sowjetführer den Westen durch ihren Aufnahmeantrag in das Militärbündnis NATO. Satire? Paradoxe Intervention? Auf jeden Fall: ungewohnt. 1955 entlassen die Sowjets das bislang besetzte Österreich in die Unabhängigkeit und schaffen sich dauerhaft einen mitteleuropäischen Partner. Im selben Jahr wird die Bundesrepublik Deutschland formal selbständig und tritt der NATO bei. Doch Chruschtschow lädt Bundeskanzler Adenauer nach Moskau ein. Gegen den erklärten Willen der Westmächte nimmt die Bundesrepublik diplomatische Beziehungen zur Sowjetunion auf. Im Gegenzug lassen Chruschtschow und Bulganin die letzten Wehrmachtssoldaten aus der Kriegsgefangenschaft frei. 1956 hat die Sowjetregierung Glück im Unglück: zwar löst Chruschtschows Stalin-Entweihung ungeheure Protestwellen in Polen und Ungarn aus, die im letzteren Fall mit blutigster Repression beantwortet werden. Doch die Weltöffentlichkeit schaut zum kurzlebigen Suez-Krieg, an dessen Ende die beiden Kolonialmächte Frankreich und Großbritannien in die zweite Liga der Weltmächte absteigen, und in der ersten Liga nur noch die USA und die Sowjetunion übrig bleiben.

Nicht unumstritten innerhalb der sowjetischen Führung ist Chruschtschows Unterstützung für den ägyptischen Präsidenten Nasser. Der ist nämlich Nationalist und sperrt Kommunisten ins Gefängnis. Doch nachdem Nasser kein Geld für seinen ehrgeizig-gigantomanischen Assuan-Staudamm bei der amerikanisch kontrollierten Weltbank auftreiben konnte, nimmt er es gerne von den Sowjets. Durch diese pragmatische Realpolitik holt Chruschtschow die Sowjetunion aus der Isolation. Mit Jugoslawien und Tito, mit denen Stalin gebrochen hatte, fädelt Chruschtschow eine vorsichtige Versöhnung ein. Mit viel Geduld holt er zudem ehemalige Kolonien wie Ägypten, Irak, Syrien, Afghanistan, Indien, Indonesien, Burma oder Kuba in seinen Einflussbereich, was sich auch auf das Abstimmungsverhalten in der UNO erkennbar auswirkt. Die UNO ist immer weniger ein Machtinstrument der Angloamerikaner, wie es Churchill dereinst vorschwebte.

Und dann 1957 der bereits besprochene Sputnik-Schock. Alle sind auf einmal lieb und nett zu Nikita Chruschtschow. Die Führung der Sowjetunion wird ab jetzt zu allen wichtigen Konferenzen eingeladen. Die Amerika-Reise des Genossen Generalsekretär 1959 ist ein voller Erfolg und lässt Packeis schmelzen. Auch nach Chruschtschows Ausraster bei der Abrüstungskonferenz in Paris 1960 bleiben noch immer alle Türen offen. Allzumal der russische Alleinherrscher jetzt einen neuen US-Präsidenten vor sich hat. Bis sich John F. Kennedy eingearbeitet hat, besteht erst mal kein Handlungsbedarf. Und schon erleben die Amerikaner mit der kläglich gescheiterten Schweinebucht-Invasion in Kuba eine schreckliche Blamage. Dieser Regime Change-Versuch war die Idee des CIA-Chefs Allen Dulles. Eine Idee, die er unter Eisenhower nicht mehr umsetzen konnte, und jetzt beim politischen Grünschnabel Kennedy noch verwirklicht sehen will.

Doch schon wird es wieder eng für Chruschtschow: die DDR ist und bleibt eine schwere Hypothek. Eine legitime Kriegsbeute. Immer wieder muss die Sowjetunion Geld reinstecken in den westlichen Außenposten. Nach der ungenierten Umwandlung in einen stalinistischen Staat reagieren Arbeiter und Bauern in der DDR mit stiller Obstruktion und mit Dienst nach Vorschrift. Besser ausgebildete Kräfte verlassen das Land in Scharen. Auch begeisterte Sozialisten werden mit geistlosen „Kaderschulungen" gequält. Und da die DDR als westlichster Staat des Ostblocks ja das Schaufenster des Sozialismus sein soll, wird noch einiges zugebuttert, damit alles gut aussieht für die Westbesucher. Auch darüber sind die Sowjetmenschen empört, dass es den Ostdeutschen ersichtlich besser geht als ihnen selber. 1961 ist nun wieder einmal der Punkt erreicht, wo der Kreml nicht weiß, was zu tun ist mit dem deutschen Bruderstaat. Der Braindrain, also die Massenflucht von gut ausgebildeten Fachkräften aus dem Arbeiter- und Bauernparadies erreichte existenzgefährdende Dimensionen. Wer nun zuerst auf die Idee gekommen ist, eine Mauer zu bauen, das konnte nie so ganz geklärt werden. Letztendlich waren alle Beteiligten, ob Amerikaner, Briten, Franzosen oder Russen, erleichtert, als Erich Honecker die Baubrigaden zu neuen Übererfüllungsschichten trieb und diese Flüchtlingskrise ihr wenig überzeugendes Ende fand. Offiziell schäumte der Westen. Doch hinter vorgehaltener Hand gingen die Sondierungen für neue Kontakte mit Chruschtschow in eine neue Runde. Erstaunlicherweise.

Im Sommer 1962 dann große Aufregung: die Sowjets haben Atombomben und Mittelstreckenraketen auf Kuba postiert! Die Angst vor einem Atomkrieg ist groß. In der Erinnerung der meisten Menschen ist haften geblieben, dass Chruschtschow der Angreifer war und der jugendliche Kennedy der besonnene Krisenmanager, der die Russen höflich aber bestimmt wieder aus Kuba herauskomplimentiert habe. Chruschtschow war der moralische und strategische Verlierer. Der begossene Pudel. Ein wichtiger Aspekt wird dabei immer wieder gerne vergessen: bevor die Sowjets Raketen und Atomsprengköpfe auf Kuba installierten, hatten die USA-Streitkräfte bereits 1959 je 25 nuklear bestückte Mittelstreckenraketen in Italien und in der Türkei aufgestellt. Die Sprengköpfe in der Türkei wurden unweit des Schwarzen Meeres aufgestellt, also ganz nah an der Sowjetunion. So nahe war noch keiner dem anderen gekommen. Das konnte und durfte Chruschtschow auf gar keinen Fall tolerieren. Um die Amerikaner zur Besinnung zu bringen, musste er es ihnen gleichtun. Kubas Nordspitze ist weniger als 150 Kilometer von Florida entfernt. Im Juli 1962 standen deshalb im Westen Kubas insgesamt 64 Mittelstereckenraketen mit atomaren Sprengköpfen einsatzbereit. Im Vieraugengespräch einigen sich die Führer der beiden Spitzenmächte auf eine Win-Win-Situation: Chruschtschow kann ungestört wieder abziehen. Im Gegenzug werden die Amerikaner die provozierenden Sprengköpfe am Schwarzen Meer abziehen. Der Pferdefuß, aus russischer Sicht: über den Abzug aus der Türkei sollte strengstes Stillschweigen bewahrt werden. Chruschtschow durfte diesen größten Triumph seiner Laufbahn nicht öffentlich machen und ausnutzen! Natürlich feierten sich die Sowjets auch so als die Sieger der Kuba-Krise. Nur wurde ja in den öffentlichen Verlautbarungen alles und jedes zum Zeichen der sozialistischen Überlegenheit über den Kapitalismus erklärt. Die Bevölkerung hörte da folglich sowieso nicht mehr hin. So ging unter, dass Chruschtschow diesmal tatsächlich der eigentliche Sieger in der Kuba-Krise gewesen ist. Die Kuba-Krise sollte später mit ein Grund für Chruschtschows Sturz werden. Es gab schon eine Menge fleißige Finger, die jeden brauchbaren Anklagegrund gegen den Chef gewissenhaft aufschrieben ...

Der Flirt mit Westdeutschland
Das Problem einer Regierung im Westen besteht meistens darin, dass zwischen ihnen und ihrem Volk sich dieses transatlantische Spinnenweben aufgetan hat, das, wir hörten davon, aufgespannt ist von Medien, Lobbygruppen, Denkfabriken, Parteifunktionären, Parlamentariern, Industriellenverbänden, intelligenten Bankhäusern und so weiter. Um hier durchzukommen und etwas anderes zu erreichen als die Spinnweben

durchzulassen gewillt sind, muss man sich privater, inoffizieller Kanäle bedienen. Adenauer holte sich mal bei einem Empfang den sowjetischen Botschafter in Bonn, Smirnow, in eine ruhige Ecke. Das war 1963. Fünf Monate später sollte Adenauer in den Ruhestand gehen. Er vertraut Smirnow unter vier Augen an, dass er gerne zum Schluss seiner Kanzlerschaft noch die Deutsch-Sowjetischen Beziehungen deutlich verbessern möchte. Früher hätte er ja den deutschen Botschafter in Moskau, Hans Kroll, als ebenso zuverlässigen wie diskreten Kommunikationskanal zu Chruschtschow gehabt. Aber garstige Leute im Außenministerium hätten seinen Kroll durch den Kommunistenfresser Horst Groepper ausgetauscht. Damit war für Adenauer Blackout mit Chruschtschow. Er wisse noch nicht, ob er wirklich schon in fünf Monaten aufhören will. Man muss ja nicht unbedingt mit 88 Jahren schon in Rente gehen. Die Sache war wichtig genug, um bei der nächsten Politbüro-Sitzung besprochen zu werden. Dann musste Adenauer aber doch gehen.

Und wenn auch die Politiker noch nicht nachdrücklich genug für bessere Beziehungen eintraten: gewisse Führungspersönlichkeiten aus der deutschen Wirtschaft waren sehr wohl für eine Verbesserung der Beziehungen zum östlichen Nachbarn. Es brachte gerade die Hersteller von großen Stahlröhren zur Weißglut, dass die USA schon öfter Embargos gegen die Sowjets verhängt hatten. So dass die deutschen Hersteller keine lukrativen Geschäfte mit dem Osten mehr machen konnten. Denn Deutschland war ja ein „Bündnispartner". Gegen die transatlantische Raison war also nichts zu machen. Adenauer schweißte die Vorgaben des Embargos in eigene Verordnungen. Denn Adenauer hatte sich vom französischen Staatspräsidenten Charles de Gaulle einfangen lassen für eine eigene vereinte Atommacht der beiden Staaten. Dazu mehr im nächsten Kapitel. Das sahen die Freunde vom Transatlantik gar nicht so gerne. Adenauer versuchte die Amerikaner mit dem Embargo zu beschwichtigen. Das Röhren-Embargo nahmen Adenauers Gegner ihm als wirtschaftsschädlich übel. Der Forderung der US-Regierung nach Beendigung der Röhrenlieferungen durch Mannesmann und anderen Herstellern war tatsächlich absolut unsinnig. Es ist nicht nachzuvollziehen, inwiefern Gasröhren eine existentielle Bedrohung der militärischen Sicherheit der

NATO-Staaten darstellen sollten, während gleichzeitig komplette Maschinenanlagen und Schiffe aus Deutschland geliefert wurden. Offenkundig unterstellten maßgebliche Kreise aus den USA, dass die Sowjets statt Gas Rohöl durch die Pipelines schicken könnten, was dann die Interessen US-amerikanischer Ölkonzerne tangieren könnte. Ganz offensichtlich waren die militärstrategischen Bedenken gegen die Mannesmann-Röhren nur vorgeschoben, um den US-Ölkonzernen Konkurrenz aus dem Osten von Hals zu halten[7].

Adenauers Nachfolger als Bundeskanzler, Ludwig Erhard, galt eigentlich als gut gläubiger Freund der Vereinigten Staaten von Amerika. Doch war er ja auch ein Freund des freien Marktes. Das verträgt sich wiederum schlecht mit Embargo, also Bündnistreue. Wenn jemand wusste, welche Potentiale für die deutsche Wirtschaft in der Sowjetunion steckten, dann Erhard: „Sowjetrussland kann nicht den Lebensstandard von 214 Millionen Menschen auf unsere Höhe hinaufschrauben und gleichzeitig den Riesenaufwand für seine Rüstungen aufrechterhalten; ebensowenig kann es fortfahren, die eigene Wirtschaft unter Druck zu halten, indem es den unterentwickelten Völkern zinslose Kredite und immer neue Hilfe gewährt. Diese Anstrengungen auf so vielen Fronten wird Rußland nicht aushalten, und irgendwo wird es den Rückzug antreten müssen … Das ist der Grund, warum Sowjetrußland schon heute an Handelsbeziehungen mit dem Westen interessiert ist. Es könnte durchaus Nutzen hinsichtlich der Besserstellung seiner Bevölkerung ziehen …"[8] Eine absolut zutreffende Beschreibung der wirtschaftlichen Misere der Sowjetunion Erhards aus dem Jahre 1959. Und zugleich eine unverhohlene Einladung an die Sowjetführer, auf die deutsche Wirtschaft zuzugehen.

Erhard und seine Freunde müssen nun also das Kunststück fertigbringen, einerseits das enorme Wachstumspotential in Eurasien nicht zu verpassen, und andererseits die amerikanischen „Bündnispartner" nicht zu verärgern. Drei der CDU nahestehende Zeitungshäuser übernehmen die Initiative zur ersten Fühlungnahme mit Moskau. Sie wissen, es gibt einen jungen Mann, der das Ohr Chruschtschows hat, und der auch immer wieder für seinen Chef inoffizielle Missionen ins Ausland übernimmt. Die Rede ist von Chruschtschows Schwiegersohn Alexej Adschubej.

Man nennt ihn auch „Chruschtschows Privat-Außenminister"[9]. Vorbei am drögen Außenminister Andrej Gromyko trifft er sich als vorgeblicher Privatmann regelmäßig mit den Kennedy-Brüdern in Washington, und auch den Papst hat er schon besucht. Immerhin ist Adschubej Chef der zu seiner Zeit interessantesten sowjetischen Tageszeitung, der Iswestija. Riecht stark nach Vetternwirtschaft. Chruschtschows Tochter Rada hatte er allerdings bereits geheiratet, als sein Schwiegervater sich noch in den mittleren Rängen der Hierarchie befand und sein späterer fulminanter Aufstieg noch gar nicht absehbar war. Adschubej wird zunächst Chefredakteur einer kommunistischen Jugendzeitung und führt dort statt langweiliger Regierungsverlautbarungen echte journalistische Artikel ein. Plötzlich lesen die Leute das Blatt freiwillig, und die Auflage steigt von 1.5 auf 3.5 Millionen verkaufte Exemplare! Dann übernimmt er die Redaktionsleitung der Iswestija und veröffentlicht spannende Reportagen. Sogar Underground-Literaten wie Alexander Twardowsky oder Jewgeni Jewtuschenko dürfen hier veröffentlichen[10].

Nachdem nunmehr Adschubej für seine neue Deutschland-Mission gewonnen werden konnte, fragt er erstmal bei „Papa" nach ob der überhaupt Interesse hat. Papa lässt nach Deutschland via Buschtrommel verlauten, er würde gerne seinen Schwiegersohn zum deutschen Kanzler schicken, denn er habe ihm „sehr Wichtiges" mitzuteilen. Ein Vertreter der drei einladenden Zeitungen hatte sich in Moskau umgesehen und hatte auf Nachfrage aus den gewöhnlich gut informierten Insider-Kreisen der sowjetischen Hauptstadt erfahren, der gerade eben mit der DDR abgeschlossene Freundschaftsvertrag verpflichte zu rein gar nichts. Ulbricht werde bald sterben, und man könne sich an maßgebender Stelle eine deutsche „Wiedervereinigung unter nichtkommunistischen Vorzeichen" durchaus vorstellen, wenn dabei auf das „Prestigebedürfnis einer Großmacht Rücksicht genommen" werde[11].

Die Feinde einer deutsch-sowjetischen Freundschaft sind auf beiden Seiten in den nächsten Wochen sehr aktiv. Erhards Minister äußern „erhebliche Bedenken" gegen die Geheimdiplomatie und ermahnen Erhard, die „Dinge niedrig" zu halten. Die SED schlägt zurück: Politbüromitglied Albert Norden gibt eine Pressekonferenz, in der er Informationen über schwere Nazi-Vergehen des amtierenden Bundespräsidenten Heinrich Lübke veröffentlicht, was dann u.a. auch in Adschubejs Iswestija als Information weitergegeben wird. Die Infos über Lübke sind stark übertrieben, werden später auch zurückgenommen, eignen sich aber sehr gut, um die Entspannungsbemühungen zu torpedieren. Denn der bundesdeutsche Botschafter in Moskau, der Kommunistenfresser Horst Groepper, hatte sich gerade erst wieder etwas lautstärker mit Chruschtschow auseinandergesetzt. Jetzt forderte er von der Bundesregierung, den Bonner Korrespondenten der Iswestija demonstrativ auszuweisen.

Adschubejs total öffentliche „Geheim-Mission"
Eigentlich ist der Deutschland-Besuch Adschubejs ja eine Top-Secret-Mission, von der eigentlich nur ein Kreis von maximal zehn Leuten Wind bekommen sollte. Aber wir haben es ja hier mit der Presse zu tun. Als nämlich Alexej Adschubej auf dem Flughafen Düsseldorf dem Flieger entsteigt, wird er empfangen wie ein offizieller Staatsgast. Hunderte von Reportern stehen an der Gangway und wollen alles ganz genau wissen. Offizieller Vorwand seiner Reise ist ja lediglich ein Besuch bei seinen Berufskollegen von den drei CDU-Zeitungen. Aber jeder weiß: Chruschtschow hat Erhard ungeheuerliches mitzuteilen! Die Tagesschau berichtet jeden Tag ausführlich, und die Menschen draußen im Lande freuen sich: jetzt gibt es doch noch Frieden und Entspannung. Adschubej wird herumgereicht in Deutschland: Wirtschaftsbosse, Medienfunktionäre, aber vor allem Politiker, wie Vizekanzler Erich Mende, Nordrhein-Westfalens Ministerpräsident Meyers, eine ganze Reihe Bundestagsabgeordnete mit guten Verbindungen zur Wirtschaft. Von der Opposition konferieren SPD-Chef Willy Brandt und Fritz Erler mit dem östlichen Gast. Auf einem bayrischen Trachtenfest wird Adschubej gar zum „Adschubayer" gekürt. Feuchtfröhlich geht es auch beim Umtrunk mit dem bayrischen Löwen Franz Strauß zu. Schließlich das Top-Gespräch Adschubejs mit Erhard, dem alle entgegenfiebern. Es soll Notizen zu diesem Vier-Augen-Gespräch geben, aus denen hervorginge, dass Chruschtschow im Grunde nichts Neues zu verkünden gehabt habe. Aber das ist wenig wahrscheinlich. Man macht nicht einen solchen Bohei, um dann nur

mitzuteilen: alles bleibt wie es ist. Dagegen spricht auch die Tatsache, dass als Folge dieser inoffiziellen Gespräche Chruschtschow zu einem Staatsbesuch in die Bundesrepublik eingeladen wurde. Das war zwar als Erwiderung des legendären Adenauer-Besuchs in Moskau 1955 schon lange fällig gewesen, aber jetzt hat man es auf einmal sehr eilig. Außenminister Schröder will schon den November 1964 dafür einplanen, Erhard will aber vorher noch Beschwichtigungsbesuche beim US-Präsidenten und bei Frankreichs Präsidenten de Gaulle absolvieren, um deren Eifersucht in Grenzen zu halten. Der Kanzler möchte Chruschtschow also eher im Frühjahr 1965 empfangen.

Ob Chruschtschows Schwiegersohn aber wirklich der richtige Sondergesandte für diese hoch empfindliche Mission gewesen ist, darf bezweifelt werden. Zu fortgeschrittener Stunde, nach dem fünften Whisky, lässt Adschubej nämlich bisweilen Krasses los[12]: wir Russen haben Euch Mitteleuropäern die Mongolen abgehalten, und Ihr konntet Euch dann in aller Ruhe entwickeln während wir uns da abgekämpft haben. Und mit der DDR, naja, das hat sich eh' bald erledigt; Ulbricht hat Kehlkopfkrebs und wird bald sterben. Und dann das Rapallo-Motiv: Ihr mit Eurer Technik und Eurem Organisationstalent könnt uns helfen, die Sowjetwirtschaft wieder flott zu machen. Klare Botschaft, lange vor dem Treffen mit Erhard: wir bieten die Wiedervereinigung gegen massive Infrastruktur- und Finanzhilfe. Genau dieses Kombipack sollte Mikhail Gorbatschow zwanzig Jahre später dem damaligen Bundeskanzler Kohl anbieten. Da war es allerdings schon viel zu spät, um noch was zu retten. Mitte der 1960er Jahre wäre die Sowjetunion noch zu retten gewesen.

Dann fährt Adschubej noch zum Anstandsbesuch nach Ostberlin, um die bereits schwerstens verärgerten Genossen dort zu beruhigen. Um dann nach Moskau zurückzufliegen. Nun haben sich mittlerweile sogar die westdeutschen Transatlantiker auf den Chruschtschow-Besuch eingestellt. Da erfolgt ein Querschuss aus dem sowjetischen Geheimdienstmilieu: am Sonntag, dem 6. September 1964 besuchen fünf Mitarbeiter der Moskauer bundesdeutschen Botschaft das Dreifaltigkeitskloster im 85 Kilometer nordöstlich der Hauptstadt gelegene Sagorsk. Da spritzt ein vorgeblich Betender dem deutschen Horst Schwirkmann eine übel riechende Suppe an die Hose, die schnell als Senfgas, oder auch „Lost", erkannt wird. Der Attackierte kann erfolgreich behandelt werden. Schwirkmann ist als Mitarbeiter der Abwehr in der deutschen Botschaft in Moskau damit beschäftigt, Abhörmikrophone der Sowjets aufzuspüren und zu entschärfen. Den Mann mit Senfgas zu attackieren, macht geheimdienstlich keinen Sinn. Es handelt sich eindeutig um ein Störmanöver gegen Chruschtschows Entspannungspolitik: „Offensichtlich war die sowjetische Regierung von der Geheimdienstaktion selbst überrascht worden."[13] Die Bundesregierung möchte die Affäre geheim halten, denn sie befürchtet, dass „die geplante deutsch sowjetische Gipfelkonferenz in ähnlicher Weise zum Scheitern" gebracht wird „wie der Abschuß des amerikanischen U2-Piloten Gary Powers über Swerdlowsk die Pariser Gipfelkonferenz des Jahres 1960."[14] Man sieht in jenem zeitgenössischen Spiegel-Artikel, welchen Stellenwert man im Jahre 1964 dem Treffen Erhard-Chruschtschow beigemessen hat.

Umso mehr verwundert, dass die „Geheim"diplomatie von Chruschtschows Schwiegersohn beim deutschen Bundeskanzler heutzutage vollständig unter den Tisch gekehrt wird[15]. Nicht einmal in Adschubejs Erinnerungen findet sich ein Sterbenswörtchen über diese Episode, die ja mit Sicherheit das bedeutsamste Ereignis in seinem Leben war[16]. Hält man die Adschubej-Episode für zu unbedeutend? Das kann nicht sein. Die damaligen Zeitgenossen haben dem Schwiegersohn-Besuch in Bonn große Bedeutung beigemessen und viele Hoffnungen damit verknüpft. Und der Adschubej-Abstecher war genau der Tropfen, der das Fass zum Überlaufen brachte und den Sturz Chruschtschows nur wenige Monate später einläuten sollte. Nun hatte zwar die Illustrierte Quick gerade erst ein Interview mit dem neuen US-Präsidenten Lyndon Baynes Johnson veröffentlicht. Der Texaner empfahl den Deutschen, jetzt mal ein bisschen mehr auf den Osten zuzugehen. Dabei dachte der Präsident aber sicher nicht daran, dass die deutsche Wirtschaft ganz selbständig, ohne die Amerikaner um Erlaubnis zu bitten, eigene Expansionsmöglichkeiten in der Sowjetunion erkundet. Und sich womöglich über amerikanische Embargo-Schranken hinwegsetzt.

Niedergang und Sturz Chruschtschows

Nun waren noch viel mehr Leute auf Chruschtschow sauer als bereits zuvor. Der Stern des cholerischen Autokraten war bereits im Sinkflug befindlich. Die Ernteergebnisse ließen zu wünschen übrig. Das wurde noch verschlimmert durch eine Reformmaßnahme aus dem Hause Chruschtschow: früher hatten staatliche Dienstleister den Kolchosen große landwirtschaftliche Maschinen vermietet. Die Dienstleister löste Chruschtschow auf, und die Kolchosen sollten nun selber einen aufwendigen Fuhrpark unterhalten, was sie nicht schultern konnten. Zudem war Chruschtschow fasziniert von der Ergiebigkeit des Maisanbaus. Ein Desaster, denn Mais eignet sich nicht für russische Böden. Infolge dieser Fehlplanungen kommt es 1962 zu Preissteigerungen und Lohnkürzungen. Unruhen brechen aus und ein Generalstreik lähmt das Land. In Nowocherkask in der Nähe von Rostow am Don schießt das Militär in eine friedliche Demonstration, wobei 22 Todesopfer zu beklagen sind. Die Regierung muss Goldvorräte veräußern, um Getreide im Ausland einzukaufen[17].

In der Verteidigungspolitik war auch mehr Schein als Sein angesagt. Ständig plagte den Generalsekretär die Angst, die USA könnten einmal erfahren, wie schwach und verwundbar die Sowjetunion tatsächlich war. Beispiel Raketenpolitik: sowohl für die USA wie für die Sowjetunion war die zivile Raumfahrt mit ihren Astronauten oder Kosmonauten nur eine Werbekampagne, um den eigentlichen Zweck, die Entwicklung extrem destruktiver Marschflugkörper mit Nuklearsprengköpfen schmackhaft zu machen. Sowohl die amerikanische Jupiter-Rakete wie auch die sowjetische Semjorka waren von Hause aus Teil der Massenvernichtungswaffensysteme. Jedoch entbrannte ein Prestigewettlauf zwischen USA und Sowjetunion, wer den ersten Satelliten um die Erde, den ersten Satelliten um den Mond; den ersten Menschen in den Weltraum schießen würde. Dabei ließ Chruschtschow auf Biegen und Brechen dafür Sorge tragen, dass die Sowjets bei all diesen olympischen Disziplinen immer die ersten zu sein hatten. War das Ziel erreicht, hörte die Weiterentwicklung in diesem Sektor sofort auf. Ein Prestigegewinn ohne jede Nachhaltigkeit. So versandeten nahezu alle vielversprechenden Projekte. Chancen wurden wegen billiger Effekthascherei großräumig vertan.

Chruschtschow war ein Auslaufmodell. Das hat Wolfgang Leonhard in einer sehr einfühlsamen Würdigung ein Jahr nach Chruschtschows Sturz auf den Punkt gebracht: „Unter den veränderten Bedingungen entsprach seine Persönlichkeit – Autodidakt, Agitator und Propagandist, der er war – nicht mehr dem erforderlichen Führertyp. Eine Reihe von Fehlentscheidungen auf einzelnen Gebieten, seine hektische Arbeitsweise und seine politischen Führungsmethoden stiessen bei verschiedensten Gesellschaftskreisen auf zunehmenden Widerstand." 18> Chruschtschow als absolutistischer Herr schwerster politischer Entscheidungen – das war eine glatte Selbst-Überforderung. Dabei war Chruschtschow obendrein auch noch rechthaberisch und fest davon überzeugt: „wenn Vater nicht alles selber macht!"

Die Messer sind schon gewetzt. Chruschtschows Brutus ist sein von ihm selber auserwählter Thronfolger Leonid Breschnew, in jenen Tagen pro forma Staatschef der UdSSR. Beim siebzigsten Geburtstag des großen Generalsekretärs hält Breschnew die Laudatio, angefüllt von Lobeshymnen auf das Geburtstagskind bekräftigt mit einem Paten-Kuss auf die Wange. Während dessen hatte Breschnew bereits im inner circle sondiert, wer mitmacht beim Tyrannenmord. Es finden sich immer mehr bereit, und am 15. Oktober 1964 zitieren Breschnew und Konsorten Chruschtschow zum bereits tagenden Zentralkomitee. Seine ganzen Pleiten, Pech und Pannen werden ihm hier noch einmal minutiös vorgerechnet. Er und seine Mitstreiter wie neulich wieder sein Schwiegersohn Adschubej übergehen andauernd die zuständigen Behörden und Parteiinstanzen. Das kann man nicht bringen. Chruschtschow ist müde und wehrt sich nicht. Von Stund' an verschwinden alle Chruschtschow-Bilder aus den Straßen und öffentlichen Gebäuden. Chruschtschow hat nie existiert. Wenigstens lässt man ihm sein biologisches Leben und verfrachtet ihn in eine gut ausgebaute Wohnung, dazu eine Datscha auf dem Land. Dazu eine ganz gute Rente. Chruschtschow klebte nie an der Macht. Er wollte sowieso nach dem nächsten Parteitag in den Ruhestand gehen, und Breschnew sollte ihm folgen. Aber den Zeitpunkt wollte er eigentlich lieber selber bestimmen.

Die chinesischen Kommunisten sind erleichtert. Für sie ist Chruschtschow ein „Revisionist". Er hat mit den Amerikanern geredet; er hat Länder unterstützt, die sogar antikommunistische Regierungen haben. Dass sie selber schon sehr bald noch viel radikaler die Amerikaner hofieren würden, konnte man sich damals noch gar nicht vorstellen. Die Führer der DDR konnten die Rotkäppchen-Sektkorken knallen lassen. Alles würde weitergehen wie gehabt. Niemand hatte jetzt mehr die Absicht, Ulbricht & Co an den Westen zu verkaufen. Der gehätschelte Militärisch-Industrielle Komplex der Sowjetunion konnte ebenfalls hoffen, in Zukunft wieder mehr zum Zuge zu kommen als unter dem Alten.

In der Bundesrepublik löste der Sturz Chruschtschows jedoch Bedauern und Beunruhigung aus. Der Schrecken des Kennedy-Mordes ein Jahr zuvor saß den Deutschen noch in den Knochen. Würde es jetzt nach dem Sturz von Chruschtschow einen Krieg geben? Was hatten die neuen Herren im Kreml vor? Da war man doch erleichtert, als am Tag nach dem Chruschtschow-Sturz in der Tagesschau gemeldet wurde, der neue sowjetische Regierungschef Kossygin habe im Lauf des Tages eine Wallstreet-Delegation empfangen und als seine erste Amtshandlung habe der neue Premierminister den Bankern aus New York die Grundlinien der zukünftigen sowjetischen Regierungspolitik erläutert. Na Gottseidank! Zum Krieg würde es wohl nicht kommen. Welch' ein Zufall aber auch, dass just zu diesem Zeitpunkt eine amerikanische Banker-Delegation in Moskau weilte. Hatte nicht der New Yorker Top-Bankier Averell Harriman schon vor Monaten den Sturz des Alleinherrschers vorhergesagt und weiterhin auf den Punkt genau prophezeit, eine kollektive Führung mit Kossygin als Regierungschef und Breschnew als Parteichef würde Chruschtschow ablösen? Harriman kannte sich gut aus in der Sowjetunion. Er ließ ja profitabel Mangan in Georgien abbauen und in den Westen bringen. Im Zweiten Weltkrieg war er Roosevelts Sonder-Emissär für die Lend and Lease-Vereinbarungen mit der Sowjetunion. Immer wieder war der mit Sowjetorden überhäufte Harriman in der Sowjetunion und traf sich zuletzt 1958 mit Chruschtschow.

Eine seltsame Begebenheit im Zusammenhang mit Chruschtschows Sturz soll an dieser Stelle nicht unerwähnt bleiben. Der oberste Militärchef unter Chruschtschow war Marschall Sergej Semjonowitsch Brjusow. Unter Chruschtschow stieg Brjusow 1955 zum Oberbefehlshaber der Luftwaffe auf. Seit 1962 avancierte er zudem zum Oberbefehlshaber der Strategischen Raketenstreitmacht. Er bekleidete das Amt des stellvertretenden Verteidigungsministers und war seit 1963 Chef des Generalstabs. Brjusow galt als der mächtigste Militär in Chruschtschows Machtsystem. Brjusow stürzte vier Tage nach Chruschtschows Entmachtung, am 19. Oktober 1964, mit einer Iljuschin Il-18 in der Nähe von Belgrad, zusammen mit 32 weiteren Militärs, ab. Sein Flugzeug prallte auf den Berg Avala.

Mit Chruschtschows Entmachtung beginnt das langsame Sterben der Sowjetunion

Im Westen spekulierte man, ob die neue kollektive Führung ein Hinweis darauf sei, dass die Sowjets modernere, an die wachsende Komplexität angepasste Regierungsformen ausprobieren wollten. Das war leider nicht der Fall. Die alte, rein biologisch verjüngte Garde von stalinistischen Biorobotern hatte lediglich den einzigen Humanoiden aus ihren Reihen ausgespien. Die inzestuöse Selbstbeweihräucherung der obersten Parteigremien, der Zwang zur Einstimmigkeit, die Kritik- und Selbstkritik-Exerzitien auf den unteren Rängen – das alles blieb wie es war.

Man kann aufgrund der dargelegten Fakten ganz klar sagen: der 15. Oktober 1964, der Tag des Chruschtschow-Sturzes, war der unverkennbare Beginn des langen Sterbens der Sowjetunion. Was man in der Weltgeschichte selten beobachten kann, im Falle der Sowjetunion kann man es studieren: nach der Phase der schwierigen stalinistischen Kindheit und Jugend folgte eine schmerzhafte Adoleszenz. Und nach Chruschtschow folgt eine Regression mit dramatischen Folgen. Nach der schockartigen und brutalen Industrialisierung unter Stalin versuchte Chruschtschow die übersprungenen Zwischenschritte nachzuholen, das heißt, zum Einen die Landwirtschaft zu konsolidieren und zum Anderen die städtische Infrastruktur auszubauen sowie Defizite im Sozial-, Gesundheits- und Bildungssektor zu beseitigen. Dabei konnte Chruschtschow auf eine beachtliche Autarkie der sowjetischen Industrie setzen. Waffen und Munition produzierten die Sowjets bereits am Anfang des Zweiten Weltkrieges fast alleine. Die viel gepriesene amerikanische Unterstützung durch Lend-Lease trug nur zu etwa einem Sechstel zur sowjetischen Aufrüstung bei. Nach dem Krieg verhängten die USA drakonische Embargo-Maßnahmen gegen die Sowjetunion und ihre Satellitenstaaten. Doch das ging, wie das Wochenblatt Die Zeit bereits 1955 bemerkte, für die Amerikaner nach hinten los, denn „statt das militärische Potential der Sowjetunion zu schwächen und die wirtschaftliche Entwicklung zu verzögern, hat das Embargo die Wirtschaft der Sowjetunion eher gefördert. So waren die Sowjets gezwungen, industrielle Ausrüstungen selbst herzustellen, die sie sonst im Ausland gekauft hätten."[19]

Hier handelt es sich um die in Fachkreisen so genannte Importsubstitution. Diesen Weg beschreiten Entwicklungsländer auf dem Weg zum Schwellenland. Teure Fertigprodukte, die aus dem Ausland importiert werden müssen, werden irgendwann im Entwicklungsland selber hergestellt. Ersetzt das Entwicklungsland nämlich nicht teure Importe durch Eigenproduktion und bezieht seine Einnahmen weiterhin ausschließlich aus dem Export von Rohstoffen, ist die Verarmung des Landes vorprogrammiert. Die Ökonomen Hans Wolfgang Singer und Raul Prebisch hatten dazu die Theorie von der säkularen Verschlechterung der Terms of Trade aufgestellt. Tendenziell müssen Rohstoffexporteure immer mehr Rohstoffe liefern, um noch die gleiche Menge Fertigprodukte einkaufen zu können wie zuvor. Der einzige Ausweg besteht darin, selber Fertigprodukte herzustellen.

Genau diese Übung hatte die Sowjetunion unter Stalin und Chruschtschow erfolgreich absolviert. Jedoch die Schwarmdummheit der kollektiven Führung nach Chruschtschow kehrte diesen heilsamen Trend wieder um. Anstatt die Spitzentechnologie weiter zu verfeinern und einen soliden wirtschaftlichen Mittelbau zu fördern, regredierte die Sowjetunion nach 1964 immer mehr zu einem reinen Rohstofflieferanten: „1960 waren ihre [Sowjetunion] wichtigsten Exportgüter Maschinen, Ausrüstung, Transportmittel ...oder Metallartikel gewesen; 1985 bestand ihr Export vorrangig (53 Prozent   aus Energie (Öl und Gas). Entsprechend setzten sich nun nahezu 60 Prozent ihrer Importe aus Maschinen, Metall usw. und industriellen Konsumartikeln zusammen. Sie war zu einer Art energieproduzierenden Kolonie der entwickelten Industriewirtschaften geworden."[20] Diese Rückentwicklung hätte unter normalen Umständen bereits in den 1970er Jahren zum Staatsbankrott führen müssen. Verzögert wurde der Niedergang allerdings durch die Explosion der Ölpreise in genau jenen 1970er Jahren. Da floss reichlich Valuta in die sowjetischen Staatskassen – um dort zu versickern. Die Sowjetunion war keine Gefahr mehr für irgendjemanden. Der Westen pumpte sogar Geld in die traurige Gestalt aus dem Osten. Die Sowjetunion war willkommen als billiger Energieanbieter und als Vorwand, immer noch weiter aufzurüsten. An der eurasischen Front trat nun eine trügerische Ruhe ein.

Im Prinzip war schon nach dem Rausschmiss Chruschtschows die USA die einzige Weltmacht. Es gab aber zeitgleich mit Chruschtschow noch einen anderen Herausforderer der USA, dessen Bemühungen ebenfalls tragisch enden sollten: die Rede ist vom französischen Staatspräsidenten Charles de Gaulle, dem wir uns im nächsten Kapitel zuwenden wollen.

Kapitel 11
De Gaulle als unerschrockener Kämpfer der nationalen Souveränität

„Einst hat mir das Land aus seiner Tiefe heraus Vertrauen geschenkt, damit ich es vereint zum Heil führe."
(Charles de Gaulle) [1]

Die Bundesrepublik Deutschland war heiß umworben. Nicht nur der sowjetische Partei- und Regierungschef Nikita Chruschtschow bemühte sich intensiv, Westdeutschland aus dem angloamerikanischen Machtgefüge herauszutrennen. Auch der starke Mann im Nachkriegs-Frankreich, Charles de Gaulle, erhoffte sich von einem Bündnis mit dem Kriegsverlierer Deutschland eine Steigerung eigener Machtpotentiale. Nun hatte man ja bereits über die supranationale Montanunion die Synergien beider Länder aktiviert. Doch de Gaulle wollte viel mehr.

Und in der Gärung der Nachkriegswelt konnten entschlossene Persönlichkeiten tatsächlich außergewöhnlichen Einfluss ausüben. Eisenhower verhinderte durch seine Autorität und sein hohes Ansehen vernichtende Nuklearkriege. Chruschtschow hatte mit seinem Wagemut die Unmenschlichkeit und die Lähmung durch den Stalinismus aufbrechen können. Und de Gaulle gelang es, den Zerfall der französischen Nation zu verhindern und seinem Land eine gewisse Manövrierfähigkeit in der Nachkriegsordnung zu sichern. Charles de Gaulle identifizierte sich mit seiner Nation. Er fühlte sich berufen, sein Frankreich wieder zu vereinen und zu neuer Stärke zu führen.

Im Ersten Weltkrieg geriet er bald in deutsche Gefangenschaft, aus der er sich mehrmals befreien konnte, um dann wieder eingefangen zu werden. De Gaulle, der sich für den Beruf des Offiziers entschieden hatte, litt darunter, sich nicht an der Front bewähren zu dürfen. Nach dem

Krieg machte er sich mit unbequemen Gedanken bei seinen Vorgesetzten schnell unbeliebt. Jedoch der legendäre Marschall Philippe Pétain erkannte das Potential des intelligenten jungen Offiziers und machte ihn zu seinem Mitarbeiter und ließ ihn sogar als Ghostwriter Bücher schreiben. De Gaulle ärgerte die selbstgefälligen französischen Militärführer mit der These, dass die von ihnen eingeschlagene Defensivstrategie mitsamt der berühmten Maginot-Linie gegen die neue deutsche Offensivtaktik keine Chance habe. Vielmehr sollten die französischen Truppen durch schnelle Panzerverbände die rasche Konfrontation suchen. Damit konnte de Gaulle sich nicht durchsetzen – mit der bekannten Folge, dass die deutschen Panzerverbände im Zweiten Weltkrieg sich nicht groß für die Maginot-Linie interessierten, sondern im Sauseschritt auf Paris losrollten, ohne nennenswerten Widerstand seitens der Franzosen.

De Gaulle schmiedet ein neues freies Frankreich
Den Franzosen blieb nur ein geschrumpfter Satellitenstaat von Hitlers Gnaden – mit de Gaulles Mentor Marschall Pétain als Staatspräsidenten. Doch de Gaulle erklärt sich selber in einer Radioansprache am 18. Juni 1940 über den englischen Staatssender BBC zur Verkörperung des freien und ungebeugten Frankreichs. Wer sich ihm anschließen will, solle das jetzt tun. Nun waren gerade wenige Wochen zuvor etwa 110.000 französische Soldaten beim bereits erwähnten Wunder von Dünkirchen über den Ärmelkanal nach England entkommen. Hitler hatte ja 330.000 eingekesselte britische und französische Soldaten ungehindert abziehen lassen. Im Lauf des Krieges erobern de Gaulles Soldaten die französischen Kolonien, erhalten dort personelle Verstärkung und rollen langsam Frankreich vom Rand her auf. Churchill unterstützt de Gaulle am Anfang, will aber „diesen Scheißkerl" immer öfter einfach loswerden. Der amerikanische Präsident Franklin Delano Roosevelt benimmt sich gegen de Gaulle überaus schäbig. Er ignoriert den Sprecher des freien Frankreichs und zieht es vor, mit Vertretern des Pétain-Regimes wie François Darlan zu verhandeln. De Gaulle erkennt klar und deutlich, wohin die Reise mit Roosevelt und Churchill gehen soll. Denn am 13. Dezember 1942 sagt er zu dem sowjetischen Botschafter in London, Iwan Maiskij: „Wenn Darlan gewinnt, wird

die nächste Etappe der amerikanischen Politik die Installierung von Dino Girardi oder Marschall Badoglio in Italien sein und dann die Installierung der früheren Kanzlers von Papen oder vielleicht sogar des Marschall Görings in Deutschland."[2] Tatsächlich hatten die Alliierten ja dann in Italien den faschistischen General Badoglio an die Macht gehebelt. In Deutschland waren Göring und von Papen „verbrannt"; stattdessen wurde der unbelastete Adenauer unter anderem von den Nazi-Mitstreitern Gehlen und Globke eingerahmt.

Anscheinend beabsichtigten die USA, Frankreich nach dem Ende der Kampfhandlungen in ein angloamerikanisches Protektorat mit einer ihnen ergebenen Verwaltung zu verwandeln: „In einem Ausbildungszentrum in Charlottesville/Virginia wurden Zivilisten auf den Einsatz in dieser Verwaltung vorbereitet, und es wurde auch schon neues Geld gedruckt, das sie in Umlauf bringen sollte."[3] Die neue pseudofranzösische Währung wurde nach der Invasion im Sommer 1944 tatsächlich kurzfristig bereits in den befreiten Gebieten in Umlauf gebracht. Dem Führer des freien Frankreichs, de Gaulle nämlich, enthielten die Alliierten die Details dieser Invasion dagegen vor. Die Protektoratsverwaltung sollte anscheinend aus dem Personal des Pétain-Regimes rekrutiert werden, so wie im unterworfenen Deutschland die neuen Eliten der Bundesrepublik weitgehend identisch waren mit den Eliten des Hitler-Regimes. Da störte de Gaulle mit seinem Konzept eines souveränen Frankreichs ganz gewaltig. Doch der eigenwillige Franzose verlegt seinen Regierungssitz von London, wo er ganz von Churchills Laune abhängig war, nach Algier, in das Territorium des bereits befreiten Frankreichs. Doch im April 1944, wenige Monate vor der Invasion, kappte Churchill den Funkverkehr zwischen dem Londoner Büro der freien Franzosen und der neuen Zentrale in Algier.

Nach der alliierten Invasion in der Normandie im Sommer 1944 wird Paris am 25. August desselben Jahres befreit. Die Alliierten finden sich jetzt endlich mit der Tatsache ab, dass de Gaulle so stark geworden ist, dass sie nicht gegen ihn und die mit ihm verbündete Résistance in Frankreich ein Protektorat von ihren Gnaden errichten können. Sie halten sich zurück. So marschiert General de Gaulle bei der Siegesparade am nächsten Tag an der Spitze einer riesigen Demonstration durch die großen Straßen von Paris. Er wird jetzt endlich auch von den USA und Großbritannien als der legitime Anführer des neuen Frankreichs anerkannt. Der General will seine Unabhängigkeit von den Westmächten auch durch eine Kooperation mit der Sowjetunion untermauern. Bereits 1943 hatte er dem amerikanischen Beauftragten für das Lend-Lease-Programm, Averell Harriman, offen bekannt: „Die französische Politik muss sich mit der sowjetischen verbünden."[4] Am 2. Dezember 1944 reist der neue starke Mann Frankreichs zu Stalin nach Moskau. Doch der sowjetische Diktator will von einer sowjetisch-französischen Entente nichts wissen. Auch bei der geplanten Konferenz von Potsdam will er den Franzosen auf keinen Fall dabei haben. Stalin ist festgelegt auf eine enge Abstimmung mit den Angloamerikanern. Nur um überhaupt irgendetwas mit nach Hause zu nehmen, wird am 10. Dezember ein nicht sonderlich inhaltsreicher Vertrag zwischen dem neuen Frankreich und der Sowjetunion abgeschlossen. Stalin wird seine Nibelungentreue zu den USA und Großbritannien noch bitter bereuen.

Frankreich ist zwar nicht ganz so zerstört wie Deutschland, aber die Schäden sind dennoch gigantisch. Das Land ist verarmt, gespalten und traumatisiert. Die aus den Trümmern auferstandene Vierte Republik bleibt ein fragiles, instabiles Gebilde. De Gaulle kann immerhin einige Akzente setzen, zum Beispiel durch das in Frankreich erst jetzt eingeführte Frauenwahlrecht. Doch im Rahmen dieser Vierten Republik kann de Gaulle seine Vorstellungen nicht umsetzen. Er versucht, über die Gründung einer auf ihn zugeschnittenen Partei die Unterstützung der Bevölkerung zu gewinnen. Der Versuch scheitert, und de Gaulle zieht sich resigniert auf seinen bescheidenen Landsitz in Colombey-les-Deux-Eglises zurück.

Erst im Jahre 1958 fällt de Gaulle die Rückkehr an die Macht wie eine überreife Frucht in den Schoß. Die überforderten Politiker der Vierten Republik mussten sich mit einem Aufstand der berberischen Ureinwohner Algeriens gegen die Herrschaft der Algerienfranzosen, also zugewanderten Bürgern aus dem französischen Kernland, herumschlagen. In Algerien erreichte die Gewalt extreme Größenordnungen und das wirkte zurück auf Frankreich. Dabei wuchsen die Kosten der Militarisierung des Konflikts der Regierung über den Kopf. Frankreich verausgabte sage und schreibe 10.3% des Bruttoinlandsproduktes für Militärausgaben. Zudem holte sich Frankreich mit seinem kolonialistischen Abenteuer in der Suezkrise, wie wir sahen, eine blutige Nase. General de Gaulle ließ sich breitschlagen, die Regierungsgeschäfte zu übernehmen. Das hatte aber seinen Preis: in einem Referendum ließ er sich eine neue, auf seine Bedürfnisse zugeschnittene Verfassung durch das Volk absegnen. Nach vielen entsetzlichen Irrtümern konnte de Gaulle den Algerienkrieg beenden und das Maghreb-Land in die Unabhängigkeit entlassen. Bis 1962 hatte de Gaulle auch die Unabhängigkeit aller französischen Kolonien in Afrika und Asien anerkannt.

De Gaulle wirbt um Adenauer

Die neue Verfassung der Fünften Republik billigte dem Staatspräsidenten bislang ungekannte exekutive Vollmachten zu. Seine Position ist in etwa zu vergleichen mit der des US-Präsidenten. Jetzt kann de Gaulle endlich am Projekt einer neuen Weltgeltung Frankreichs arbeiten. Unvergessen sind immer noch die Demütigungen, die dem unerschrockenen General die Engländer und die Amerikaner zugefügt haben. Die Degradierung der Grande Nation zu einem angloamerikanischen Protektorat konnte er gerade noch abwenden. Aber Westeuropa ist nun in das raffinierte Netzwerk der USA durch die Gründung von NATO und Europäischer Wirtschaftsgemeinschaft geraten. Die USA und England horteten Atomwaffen. Frankreich nicht. Grund genug für den General, eine eigene Atomstreitmacht, die Force de Frappe, aufzubauen. Dazu passend baut Frankreich eine eigene zivile Infrastruktur von Atomkraftwerken auf, mit einer eigenen Reaktortechnik. Natürlich ist de Gaulle vollkommen klar, dass sein Land mittlerweile zu klein ist, um ganz aus eigener Kraft eine militärische Weltmacht aufzubauen. Da liegt der Blick über den Rhein nach Osten zum deutschen Nachbarn nur allzu nahe. Deutschland ist wie Frankreich eine gestutzte Weltmacht mit nach wie vor beachtlichem Potential. Und während die Montanunion ein supranationaler Organismus ist, der in letzter Konsequenz die Potentiale Westeuropas im Bereich der Schwerindustrie bündeln soll unter der Oberhoheit und Kontrolle der

USA, so soll jetzt eine deutsch-französische Allianz beiden Ländern die Autonomie bringen.

Die schwache Vierte Republik hatte auch bereits im November 1957 ein trilaterales Verteidigungsbündnis zwischen Italien, Frankreich und Deutschland angedacht und den potentiellen Partnern vorgelegt. Dieser Plan beinhaltete auch bereits die gemeinsame Entwicklung einer Atomstreitmacht. Die Bundesregierung war nicht abgeneigt. Als de Gaulle an die Macht kam, wischte er diese trilaterale Planung allerdings einfach vom Tisch. Das erboste den damaligen deutschen Verteidigungsminister Franz Strauß dermaßen, dass er die bereits georderten Mirage-Kampfflieger aus Frankreich wieder abbestellte und stattdessen amerikanische Starfighter kaufte, die wegen ihrer extrem hohen Absturzquoten sodann als „Witwenmacher" in die bundesdeutsche Geschichte eingehen sollten[5]. De Gaulle wollte offensichtlich die Italiener nicht mit im Boot haben, sondern nur die Deutschen. Also lädt er bereits 1958 seinen deutschen Amtskollegen Konrad Adenauer zu einem heimlichen informellen Treffen in sein Landhaus Colombey-les-Deux-Eglises ein[6]. Adenauer soll angeblich bis dato nicht sehr viel von de Gaulle gehalten haben. Aber so ganz stimmt das wohl nicht. Denn nach dem Ersten Weltkrieg stand Adenauer separatistischen, pro-französischen Bestrebungen im Rheinland sehr nahe. Als Vertreter des politischen Katholizismus empfand er eine tiefe Abneigung gegen das protestantische Preußen. Einer Abspaltung des Rheinlandes vom preußisch bestimmten Deutschen Reich stand er durchaus positiv gegenüber. Von französischer und belgischer Seite wurden separatistische Strömungen ziemlich unverhohlen unterstützt, zum Beispiel im Falle der Rheinischen Republik mit Sitz in Koblenz. So sollte das Treffen in de Gaulles Landhaus auch zu einem Erfolg für den Gastgeber werden. Die beiden Katholiken verabreden einen politischen Annäherungsprozess von Frankreich und Deutschland. Und de Gaulle offenbart Adenauer bei diesem Treffen am 15. September 1958 ganz unverhohlen seine Agenda: „Wir müssen Europa ... von den Vereinigten Staaten unabhängig machen."[7] Wie ernst das Vorhaben gemeint war, belegt das nachfolgende Treffen im deutschen Bad Kreuznach am 26. November 1958, wo de Gaulle und Adenauer bereits ihre wichtigsten Fachminister mitbringen. Hier spürten die Teilnehmer allerdings Dissonanzen zwischen Adenauer und de Gaulle auf der einen Seite sowie dem Wirtschaftsminister Ludwig Erhard auf der anderen Seite. Bereits in jenen frühen Jahren nämlich wollten die USA ihren durch NATO und EWG arrondierten neuen Machtbereich mithilfe eines frühen Vorläufers von TTIP weiter einebnen. Geplant war eine Freihandelszone im Bereich der OEEC-Staaten; zu dieser Vorläuferorganisation der OECD gehörten neben USA und Kanada sechzehn europäische Staaten. De Gaulle hatte mit seinem Veto auch diese Planungen zunichte gemacht, was ihm der neoliberale Erhard sehr übel nahm. Der französische General sicherte im Gegenzug für die Liquidierung der Freihandelszone seine energische Unterstützung Deutschlands im Umgang mit Chruschtschows Berlin-Ultimatum zu[8].

Nichtsdestoweniger beginnen sofort auf beiden Seiten des Rheins fieberhafte Vorbereitungen für nichts weniger als ein Bündnis Deutschlands und Frankreichs auf militärischer, wirtschaftlicher und kultureller Ebene. Und was bis jetzt eher heimlich vorangetrieben wurde, vollzieht sich während Adenauers Staatsbesuch bei de Gaulle auf Schloss Rambouillet vom 29. bis 30. Juli 1960 ganz öffentlich und mit zeremoniellem Pomp. Geplant ist eine Fusion der beiden ehemals verfeindeten Nationen zu einem politischen Organismus, als Keimzelle einer europäischen Gegenmacht zu den USA und auch zu der unter Chruschtschow erstarkten Sowjetunion. Die Rede ist von einer deutsch-französischen Konföderation mit gemeinsamer Staatsangehörigkeit, gemeinsam geführten Ministerien des Äußeren, der Finanzen und der Verteidigung. Gemeinsam sollen die beiden Länder auch die Force de Frappe betreiben, eine „andere NATO"[9]. Um diese verteidigungspolitische Agenda durchzuführen, treffen sich dann am 1. Dezember 1959 Kanzler Adenauer und sein Außenminister Heinrich von Brentano und de Gaulle mit seinem Außenminister Maurice Couve de Murville.

Und den Engländern klingeln die Ohren. Denn Konrad Adenauer soll in privater Runde mal klar und deutlich gesagt haben: „Diese Briten sollten lernen, daß sie den Kontinent nicht länger führen können. Deutschland und Frankreich sind die Führer des Kontinents."[10] Doch auch bei Adenauers eigener christdemokratischer Partei wächst der Unmut gegen das „ungedeckte Vorpreschen des Kanzlers"[11]. Die bewährten Strukturen angloamerikanischer Machtentfaltung nach nunmehr fünfzehn erfolgreichen Jahren aufzugeben und sich auf das Wagnis mit de Gaulle einzulassen erscheint den CDU/CSU-Granden denn doch allzu waghalsig. Das sollte sich jedoch ändern, sobald die neue Regierung unter John F. Kennedy ihre ersten Verlautbarungen in die Welt setzte. Als mitten durch Berlin am 13. August 1961 eine Mauer gezogen wurde, war die Reaktion der Amerikaner für den Geschmack der alten Garde in Deutschland viel zu lasch ausgefallen: „Es ist bekannt, daß die USA auf den Mauerbau mit Erleichterung reagierten. Die Mauer machte schließlich deutlich, daß Chruschtschow nicht die Übernahme ganz Berlins anstrebte. Da es dem Osten gelang, den Flüchtlingsstrom aus der DDR zu stoppen, rechnete Washington, daß die Spannungen über Berlin zurückgehen würden."[12] Und als Kennedy im Gespräch mit dem uns schon bekannten Chruschtschow-Schwiegersohn Alexej Adschubej durchblicken lässt, dass der Status Quo ja gar nicht so schlecht sei, bricht für die getreuen Schildknappen der Eisenhower-Epoche eine Welt zusammen. „Die Amerikaner sind nicht mehr die Amerikaner, die sie vor Jahren waren. Man will sich verständigen, und das geht nicht anders als auf dem Rücken der Deutschen.", lamentiert der Fraktionsvorsitzende der CDU/CSU im Bundestag, Heinrich Krone[13]. Neue Vokabeln werden in der internationalen Politik gehandelt: Entspannung oder auch Flexible Response ...

Was ist passiert? Bereits in der Regierung Eisenhower war klar geworden, dass man mit der Massiven Vergeltung nicht weiterkommt. Die Sowjetunion war einfach immer wieder gleichgezogen mit den ultimativen Massenvernichtungswaffen der Amerikaner, und hatte dabei immer weiter geostrategischen Spielraum erobert. Schon unter Eisenhower war die Massive Vergeltung soweit abgeschwächt worden, dass sie der Flexiblen Antwort sehr nahe kam. Die Flexible Response verzichtete auf das Pokern mit dem allergrößten Vernichtungspotential und sah wieder die Möglichkeit kriegerischer Auseinandersetzungen auf begrenztem Niveau mit konventionellen Waffen vor. Ansonsten setzte die neue Politik der US-Administration auf die Einkreisung der Sowjetunion durch immer engere wirtschaftliche Netze. Das sollte erreicht werden unter anderem dadurch, dass Großbritannien in die EWG gedrückt werden sollte, und eine Freihandelszone Kanada und die USA mit den NATO-Staaten gebildet würde. Die USA dürften in diesem riesigen Freihandelsraum alle anderen nationalen Wirtschaftsräume aufgrund seiner massiven Überlegenheit aufsaugen. Die USA wären damit Eurasien schon ein bedeutendes Stück näher gerückt.

All diese feinen Zusammenhänge wurden von den alten Recken des Kalten Krieges einfach nicht begriffen. Sie waren jetzt de Gaulles Offerte für ein neues Machtzentrum bestehend aus Deutschland und Frankreich sehr viel mehr zugetan als zuvor. Die Kennedy-Administration verlangt von der deutschen Regierung im April 1962 ziemlich rüde ohne Vorwarnung eine Stellungnahme innerhalb von 48 Stunden zu einem Positionspapier, mit dem der US-Außenminister Dean Rusk mit dem sowjetischen Botschafter Dobrynin wenige Tage später in Verhandlungen zu treten gedenkt. Dabei soll es um einen Nichtangriffspakt zwischen der NATO und dem Warschauer Pakt gehen. Die bestehenden Demarkationslinien sollen dabei anerkannt werden. Dieses Regieren nach Gutsherrenart treibt noch mehr konservative deutsche Politiker in das Lager de Gaulles.

Spiegel-Affäre: ein Agententhriller

1962 ist sowieso ein turbulentes Jahr. Zunächst einmal absolviert de Gaulle eine überaus erfolgreiche Tournee durch Deutschland. Er spricht in vielen deutschen Städten auf großen Plätzen und erobert die Herzen der Deutschen. Er streichelt die verletzte Seele seines Publikums. Er sagt, die Deutschen seien ein großes Kulturvolk, und darauf sollten sie doch stolz sein und sich nicht verstecken. In sechs Reden appelliert der französische Präsident in deutscher Sprache an die deutsche Jugend und beschwört das gemeinsame Erbe. Zur gleichen Zeit punktet Kennedy mit seinem geschickten Umgang mit der Kuba-Krise und erntet unendliche Dankbarkeit der Menschen, die sich bereits am Abgrund eines Atomkrieges wähnten. Und am amerikanischen Feiertag der Verfassung am 4. Juli 1962 spricht Kennedy in der geschichtsträchtigen Independence Hall in Philadelphia und offeriert den Europäern „eine konkrete Atlantische Partnerschaft, eine für beide Seiten vorteilhafte Partnerschaft zwischen der neuen Union des jetzt aufsteigenden Europas mit der alten amerikanischen Union, die an dieser Stelle vor 173 Jahren gegründet wurde."[14]

Doch diese salbungsvollen Worte der sanften Macht werden flankiert mit handgreiflichen Taten der harten Macht. Schon lange wird mit der vereinten Kraft deutscher Medien auf Adenauer und seinen Verteidigungsminister Franz Strauß eingedroschen. Wobei Strauß ein derart von Korruptionsskandalen umwitterter Politiker ist, dass auch Adenauer ihn schon öfter aus seiner Regierung werfen wollte. Es ist jedoch weniger der Ruch von Korruption, der die liberale Presse an Strauß stört. Eher kann man nicht so genau abschätzen, ob er ein loyaler Transatlantiker ist. Ist er womöglich neben Adenauer der potenteste „Gaullist" an den Schaltstellen der Macht? Liegt es auch daran, dass Strauß womöglich ein Sicherheitsnetz in Deutschland knüpft, das an der CIA-Bundesnachrichtendienst-Achse vorbei geht und dieser transatlantischen Connection womöglich gar den Kampf ansagt? Es ist in Bonn ein offenes Geheimnis, dass BND-Chef Reinhard Gehlen und Strauß sich spinnefeind sind. Das Sprachrohr des von Nazi-Kriegsverbrechern geführten Bundesnachrichtendienstes ist das Hamburger Nachrichtenmagazin Der Spiegel. Niemals vor der berühmten Spiegel-Affäre wäre irgendjemand auf die Idee gekommen, den Spiegel als „linksliberal" einzustufen. Der Spiegel und der BND beschäftigten beide nicht irgendwelche ehemaligen anonymen NSDAP-Mitglieder, sondern Personen, die an Massenmorden und Deportationen im Naziregime beteiligt waren[15]. Und der BND „fütterte" den Spiegel immer mal wieder mit gezielten Indiskretionen, und der Spiegel ließ wichtige Artikel vom BND Korrektur lesen. So veröffentlichte Spiegel-Chefredakteur Konrad Ahlers z.B. eine Titelgeschichte über den damaligen Generalinspekteur der Bundeswehr, Friedrich Foertsch, „die Straußens antiamerikanische Militärpolitik entlarvte"[16], wie sich 1970 die beiden Autoren Zolling und Höhne in ihrem Bestseller „Pullach Intern" auszudrücken wussten. Kontaktmann des BND zum Spiegel war Oberst Adolf Wicht. Der geschäftsführende Redakteur des Spiegel, Hans Detlev Becker, verfügte über vertrauliche Dokumente eines Bundeswehr-Manövers mit Namen „Fallex 62", das zu nicht sehr schmeichelhaften Befunden über die Bundeswehr gekommen ist. Becker gleicht seinen Artikel mit BND-Wicht ab. Wicht gibt sein Ok, und am 10. Oktober 1962 erscheint die Titelstory: „Bedingt abwehrbereit". Die Bundeswehr sei zu der von Kennedy geforderten „Vorwärtsverteidigung" gegen den Warschauer Pakt nicht in der Lage. Schuld sei Strauß mit seinem veralteten, auf der Massiven Vergeltung fußenden Militärkonzept.

Es entspinnt sich ein beinhart ausgefochtener Agentenkrieg auf deutschem Boden. Auf der Seite von Adenauer und Strauß kämpfen der Militärische Abschirmdienst (MAD), die Sicherungsgruppe Bonn, verschiedene Polizeieinheiten, die Bundesanwaltschaft; ihre Gegner sind die von Washington gesteuerten Agenten des Bundesnachrichtendienstes unter Leitung von Reinhard Gehlen. Die erste Runde geht an Adenauers Leute: Spiegel-Herausgeber Rudolf Augstein und sein Chefredakteur Konrad Ahlers werden in Handschellen ins Gefängnis gebracht. Ihre Wohnungen und sämtliche Spiegel-Büros werden durchsucht. Die Autoren Zolling und Höhne beschreiben die Wahrnehmung der Gehlen-Gegner: „Der BND-Chef stand hinter der Strauß-Kritik des Spiegel. Wicht hatte die Redaktion vor der Nacht- und Nebel-Aktion gewarnt und ihr die Möglichkeit geschafft, das landesverräterische Material verschwinden zu lassen."[17] Am 12. November 1962 wird gar der greise Adenauer selber zum Akteur in diesem Agentenkrimi. Er lässt die BND-Führer Gehlen, Worgitzky, und Winterstein im Kanzleramt in getrennten Zimmern einsperren. Dann holt er den Justizminister: „Herr Stammberger, Sie müssen Gehlen verhaften!" Der Angesprochene erklärt allerdings, etwas verwirrt, er könne die Herren nicht verhaften. Sodann eilt Bundesanwalt Kuhn an den Tatort und verhört die diskreten Führer des BND. Es folgte in der Zentrale des BND in Pullach eine Razzia durch die Bundesanwaltschaft und Beamte der Sicherungsgruppe Bonn und sie verhören die BND-Agenten. Die Autoren von „Pullach Intern" sind im Jahre 1970 ganz auf der Seite Gehlens: „Gehlens Verfolger wurden nicht müde, dem alten Herrn im Palais Schaumburg [damals Sitz des Bundeskanzleramtes in Bonn] das Schreckensbild des Landesverräters Gehlen auszumalen. Ihre Verschwörer-These wurde immer uferloser, immer gespenstischer: Bald sahen sie ein weltweites Komplott von der CIA in Washington über Gehlen in Pullach bis zu Augstein in Hamburg, entschlossen, Adenauer und Strauß zu stürzen."[18]

„Adenauer stürzen, und zwar in nächster Zeit!"

Strauß zu stürzen war nicht schwer. Tatsächlich hatte sich „der Löwe von Bayern" in diesem Agentenkrimi allzu tollpatschig verhalten und machte mit der rechtswidrigen Verhaftung von Augstein und Ahlers in Handschellen den Eindruck eines lateinamerikanischen Diktators. Adenauer dagegen verfügte über hohes Ansehen. Wenn er auch jetzt für alle erkennbar geistige Beweglichkeit eingebüßt hatte, so war und blieb er doch der Kanzler, der Deutschland in den Augen seiner Zeitgenossen wieder zu neuer Größe geführt hatte. Er war der listige Großvater, der sich geschickt und ungeheuer selbstbewusst zwischen den großen Tieren der Weltpolitik zu bewegen wusste. Das interessierte aber die Mächtigen dieser Welt eigentlich weniger: „Frankreichs Botschafter in Bonn unterrichtete Adenauer am 4. Februar, Edward Heath [der spätere britische Premierminister] habe gegenüber einem ranghohen Benelux [Belgien, Niederlande, Luxemburg] –Repräsentanten/ erklärt, daß seine Regierung und wohl auch die amerikanische dafür sorgen würden, daß Adenauer gestürzt werde, und zwar in nächster Zeit."[19] Zunächst einmal gibt es eine Koalitionskrise, als am 19. November 1962 alle FDP-Minister zurücktreten und verkünden, sie würden erst wieder in die Regierung eintreten, wenn garantiert dieser Strauß nicht wieder zurückkehrt. Als sogar seine eigene CSU ihn fallen lässt, verkündet Strauß, er werde der neuen Regierung nicht mehr angehören.

De Gaulle schwimmen die Felle davon. Da entschließt sich der General zur Flucht nach vorne, und das verfehlt nicht seine Wirkung. In einer Pressekonferenz am 14. Januar 1963 holt de Gaulle gleich zu drei sehr schmerzhaften Hieben aus: erstens wird er sein Veto einlegen gegen einen Beitritt Großbritanniens zur Europäischen Wirtschaftsgemeinschaft. Zweitens wird er keine Polaris-Raketen von den Amerikanern kaufen. Kennedy hatte nämlich den Europäern gesagt, sie könnten im Rahmen der von ihm aus dem Ärmel gezauberten Multilateralen Streitmacht (MLF) über eigene atomare Polaris-Sprengköpfe verfügen, die von U-Booten abgeschossen würden. Das war fauler Zauber, denn die letztendliche Verfügungsgewalt sollten immer noch die USA behalten. Nein, sagt de Gaulle, das reizt ihn nun gar nicht. Stattdessen wird er jetzt verschärft seine eigene Atomstreitmacht Force de Frappe ausbauen. Und drittens will er die NATO aus Frankreich rausschmeißen.

Acht Tage später, am 22. Januar 1962, wurde nun der Deutsch-Französische Freundschaftsvertrag im Pariser Élysée-Palast feierlich unterzeichnet. Die Angloamerikaner schäumen. Am Abend vor der Vertragsunterzeichnung erscheinen nicht näher benannte Herrschaften aus Amerika bei Adenauer im Hotelzimmer und legen ihm dringend nahe, seine Entscheidung für die Vertragsunterzeichnung doch noch einmal zu überdenken[20]. Präsident Kennedy lässt durchblicken, er empfände den Élysée-Vertrag als „Dolchstoß in den Rücken". Und die transatlantische Presse in Deutschland baut schon einmal eilfertig Adenauers Nachfolger auf. Ludwig Erhard gibt Anfang Februar ein „aufsehenerregendes Interview" in der Süddeutschen Zeitung, wo er den noch amtierenden Bundeskanzler frontal angeht. Und das über alle Parteien hinweg gesponnene Netzwerk der Atlantik-Brücke legt sich immer nachdrücklicher über Bonn. Transatlantisch erzogene neue Kader. Strippenzieher aus Regierung und Opposition im Bundestag erarbeiten eine Präambel, die sie dem Élysée-Vertrag überhelfen wollen, um dessen Wirkung gegen Null zu bringen. Fritz Erler, bekannt als Fraktionsvorstand der SPD im Bundestag und nebenbei Mitglied in der transatlantischen Deutschen Gesellschaft für Auswärtige Politik, Herbert Wehner von der SPD und CDU- sowie Atlantik-Brücken-Mitglied Kurt Birrenbach treffen sich mit der grauen Eminenz der angloamerikanischen Hegemoniebestrebungen, Jean Monnet, um eine von Letzterem entworfene Erklärung abzusegnen „welche die Bedenken über den künftigen Kurs der Bundesrepublik zerstreuen sollte."[21] Hier zeichnet sich bereits eine Große Koalition ab: „Erst die Unterstützung seitens der Sozialdemokraten ermöglicht den Atlantikern den Durchbruch."[22] Dirigent der erneuten Einwebung Deutschlands in das angloamerikanische Netzwerk ist Jean Monnet, der über das von ihm kontrollierte Aktionskomitee für die Vereinigten Staaten von Europa (Action Committee for the United States of Europe) in besonderem Maße westeuropäische Sozialdemokraten, Sozialisten und Gewerkschaftsführer im Kampf für die angloamerikanische Hegemonie einbindet.

Die besonders von SPD-Funktionären auf den Weg gebrachte Präambel wurde sodann vom Bundestag verabschiedet und macht den ganzen Deutsch-Französischen Freundschaftsvertrag zur Luftnummer: denn in der Präambel wird die Zugehörigkeit Großbritanniens zur EWG genauso gefordert wie die unverbrüchliche Zugehörigkeit zur westlichen Gemeinschaft. Es ist recht ungewöhnlich, dass ein Parlament in einen Vertrag, den die Regierung mit der Regierung eines anderen Landes abschließt, noch einen Text hineinschreiben darf – und dann noch den Sinn des nachfolgenden Vertragstextes um hundertachtzig Grad verdreht. Nun wurde Konrad Adenauer auch bald 88 Jahre alt, und sein Rücktritt erschien der Öffentlichkeit als die natürlichste Sache der Welt. Am 12. Oktober 1963 verabschiedete ein großer Zapfenstreich Konrad Adenauer in den Ruhestand. Mit Ludwig Erhard folgte ihm ein überzeugter Anhänger der USA und der Freihandelszone ins Kanzleramt. Wir haben im vorherigen Kapitel gesehen, dass auch Erhard im Zusammenhang mit Chruschtschows Liebeswerben um Westdeutschland in Konflikt geraten sollte mit den USA. Doch jetzt ließ Erhard General de Gaulle erst einmal eiskalt abblitzen. Der große Franzose musste sich nach anderen Bündnispartnern umsehen.

De Gaulle schmeißt NATO aus Frankreich raus

De Gaulle wurde nun als ebenso schlechter wie ungehorsamer Schüler von seinen Klassenkameraden in der EWG geächtet und gemieden. Alle hatten das Gefühl, de Gaulle wollte ihnen statt der angloamerikanischen Unterwerfung nunmehr die Unterwerfung unter die französische Oberhoheit andienen. Alle sahen, dass de Gaulles Frankreich viel zu schwach war, um mit den Amerikanern zu konkurrieren. Der italienische Botschafter Roberto Ducci brachte die kontinentaleuropäische Ohnmacht sarkastisch auf den Punkt: „Der reichste und geographisch am weitesten entfernte Herr ist immer der beste Herr."[23]

Doch der französische Präsident hält an seinem Ausstieg aus der NATO auch ohne deutsche Rückendeckung eisern fest. Frankreich war bislang bei weitem der wichtigste Standort des westlichen Militärbündnisses. Seit 1952 befanden sich 13 Basen der US-Luftwaffe mit 62.000 GIs und 40.000

zivilen Mitarbeitern in Frankreich. SHAPE, das NATO-Hauptquartier, war in Rocquencourt unweit von Paris stationiert, und in Fontainebleau waren die alliierten Streitkräfte für Europa-Mitte zuhause. In Saint-Germain-en-Lage wiederum befand sich das Oberkommando der US-Streitkräfte für Europa (EUCOM). Der NATO-Generalsekretär residierte seit 1952 in Paris. Diese militärische Infrastruktur hatte sich in Frankreich ausgebreitet, als das Land politisch instabil war. 1958 hatte dann de Gaulle der NATO das Kommando über die französische Mittelmeerflotte entzogen. 1964 erteilte der General der MLF eine klare Absage und 1966 stellte er die NATO vor die Wahl, entweder die gesamte in Frankreich befindliche NATO-Struktur französischem Oberkommando zu unterstellen – oder aber abzuziehen. Die NATO zieht Letzteres vor, sodass das NATO-Oberkommando von Rocquencourt in das belgische Mons verlagert wird. Das Fass lief bei de Gaulle über, als der damalige militärische Oberbefehlshaber der NATO (SACEUR) sich weigerte, de Gaulle mitzuteilen, wo sich genau in Frankreich die alliierten Atomwaffen befanden[24]. Mit der Ausweisungsorder vom 7. März 1966 erfolgte der komplette Rausschmiss der NATO aus Frankreich, begleitet mit de Gaulles Bemerkung, Frankreich sei kein Protektorat, und eine akute Bedrohung aus dem Osten würde jetzt nicht mehr bestehen. Die Neue Zürcher Zeitung wirft de Gaulle vor, damit einen „großen Schaden" angerichtet zu haben: „Dieser Schaden nahm sich umso grösser aus, als die Nato-Vorneverteidigung in Deutschland auf einen Schlag ihr operatives Hinterland einbüßte."[25]

De Gaulle muss sich jetzt nach den geschickt eingefädelten transatlantischen Intrigen in Deutschland neue Freunde suchen, was sich als ganz schön schwierig erweist. Denn eine solche symbiotische Beziehung wie zwischen den beiden Nachbarländern Deutschland und Frankreich würde es nie wieder geben. Als de Gaulle mit Adenauer anbändelte, profilierte er sich bei den Deutschen durch eine betont harte Haltung gegenüber der Sowjetunion. Jetzt suchte der Franzose die Freundschaft mit den Sowjets, auch nach dem Sturz von Chruschtschow. De Gaulle hatte schon 1959 die Oder-Neiße-Linie anerkannt. Nun kommt de Gaulle auf Staatsbesuch nach Moskau, und Sowjet-Premier Kossygin nach Paris. Eine neue französisch-sowjetische Handelskammer wird gegründet, und der Osthandel nimmt einen enormen Aufschwung. Während des Sechs-tagekrieges zwischen Israel und den arabischen Staaten verurteilen Sowjetunion und Frankreich im UN-Sicherheitsrat gemeinsam die israelische Seite. Der Chansonier Gilbert Becaud besingt die französisch-sowjetische Freundschaft mit seinem Lied „Natalie", wo der Sänger allerdings mehr von den Reizen seiner russischen Gastgeberin fasziniert ist als von den Errungenschaften des Staatssozialismus. Zugleich umwirbt de Gaulle auch die Satellitenstaaten des Warschauer Paktes und spricht sich für mehr Bewegungsfreiheit dieser Staaten aus.

Ebenfalls umwirbt de Gaulle die Länder der Dritten Welt, insbesondere die Staaten der Blockfreien Bewegung. Letztere wollen sich keinem der beiden großen Machtblöcke anschließen. Aber hier kann de Gaulle sich nicht mehr an die Spitze setzen, denn die Blockfreie Bewegung ist bereits von dem jugoslawischen Staatschef Josip Broz Tito besetzt. Aber de Gaulle kommt zugute, dass Frankreich sich bereits 1954 aus dem Indochina-Krieg zurückgezogen und die Kolonien sehr zügig bis 1962 in die Unabhängigkeit entlassen hatte. Er attackiert die Amerikaner wegen ihres harten Kriegseinsatzes in Vietnam und hält im September 1966 eine Rede in der kambodschanischen Hauptstadt Phnom Penh, wo er die USA dringend vor einer Eskalation warnt und die Neutralität Kambodschas unterstützt. Mit der Volksrepublik China hat er 1964 offiziell Beziehungen aufgenommen und besteht mit ihr gemeinsam auf dem Recht, weiterhin oberirdische Atombombenversuche durchführen zu dürfen. Jedoch nirgendwo ergibt sich eine wirklich substantielle neue Bündnisperspektive wie sie sich mit Deutschland angeboten hatte. Als de Gaulle im Mai 1968 zu einem Staatsbesuch beim rumänischen Staatschef Nicolae Ceaucescu weilt, beginnt in Frankreich eine handfeste Revolte, die leicht auch in eine Revolution übergehen könnte.

Mai 68 in Paris: Bankrott des Gaullismus
Studenten rebellieren im Pariser Altstadtviertel Quartier Latin, errichten gegen die Staatsgewalt Barrikaden, besetzen wichtige Gebäude der Hauptstadt. Es solidarisieren sich obendrein die Arbeiter, und ein Generalstreik bringt die Wirtschaft zum Erliegen. Zur gleichen Zeit revoltieren auch

in Deutschland die Studenten. Aber die Arbeiter in Deutschland lehnen die Studentenrevolte nahezu einhellig ab. Der Grund für diese Abstinenz liegt auf der Hand: die Löhne sind in Deutschland ganz erheblich angehoben worden über die Nachkriegszeit, dafür ist die Arbeitszeit deutlich verringert und die Urlaubstage vermehrt worden – und das alles bei höherem Lohn. Währenddessen ist der Lebensstandard in Frankreich deutlich hinter dem Lebensstandard in Deutschland zurückgeblieben. De Gaulles Entwicklung eigener Waffensysteme in der Force de Frappe hat immense Geldmittel verschlungen, die durch eine extrem hohe Steuerlast finanziert werden musste. Die französischen Arbeiter und mittelständischen Gewerbetreibenden hatten sehr lange stillgehalten, doch jetzt, da die Studenten aufbegehren, sehen auch sie die Zeit gekommen, sich ihrerseits nachdrücklich zu Wort zu melden. Zudem gab es in Frankreich ja noch eine echte Gewerkschaft in Form der CGT, während es in Deutschland nur noch Gewerkschaften nach dem Bilde amerikanischer konzern-naher Trade Unions mit sozialer Konsensorientierung gab. Die Studenten jedoch standen in Frankreich und in Deutschland vor der gleichen Situation: die komplexer werdende Arbeitswelt erforderte wesentlich mehr qualifizierte Mitarbeiter als früher. Also wurden mehr Studenten an den Universitäten zugelassen, ohne entsprechend mehr Kapazitäten zur Verfügung zu stellen. Auch waren die Universitäten noch immer elitäre Ordinarien-Universitäten, was den neuen Anforderungen nicht mehr gerecht werden konnte.

Doch diese Beschwerden, für die eigentlich energische Reformmaßnahmen die richtige Therapie gewesen wären, waren der Ausgangspunkt für eine Generalabrechnung mit dem autokratischen Regierungsstil von General de Gaulle. Bereits bei seiner Wiederwahl 1965 war der Zuspruch für de Gaulle nicht mehr so einhellig wie früher. Also musste er sich einer Stichwahl stellen. Er war jetzt, salopp gesagt, eine Art Auslaufmodell. Als er wieder einmal, wie so oft, auch diesmal den direkten Draht zu seinem Volk durch eine Fernsehansprache sucht, trifft er nicht den richtigen Ton. De Gaulle ist durch seinen Autoritätsverlust stark verunsichert und flüchtet mit dem Hubschrauber nach Baden-Baden, zur französischen Militärbasis in Deutschland. Dort bespricht er sich mit General Jacques Massu, einem Haudegen aus dem Algerienkrieg. Was de Gaulle wirklich im

Schilde führte, ist bis heute nicht geklärt. Wollte er mit Massu einen Militärschlag gegen die Anarchie führen? Oder war er einfach nur am Ende mit seinem Latein? General Massu soll ihm energisch die Leviten gelesen haben, er solle sich mal gefälligst zusammenreißen. Diesen „Anschiss" brauchte de Gaulle anscheinend. Denn in altgewohnt energischer Art kehrte er nach Frankreich zurück, meldete sich per Radioansprache und verkündete Neuwahlen. Währenddessen fanden sich 700.000 Menschen in Paris zusammen zu einer Solidaritätsdemonstration für den General. Die Neuwahlen gewannen die Gaullisten haushoch. Dennoch ist der mittlerweile 77-jährige de Gaulle am Ende seiner Kräfte. Ein Referendum zu einer von de Gaulle beabsichtigten Reform der Regionalverwaltung ging zu seinen Ungunsten aus, woraufhin der General als Staatspräsident zurücktrat. 1970 verstarb de Gaulle.

Die hohen Militärausgaben wurden drastisch gekürzt, um jetzt endlich den Lebensstandard der Franzosen spürbar anzuheben. De Gaulles Force de Frappe verlor durch diese Kürzungen ganz erheblich an Schlagkraft. Während de Gaulles Nachfolger Georges Pompidou noch versuchte, die Außenpolitik seines Vorgängers in wesentlichen Zügen fortzuführen, ermöglichte die Wahl von Valéry Giscard d'Estaing eine deutlich wahrnehmbaren Westorientierung Frankreichs. Nun gab es wieder ein einträchtiges deutsch-französisches Gespann mit Giscard d'Estaing und dem deutschen Bundeskanzler Helmut Schmidt. Allerdings taten sich die beiden Staatenlenker nicht zusammen, um eine europäische Autonomie zu ermöglichen, sondern vielmehr ging es darum, der transatlantischen Weltordnung optimal zuzuarbeiten.

Schlussfolgerungen

Die besonderen Bedingungen des Zweiten Weltkrieges ermöglichte es einem außerordentlich mutigen Mann wie de Gaulle, aus eigener Initiative ein neues, unbelastetes und souveränes Frankreich zu erschaffen. Es gelang ihm zu verhindern, dass Frankreich ein angloamerikanisches Protektorat wurde. Das Prestige des legendären Generals verschaffte de Gaulle die Vollmacht, auch nach dem Krieg Frankreich nach seinem Bilde zu prägen. Die Kolonien entließ er rasch und energisch in die Unabhängigkeit. Er wollte die vollkommene nationale Unabhängigkeit Frankreichs. Dafür suchte er sich in Deutschland einen potentiell geeigneten Partner, weil ihm klar, dass Frankreich alleine einen neuen geopolitischen Faktor in der Weltpolitik niemals darstellen konnte. Jedoch wurde die „gaullistische Wende" in Deutschland nicht von einer einigen und entschlossenen Gruppierung durchgeführt. Adenauer hatte keine zuverlässigen Verbündeten und stand einem gut aufgestellten transatlantischen Netzwerk gegenüber, dem er nicht gewachsen war.

De Gaulle hatte ebenfalls keine mächtigen Verbündeten für seine Unabhängigkeitsbestrebungen. Ihm stand kein Netzwerk von Lobbygruppen, Denkfabriken und Presseorganen zur Verfügung, die de Gaulle unterstützt hätten. Er stand ganz alleine da und konnte sich nur auf sein hohes Ansehen verlassen. Seiner außenpolitischen Bündnispolitik fehlte es zudem an Kontinuität und Konsistenz. Für das Bündnis mit Deutschland hatte er eine harte Haltung gegenüber dem Ostblock eingenommen. Nach dem Verlust der deutschen Trumpfkarte lavierte de Gaulle zwischen Ostblock und den blockfreien Staaten hin und her. Für eine vertrauensvolle dauerhafte geopolitische Zusammenarbeit ist dieses Lavieren eine denkbar schlechte Voraussetzung.

De Gaulle hatte der französischen Bevölkerung durch den Aufbau eines eigenen Waffensystems hohe Belastungen aufgebürdet. So etwas kann man immer nur eine Zeit lang machen. Irgendwann ist der Appell des Verzichts auf Lebensqualität als Preis für eine nationale Eigenständigkeit den Menschen draußen im Lande nicht mehr zu vermitteln. De Gaulles Frankreich hatte nicht genug Ressourcen, um es mit den Supermächten USA und Sowjetunion aufnehmen zu können.

Die Zeit der großen Staatsmänner vom Schlage Eisenhowers, Chruschtschows oder de Gaulles, die als geniale Einzelgänger auf der weltpolitischen Bühne reüssieren konnten, ist definitiv abgelaufen. Die vielschichtiger gewordene Welt lässt sich nur noch durch starke Netzwerke mit komplexem Innenleben aus Parteien, Massenmedien, Geheimdienste oder auch Denkfabriken regieren.

Kapitel 12
Entspannung –
die vermeintliche Ruhe vor dem Sturm

„All we are saying is: Give Peace a chance!"
(The Beatles)

In Zentraleuropa begann mit der Entspannungspolitik eine Epoche des Friedens und des Wohlstands. Es war, als wenn die Wolken sich zurückzogen und ein strahlender Sonnenschein unser Leben mit Glanz und Wärme streichelte. Auf die finster dreinblickenden Glatzköpfe Eisenhower und Chruschtschow sowie den immer grimmigen John Foster Dulles folgte die junge quirlige Familie Kennedy. John Fitzgerald lachte auch mal freundlich und entspannt in die Kamera, seine Frau Jaqueline war schön und elegant, und Marilyn Monroe hauchte dem strahlenden Präsidenten verführerisch sexy Geburtstagswünsche ins Ohr. Allein schon die Tatsache, dass jetzt das Zeitgeschehen in Farbe und nicht mehr schwarzweiß festgehalten wurde, macht die Entspannungszeit für die Nachwelt so viel sympathischer. Auf den spastisch mit dem Unterleib zuckenden Elvis Presley folgten die entspannten Beatles aus dem englischen Arbeitermilieu. Noch heute können einem die Tränen kommen bei Willy Brandts Kniefall in Warschau. Und dauernd schütteln sich die Mächtigen dieser Welt freundlich die Hände: Kennedy und Chruschtschow, Breschnew und Johnson, Breschnew und Nixon, Breschnew und Ford, Breschnew und Carter, Mao und Nixon.

Nur die Revolte von 1968 erinnert die Menschen draußen im Lande etwas unbehaglich und gleichzeitig ohne wirkliches Begreifen, dass es da hinten irgendwo bei den Wilden Probleme geben könnte, die nicht so recht in die Harmonie der Entspannungswelt hineinzupassen scheinen. Und dann im Wohnzimmer neben dem Warenhaus-Bild mit dem röhrenden Hirsch der Fernsehapparat mit den Bildern der scheußlichen Massaker von My Lay, der Sequenz mit dem Saigoner Polizeichef, der vor laufender Kamera einen Vietcong erschießt; das Bild von dem nackten Mädchen, das vor einem amerikanischen Feuerangriff flieht und keine Zeit mehr hat, sich anzuziehen. Scheußlich, da unten in Indochina. Aber zum Glück schön weit weg.

Es gab jetzt erst einmal keinen Aufmarsch der Giganten, unter deren eisern-nuklearen Stampfern wir zerdrückt werden. Dass das Pokern mit der größtmöglichen Zerstörungskraft atomarer Sprengköpfe sich durch das Patt des gegenseitigen Overkills totgelaufen hatte, erkannte ja schon Eisenhower. Die Doktrin der Massiven Vergeltung war auch sehr schlecht für das Geschäft der Waffenhersteller und –händler, was allerdings kalkulierter Effekt in der Strategie Eisenhowers war. Deswegen hat bereits im Jahre 1957 der Historiker und Politologe Henry A. Kissinger ein Buch geschrieben, in dem er die Sackgasse der Massiven Vergeltung aufgezeigt hat[1]. Auch der führende Militäroffizier Maxwell D. Taylor prangerte die Selbstlähmung des US-Militärs durch die Massive Retaliation des John Foster Dulles drei Jahre nach Kissinger an[2]. Die Kuba-Krise demonstrierte noch einmal sehr nachdrücklich die Unbrauchbarkeit der massiven Vergeltungsstrategie. Wenn Kennedy nicht seinen kleinen Bruder Robert („Bobby") unter Umgehung des schwerfälligen Machtapparates losgeschickt hätte zum sowjetischen Emissär und Bobby unter vier Augen die richtige Atmosphäre für ernsthafte Verhandlungen geschaffen hätte, dann wären die Großmächte womöglich aufeinander zu gerannt und es hätte den großen Knall gegeben. Zumindest damals, siebzehn Jahre nach dem Ende des Zweiten Weltkriegs, wollte das nun wirklich niemand außer den Falken in Washington.

Es hat aber dann doch noch bis 1967 gedauert, bis bei der NATO die neue Militärdoktrin amtlich eingeführt wurde: nämlich die Doktrin der Flexiblen Antwort (englisch: flexible response). Das bedeutete: wenn jetzt, sagen wir mal, die Sowjetunion wieder einmal, wie in Kuba, in das Revier der USA eindringen sollte, dann würden die USA nicht gleich mit einem nuklearen Angriff auf Moskau antworten. Dann würde vielleicht stattdessen erst einmal der amerikanische Botschafter bei der sowjetischen Regierung vorsprechen und fragen, was das denn jetzt soll. Käme dabei nichts Vernünftiges heraus, würde man vielleicht konventionelle Waffen schon mal in Anschlag bringen. Und wenn auch das nichts bringt, könnte dann als Ultima Ratio auch der Einsatz von Atomwaffen erwogen werden.

Der Übergang von der Massiven Vergeltung zur Flexiblen Antwort vollzog sich schleichend in den zehn Jahren von Kissingers Buch bis zur offiziellen Verkündung 1967. So holte Kennedy den Militärtheoretiker Maxwell Taylor in seinen Stab, und infolge der Aufwertung konventioneller Systeme wurde das Heer um ein Viertel vergrößert. Die Streitkräfte sollten in die Lage versetzt werden, gleich mehrere Kriege gleichzeitig führen zu können. Als neuen wichtigen Schauplatz erkannte Kennedys Stab die Länder der so genannten Dritten Welt. Für sie wurden Spezialtruppen zur Bekämpfung von Befreiungsbewegungen aufgebaut. Obendrein bedeutete der schleichende Abschied von der Massive Retaliation durchaus nicht, dass nun der Bestand an Nuklearwaffen zügig abgebaut werden sollte. Nein, man füllte stattdessen die Militärdepots mit vielen neuen Nuklearwaffen auf. Nach Eisenhowers Schlankheitskur für die Streitkräfte konnte der Militärhaushalt unter Kennedy munter wieder zunehmen.

Andererseits hielten sich auch die Präsidenten Kennedy, Johnson und Nixon gewissenhaft an die Revierabsprachen von Jalta aus dem Zweiten Weltkrieg. Das wurde deutlich, als 1968 Truppen des Warschauer Paktes, mit Ausnahme der Nationalen Volksarmee der DDR, in Prag einmarschierten, um die dortigen Reformen unter Dubcek mit ihren Stiefeln zu zertrampeln. Der Krieg gegen Eurasien wurde ganz sanft und raffiniert mit der Wirtschaftswaffe ausgefochten, was sich als viel wirksamer erweisen sollte als der Einsatz von Waffengewalt oder die perfiden Regime Change-Manöver der Dulles-Brüder. Wir hatten schon herausgearbeitet, dass mit dem Sturz von Chruschtschow eine radikale Kehrtwende in der weiteren Entwicklung der Sowjetunion eintrat. Die Sowjetökonomie regredierte, weg von der schon erfolgreich durchgeführten nachholenden Industrialisierung und der Importsubstitution, zurück in den Status eines Drittweltlandes mit Export von Rohstoffen und dem Import von Fertigprodukten. Wobei sich die Terms of Trade für die Sowjetunion immer mehr verschlechterten. Soll heißen: der Preis für exportierte Rohstoffe sank immer weiter ab, und der Preis für importierte Fertigprodukte stieg immer mehr an. Folge: die Sowjetunion geriet bereits in den 1970er Jahren in eine gefährliche Schuldenfalle.

Der russische Bär bettelt um Geschäfte mit Amerika

Und während die westdeutschen Handelspartner zuverlässig und fair ihre Handelsvereinbarungen mit der Sowjetunion einhielten, ließ die amerikanische Administration den russischen Bären, Parteichef Leonid Breschnew, am Nasenring durch die Manege führen. Da hatte US-Präsident Richard Nixon bei seinem Staatsbesuch in Moskau den Sowjets großzügig die Meistbegünstigungsklausel für den Sowjethandel in Aussicht gestellt. Soll heißen: die Sowjets können den Amerikanern ihre Waren zu denselben Zollbedingungen anbieten wie kapitalistische Partner der USA auch. Nixon hatte die Rechnung ohne den Kongress in Washington gemacht. Die mauerten nämlich jetzt und wollten diese Klausel nur dann gewähren, wenn die Sowjets ihren jüdischen Bürgern freie Auswanderung nach Palästina ermöglichten. Als Breschnew zum Gegenbesuch in den USA weilt, wendet er sich flehend an das Volk der USA: liebe Amerikaner, wir wollen mit Euch in den nächsten zwanzig Jahren für sage und schreibe 250 Milliarden Dollar Geschäfte machen. Die Sowjets wollten nämlich riesige Erdgasfelder im Norden Sibiriens erschließen, und dafür brauchten sie schon alleine etwa 20 Milliarden Dollar. Doch zunächst einmal wird es eng, weil die Sowjetunion ein immer größeres Handelsbilanzdefizit aufbaute. Die Situation sollte sich dann nach den beiden Ölkrisen in den 1970er Jahren ein bisschen entschärfen durch die höheren Einnahmen aufgrund weltweit stark angestiegener Ölpreise. Aber das dicke Ende sollte dann noch kommen. Zunächst einmal sind aber die Unternehmer der USA stinkesauer auf ihre Regierung. Eine Zuckerbrause-Firma hatte nämlich von Breschnew die Erlaubnis erhalten „Rußland [sic!] in ihr Pepsi-Cola-Imperium einzugliedern."[3]

In diesem kurzen Zitat aus der zeitgenössischen Presse wird sehr vieles deutlich: Bretton Woods hatte eine Weltordnung geschaffen, in der internationaler Handel sich zumindest in der kapitalistischen Hälfte der

Welt frei und geregelt entfalten konnte. Auf diese Weise waren mächtige globale Konzerne und Kartelle aus dem Boden geschossen. In den 1970er Jahren hatten viele dieser neuen privaten Wirtschaftsgiganten schon einen Jahresumsatz vorzuweisen, der es mit dem Bruttoinlandsprodukt mittelgroßer Staaten durchaus aufnehmen konnte. So ist es durchaus nicht vermessen, wenn Pepsi Cola die Sowjetunion in ihr Reich einzuverleiben gedenkt. Die Nationalstaaten treten im Vergleich mit den Globalkonzernen immer weiter zurück.

Auf der anderen Seite hat die Weltordnung von Bretton Woods ein feines Gewebe von globalen Nichtregierungsorganisationen erschaffen, die immer öfter gleichberechtigt mit den Nationalstaaten interagieren: UNO, NATO, Weltbank, IWF und viele mehr. Es ist also eine völlig neue Gemengelage entstanden. Mächtige Denkfabriken wie z.B. die Trilaterale Kommission, die 1973 von David Rockefeller ins Leben gerufen wurde, haben diese Situation erkannt. Das Zauberwort heißt: Interdependenz – alles ist von allem anderen abhängig in der vernetzten Bretton-Woods-Welt. Sie fordern in vielen Büchern und Thesenpapieren, diese teilweise wild ins Kraut geschossenen neuen Strukturen zu ordnen. So sollen in Zukunft Multinationale Konzerne, Nationalstaaten und diese Nichtregierungsorganisationen an runden Tischen zusammengefasst werden [4]. In Zukunft spielen die Nationalstaaten nicht mehr die erste Geige, sondern müssen sich mit den anderen Instrumentengruppen die Macht teilen. Es kann auch nicht mehr angehen, sagen die Vordenker der Trilateralen Kommission und des Council on Foreign Relations, dass in der UNO-Vollversammlung alle Staaten dieser Welt, Liechtenstein genauso wie USA, die gleichen Stimmrechte besitzen sollen. Eine neue Hierarchie der Mächte muss geschaffen werden. Die Vorschläge der privaten Trilateralen Kommission werden damals von den Politikern bereits sehr ernst genommen und oftmals in konkrete politische Schritte umgesetzt.

Zum anderen hatten sich die westeuropäischen Staaten sehr gut von den Zerstörungen und Wirren der Nachkriegszeit erholt. Zusammen mit neuen ostasiatischen Spielern wie Japan oder Südkorea sind sie zu ernsthaften Konkurrenten der USA aufgestiegen. Und sie alle produzierten natürlich am liebsten teure Fertigprodukte. Die sollte aber ja auch jemand kaufen. Der weltweite Absatzmarkt konnte das neue Angebot nur schwer absorbieren. Möglicherweise wären die kapitalistischen Staaten in den 1970er Jahren schon schmerzhaft an ihre Grenzen gestoßen, wenn nicht die Öffnung des Ostens durch die Entspannungspolitik hier neue Absatzmärkte geschaffen hätte. Zugleich ergaben sich günstige Rohstoffquellen für den kapitalistischen Westen im bis dato unerschlossenen Osten. Und während in den USA manche Politiker den Geschäftsleuten ihren Spaß am Osthandel verdarben, waren sich in Westdeutschland Politiker und Geschäftsleute absolut einig, dass der Schlüssel zu weiterem Wirtschaftswachstum im Osthandel zu suchen ist. Industriellenchef Otto Wolff von Amerongen[5] und Kanzler Helmut Schmidt waren auf Ostreisen ein untrennbares Tandem. Wir wissen ja schon aus dem Chruschtschow-Kapitel, dass dieser Drang zu einem neuen Rapallo eine seit Adenauers Zeiten wahrnehmbare Unterströmung in der bundesdeutschen Politik war.

Dass bei diesem ungleichen Handel: Rohstoffe gegen Fertigprodukte, auch der so genannte sozialistische Block von innen her aufgeweicht und in die Schuldenfalle gelockt wurde, war ein Effekt, den vermutlich nur wenige Strategen damals bereits in voller Schärfe erkannt haben. Das sollte sich in den 1980er Jahren jedoch radikal ändern.

Der Krieg gegen Eurasien verliert sich einstweilen in der Weite der Dritten Welt

Der Zerfall der Kolonialreiche ließ zunächst ein machtpolitisches Vakuum entstehen, das von den neuen Welt-Akteuren nur zögerlich gefüllt wurde. Die klassischen Kolonialreiche Großbritannien, Frankreich, Niederlande oder auch Belgien waren durch den Abwehrkrieg gegen Hitlerdeutschland so geschwächt, dass sie ihre Besitzungen nicht mehr länger halten konnten. Sie waren pleite und verschuldet bei amerikanischen Banken.

Die in die Freiheit entlassenen neuen Staaten waren recht unterschiedlich aufgestellt. Manche wurden von umsichtigen Führern zu Musterstaaten ausgebaut. Kwame Nkrumah modernisierte sein Heimatland Ghana und brachte Ordnung in die Staatsfinanzen. 1966 wurde indes auch Nkrumah von einer amerikanisch gesteuerten Regime Change-Organisation gestürzt. Danach begann Ghanas unaufhaltsamer Abstieg. In anderen

Ländern tobten ethnische und soziale Konflikte. Und es kann der Beste nicht in Frieden leben, wenn es dem lieben Nachbarn nicht gefällt. Denn die neuen Großmächte USA und Sowjetunion wollten diese Länder gerne in ihren Einflussbereich einbeziehen. Später stieg auch noch China in diesen Wettstreit ein. Bisweilen gelang es den neuen Staaten, die Rivalitäten zwischen den Giganten für sich auszunutzen und darauf zu setzen, wer die besseren Angebote für eine Entwicklungshilfe machen würde.

Leider sehr viel öfter führten die Giganten in den neuen Ländern Stellvertreterkriege durch. Neben Regime Change-Manövern der Geheimdienste in bewährter Dulles-Manier kamen jetzt auch einheimische militärische Einheiten zum Einsatz, die von den USA oder der Sowjetunion gesteuert waren. Kongo war früher Privateigentum des belgischen Königs Leopold. Für Leopolds Bereicherung wurden die Bewohner des Kongo praktisch als Sklaven gehalten. Dann übernahm irgendwann der belgische Staat dieses mit Rohstoffen reich gesegnete Land. Als Kongo Anfang der 1960er Jahre in die Unabhängigkeit entlassen wurde, wählten die Kongolesen Patrice Lumumba zu ihrem Präsidenten. Sogleich erklärte Moise Tschombé die Provinz Katanga für abgetrennt vom Kongo. Tschombé war der Liebling jener Konzerne, die schon in Kolonialzeiten im Kongo das Sagen hatten. Tschombé ließ Lumumba verhaften, foltern und töten. Dann wurde Tschombé irgendwann selber Präsident des nun wieder vereinten Kongo. Die Weltöffentlichkeit nahm nur Tschombé als Repräsentanten des Kongo zur Kenntnis. Die dahinter agierenden Aktivitäten der CIA blieben im Verborgenen, für lange Zeit.

Neben Kwame Nkrumah arbeitete eine ganze Reihe von Drittweltregenten am Modell einer eigenständigen Politik, um solche traurigen Entwicklungen wie im Kongo zu vermeiden. Sie wollten eine behutsame Modernisierung ohne Preisgabe ihrer tradierten Kultur. Da war Tanganjikas Präsident Julius Nyeréré, der eine eigene Demokratie auf der autarken Dorfgemeinschaft (Ujamaa) aufbauen wollte. Gamal Abdel Nasser setzte demgegenüber auf groß angelegte Projekte wie den Assuan-Staudamm, um sein Land möglichst schnell mit Lebensmitteln zu versorgen und gleichzeitig billigen Strom für die Industrialisierung zu gewinnen. Einige Länder Lateinamerikas versuchten sich durch die bereits besprochene Importsubstitution unabhängig zu machen von den globalen Konzernen der USA. Die Regierungen solcher Länder hatten nicht vor, ein ausdrücklich kommunistisches Entwicklungsmodell zu verfolgen. Aber wer nicht exakt dem US-amerikanisch-kapitalistischen Entwicklungsweg folgen wollte, wurde von Washington als „kommunistisch" gebrandmarkt und entsprechend bekämpft. Folglich ereigneten sich in den 1970er Jahren Militärputsche in Chile, Argentinien und Uruguay, und bereits 1964 in Brasilien. In all diesen Ländern wurden die Ansätze einer Importsubstitution und Unabhängigkeit im Blut erstickt.

Ähnlich ging es in Indonesien bereits Mitte der 1960er Jahre zu. Präsident Achmed Sukarno hielt sein Land aus den weltpolitischen Rivalitäten heraus und war sogar mit US-Präsident John F. Kennedy befreundet. Sukarno war 1955 Gastgeber der Bandung-Konferenz. Hier trafen sich die Regierungen jener Länder, die sich weder den USA noch der Sowjetunion anschließen wollten. Das war der Kern der Bewegung der blockfreien Staaten, der von Indien und Jugoslawien angeführt wurde und der sich auch de Gaulle anschließen wollte. Das nützte Sukarno gar nichts. Offenkundig erachtete die Regierung der USA Indonesien als ein geopolitisch extrem wichtiges Land. Die CIA dirigierte einen Staatsstreich, in dem sich ihr Favorit, General Haj Mohamed Suharto, zum neuen starken Mann in Indonesien machte. Angeblich galt es, eine Machtübernahme durch Kommunisten zu verhindern. Der Putsch wuchs sich aus zu einem Massaker an drei Millionen indonesischen Bürgern. Getötet wurde praktisch jeder, der irgendwie als „links" eingestuft wurde. Zugleich entledigte man sich noch der Bürger mit chinesischem Migrationshintergrund. Damit hatten sich die USA den riesigen Inselstaat einverleibt. Das auf diese Weise gezähmte Indonesien verleibte sich wiederum äußerst gewaltsam die ehemalige portugiesische Kolonie Ost-Timor ein.

Der Vietnamkrieg: die USA bleiben im Schlamm stecken
In Vietnam sollten sogar die bislang allmächtigen USA ihren Meister finden.

Die Franzosen waren bei dem Versuch kläglich gescheitert, ihre Kolonie Indochina nach dem Zweiten Weltkrieg erneut in Besitz zu nehmen. Im Kessel von Dien Bien Phu war 1954 der Traum von der erneuten kolonialen Glorie der Grande Nation ausgeträumt. Die französischen Truppen wurden komplett vernichtet. Nach der Spaltung Vietnams in Nord- und Südvietnam begannen die USA, immer mehr „Militärberater" in die Südhälfte des Landes zu bringen. Dazu installierten sie eine Marionettenregierung unter Ngo Dinh Diem. Eine krasse Fehlbesetzung. Denn der Katholik Diem versuchte, seine Glaubensgenossen gegenüber der breiten Mehrheit der Buddhisten in Vietnam zu bevorzugen. Die Kennedy-Regierung stürzt den verhassten Diktator am 2. November 1963. Drei Wochen später, am 22. November 1963, wurde auch Präsident Kennedy in Dallas ermordet.

Kennedys Nachfolger Lyndon Baines Johnson war zunächst nicht an einer Ausweitung des Vietnamkonflikts interessiert[6]. Er wollte vielmehr mit seiner Great Society jene Bevölkerungsgruppen in die Gesellschaft mit einbeziehen, die von Franklin Roosevelts New Deal-Politik noch nicht mitgenommen worden waren. Auch für die Gleichberechtigung von Schwarzen und Juden hat der Südstaatler Johnson viel erreichen können. Dabei nahm er auch herbe politische Rückschläge in den Südstaaten in Kauf. Denn bislang galten die Demokraten in den Südstaaten als Garanten der Herrschaft des weißen Mannes. Die weißen Südstaatler wechselten zu den Republikanern. Als erfahrener Berufspolitiker wusste Johnson allerdings nur zu genau, dass er für seine Sozialreformen durch die Washingtoner Kongress-Abgeordneten einen Preis zu entrichten hatte. Und so versprach er den von der Rüstungsindustrie geimpften Abgeordneten, eine Eskalation im Vietnamkrieg durchzusetzen. Ein klassisches Beispiel für Kuhhandel auf der parlamentarischen Bühne.

Nun braucht man allerdings noch einen „Zwischenfall", um den eigenen Leuten draußen im Lande den Einstieg an einem fernen unbekannten Kampfort schmackhaft zu machen. So vermeldet die Regierung Johnson am 2. August 1964, im Golf von Tonkin vor der nordvietnamesischen Küste hätte die nordvietnamesische Marine Kriegsschiffe der USA ohne Anlass beschossen. Die USA befänden sich also in der Situation des Angegriffenen und müssten sich jetzt wehren. Aus der angeblichen Notwehr ergibt sich ein massiver Einstieg der USA mit regulären eigenen

Streitkräften in das Schlachtengetümmel in Vietnam. Die Sowjetunion und die Volksrepublik China verstärken nun ebenfalls ihr Engagement im bedrängten Vietnam, ohne allerdings selber Soldaten nach Vietnam zu entsenden. So entsteht ein handfester Stellvertreterkrieg. Seit dem Ende des Koreakriegs können nun wieder die neuesten Waffensysteme im Ernstfall getestet werden. Aber im Gegensatz zum Koreakrieg ist die einheimische Bevölkerung keine passive Manövriermasse im schmutzigen Schlagabtausch der regulären Streitkräfte. Die Bevölkerung entwickelt in Vietnam ihren eigenen Verteidigungskrieg, auf den die USA antworten müssen.

Die Guerilleros[7] schwimmen, nach der Parole von Mao Tse Tung, in der Bevölkerung wie ein Fisch im Wasser. Die Freiheitskämpfer sind so stark in der Bevölkerung integriert, dass die US-Streitkräfte auf die Politik der Verbrannten Erde zurückgreifen. Search and Destroy – Aufspüren und Vernichten. Die GIs werden mit Hubschraubern an den Einsatzort geflogen[8]. Dann durchkämmen sie die Gegend nach Kämpfern der Vietkong. Um abschließend die Dörfer in Brand zu stecken und die wehrlose Bevölkerung sich selbst zu überlassen. Dann werden auch noch so genannte „Wehrdörfer" gebaut. Die Einwohner werden in diese umzäunten und bewachten Siedlungen verschleppt. Sie unterliegen hier der totalen Kontrolle der südvietnamesischen Behörden, wie in einer Kaserne. Eine Brachialmethode, um Partisanen auszuschalten. Man scheut sich auch nicht, Reisfelder mit der Chemikalie Agent Orange zu besprühen. Und die Felder dauerhaft zu vergiften und unfruchtbar zu machen. Der westlichen Öffentlichkeit wird erzählt, die Amerikaner würden Bäume entlauben, um die Guerilleros besser beobachten zu können. Es geht aber eindeutig darum, Reisfelder unfruchtbar zu machen. Die Landbevölkerung mit den Partisanen in ihren Reihen dem Hungertod auszusetzen. Und auf diese Weise die entwurzelten Reisbauern in die Städte zu treiben. Dort kann man sie besser kontrollieren.

Doch diese Maßnahmen füllen lediglich die Reihen der Vietkong auf. Immer mehr zornige Menschen sehen ihre einzige Rettung im Kampf gegen die USA und deren Marionettenregime in Saigon. Die Verluste der Vietkong werden laufend durch Nachschub aus Nordvietnam aufgefüllt.

Also beginnen die USA, nun auch Nordvietnam flächendeckend mit Bomben zu überziehen.

Der Vietnamkrieg wird zum Bumerang für die USA

Der Vietnamkrieg wird zum Abnutzungskrieg. Der Dauerkonflikt geht so langsam an die Substanz der westlichen Supermacht. Die Kosten für den Krieg schießen durch die Decke. Wie Hitler drucken auch die Amerikaner ständig neues Papiergeld, um den Krieg noch finanzieren zu können. Das gefährdet das gesamte Währungs- und Finanzsystem des Westens. Denn die USA hatten in Bretton Woods durchgesetzt, dass der US-Dollar als Leitwährung und Referenzwert für die Währungen aller anderen westlich-kapitalistischen Länder zu gelten hat. Und der Dollar ist zu einem festgelegten Betrag an eine bestimmte Menge Gold gebunden. Das war jetzt nur noch Makulatur. Jedoch alle westlichen Bündnispartner der USA tun so, als sei der Kaiser nicht nackt und sehen taktvollerweise davon ab, Papiergeld in Gold umwandeln zu lassen. Denn sie könnten ja selber bei einem Zusammenbruch der Ordnung von Bretton Woods ins Schleudern geraten. Da fordert Frankreichs Staatspräsident Charles de Gaulle einen erheblichen Betrag in Gold von der US-Notenbank ein[9]. Die Goldbarren werden ihm tatsächlich per Unterseeboot frei Haus geliefert. Nach den Turbulenzen des Pariser Mai 1968 muss de Gaulle diese Goldbarren allerdings wieder bei den Amerikanern abliefern, da Frankreich nun selber am Rande des Bankrotts steht[10].

Als dann die Bilder von dem Massaker in dem südvietnamesischen Dorf My Lai um die Welt gehen, ist das Ansehen der USA auf einem Tiefpunkt angelangt. Wie hier wehrlose friedliche Menschen zusammengetrieben, erschossen und dann auf Haufen geschmissen und verbrannt werden, das passt nicht so ganz zu dem hehren Bild, das die USA von sich selber als die edlen Kämpfern für Freiheit und Demokratie gezeichnet haben. Das erinnert eher an SS-Verbrechen im tschechoslowakischen Dorf Lidice[11] als an Freiheitskampf. Politisch ist der Vietnamkrieg für die USA eine schwere Niederlage. Die Empörung über den sich elend in die Länge ziehenden Krieg spaltet die USA zutiefst. Bis in die höchsten Kreise der Elitezirkel wie dem Council on Foreign Relations oder der exklusiven Stu-

dentenverbindung Skull and Bones zieht sich ein Riss. Der schwarze Bür-
gerrechtler Martin Luther King geißelt, dass in Vietnam Wehrpflichtige
aus den USA, schwarz und weiß, vereint im Feldzug gegen die wehrlosen
Vietnamesen Krieg führen; dass die selben Soldaten aber zuhause in den
USA niemals im selben Wohnviertel friedlich zusammenleben dürfen[12].
Die Studenten und die unterdrückten ethnischen Minderheiten in den
USA solidarisieren sich. Der Tenor ist klar und deutlich: die US-Regierung soll erst einmal im Lande selber ihre Hausaufgaben machen, anstatt
im Ausland den amerikanischen Ruf zu ruinieren.

Doch der Krieg wird jetzt auch gegen die eigene Bevölkerung geführt.
Der kalifornische Gouverneur Ronald Reagan lässt das Militär gegen die
gesamte Bürgerschaft der Universitätsstadt Berkeley los. Auch die Metro-
pole der friedfertigen Hippie-Bewegung San Franciscos wird von Reagans
Nationalgarde in Grund und Boden geprügelt. Im Umfeld des National-
konvents der Demokratischen Partei in Chicago wird die gesamte Stadt
Opfer eines äußerst brutalen Bürgerkriegs von oben[13]. Die mittlerweile
mafiosen Strukturen, die sich aus südvietnamesischen Warlords, US-Geheimdiensten und Verbrechersyndikaten in den USA entwickelt haben,
ermöglichen einen regen Handel mit dem hochgefährlichen Rauschgift
Heroin. Die USA, und besonders die Gemeinden der afroamerikanischen
Bevölkerung und die Hochburgen des linken Widerstands in den amerikanischen Städten, werden durch Geheimdienste mit Heroin geflutet, um
die Opposition von innen her zu zerreiben. Was auch weitgehend gelingt
[14].

Präsident Lyndon Baines Johnson hatte einen viel zu hohen Preis bezahlt dafür, dass der Kongress sein ehrgeiziges Sozialprogramm genehmigt
hatte. Der Vietnamkrieg war für Johnson zu einer Hydra geworden, einem
nicht mehr zu kontrollierenden Monstrum. Entnervt verzichtet er 1968 auf
eine Wiederwahl und stirbt 1973, noch nicht einmal vierundsechzigjährig,
an einem Herzinfarkt. Sein Nachfolger Richard Nixon von den Republikanern gewinnt die Wahlen mit dem Versprechen, das amerikanische
Engagement in Vietnam so schnell wie möglich zu beenden. Während
gleichzeitig die Truppenstärke der USA in Vietnam zurückgefahren wird,
fängt Nixon im März 1969 noch an, das kleine Nachbarland Vietnams,

Kambodscha, in einen gigantischen Bombenteppich zu legen, der bis zum Ende der Bombardierung ein Jahr später 103.823 Tonnen Bombenmaterial in 3.800 Einsätzen ablud. Mit diesem Bombenhagel will Nixon die Nachschubwege der Vietkong über den so genannten Ho Tschi Minh-Pfad vernichten. Wer diese Apokalypse überlebt, gerät in den folgenden Jahren in die Hände der Roten Khmer, unter deren Herrschaft dann noch einmal zwei Millionen Menschen ermordet werden. Als vietnamesische Streitkräfte diesem Genozid ein Ende bereiten wollen, wird Vietnam von Einheiten der Volksrepublik China an der Nordgrenze angegriffen. USA und die Volksrepublik China gemeinsam beschützen eines der schlimmsten Terrorregime der Menschheitsgeschichte, die Roten Khmer, nur um dem mit der Sowjetunion verbündeten Vietnam keine geostrategischen Gewinne zu gewähren.

Nixon versucht eine „Vietnamisierung" des von den USA angestifteten Krieges durchzuführen. Die südvietnamesische Armee wird unter Aufsicht der amerikanischen Militärberater auf über eine Million Mann aufgebläht. Doch die Männer sind miserabel motiviert und die Korruption lähmt die Streitkräfte. 1973 ziehen die USA ihre letzten Truppen ab und überlassen die südvietnamesischen Verbündeten ihrem Schicksal. Damit sind die USA endlich aus dem Vietnam-Abenteuer heraus.

Es ist indes nicht gelungen, den Vormarsch des Kommunismus in Indochina aufzuhalten. Nicht zuletzt aufgrund des brutalen Auftretens der US-Streitkräfte in dieser Region sind Vietnam, Kambodscha und Laos unter kommunistischer Kontrolle. Doch ein völlig unerwarteter Schachzug soll nunmehr den USA ganz neue Manövrierfähigkeiten verschaffen.

Kissinger zieht die chinesische Trumpfkarte

Die USA konnten nach dem verlorenen Vietnamkrieg nicht einmal mehr davon träumen, Eurasien von dessen Ostrand her jemals aufzurollen. China war ihnen verschlossen seitdem der Favorit der USA, Chiang Kai Shek auf die Insel Taiwan vertrieben worden war und die Kommunisten das Festland erobert hatten. Im Koreakrieg waren dann sogar die USA und die Volksrepublik China in regulärer Feldschlacht aufeinander gestoßen. Das Desaster des Großen Sprunges 1958, als Mao China mit einem

Schlag zu einer Industrienation machen wollte, konnten die Amerikaner nicht für einen Regime Change nutzen. Die Große Proletarische Kulturrevolution im Jahre 1966 mit all dem angerichteten Chaos bot ebenfalls keine Gelegenheit, den amerikanischen Einfluss auf dem chinesischen Festland wieder herzustellen.

Die Amerikaner verfügten zwar über Militärbasen in Japan und Südkorea und konnten zudem auf Thailand rechnen. Jedoch die Sowjetunion und China erwiesen sich als stabil und sie konnten in der Dritten Welt fortwährend Geländegewinne erzielen. Durch den Ausgang des Vietnamkrieges war auch Indochina in der Hand der Kommunisten. Die USA drohten in die weltpolitische Isolierung zu geraten. Sie waren moralisch durch den Vietnamkrieg komplett diskreditiert. In der Folge des Krieges in Indochina war auch das System von Bretton Woods durch die Inflation in eine gefährliche Schieflage geraten. Die USA überzeugten ihre Partner als Garanten einer stabilen kapitalistischen Weltordnung nicht mehr so richtig. Und das wiedererstarkte Westeuropa wagte jetzt schon mal das eine oder andere Gedankenspiel in Richtung geopolitischer Selbständigkeit. De Gaulle, Adenauer und sogar Erhard hatten bereits eigene Gehversuche unternommen.

Hier konnte wirklich nur ein gewagtes Experiment die USA wieder aus der Sackgasse herausführen. Diesen Schritt vollzog ein Geschichtsprofessor aus Harvard: Henry Kissinger, geboren als Heinz Alfred Kissinger in Fürth als Sohn einer gutbürgerlichen Familie, die unter den Nazis als „jüdisch" gebrandmarkt wurde und rechtzeitig 1938 in die USA auswandern konnte. 1943 erlangte Kissinger die amerikanische Staatsbürgerschaft und diente in den US-Streitkräften und im besetzten Deutschland arbeitete er für den militärischen US-Geheimdienst CIC. In den USA studierte er Geschichte in Harvard und lehrte dann auch dort. Kissinger ist uns schon bekannt als Verfasser des Buches, das die Doktrin der Massiven Vergeltung als untauglich verwirft und Grundzüge einer Doktrin der Flexiblen Antwort andeutet. Der Milliardär und Politiker Nelson Rockefeller förderte die Karriere des jungen Historikers nachdrücklich. Kissinger beriet Kennedy und Johnson. Präsident Nixon holte ihn als Sicherheitsberater in sein Kabinett. Als Geschäftsführer des geheimen Nationalen Sicherheitsrates (National Security Council NSC avancierte er zum mächtigsten Regierungsmitglied nach dem Präsidenten. Nixon und Kissinger waren ein verschworenes Duo. Das brachte ihnen nicht immer Sympathien im politischen Establishment von Washington ein.

Und Kissinger denkt das Undenkbare: man muss sich mit dem links-radikalen China zusammentun ohne gleichzeitig die Eifersucht der Sowjetunion zu erwecken. Inspiriert ist Kissinger möglicherweise durch seine Doktorarbeit über die geschickten Schachzüge des Außenministers von Österreich-Ungarn, Clemens von Metternich im Neunzehnten Jahrhundert[15]. Österreich-Ungarn war in den Napoleonischen Kriegen schwach und isoliert. Durch sein geschicktes Taktieren und Täuschen gelang es Metternich, die Position seines Kaiserreiches zu stärken im Feld der großen Fünf jener Jahre: England, Frankreich, Russland, Preußen und eben Österreich-Ungarn. Warum also sollte es nicht auch möglich sein, die USA durch eine geschickte Positionierung im Dreiergestirn: USA, Sowjetunion und Volksrepublik China wieder aus der Sackgasse zu führen?[16]

Eine solche Überlegung war für das politische Establishment in Washington bislang undenkbar. Chruschtschow hatte die Sowjetunion mit der Formel der friedlichen Koexistenz konkurrierender Systeme bereits auf ein moderates Gleis geführt. Damit konnte man leben. Aber die Volksrepublik China? Ein Land mit linksradikalen Exzessen und schriller antiamerikanischer Rhetorik? Wie soll das denn gehen? Die beiden Einzelkämpfer Nixon und Kissinger behindert zunächst „lähmender Einfluss von Experten, bedingt durch konträre Vorstellungen und die bizarre Rivalität zwischen einzelnen Regierungsstellen."[6] Kissinger zählt sich indes zu der Denkschule der Realisten. Soll heißen: es ist eigentlich egal, mit welchem politischen System man paktiert. Hauptsache: es kommt dabei was rüber für die eigene Sache. Kissinger schaut sich die Geschichte der russisch-chinesischen Beziehungen an. Die waren eigentlich nie von herzlichem Einvernehmen gekennzeichnet. Als China durch die Opiumkriege geschwächt war, knöpfte das zaristische Russland dem Kaiser von China riesige Areale der äußeren Mandschurei ab, wodurch Russland mit Wladiwostok einen eisfreien Pazifikhafen aufbauen konnte. Die Annexionen wurden in den so genannten „ungleichen Verträgen" von

Aigun 1858 und von Peking 1860 besiegelt. Im chinesischen Bürgerkrieg konnte Stalin sich nicht zu einer unzweideutigen Unterstützung Maos durchringen. Die ersten Jahre nach dem Zweiten Weltkrieg waren dann jedoch geprägt von einer großen Harmonie zwischen Sowjets und Chinesen. Aber seit der Verdammung Stalins durch Chruschtschow nahmen die Differenzen zwischen den beiden kommunistischen Großmächten wieder erheblich zu. Für China blieb Stalin weiterhin ein „Klassiker" des Marxismus-Leninismus.

Die Beziehungen verschlechterten sich dermaßen, dass es im März 1969 zu Schusswechseln zwischen chinesischen und sowjetischen Truppen am Grenzfluss Ussuri kam. Fast hätten sich die sozialistischen Bruderländer wegen einer Insel auf dem Fluss Ussuri in einen Krieg begeben. Erinnerungen an die Annexion mandschurischer Gebiete durch Russland wurden wachgerufen. Die Chinesen beschimpfen die „neuen Zaren im Kreml". Fünf Millionen Reservisten werden in der Sowjetunion in den Bereitschaftsmodus versetzt. Sowjetische Luftangriffe auf chinesische Truppen fördern auch nicht gerade die Völkerverständigung. Die Sowjets installieren Raketenabschussrampen an der Grenze zu China. Sowjetische Emissäre pilgern nach Paris, Bonn und Tokio, um die Isolierung der Volksrepublik zu erwirken.

Kissinger kann also auf die Rivalitäten zwischen China und der Sowjetunion bauen. Erste vorsichtige Sondierungen finden über die US-Botschaft in Warschau statt: „Beide Seiten mußten sehr vorsichtig zu Werke gehen und sich aneinander herantasten, und zwar mit Hilfe erkennbarer, / aber vorsichtiger Botschaften und Gesten, die bei einer Ablehnung wieder zurückgenommen werden konnten." [18] Kissinger nutzt eine Asien-Rundreise im Jahre 1971, um von Pakistan aus in geheimer Mission nach Peking zu fliegen. Ganz konspirativ mit Sonnenbrille und breitkrempigen Hut tief in das Gesicht gezogen steigt Kissinger wie in einem Agentenkrimi in ein Flugzeug der pakistanischen Regierung. Er konferiert in Peking viele, viele Stunden mit dem weltgewandten chinesischen Regierungschef Zhou En Lai. Kissinger hat eine dicke Aktenmappe mit dem Codenamen „Polo" mitgebracht, um perfekt vorbereitet zu sein für die Geheimverhandlungen mit seinem chinesischen Gegenüber. Zhou dagegen hat nur ein paar

Notizen auf Papier gekritzelt. Nach asiatischer Manier wird erst einmal nicht über das Kernthema gesprochen, sondern es erfolgt eine bildungs-bürgerliche Konversation. Dass es ein Bündnis zwischen den USA und der Volksrepublik China geben soll, ist von vorneherein klar [19]. Vier Tage nach diesen Geheimgesprächen, über deren Existenz US-Außenminister William Rogers nicht einmal in Kenntnis gesetzt wird, verkündet Richard Nixon am 15. Juli 1971 einer vollständig überraschten Öffentlichkeit seine Absicht, im nächsten Jahr zu einem Staatsbesuch in die Volksrepublik China aufzubrechen. Kissinger im Rückblick: „Die Führer in beiden Län-dern hatten jetzt zum erstenmal im Laufe einer Generation begonnen, einander nach geopolitischen und nicht nur ideologischen Gesichtspunk-ten einzuschätzen."[20]

„Ganbei" heißt „Prost"

Und der Nixon-Staatsbesuch in der Volksrepublik China erstreckt sich im Februar 1972 über eine ganze Woche, mit einem strammen Besuchs-programm. Und alle Schritte von Nixon und seiner Frau Pat werden vom amerikanischen Fernsehen live übertragen: Wie das Ehepaar Nixon die Gangway herunterschreitet und Nixon Zhou En Lai die Hand drückt. Das kommt gut an, denn 1954 hatte der damalige amerikanische Au-ßenminister Dulles dem chinesischen Premierminister den Handshake verweigert. Nixon beim Fische füttern im Kaiserlichen Palast; Nixon auf der Chinesischen Mauer, in den Großstädten Schanghai oder Hangzhou. Präsidentengattin Pat besucht derweil Krankenhäuser und Kindergärten. Es menschelt in diesem perfekt choreographierten Besuchsmarathon so sehr, dass man sich fragt, warum überhaupt jemals böse Worte zwischen China und Amerika gefallen sind. Und immer wieder stößt Nixon mit den Größen der Kommunistischen Partei Chinas mit Reisschnaps an, und wir erfahren, dass „Prost" auf Chinesisch „Ganbei" heißt, und es macht Nixon ganz menschlich, dass er nach allzu viel Ganbei bereits leicht zu lallen anfängt und mit glasigen Augen und geröteten Wangen die chinesisch-amerikanische Freundschaft preist. Die amerikanischen Fernsehzuschauer finden das ganz goldig, und ihre Zustimmung für Nixons Politik bei Umfragen liegt nun bei 56 Prozent. Das Techtelmechtel

mit den verteufelten Kommunisten ist für die normalen Menschen draußen im Lande offenbar überhaupt kein Problem.

Politisches Ergebnis: das Schanghai Kommuniqué, unterschrieben von
Nixon und Zhou En Lai am 28. Februar 1972. Die USA zogen ihre Marine
aus der Formosastraße ab, also jenem Meeresabschnitt, der Festlandchina
von Chiang Kai Sheks Taiwan-China trennte. Man ließ den treuen Verbündeten Taiwan einfach von heute auf gestern fallen. Die Anerkennung
der kommunistischen Volksrepublik als einzigen legitimen Vertreter Ge-
samtchinas erfolgte allerdings erst im. Jahre 1978. Enge Zusammenarbeit
in Wissenschaft, Kultur und Sport runden das Vertragswerk ab.

Das erstaunliche ist, dass die völlig überraschte Sowjetunion nun
nicht den Beleidigten spielt und stattdessen weiterhin nett zu den USA
ist. So kommt Nixon im Mai 1972, also gerade mal drei Monate nach dem
China-Coup, zum Staatsbesuch nach Moskau. Nixon und Breschnew unterschreiben am 26. Mai 1972 die so genannten SALT-Verträge (für: Strategic Arms Limitation Talks, also: Gespräche über die Begrenzung von
Strategischen Waffen). Es sollen ab jetzt keine neuen landgestützten Interkontinentalraketen und keine ballistischen Raketen mehr gebaut werden,
die von Unterseebooten aus gestartet werden. Lediglich noch einhundert
Raketen bleiben stehen, um die Hauptstädte Moskau und Washington
vor feindlichen Raketen zu schützen. Und Nixon, wir hörten es schon,
versprach den Sowjets die Meistbegünstigungsklausel und jede Menge
Geschäfte mit den USA. Die Präsidentschaftswahlen im November 1972
gewinnt Nixon locker mit einem Erdrutschsieg mit 60 Prozent der Wählerstimmen, und er holt alle US-Bundesstaaten außer Massachusetts.

Der Watergate-Skandal: Undank der Eliten

Es ist das Unglaubliche wahr geworden: die USA haben jetzt als lachender
Dritter zwei kommunistische Großmächte zu Freunden gewonnen. Zwei
Großmächte, die trotz gemeinsamer kommunistischer Ideologie mitein-
ander im Clinch liegen. Kissinger als der moderne Fürst Metternich hat
die USA durch diplomatisches Geschick wieder zur Weltmacht Nummer
Eins erhoben mit Caesars Formel: „Teile und Herrsche!" Und das in einer
Zeit, wo die USA innerlich und äußerlich zerbrechlich und verletzlich

sind wie noch nie. Dank Nixon und Kissinger haben die USA nunmehr Zeit gewonnen, sich neu aufzustellen. In Ruhe Wunden zu lecken. Und diese Gelegenheit nutzen die USA.

Da müsste man meinen, dass die Eliten in den vornehmen Herrenklubs Nixon und Kissinger die Füße küssen würden vor Dankbarkeit. Aber das Gegenteil ist der Fall. Sie entfernten Nixon mit der so genannten Watergate-Affäre aus dem Weißen Haus. Während des Präsidentschaftswahlkampfs 1972 hatten vier Mitarbeiter aus Nixons Team auf unglaublich dilettantische Weise versucht, in das Büro des Wahlkampfstabes der Konkurrenten von der demokratischen Partei einzubrechen. Ein Wachmann in diesem Watergate genannten Gebäudekomplex hatte sie entdeckt und die Polizei gerufen. Was diese Aktion sollte, ist vollkommen schleierhaft. Denn Nixon führte in den Umfragen mit zwanzig Prozent Vorsprung vor seinem Herausforderer George McGovern. Welchen Gewinn sollten denn hier noch schmutzige Tricks einbringen?

Zunächst passiert rein gar nichts. Dann nimmt die Presse den Fall auf und bauscht das provinzielle Gaunerstück auf zur nationalen Staatsaffäre. Der Kongress befasst sich mit der Bagatelle. Tonbandaufzeichnungen aus Besprechungen von Nixon mit seinen Regierungsmitgliedern im Weißen Haus werden live im Fernsehen zu Gehör gebracht. Heuchlerisch erregen sich die Abgeordneten im Hohen Haus über die Gossensprache, derer sich ihr Präsident dabei bediente – gerade so, als sei dieser Gossenjargon nicht in jenen Kreisen Gang und Gäbe. Amtsvorgänger Johnson war bekannt für seine grobschlächtigen Umgangsformen und seinen texanisch-derben Slang. So what? Wir erinnern uns, dass Jahre später US-Präsident Bill Clinton wegen „unangemessener Handlungen" im Oval Room des Weißen Hauses jahrelang von Kongress-Untersuchungsausschüssen befragt und gedemütigt wurde. Hinter solchen scheinheiligen Moralexorzismen steckt immer eine tiefere Absicht, nämlich einen erfolgreichen und beliebten Politiker mit heuchlerischer politischer Korrektheit zu Fall zu bringen. Jedenfalls sind nach dieser Prozedur zwei Drittel der Kongressabgeordneten bereit, einem Amtsenthebungsverfahren (Impeachment) zuzustimmen. Dem kommt Nixon mit seinem Rücktritt zuvor.

Ob man Richard Nixon nun mag oder nicht (beim Autor dieser Zeilen kann eher Letzteres vermutet werden): Nixon wurde vermutlich das Opfer einer schmutzigen Intrige. Es wäre interessant herauszufinden, welches die wirklichen Ursachen und Motive für Nixons schmählichen Abgang gewesen sein könnten.

Jom Kippur, OPEC, IWF: Kredite und Schulden als neue Waffen

Am 6. Oktober 1973 tauchen auf den Golan-Höhen plötzlich Massen von syrischen T-55-Panzern sowjetischer Fertigung auf. Die Golan-Höhen gehörten ursprünglich zu Syrien, wurden aber beim Sechstage-Krieg 1967 von Israel annektiert. Jetzt, sechs Jahre später, will Präsident Assad das karge Hochplateau zurückerobern. Auch die Sinai-Halbinsel war 1967 von Israel annektiert worden. Präsident Nassers Nachfolger Anwar as-Sadat schickt an diesem Oktobertag ebenfalls massive Panzerverbände nach Sinai, um die Halbinsel zurückzuerobern. Der Tag ist gut gewählt. Denn in Israel wird gerade der höchste jüdische Feiertag der Versöhnung, Jom Kippur, gefeiert. Keiner geht zur Arbeit und alle fasten. Im ersten Schockmoment können die arabischen Verbündeten beachtliche Geländegewinne erzielen. Dann jedoch entfalten die disziplinierten Israelis ihre volle militärische Kapazität und drücken die arabische Angriffswelle auf ganzer Linie zurück. Bevor die ägyptischen Divisionen komplett vernichtet werden können, beendet ein von der UNO vermittelter Waffenstillstand am 25. Oktober den Krieg. Die territorialen Regelungen aus der Zeit vor dem Krieg werden wieder in Kraft gesetzt und die UNO stellt sich zwischen die Kampfhähne. Das Spiel endet unentschieden.

Ein kurzer aber schmerzhafter Krieg. Der Jom Kippur-Krieg entfaltet auf lange Sicht eine gewaltige Schlagkraft, allerdings außerhalb militärischer Logik. In seiner Folge wird das Gleichgewicht der Entspannung, das immer ein Gleichgewicht des Schreckens gewesen ist, durcheinander gebracht. Einer neuen Angriffslust gegen Eurasien werden Tür und Tor geöffnet. Erste Folge: die Preise für Rohöl, dem Lebenssaft der Industrie, schießen steil in die Höhe. Die Länder mit Erdölvorkommen hatten sich in der Organisation erdölproduzierender Länder OPEC zu einem Kartell zusammengetan. Die arabischen Mitglieder dieses Kartells bestrafen alle

Länder, die im Jom-Kippur-Krieg Partei für Israel ergriffen hatten, mit zeitweiligem Entzug der Öllieferungen. Kein Öl sollen die USA bekommen, die Israel massiv mit Waffen und Munition versorgt haben. Auch die Niederlande werden von den Arabern mit Ölentzug bestraft. Länder, die sich neutral verhalten haben, bekommen weiterhin ihr Öl. Verknappung führt zu Preiserhöhung. Die arabischen Ölförderländer erhöhen den Preis empfindlich. Was wiederum auch die westlichen Ölkonzerne veranlasst, ihrerseits die Gewinnspanne zu erhöhen und damit den Endverbraucher an den Zapfsäulen in noch nie gekannter Weise zu schröpfen. In der Bundesrepublik Deutschland werden daraufhin, um Öl zu sparen, vier autofreie Sonntage verordnet. Macht zwar ökonomisch keinen Sinn, soll aber, so der damalige Finanzminister Helmut Schmidt, die Deutschen mit dieser Polit-Pädagogik über die Ernsthaftigkeit der Lage belehren.

Die wirtschaftliche Gesamtsituation änderte sich fundamental. Rezession und Arbeitslosigkeit, lange unbekannt, kehrten zurück in den kapitalistischen Alltag. Vor allem aber war jetzt so viel neues Geld in die Taschen der Ölkonzerne und der arabischen Scheichtümer geflutet, dass diese zunächst gar nicht wussten, was sie damit anfangen sollten. Also deponierten die Scheichs das überschüssige Geld auf ihre Konten in westlichen Bankhäusern. Dort wurde es ausgeliehen von Geldmaklern, die es nun wiederum Potentaten der Dritten Welt als supergünstige Kredite mit geringen Zinssätzen andienten. Nationalistische verantwortungsbewusste Staatenlenker vom Format eines Kwame Nkrumah oder Sukarnos waren seit diversen Regime-Change-Manövern der CIA rar geworden. Und so wurden die neuen Kredite für überdimensionierte Prestigeprojekte oder für den Konsum der Eliten verplempert. Die einfache Bevölkerung sah auch diesmal wieder nichts von dem Geldsegen.

Die Zinssätze waren allerdings nicht festgelegt. Später schossen dann die Zinsen durch die Decke. Verschuldete Länder konnten nicht einmal mehr Zins und Zinseszins bedienen und mussten beim Internationalen Währungsfond anklopfen, um wenigstens Überbrückungskredite zu erhalten. Der IWF war ja eigentlich gegründet worden, um bei Währungsschwankungen mit gezielten Geldspritzen Turbulenzen zu verhindern. Jetzt jedoch mutierte der IWF zu einem politischen Kampfinstrument der USA. Der Währungsfond holte über die Schuldknechtschaft jene ehemaligen Kolonialländer, die jetzt selbständig geworden waren, in den Bannkreis der angloamerikanischen Herrschaft zurück. Länder, die derart stark verschuldet waren, hatten nicht mehr die Möglichkeit, zwischen den vorteilhaftesten Lockangeboten der konkurrierenden Großmächte USA, Sowjetunion oder gar der Volksrepublik China zu wählen. Sie waren gefangen wie die Fliegen am Klebeband in immer engerer Abhängigkeit von den angloamerikanischen Bankhäusern und ihren verbündeten Instanzen IWF und Weltbank. Denn der IWF und die Weltbank geben nicht einfach Geld: sie verlangen im Gegenzug tiefgreifende Maßnahmen zum Abbau öffentlicher und sozialer Ausgaben in den verschuldeten Staaten. Subventionen für Grundnahrungsmittel für die ärmeren Bevölkerungsgruppen; staatliche Grundversorgung; kostenlose Gesundheitsversorgung; kostenloser Schulbesuch; das sind immer die ersten Ausgabenposten, die auf Befehl des IWF abgeschafft werden. Verlangt wird für die Geldspritzen im Gegenzug eine bedingungslose Unterwerfung unter die marktradikale „Philosophie" der Gläubiger. Die Wiederkehr von Massenelend, Hunger und Seuchen ist die Kehrseite bereinigter Staatshaushalte in den Opferländern.

Doch der Jom-Kippur-Krieg hatte zudem noch geopolitische Folgen. Die große Sorge der Strategen in den USA war, dass womöglich Naher und Mittlerer Osten verlorengehen könnten an die Sowjetunion Oder dass sich die selbstbewusster gewordenen arabischen Ölstaaten nunmehr zu einem eigenständigen Machtblock entwickeln könnten. Die Überlegungen der Meisterstrategen aus Washington schlossen eine militärische Intervention in jener Weltregion nicht aus [21].

Jedoch lief ihnen ein orientalischer Spitzenpolitiker zu wie eine junge Katze: Ägyptens Präsident Anwar as-Sadat. Ägypten war seit der Suez-Krise mit der Sowjetunion verbündet. Nach dem Tod von Präsident Nasser liebäugelte sein Nachfolger Sadat mit einem Partnerwechsel zu den USA. Die Sowjets sollten den Ägyptern beim Aufbau einer eigenen Rüstungsindustrie behilflich sein, was diese aber ablehnten. Das hatte bei Sadat den Ausschlag gegeben und er sucht den Kontakt mit Washington. Und wieder einmal, wie im Falle der chinesisch-amerikanischen Annäherung, stellte sich ein direkter Kanal unter Umgehung des außenpolitischen Establishments in Washington zwischen Nixons Wunderknaben Kissinger und Sadats Geheimvermittler Hafiz Ismail her[22]. Sadat warf nunmehr die 20.000 sowjetischen Militärberater aus dem Land. Der blamable Ausgang des Jom-Kippur-Krieges kam Sadat äußerst gelegen. Konnte er doch nun sagen, dass die sowjetischen Waffen und Konzepte nichts taugten. Sadat wandte sich offen an den Westen und stutzte seine Sozialpolitik empfindlich zusammen. Sadats Schwenk führte zur Verarmung der Bevölkerung, und es kam zu Aufständen. Dennoch zog sich Sadat aus der arabischen Allianz heraus und schloss de facto mit Israel ein Bündnis, das seinen Ausdruck fand im israelisch-ägyptischen Friedensvertrag von 1979, unter der Schirmherrschaft der USA. Die Amerikaner hatten einen Keil in die arabische Phalanx gegen Israel geschlagen. Im Laufe der folgenden Jahrzehnte wurde nun ein Scheichtum nach dem anderen de facto in die US-amerikanisch-israelische Achse eingebunden – auf Kosten der Palästinenser. Sadat wurde 1981 von der fundamentalistischen Moslembruderschaft ermordet.

Kissinger als Dompteur Westeuropas

Die Staaten der Europäischen Gemeinschaft (hervorgegangen aus der EWG hatten in den letzten Jahren enorm an Bedeutung gewonnen. Die Wirtschaftskraft und die innere Festigung Westdeutschlands und Frankreichs erlaubten es, mehr Selbstbewusstsein zu wagen. Als die USA im Jom-Kippur-Krieg Waffen und Munition nach Israel schicken wollten, untersagte die französische Regierung den Amerikanern die Überflugrechte über Frankreich. Die Beladung israelischer Schiffe mit amerikanischen Waffen in Bremerhaven hatte eine massive Protestnote der Bundesregierung an die Adresse der US-Regierung zur Folge. Doch es waren auch nackte Wirtschaftsdaten, die Westeuropas Regierungen gegen die USA energisch werden ließen. Denn während die USA 1973 gerade einmal 14 Prozent ihres Energiebedarfs aus Importen deckten, waren es bei den Westeuropäern im Jahre 1972 immerhin zwei Drittel des Energiebedarfs, der von außerhalb abgedeckt werden musste. In Japan waren es sogar 90

Prozent[23]. Logischerweise war Westeuropa erheblich mehr an guten Beziehungen mit den Arabern interessiert als die Amerikaner.

Das interessierte den Mastermind der US-Außenpolitik, Henry Kissinger, allerdings herzlich wenig. Er wollte die Araber in die Knie zwingen. Also ließ er durchblicken, dass man sich auch eine militärische Intervention im Mittleren Osten vorstellen könne. Dabei unterstützte ihn Senator Fulbright von der oppositionellen Fraktion der Demokraten. Als Alternative bot sich nichtsdestoweniger auch eine koordinierte Antwort des Westens an. Deswegen zitierte Kissinger die Außenminister der Europäischen Gemeinschaft nach Washington. Eine Woche zuvor trafen sich die EG-Außenminister, um eine eigene Position zu entwickeln. Aber es half nichts. Denn in Washington diktierte Kissinger auf der Energiekonferenz vom 11. Februar 1974 den europäischen Ministern seine Marschrichtung: den Zumutungen der Ölförderländer sollte ein Maßnahmenkatalog den Wind aus den Segeln nehmen. Zu jenen Maßnahmen zählten Energieeinsparungen; andere Energieträger wie Atomkraft, Schieferöl oder sogar Kohleverflüssigung. Bis auf Frankreich stimmten alle europäischen EG-Länder sowie Japan zu: „Der europäische und japanische Gang zum Washingtoner Canossa war perfekt."[24]

Dann wagen es die europäischen Außenminister doch tatsächlich, sich am 7. März 1974 zu einem Treffen mit ihren arabischen Fachkollegen zu verabreden ohne zuvor die US-Regierung zu informieren. Kissinger ist außer sich über diesen „feindseligen Akt" und eilt erbost nach Bonn, um am 3. und 4. März Bundeskanzler Brandt und Außenminister Scheel massiv zu bearbeiten. Mit Erfolg: das europäisch-arabische Treffen wird abgesagt. Das reicht aber noch nicht. Die EG-Außenminister verordnen sich eine Klausur auf Schloss Gymnich bei Bonn. Der Hofchronist der US-Lobbygruppe Atlantik-Brücke, Ludger Kühnhardt weiß zu berichten, die anwesenden Außenminister hätten sich darauf verständigt „dass künftig bei Themen, die von den USA als wichtig angesehen wurden, Konsultationen mit den USA unabwendbar sein würden. Hinter komplizierten prozeduralen Kapriolen bedeutete die ‚Gymnicher Formel' faktisch eine Anerkennung der amerikanischen Führungsrolle in der westlichen Bündnisstruktur. Zugleich zeigte sie die Grenzen des Anspruchs der EU <sic!>, eine relevante außenpolitische Handlungsfähigkeit zu entwickeln."[25].

Die Gymnicher Formel war eine vorauseilende Selbstkasteiung für das Treffen der EG-Regierungen mit US-Präsident Richard Nixon am 26. Juni 1974 in Brüssel. Vor diesem denkwürdigen Ereignis, bei dem der Kotau der Europäer in das Vertragswerk der Atlantischen Deklaration gegossen werden sollte, trat plötzlich und unerwartet Bundeskanzler Willy Brandt zurück. Sein engster persönlicher Referent Günter Guillaume war gerade als DDR-Spion entlarvt worden. Die Verantwortung, dass Guillaume nicht früher enttarnt wurde, liegt eindeutig bei den Chefs der bundesdeutschen Abwehrdienste. Sie hatten versagt. Vielleicht wollten sie den Kanzler auch gar nicht rechtzeitig warnen? Willy Brandt nahm unverständlicherweise die Verantwortung auf seine eigenen Schultern und trat deswegen zurück. Das hat bereits damals nicht ganz überzeugt. Brandt war in den letzten beiden Jahren sehr oft nach Washington zum Rapport bei Nixon zitiert worden und hatte sich unbeliebt gemacht mit seinen Forderungen nach einer „emanzipierten Partnerschaft". Weigerte sich Brandt, die Atlantische Deklaration zu unterzeichnen? Sein Nachfolger Helmut Schmidt jedenfalls unterzeichnete mit Freuden die Brüsseler Erklärung.

Damit hatten sich die Gewichte in Westeuropa wesentlich zugunsten des US-amerikanischen Einflusses verschoben. Der neue Bundeskanzler Helmut Schmidt „wurde in Washington als ‚Atlantiker‘ geschätzt."[26]. Schmidt ließ auch keine Gelegenheit aus, seine enge Freundschaft mit Henry Kissinger zu betonen. Zusammen mit dem neuen französischen Staatspräsidenten Valéry de Giscard d'Estaing, der ebenfalls weit transatlantischer orientiert war als seine Vorgänger de Gaulle und Georges Pompidou, sorgte Schmidt nun für die zuverlässige Erfüllung amerikanischer Wünsche. Zudem war 1973 Großbritannien in die Europäische Gemeinschaft aufgenommen worden. De Gaulle hatte sich immer gegen die Aufnahme der Briten mit seinem Veto gestemmt, weil er in dem Nachbarn vom Ärmelkanal ein Sprachrohr amerikanischer Interessen erblickte. An eine eigenständige westeuropäische Außenpolitik war jetzt für lange Zeit nicht mehr zu denken.

Präsident Carter: Die Rückkehr der Konfrontation mit den Sowjets

Nixon konnte sich nur eine kurze Zeit über seinen Brüsseler Triumph freuen. Denn wegen der Watergate-Kampagne trat er am 9. August 1974 zurück. Sein glückloser Nachfolger Gerald Ford verlor 1976 die Wahl gegen den Gouverneur des Bundesstaates Georgia, Jimmy Carter von den Demokraten.

Während die Öffentlichkeit Carter als Verkörperung der Entspannungspolitik wahrnahm, barg dessen Präsidentschaft jedoch in Wirklichkeit bereits den Keim einer neuen harten Konfrontationspolitik gegen die Sowjetunion in sich. Das machte sich an Carters Sicherheitsberater Zbigniew Brzezinski fest. Brzezinski war in Polen geboren, stammte aus einer Diplomatenfamilie und wuchs in Frankreich, Deutschland, Sowjetunion und Kanada auf. Der Russenhass aller Polen war auch in seiner DNS nicht zu übersehen. 1973 hatte Brzezinski zusammen mit David Rockefeller die Trilateral Commission gegründet und war einige Jahre deren Geschäftsführer. Der Dreiseitige Ausschuss war auf Carter aufmerksam geworden und baute ihn vermutlich deswegen auf, weil er vom Korruptions- und Intrigensumpf in Washington nicht betroffen war. Das Image vom Außenseiter aus den Südstaaten machte es umso leichter, mit Brzezinski als Zentralfigur der Carter-Administration eine neue Frontaloffensive gegen die Sowjetunion aufzubauen. Brzezinski hatte eine geopolitische Vision, niedergelegt in vielen Büchern, die auf den Überlegungen des uns bereits bekannten Halford Mackinder aufbauen. Da Brzezinski seine Geopolitik in einem Buch in den 1990er Jahren am besten dargelegt hat, kommen wir später darauf zurück.

Es war Brzezinski, der eine neue Spielart des Krieges gegen die Sowjetunion entwickelt hat. Carters Sicherheitsberater nutzte die veränderte Weltlage für bislang undenkbare Bündnisse. Die Staaten der Dritten Welt waren von den USA mithilfe des IWF systematisch zerrüttet und verarmt worden. Nationalistische, sozial fortschrittliche Regierungen und deren Massenbewegungen waren vom CIA und den Streitkräften der USA mit unvorstellbarer Brutalität vernichtet worden. Im Chaos, das sich aus dieser Ausrottung alternativer Entwicklungswege für die Dritte Welt ergibt, schießen kriminelle Strukturen aus dem Boden: mafiöse Banden und politische Glücksritter, die nur darauf warten, von Geheimdiensten und Multinationalen Konzernen unter Vertrag genommen zu werden. Um sich einen moralischen Anstrich zu verleihen, geben sie sich als fundamentalistisch religiös aus. Dabei treten solche pseudoreligiösen Banden christliche oder islamische Gebote erkennbar mit ihren stiefelbewehrten Füßen.

Am ersten Weihnachtsfeiertag, dem 25. Dezember 1979, überfielen sowjetische Streitkräfte das Nachbarland Afghanistan. Seit einiger Zeit herrschte am Hindukusch eine weltliche Regierung, die einen Freundschafts- und Beistandspakt mit der Sowjetunion abgeschlossen hatte. Aufgrund der immer heftigeren Attacken von pseudoreligiösen Banden gegen das weltliche Zivilleben in Afghanistan bat die Regierung die Sowjetunion offiziell um Waffenhilfe im eskalierenden Bürgerkrieg. Die westliche Welt verurteilte die sowjetische Invasion einhellig. Die Sowjetunion wurde der Situation nicht Herr und blieb für zehn Jahre in diesem überaus kostspieligen Krieg verwickelt. Die Sowjets hatten der Weltöffentlichkeit mitgeteilt, dass ihr Kampfeinsatz sich gegen islamistische Terroristen richtete, die von den USA massiv aufgebaut und gelenkt wurden. Doch die angesprochene Öffentlichkeit sah in dieser Begründung lediglich eine billige Ausrede für vermeintlich aggressive Expansionsgelüste der Sowjetunion.

Jedoch zwanzig Jahre später bestätigte kein Geringerer als Zbigniew Brzezinski persönlich die Richtigkeit der sowjetischen Erklärung. Zuvor hatte bereits der langjährige CIA-Chef Robert Gates in seinen Erinnerungen die sowjetische Aussage bestätigt[27]. In einem Interview aus dem Jahre 1998 gibt auch Brzezinski zu, dass bereits ein halbes Jahr vor der sowjetischen Invasion Präsident Carter am 3. Juli 1979 eine Anordnung unterschrieben hatte, mit deren Hilfe die Terroristenbande Mudschahedin massive Unterstützung aus amerikanischen Steuermitteln erhalten sollte. Auf die Frage, ob er im Nachhinein die Aufbauschung pseudoislamischen Terrors bedaure, antwortet Brzezinski: „Was soll ich bedauern? Die Geheimoperation war eine vorzügliche Idee. Das lockte die Sowjets in die afghanische Falle, und Sie verlangen von mir, dass ich das bedaure? Am Tag, als die Sowjets die afghanische Grenze überquerten, schrieb ich

an Carter: wir haben jetzt die Gelegenheit, der UdSSR ihr Vietnam zu bereiten. Tatsächlich hatten jetzt die Sowjets einen Krieg auszubaden ... ein
Konflikt, der die Demoralisierung und schließlich den Zusammenbruch
des sowjetischen Reiches ergab." [28]

Der Einsatz von terroristischen Söldnern zur Durchsetzung US-amerikanischer Ziele wurde von da an immer beliebter, was wiederum das allgemeine Chaos in der Dritten Welt weiter verschärfen sollte. Ein Königsweg,
um den sowjetischen Einfluss zurückzudrängen und zunehmend auch
in der Sowjetunion selber Spannungen zu verschärfen. Die USA sollten
bei diesem unfairen Spiel immer tiefer in den Sumpf geraten. Allerdings
sollte Jimmy Carter die Wahl von 1980 verlieren. Die politische Bühne
wurde nun nicht nur in den USA aufgemacht für einen ganz neuen, noch
skrupelloseren und ruppigeren Politikstil, mit neuen Akteuren und ur-
alten Akteuren, die im Kalten Krieg der Eisenhower-Ära noch nicht so
richtig zum Zuge gekommen waren.

Darüber im nächsten Kapitel mehr.

Kapitel 13
Die kontrollierte Abwicklung der Sowjetunion

„Im Schatten des offiziellen Europas versteckt sich ein anderes, ein diskreteres und weniger vorzeigbares Europa. Es ist das Europa der Steuerparadiese, die ohne Barrieren dank des internationalen Kapitals wachsen, ein Europa der Finanzplätze und der Banken, für die das Bankgeheimnis zu oft ein Alibi und einen Schutzschirm darstellt. Dieses Europa der Nummernkonten und der Geldwäscherei wird benutzt, um Geld von Drogen, Terror, Sekten, Korruption und Mafiaaktivitäten in den Wirtschaftskreislauf einzuschleusen. Diese dunklen Umlaufkreise, die von kriminellen Organisationen benutzt werden, entwickeln sich zur gleichen Zeit, in der die internationalen finanziellen Transaktionen explodieren, die Unternehmen ihre Aktivitäten ausbauen oder ihre Hauptsitze über die nationalen Grenzen hinaus verlegen. Gewisse politische Persönlichkeiten und Parteien haben selbst bei bestimmten Gelegenheiten von diesen Umlaufkreisen profitiert. Im Übrigen erweisen sich die politischen Autoritäten aller Länder heute unfähig, diesem Europa des Schattens klar und effizient entgegenzutreten." [1]

Prolog in der Hölle – Der Vormarsch des Organisierten Verbrechens
Klarer kann man die realen Machtverhältnisse in der heutigen Welt kaum noch auf den Punkt bringen. Die Herren, die ihrem Zorn Luft machen, müssen es wissen. Es handelt sich hier um den so genannten Genfer Appell von sieben führenden Richtern und Staatsanwälten aus verschiedenen europäischen Ländern, veröffentlicht im Jahre 1996. Die Presse

erwähnte diesen Notruf der Juristen mit keinem Wort. Dabei war der spanische Untersuchungsrichter Balthasar Garzon schon damals international bekannt. Er sollte später den chilenischen Horrordiktator Augusto Pinochet mit Haftbefehl verfolgen, und er kümmert sich aktuell um den Wikileaks-Gründer Julian Assange. Weil Garzon so unerschrocken die Mächtigen herausfordert, wurde gegen ihn ein mehrjähriges Berufsverbot verhängt.[2]

Das Elend, das die wackeren Sieben im Genfer Appell für Europa so treffend anprangern, das aber genauso in der ganzen Welt vorherrscht, hat seine Ursprünge in den späten 1960er Jahren aufzuweisen. Durch den Terror des US-amerikanischen Geheimdienstes CIA waren integre nationalistische Regierungen in der Dritten Welt gewaltsam gestürzt und durch korrupte Militärregime ersetzt worden. Deswegen erhob der streitbare spanische Richter Garzon auch gegen Henry Kissinger Anklage. Kissinger war der Drahtzieher der Operation Condor: in Lateinamerika wurden reihenweise Horrordiktaturen wie jene des Augusto Pinochet in Chile installiert. Dasselbe traurige Bild ergibt sich für die 1960er und 1970er Jahre für Afrika oder Asien.

Die Folge: abrupt unterbrochene wirtschaftliche und politische Entwicklungen. An die Stelle einer Aufbruchsstimmung nunmehr Angst, Einschüchterung, Lähmung und innere Kündigung der Bürger. Über die bleierne Duldungsstarre herrschten ab jetzt Militärdiktatoren und kriminelle Banden. Die Regierung mit dem ihr anvertrauten Volksvermögen war für jene Kreise zum Selbstbedienungsladen verkommen. Gelder und andere Vermögenswerte wurden massenhaft außer Landes geschafft. Anstelle demokratischer Abstimmungsprozesse und regelbasierter Konfliktlösung nunmehr der blanke Terror der Waffen, flankiert von strangulierenden Vorschriften des Internationalen Währungsfonds und der Weltbank. In jener ohne Not verwüsteten Welt sind nur noch die Kirchen und andere religiöse Gemeinschaften, das Militär sowie kriminelle Netzwerke voll funktionsfähig.

Das alleine ist schon schlimm genug. Es gibt aber einen Brandbeschleuniger, der dafür sorgen sollte, dass das Organisierte Verbrechen als vierter großer globaler Spieler neben den im vorherigen Kapitel bereits erwähnten Multinationalen Konzernen, den aus Bretton Woods entstandenen Nichtregierungsorganisationen und den zusammengestutzten Nationalstaaten am Runden Tisch der Weltregierung Platz nehmen konnte. Ermöglicht wurde der Eintritt der Al Capones dieser Welt in das Zentrum der Macht durch das so genannte Clearing-System. 1968 hatte die private Citibank die Firma Clearstream gegründet. 1970 folgten konkurrierende Banken mit der Gründung der Clearingfirma CEDEL im biederen Luxemburg. Die Clearing-Stellen sind sozusagen die „Notariate des Globalkapitals". Wenn früher Wertgegenstände, sagen wir mal: ein Goldbarren, den Besitzer wechselte, dann musste der Goldbarren mit allerlei Transportaufwand von Verkäufer A zu Käufer B transportiert werden. Wenn z.B. die Nazis ihr Gold, das sie eroberten Zentralbanken oder ermordeten jüdischen Mitbürgern geraubt hatten, zum Umschmelzen zur Basler Bank für Internationalen Zahlungsausgleich mit LKWs transportierten, war das eher auffällig.

Die Clearing-Stellen dagegen bürgen ganz einfach dafür, dass die Goldbarren in einem bestimmten Safe deponiert sind. Der Besitzer wechselt, aber nicht der Standort des Wertgegenstandes. Auf diese Weise kann jede Art von Wertgegenstand transferiert werden, ob nun teure Gemälde, Aktienpakete, Devisen, wertvolle Teppiche, einfach alles. Clearing kümmert sich nicht um die Herkunft oder die Legalität der transferierten Werte. Das wird möglich dadurch, dass die Besitzerwechsel nicht in Textform protokolliert werden, sondern in chiffrierten Zahlencodes, deren Bedeutung nur ganz wenige Mitarbeiter in den höheren Rängen der Firmenhierarchie kennen. Der untere Sachbearbeiter verschiebt den ganzen Tag nur stumpfsinnig Zahlenkolonnen. Auf diese Weise gibt es kaum Mitwisser oder gar Whistleblower über die getätigten Transaktionen.

Passend zur Einrichtung dieser Clearingstellen sorgte die Gründung des weltweiten Kontoführungssystems SWIFT (Society for Worldwide Interbank Financial Telecommunications im Jahre 1973 für sichere Wege, auf denen Kontobewegungen weltweit über 11.000 angeschlossene Banken abgewickelt werden können. Clearing-System und SWIFT sind sozusagen die Entsprechung zur digitalen Informationsrevolution, für die Finanzwelt: alle Transaktionen sind gleich, ungeachtet der qualitativen und quantitativen Unterschiede. Sie sind nur noch anonyme Zahlenkolonnen: in diesem Zahlenbrei sind Einkünfte aus ehrlicher Arbeit nicht mehr zu unterscheiden von Einkünften aus Verbrechen. Man könnte hier von einer „Digitalisierung des Geldes" sprechen, denn die sich rasch entwickelnde Computertechnologie beschleunigt jene Transaktionen zusätzlich. Die durch CIA, IWF und Weltbank chaotisierte Weltordnung bietet ein ideales Brutbett für unzählige neue Verbrecherorganisationen, die jetzt durch die Clearingstellen ihre Erträge ganz schnell und unauffällig weltweit äußerst gewinnbringend einsetzen und reinwaschen können. Hinzu kommen jetzt die berüchtigten Steueroasen oder Offshore-Banken, wo diese Erträge steuerbefreit für ihre Besitzer arbeiten können.

All diese Entwicklungen zusammengenommen laugen den Nationalstaat immer weiter aus, so dass wir jetzt jener beklagenswerten Ohnmacht ins Auge schauen müssen, die die tapferen sieben Juristen zu ihrem Notruf im Genfer Appell veranlasst hat.

Bühne frei für die Marktradikalen: Friedman, Hayek, Buchanan und Co

Passend zu dieser neuen Weltlage sollte jetzt auch eine neue „Weltanschauung" in den Vordergrund treten: der Marktradikalismus. Nach dieser Theorie soll der Staat sich fast komplett zurücknehmen und nur noch Polizei und Militär anleiten. Wenn der Staat sich in wirtschaftliche Prozesse einmischt, dann stört er damit nur die natürliche Balance konkurrierender Marktkräfte. Nach Adam Smith kommt für die Gesamtheit aller Bürger das Optimum heraus, wenn jeder Einzelne seinem gesunden Egoismus frönt. Wie viel Staat noch erlaubt sein soll, darüber gibt es im Spektrum der marktradikalen Schulen unterschiedliche Auffassungen.

Die Schule des Marktradikalismus entstand aus einem Reflex der Reichen und Privilegierten auf die ungeheure Beliebtheit des US-Präsidenten Franklin Delano Roosevelt. Wie wir gesehen haben, bemühte sich Roosevelt um mehr Mitbeteiligung und Mitbestimmung aller Bürger an den wichtigen politischen Entscheidungen. Nach Roosevelts Erdrutschsieg 1936 schlossen sich einflussreiche Unternehmer zusammen, um einen elitären kapitalistischen Gegenentwurf zum New Deal auf den Weg zu bringen. Sie entwarfen auf der New Yorker Weltausstellung von 1940 eine schöne neue Konsumwelt mit satten aber entmündigten Bürgern. Die Theorie zu dieser Gegen-Revolution entwarf Walter Lippmann in seinem 1937 erschienenen Grundlagenwerk „The Good Society"[3]. Der Zweite Weltkrieg jedoch erforderte zunächst die Bündelung aller Kräfte in einer kapitalistischen Planwirtschaft.

Nach dem Krieg trafen sich die Gegner jeder Art von Planwirtschaft in der Mont-Pelerin-Gesellschaft. Man gab der neuen Strömung den Namen: „Neoliberal". Allerdings entwickelte sich daraus der Dialekt des Marktradikalismus, besonders in den USA und Großbritannien. Ausgehend von der genossenschaftsfeindlich-aristokratischen Schule des gebürtigen Österreichers Ludwig von Mises entwarf sein Landsmann und Schüler Friedrich von Hayek das Programm für eine über mehrere Generationen verlaufende Demontage staatlicher Autorität. Aus seiner universitären Denkschule sollten auf diese Weise durch eine unermüdliche Ausbildung Absolventen in die Gesellschaft einsickern und auf allen Ebenen den Staat von innen und von außen umkrempeln. Hayek und Mises sollte sich der Ökonom Milton Friedman mit seiner Chicago-Schule hinzugesellen. Wieder eine andere Abart des Marktradikalismus vertrat der tief im Südstaaten-Rassismus verwurzelte Hochschullehrer James Buchanan[4]. Während diese Denker noch einen Rest von Staatlichkeit vorsahen, steht Murray Rothbard für einen bedingungslosen Anarchokapitalismus. Die dazu passend kreierte Bewegung vom Reißbrett sollte den Namen „Libertarismus" erhalten. Äußerst künstlich wird hier ein unversöhnlicher Gegensatz von Freiheit hier und sozialer Gerechtigkeit dort konstruiert. Der moderne Sozialstaat ist in dieser Ideologie der größte Feind der Freiheit.

Nun nützen all diese Gedankenspiele gar nichts, wenn sie nicht irgendwie mit Geld und real existierenden gesellschaftlichen Bewegungen verknüpft werden. Das Geld sollte den Professoren jedoch ohne Mühe zugetragen werden. Unter den Superreichen fanden sich einige Vertreter, die nur äußerst ungern mit ärmeren Gesellschaftsschichten teilen wollen. Der Milliardär Richard Mellon Scaife spendierte aus seiner Portokasse allein 600 Millionen US-Dollar zur Förderung marktradikaler Netzwerke. Es galt, US-Kongressabgeordnete gewogen zu machen für die neuen Ideen. Wo Universitäten keine marktradikalen Propheten ordinieren wollten, galt es, private Universitäten oder Denkfabriken neu zu gründen. David und Charles Koch besitzen ein milliardenschweres Öl-Imperium in Texas. Auch sie finanzieren seit den Tagen von Präsident Johnson das marktradikale Roll-Back wo immer sie können. Es handelt sich ganz einfach um unternehmerischen Pragmatismus: man sorgt für ein optimales Investitionsklima der eigenen Unternehmungen.

Deshalb finanzieren die Kochs auch millionenschwere Institute und Pressure-Groups, die der Öffentlichkeit einhämmern, am Niedergang des Klimas sei der Mensch völlig unschuldig, und natürlich ganz besonders unschuldig sind die armen diskriminierten Ölunternehmer. Dann gibt es noch, natürlich unter vielen anderen, den Briten Sir Antony George Anson Fisher. „AGAF", wie ihn seine Freunde nannten, war reich geworden, indem er die industrielle Herstellung von Eiern in Legefabriken als neue profitable Wirtschaft aus den USA nach Europa importierte. Mit seinem immensen Reichtum gründete er eine Reihe von Denkfabriken und Lobbygruppen. Die folgenreichste unter ihnen ist zweifellos das Atlas-Network, das überall auf der Welt Filialen mit eigenen Namen unterhält, wo Nachwuchskräfte in der Technik der marktradikalen Regierungskunst unterwiesen werden[5].

Nun nützt das schönste Theoriengeflecht rein gar nichts, wenn man es nicht auch mit einer ganz realen Strömung in der Bevölkerung verbinden kann. Für sich gesehen kann eine Wirtschaftstheorie wohl kaum Menschen zu Aktionen bewegen, besonders dann nicht, wenn nicht klar erkennbar wird, was für die Menschen draußen im Lande Positives dabei herauskommen soll. Dem Publizisten William Francis Buckley ist jedoch in den USA der geniale Streich gelungen, christlich-fundamentalistische Gruppierungen für eine Fusion mit dem Marktradikalismus zu gewinnen. Eigentlich widersinnig. Wie soll denn die Bergpredigt mit ihrem Verzicht auf schnöden Eigennutz und der bedingungslosen Nächstenliebe mit den harschen Dogmen des rücksichtslosen Egoismus der Marktradikalen vereinbar sein? Nun, die USA sind bekanntlich das Land der unbegrenzten Möglichkeiten. Die Fusion gelang, und seitdem haben die Marktradikalen einen feste Wählerschaft im so genannten „Bibelgürtel" (Bible Belt), wovon dann die Republikaner seit den 1980er Jahren profitieren sollten[6].

Die Hochschulen und Universitäten okkupiert; eine Massenbewegung gekapert. Fehlt nur noch der Beweis, dass man mit den Koch-Rezepten tatsächlich einen ganzen Staat mitsamt seiner Bevölkerung erfolgreich regieren und verwalten kann. Milton Friedman hatte an der – übrigens privat betriebenen – Universität von Chicago bereits einige Generationen von Schülern ausgebildet, die so genannten „Chicago-Boys", zum großen Teil ausländische Studierende, die nun die neue Heilslehre in ihre Heimatländer mitbrachten. Bei dem mörderischen Putsch gegen die Sukarno-Regierung 1965 in Indonesien hatten bereits Adepten der neuen Lehre CIA-Agenten begleitet und bei der Einführung kapitalistischer Wirtschaftsweisen ein wenig herumexperimentieren dürfen unter dem Schirm der Suharto-Diktatur[7]. Als nun die CIA am 11. September 1973 die rechtmäßige Regierung Allende aus dem Weg räumte und etwa 30.000 Linke in Konzentrationslager verschleppte, war die Bühne frei für chilenische „Chicago-Boys", am lebenden Objekt die Hausmittel der Marktradikalen auf ihre Wirksamkeit zu testen. Dank Henry Kissingers Operation Condor ergaben sich auch in Argentinien und in Uruguay wunderbare Versuchslabore für die liberalen Extremisten[8].

Ergebnis: eine Menge bedauerlicher Kollateralschäden. Die Verarmung der Massen zum Beispiel. Aber die Zerschlagung genossenschaftlicher Strukturen sowie öffentlich-rechtlicher Renten- und Gesundheitskassen und ihre Ersetzung durch profitorientierte Privatfirmen funktionierte, mehr schlecht als recht. Aber es funktionierte. Irgendwie. Und das zählte. Mit diesen Erfahrungen im Gepäck konnte man sich daran machen, auch die USA und Großbritannien entsprechend umzupolen.

Die schmutzige Auktion um die Teheraner Geiseln

Die Jahre 1979 und 1980 waren Wendepunkte. Der Politikstil sollte sich radikal ändern. Sowohl in den USA als auch in Großbritannien. Auf dem europäischen Kontinent sollte die Umwälzung allerdings noch ein wenig auf sich warten lassen.

Schluss war mit der Rücksichtnahme auf die Schwachen. Mit der Rücksichtnahme auf einen regelbasierten Umgang miteinander. Mit dem Versuch, nicht mit dem Kopf durch die Wand zu rennen, sondern sich mit seinen Widersachern friedlich zu einem Kompromiss zusammenzuraufen. Vorbei sind auch die Zeiten, wo besonders verantwortungsbewusste Einzelkämpfer wie Franklin Roosevelt, Dwight D. Eisenhower, Charles de Gaulle oder Nikita Chruschtschow einen funktionstüchtigen Staatsapparat nutzen konnten, um uneigennützige Ziele wie Solidarität, Entmilitarisierung, Befreiung von Diktatur oder nationale Souveränität durchzusetzen. Vorbei die Zeit des heroischen Scheiterns eines Charles de Gaulle. Nach den Nichtregierungsorganisationen und den Multinationalen Konzernen klopfen nun die weltweit vernetzten Verbrecherbanden an die Tür der politischen Macht und fordern mit besonders brutalem Röhren sofortigen Einlass.

Der nichts ahnende Wähler gewährt 1980 den begehrten Einlass. Der glücklos agierende Jimmy Carter hätte seine Wiederwahl eigentlich durchaus erreichen können. Noch im Spätsommer 1980 liegen Carter und sein Herausforderer Ronald Reagan gleichauf in den Umfragen. Und das obwohl in der US-Botschaft im revolutionären Teheran 55 Geiseln von iranischen Garden gefangen genommen wurden. Und obwohl dann der Versuch durch das amerikanische Militär, die Geiseln zu befreien, kläglich im Wüstensand gescheitert war. Carter und sein Team hatten schon lange heimlich Kontakt mit den Geiselnehmern angeknüpft. Und es sah ganz so aus, als sollten die amerikanischen Geiseln noch vor dem Wahltermin im November gegen ein saftiges Lösegeld freikommen. Das wäre eine wahre Oktober-Überraschung geworden. October Surprise ist in den USA ein fest stehender Begriff: denn schon frühere Präsidenten hatten im Monat vor der Wahl so manches Mal eine Überraschung aus dem Hut gezaubert und damit die Wahl für sich entschieden. Doch Carter war diese Oktober-Überraschung nicht vergönnt. Die Geiseln kamen trotz großzügiger amerikanischer Offerten nicht frei. Herausforderer Reagan gewann die Wahl mit einem satten Vorsprung von zehn Prozent auf den Amtsinhaber. Und, seltsam, seltsam: am 20. Januar 1981 leistet Ronald Reagan seinen Amtseid als neuer Präsident der Vereinigten Staaten von Amerika – und fünf Minuten später klingelt das Telefon. Die Geiselnehmer sind am Apparat. Sie verkünden, dass soeben die jetzt noch 52 Geiseln freigelassen wurden und auf den Weg zum amerikanischen Militärhospital im bundesdeutschen Wiesbaden geschickt werden.

Mochten die iranischen Revolutionsgarden den zackigen neuen Law-and-Order-Kandidaten Ronald Reagan besonders gerne? Wohl nicht. Die Antwort ist ganz banal. Die Leute aus dem Stab des Herausforderers Reagan hatten ihrerseits Kontakt zu den Revolutionswächtern aufgenommen und in einer perversen Auktion mehr Lösegeld geboten als die Carter-Leute. Reagans Wahlkampfchef William Casey hatte sich mehrmals im Sommer 1980 mit den Iranern in Madrid getroffen[9]. Für diese Heldentat belohnt Reagan seinen Schildknappen Casey mit dem Job des Direktors der CIA.

Und nun kommen wir auf die Clearing-Institute zurück. Bei CEDEL in Luxemburg sitzt der drittwichtigste Mann in der Firmenhierarchie, Ernest Backes, am 18. Januar 1981 in seinem Büro und hat einen Sonderauftrag auszuführen. Er soll von zwei privaten Bankhäusern in New York insgesamt sieben Millionen Dollar abheben und diese sodann auf das Konto der Nationalbank von Algerien überweisen. Backes fragt sich, ob das so in Ordnung ist, von fremden Bankhäusern mal eben Millionenbeträge abzubuchen. Doch die New Yorker haben keine Einwände. Dagegen weigern sich die Algerier zunächst, das Geld anzunehmen. Doch nach einem kurzen Telefonat mit Teheran nehmen sie das Geld gerne entgegen, um es sodann den Revolutionswächtern im Iran zukommen zu lassen[10]. Dank der extremen Geheimniskrämerei des Clearing-Systems erfährt die Öffentlichkeit über viele Jahre nichts von den kriminellen Hintergründen der spektakulären – künstlich und arglistig verspäteten – Heimkehr der gequälten amerikanischen Geiseln. Wenn nicht bei CEDEL-Mitarbeiter Backes der Groschen gefallen wäre. Und wenn nicht acht Jahre später eine ausgestiegene Reagan-Mitstreiterin die ungeheuerliche Verzögerung der Geiselbefreiung in einem Buch beschrieben hätte[11].

Wir sehen: seit Reagans Amtsantritt ist das organisierte Verbrechen mit von der Partie. Mögen auch die Tricks von Kissinger und Nixon besonders schmutzig gewesen sein: diese Tricks wurden noch immer von

Staatsbediensteten ausgeführt – was sie natürlich um keinen Deut kuschelliger machten. Aber dass eine US-Regierung ihre Macht aufbaut auf die Unterstützung mafiotischer Vereinigungen, das ist neu. Das färbt auch ab auf die Art und Weise, wie Reagan oder auch seine britische Amtskollegin Margaret Thatcher mit zuvor „Sozialpartner" genannten Bevölkerungsgruppen umgehen. „Rüde" ist geprahlt. Reagan lässt streikende Fluglotsen von der Polizei in Handschellen abführen und wirft 11.345 Kollegen mal eben auf die Straße. Maggie Thatcher lässt die streikenden Bergarbeiter brutal in der Winterkälte hungern, bis sie zähneklappernd aufgeben. Brutale Bilder, die bislang unvorstellbar waren. Sowohl Thatcher als auch Reagan streichen radikal Steuern für die Reichen und senken gleichzeitig den Sozialhaushalt, bis dieser nur noch bronchitisch vor sich hin pfeift. Die Rüstung wird erneut in obszöne und durch die allgemeine Weltlage nicht gerechtfertigte Höhen getrieben. In einem Punkt unterscheiden sich Reagan und seine Schwester im Geist Maggie Thatcher allerdings: ersterer treibt die Staatsverschuldung absichtlich in noch nie gekannte Höhen, letztere achtet dagegen immer noch auf einen einigermaßen ausbalancierten Staatshaushalt.

Der Schläfer im Weißen Haus
Bleibt eine andere Frage: hat Ronald Reagan überhaupt regiert?
Ronald Reagan war von Beruf Schauspieler, hat aber James Dean oder Humphrey Bogart niemals Konkurrenz machen können. Vielmehr vertrieb er mit zweitklassigen Filmchen, so genannten B-Movies, den Zuschauern die Zeit, bis dann wieder ein unabdingbarer Werbespot für die Firma Produkte anpries, die Reagans Filme finanzierte. Meistens war das General Electric. Als Vorsitzender einer Schauspielergewerkschaft war Reagan in die Politik gerutscht. Er entschied sich für die Republikaner und unterstützte 1964 Präsident Johnsons Herausforderer Barry Goldwater. Der kantige Senator aus Arizona diente als Vorhut der marktradikalen Konterrevolution. Seine Sprüche vom schlanken Staat verfingen damals noch nicht so recht beim Wählervolk. Goldwater musste gegen Johnson eine schwere Niederlage einstecken. Reagan war damals in vollem Saft

und beeindruckte durch seine perfekte Bühnenshow und seine einfachen und eingängigen Sprüche viel mehr als Goldwater.

So wurde Reagan 1968 Gouverneur von Kalifornien. Er begann den Krieg gegen die Hippie-Metropole San Francisco und die Universitätsstadt Berkeley. Schwerste Artillerie der Nationalgarde ließ Reagan gegen die gänzlich unbewaffnete Zivilbevölkerung auffahren. Tote und Verletzte bei diesen Schlachtfesten konnten allerdings nicht verhindern, dass er auch noch eine zweite Amtszeit hinlegen durfte[12]. Bei den Vorwahlen 1976 trat er sogar als Kandidat gegen den amtierenden Präsidenten Ford an, der sich jedoch durchsetzen konnte. Aber bei den Primaries 1980 avancierte Reagan unangefochten zum Favoriten und wurde, wir wissen nun wie, zum 40. Präsidenten der USA. Allerdings war er schon ziemlich betagt als er endlich als Präsident loslegen durfte. Er weilte bereits sechs Jahre auf der Welt, als der 35. Präsident der USA, John F. Kennedy, geboren wurde. Schwarz gefärbte Haare und ein bübisches Rouge auf den Wangen; das ließ so manchen Betrachter über die müden Greisenaugen hinwegsehen.

Und so ergab es sich, dass Ronald Reagan bei den komplizierten Diskussionen im Nationalen Sicherheitsrat oder im Kabinett immer wieder spontan einschlief. Man hatte es sich schon abgeschminkt, dass der Präsident die für ihn erarbeiteten Dossiers und Denkpapiere der Geheimdienste irgendwann mal lesen würde. Das strengte doch furchtbar an. Reagan war eben nicht zufällig Schauspieler. Er diente eigentlich eher als Regierungssprecher. Der große Kommunikator, wie man ihn nun einmal nannte. Er konnte den Leuten mit der wunderbarsten Überzeugungskraft der Welt das Credo der Marktradikalen und auch das Credo der Rüstungslobby verkaufen. Er hätte auch Eskimos Kühlschränke verkaufen können. Nur – wehe, wenn einmal der Teleprompter ausfiel. Also jener Bildschirm, der dem Präsidenten den aufzusagenden Text vorspulte zum Ablesen. Wenn der Prompter stockte, dann hörte auch der große Kommunikator auf zu kommunizieren. Er schwieg.

Ronald Reagan spielte den Präsidenten der USA – unter der Regie seines Vizepräsidenten George Herbert Walker Bush.

„The Winner is ... George Herbert Walker Bush!"

Normalerweise ist der Vizepräsident eigentlich nur eine Ersatzreserve falls die Nummer Eins mal ausfallen sollte. Er stand laut Verfassung dem Senat vor und hatte ansonsten Schulen einzuweihen und seinem Chef nicht durch ein eigenes Profil Konkurrenz zu machen. Das war allerdings bei dem ungleichen Gespann Reagan – Bush ganz anders. Das lag schon daran, dass Bush im Gegensatz zu Reagan aus einer mächtigen Dynastie stammte. Sein Großvater Samuel Bush war bereits sehr reich und organisierte im Ersten Weltkrieg die Rohstoffbeschaffung der Wilson-Regierung. Der Vater von George Bush, Prescott Bush, hatte in die noch reichere Familie Walker eingeheiratet. Schwiegervater Herbert Walker brachte Prescott in die Bank Brown Brothers Harriman ein, die pikante Geschäfte mit Nazideutschland abwickelte. In den 1950er Jahren betätigte sich Prescott Bush als Senator von Connecticut für die Republikaner. Aus tiefer Dankbarkeit für seinen Mentor gab Prescott seinem Sohn den Namen George Herbert Walker Bush.

George studierte wie seine Vorfahren an der extrem elitären Universität Yale und trat nach alter Väter Brauch ebenfalls in die noch elitärere studentische Burschenschaft Skull & Bones ein[13]. Im Krieg diente er als Kampfflieger, um dann in Friedenszeiten nach Texas zu wechseln, um dort eine Firma für Ölbohr-Ausrüstungen aufzuziehen. Mit vierzig wechselte George in die Politik, und zwar zunächst seit 1967 als republikanischer Abgeordneter im Repräsentantenhaus. Präsident Nixon wird sein Mentor und macht ihn 1971 zum Botschafter der USA bei der UNO, wo er vergeblich versucht, den Rauswurf von Taiwan aus der UNO zu verhindern. Weitere Stationen: Chef der Republikanischen Partei. Während des Watergate-Skandals ist Bush weit weg vom Schuss als Leiter des Verbindungsbüros der USA in Peking. Es gab ja noch keine offizielle diplomatische Vertretung in Peking. Unter Präsident Ford ist er dann von 1976 bis 1977 Direktor der CIA. Als die Demokraten die Regierung stellen, überwintert Bush als Co-Direktor des uns schon gut bekannten Council on Foreign Relations.

In den Vorwahlen unterliegt Bush dem Favoriten Ronald Reagan. Dessen Wahlkampfleiter Casey sorgte dafür, dass Bush nun als Reagans Vizepräsidentschaftskandidat ins Rennen ging. Eine Maßnahme, die Casey wohl noch bereuen sollte. Bush war im Gegensatz zu Reagan selber ein Teil der mächtigen Unternehmerschaft der USA. Bush macht kurzerhand seine Geschäftspartner zu Ministern: vom größten Bauunternehmen des Landes Bechtel wechseln Caspar Weinberger als Verteidigungsminister und George M. Shultz als Außenminister in die Politik. Aus dieser Perspektive werden so manche Vorgänge etwas verständlicher. Kaum nämlich ist die Reagan-Bush-Regierung im Amt, verunglückt der Präsident von Panama, Omar Torrijos, bei einem rätselhaften Flugzeugabsturz tödlich. Er war den Herrschaften aus den USA schon lange ein Dorn im Auge. Nicht nur, dass er eine sozial gerechte Politik und eine unabhängige Außenpolitik betrieb. Er hatte mit einem japanischen Konsortium den Bau eines ganz neuen Kanals, der Atlantik und Pazifischen Ozean verbinden sollte, ausgehandelt. Dabei sollten US-amerikanische Unternehmen wie Bechtel außen vor bleiben[14].

Sein Nachfolger wurde Manuel Noriega, ein Militär, der enge Kontakte zur CIA unterhielt und Geschäfte mit Drogen und Waffen betrieb. Das japanische Kanalprojekt ist vom Tisch. Jedoch argwöhnt die US-Regierung irgendwann, Noriega würde auch mit Kuba anbändeln. Am 20. Dezember 1989 marschieren US-Truppen in Panama ein und kassieren ihren Vasallen Noriega, und mit ihm verschwinden Dokumente über die mögliche Mitwirkung ausländischer Geheimdienste am Tod von Noriegas Vorgänger Torrijos. In Ecuador war zwei Monate vor dem Absturz von Torrijos Präsident Jaime Roldos Aguilera ebenfalls auf seltsame Weise mit dem Flugzeug abgestürzt und dabei umgekommen. Aguilera hatte die Wochenarbeitszeit auf 42 Stunden begrenzt und einen Mindestlohn eingeführt. Über die Verwendung des Erdöls aus Ecuador hatte Aguilera ganz eigene Vorstellungen, die US-amerikanischen Ölmagnaten nicht gefallen konnten[15].

Die Iran-Contra-Affäre

„Um es klar zu sagen: Bush betrieb ein Weißes Haus innerhalb des Weißen Hauses."[16]

Trotz allem gelingt es der sandinistischen Befreiungsbewegung in Nicaragua 1979, den bisherigen Diktator Somoza zu vertreiben und sodann eine demokratische Koalitionsregierung zusammenzustellen. Die Regierung Reagan-Bush hält es nicht für ratsam, in Nicaragua mit eigenen Truppen einzumarschieren. Sie gründen eine faschistische Terrormiliz, der sie den Namen „Contras" verleihen, weil ihr einziger Programmpunkt darin besteht, mit aller Gewalt die Sandinisten auszulöschen. In einem unbeschreiblich brutalen Abnutzungskrieg wird die junge Demokratie in Nicaragua zermürbt: Vergewaltigungen, Ausstechen von Augen, Abschlagen von Gliedern, Brandschatzung – alles ist drin. Der US-Kongress bewilligt im Dezember 1981 Steuergelder in Höhe von 19 Millionen Dollar für die vom CIA gelenkte Aktion. Doch weitere Gelder soll es nicht geben. Das Boland-Amendment verbietet die Finanzierung von Terrortruppen in anderen Ländern. Doch schon im Jahre 1983 werden die Hilfsgelder wieder bewilligt, jetzt deklariert als „Hilfe gegen Armut" in Nicaragua. 1986 hat sogar mal der Internationale Gerichtshof in Den Haag den Mut, die USA für ihren völkerrechtswidrigen Stellvertreterkrieg in Nicaragua zu verurteilen und an das kleine Land einen Schadensersatz von 17 Milliarden Dollar zu zahlen. Die Vollstreckung des Urteils kann nur durch die UNO erwirkt werden. Dort bremsen die USA mit ihrem Veto die Durchsetzung des Urteils aus. Und in einer Trotzreaktion bewilligt der Kongress genau zu dieser Zeit weitere 100 Millionen Dollar für die Contras.

Doch jetzt wird auf einmal durch ein unerwartetes Ereignis deutlich, dass der Terror gegen Nicaragua noch ganz andere Dimensionen einer globalisierten Kriminalität beinhaltet. Am 5. Oktober 1986 schießen die Sandinisten ein Flugzeug der Contras ab. Der einzige Überlebende mit dem schönen Namen Eugen Hasenfus sagt aus, dass die USA die Terroristen mit Waffen versorgt haben. Und es geht weiter. Am 5. November 1986 berichtet eine libanesische Zeitschrift, dass in einem Dreiecksgeschäft die CIA ausgerechnet der iranischen Regierung eine beträchtliche Anzahl von Panzerabwehrlenkwaffen sowie mobile Flugabwehrsysteme verkauft hatte. Im Gegenzug wollten die Iraner bei der Befreiung von amerikanischen Geiseln aus der Gefangenschaft bei islamistischen Terrorgruppen im Libanon behilflich sein. Aus dem Erlös dieses anscheinend recht profitablen Geschäfts wurden wiederum Waffen für die Contras gekauft. Offenkundig waren die vom Kongress bewilligten Geldspritzen noch nicht ausreichend gewesen. Zwei Wochen später tauchen Dokumente auf, die genau diese Machenschaften schwarz auf weiß beweisen.

Doch auch die Contras waren kreativ: sie verschacherten mehrere Tonnen Kokain mit Hilfe der CIA in den Ballungszentren der Vereinigten Staaten. Durch die Umwandlung von Kokain in die extrem süchtig machende und persönlichkeitsverändernde Giftdroge Crack entstand in den Ghettos mit afroamerikanischen Bewohnern ein massives Problem. Die sowieso schon benachteiligten Black Communities hatten mit ganz neuen Phänomenen des sozialen Zerfalls und grassierender Gewalt zu kämpfen. An solidarische Aktionen war von jetzt ab nicht mehr zu denken. Der Journalist Gary Webb hat das verhängnisvolle Zusammenwirken von Contras, CIA und Polizei 1996 akribisch dokumentiert. Im Jahre 2004 wurde Webb in seiner Wohnung erschossen aufgefunden[17]. Dennoch beschäftigten sich mit dieser Komplizenschaft von Teilen des US-Staatsapparates, der verselbständigten CIA, den Contras und den Kokainkartellen von Medellin in Kolumbien Kongressausschüsse. Die CIA musste ihre Mittäterschaft schließlich zugeben[18].

Der seit Jahrzehnten aktive investigative Journalist Seymour Hersh hat herausgefunden, dass die Idee zum Iran-Contra-Deal ursprünglich vom persönlichen Geheimdienst des Vizepräsidenten George Bush, der Special Situation Group, ersonnen wurde. Reagans Stellvertreter hatte tatsächlich an den Geheimdiensten und dem Nationalen Sicherheitsrat vorbei ein extrem geheimes Netzwerk aufgemacht, das immerhin 35 Aktionen im Ausland durchgeführt hatte. Viele Militärs machten hier mit, weil sie frustriert waren über die extreme Dummheit und Faulheit des Präsidenten und seines über die Unberechenbarkeit des CIA-Chefs William Casey, den sie für zu geschwätzig hielten. Die extremen Heimlichtuer von Bushs Special Situation Group wollten auf eigene Faust der wahrgenommenen Expansion des sowjetischen Einflusses in der Dritten Welt begegnen.

Doch als sie vor Ort den sowjetischen Dämonen persönlich begegnen, können sie kaum glauben, was sie sehen. Denn sie konnten die sowjetischen Berater vor Ort leicht ausboten, wie ein ehemaliger SSG-Agent Seymour Hersh verriet: „Die Russen wurden dort einfach nicht geschätzt. Sie waren Bauerntölpel mit schäbigen Klamotten und Schuhen aus Pappe. Ihre Waffen waren nicht funktionstüchtig ... Wir begriffen immer mehr, dass die amerikanische Geheimdienstszene die Bedrohung aus Russland brauchte, um an Geld ranzukommen."[19]

Die SSG-Leute hatten selber die Iran-Contra-Geschichte an die libanesische Zeitung Ash-Shiraa geleakt, weil ihr Verbindungsmann Oliver North vollkommen tollpatschig die falschen Leute für eine Kooperation in der Iran-Contra-Geschichte kontaktierte, und so über kurz oder lang die Verschwörung auffliegen würde und George Bush seine Ambitionen auf eine eigene Präsidentschaft hätte aufgeben müssen. Die SSG wurde jetzt in aller Stille wieder aufgelöst. Die öffentliche Aufmerksamkeit konzentrierte sich jetzt auf Reagan und Oliver North. Bevor CIA-Chef William Casey vor dem Kongress aussagen konnte, stellte sein Militärarzt bei ihm einen Hirntumor fest. Bei der Operation am nächsten Tag beschädigte der Chirurg Caseys Sprachzentrum, so dass Casey nichts mehr zur Aufklärung der Iran-Contra-Affäre beitragen konnte[20]. Vizeadmiral Moreau, der Chef von George Bushs Geheimtruppe SSG, wurde nach Übersee versetzt, raus aus dem Washingtoner Trubel, und starb im Dezember 1986, gerade 54-jährig, an einem Herzinfarkt.

Ein wichtiges Instrument für die finanziellen Transaktionen all dieser Dirty Jobs der offiziellen und inoffiziellen Geheimdienste war die erste Globalbank aus der Dritten Welt, die 1972 in Pakistan gegründete Bank of Credit and Commerce International. Dass dieses Geldinstitut in der Peripherie der damaligen Finanzwelt kurzfristig zum Global Player aufsteigen konnte, verdankte sie nicht zuletzt den neuen finanziellen Schnellstraßen des Clearing-Systems. Ihr Gründer Agha Hasan Abedi hatte durchaus ehrenwerte Motive: er wollte armen Ländern in der Dritten Welt Kredite ermöglichen, die die arroganten westlichen Bankhäuser niemals gewähren würden. Leider geriet die Bank sehr schnell auf die schiefe Bahn. Denn Abedi und seine Mitarbeiter spekulierten mit dem angelegten Geld der Kunden und verloren dabei immens viel Geld. Sie benutzten frisch angelegtes Geld, um die alten Löcher zu stopfen und operierten nach Art der Kettenbriefe. Die CIA bekam Wind von der Schieflage und benutzte das Bankhaus, um schmutzige Transaktionen außerhalb der Kontrolle des Washingtoner Kongresses durchführen zu können. 1991 flog der faule Zauber auf und die BCCI wurde liquidiert. Der demokratische Senator John Kerry leitete einen Untersuchungsausschuss, der die Machenschaften der BCCI unter die Lupe nahm[21]. Eine heuchlerische Empörung brach aus über das Ausmaß an Geldwäsche, Waffenschmuggel, Steuerhinterziehung, Beeinflussung von Politikern, die sich in diesem pakistanischen Bankhaus zusammenballten; am Ende waren zudem 13 Milliarden Dollar einfach verdampft! Dass ein erklecklicher Teil der Transaktionen der CIA zuzuordnen waren, interessierte hier weniger. Wie gut, dass man die eigenen schmutzigen Finanzen in die Dritte Welt ausgegliedert hatte!

Das war der Zustand der USA, die sich jetzt anschickte, die kommunistische Weltordnung auszuradieren. Diese Symptome einer grassierenden Dekadenz der Vereinigten Staaten von Amerika werden deswegen so ausführlich referiert, um ein vertieftes Verständnis zu ermöglichen für die Art und Weise, wie nunmehr die Sowjetunion und ihre Verbündeten zur finalen Schlachtbank gelockt wurden. Und auf welche Weise die geschlachteten Überreste filetiert und verteilt wurden.

Der finale Genickschuss für die Sowjetunion

Der Todeskampf der UdSSR mit ihrer kommunistischen Partei ging in seine entscheidende Phase seit 1980 und war ungefähr mit dem Amtsantritt des letzten Generalsekretärs der KPdSU, Michail Gorbatschow, im Jahre 1985 abgeschlossen. Von da an bis zum kläglichen Ende der Sowjetunion im Jahre 1991 ging es nur noch darum, eine geordnete Insolvenz durchzuführen. Was auch nur in Teilen gelingen sollte.

Die Regierung der USA bestand aus zwei Gravitationspunkten, die sich gegeneinander abschotteten und die beide die Instanzen des von Truman geschaffenen Geheimstaates unterliefen, um ihre privaten, noch geheimeren Netzwerke zu betreiben. Die Gruppe um Vizepräsident George H. W. Bush und seiner Special Situation Group haben wir bereits kennengelernt.

Die andere Insider-Gruppe gravitierte um den von Reagan eingesetzten CIA-Chef William Casey. Casey wäre gerne als Dankeschön für sein brillantes Wahlkampfmanagement zum Außenminister ernannt worden. Reagan wollte Casey aber gerne an der Spitze des berühmten Geheimdienstes CIA sehen. Dafür verlangte Casey vom Präsidenten besondere Vollmachten: Teilnahme an Kabinettssitzungen und vor allem: immer den direkten Zugang zum Präsidenten. Casey war jetzt der Mastermind des Weißen Hauses, und seine Vorschläge und Konzepte wurden allesamt von Reagan durchgewunken. Man kann sagen: Reagan war Präsident unter CIA-Chef Casey[22].

Casey diente im Zweiten Weltkrieg beim CIA-Vorläufer Office of Strategic Services. Dort sah er nach der Niederringung der Nazis die Niederringung der Sowjetunion als nächstes Ziel an, und er ruhte nicht, bis er auch dieses Ziel erreichen wollte. Es sollte ihm, wie wir wissen, nicht mehr vergönnt sein. Denn er starb an Hirntumor und George Bush machte Casey dann zum Sündenbock, um seine eigene Haut zu retten. Doch im Jahre 1981 hat er noch alle Fäden in der Hand, um seinem Ziel näher zu kommen. Casey macht klar, dass es nicht länger darum geht, irgendwie mit der Sowjetunion auszukommen, so wie es Nixon, Ford und Carter gehalten haben. Die Sowjetunion, das zeigt er Reagan immer wieder anhand von detaillierten Spionagebefunden seines Hauses, war praktisch am Ende, und man musste die Frucht nur noch vom Baum holen. Und der neue Verteidigungsminister Caspar Weinberger stimmte ihm zu: man müsse jetzt noch einmal die Aufrüstung so richtig hochfahren. Und das nicht etwa mit noch mehr Soldaten oder noch mehr Bomben und Raketen. Sondern militärtechnische Innovationen, z.B. mithilfe der neuen Computertechnik, aggressiv vorantreiben. Bei diesem erneuten Wettlauf würde nach allen Erkenntnissen der Geheimdienste der Sowjetunion die Puste ausgehen.

Zum anderen, ergänzte nun wieder Casey, könne man der Sowjetunion auch den Geldhahn abdrehen, indem man ihre einzige große Einnahmequelle, den Export von Öl und Erdgas, einfach dichtmacht. Wie schon im Kapitel über Chruschtschow angesprochen: die Sowjetunion war regrediert zu einem Rohstoffexporteur. 1960 machte der Anteil von

Öl und anderen Energieträgern beim Export der Sowjets gerade einmal 16,2 Prozent aus. 1985 trugen fossile Energiequellen schon zu 54.4 Prozent der Exporte aus der Sowjetunion bei. Das störte nicht weiter, solange aufgrund der beiden Ölschocks der 1970er Jahre der Preis für das Barrel sehr hoch lag[26]. Man musste also an diese Achillesverse der sowjetischen Ökonomie rangehen. Casey fliegt also im April 1981 nach Riad und trifft sich dort mit dem Chef des saudi-arabischen Geheimdienstes, Prinz Turki al Faisl. Die Beziehungen zwischen Saudi-Arabien und den USA waren noch gar nicht richtig angeknüpft. Schließlich standen ja alle arabischen Länder mit Israel, dem engen Verbündeten der USA, auf Kriegsfuß. Aber der Empfang in Riad ist durchaus wohlwollend. Die Saudis könnten gerne Satellitenfotos, besonders vom Iran, haben, meint Casey. Auch könnten sie Militärhilfe bekommen. Seitdem der Schah entmachtet ist und dort die Mullahs regieren und offen zum Sturz der arabischen Despoten aufrufen, waren die Saudis mit ihren nur neun Millionen Bürgern stark verunsichert. Die Saudis hatten dem irakischen Diktator Saddam Hussein zwanzig Milliarden Dollar gegeben, damit er in seinem Krieg gegen den Iran, der 1980 begonnen hatte, den Ayatollah und seine Mitstreiter verjagt. Aus dem Blitzkrieg gegen den Iran wurde nichts. Stattdessen gewannen die Iraner mit jedem Tag mehr die Oberhand. 1981 war noch gar nicht klar, ob die Iraner nicht auch noch die arabische Halbinsel überrennen würden. Ein Jahr später sollte Caspar Weinberger kommen und den Saudis umfassende Militärhilfe anbieten, sowie eine massive Verstärkung der US-Streitkräfte. Aber Casey bot den Arabern zunächst einmal Hilfe in der Feindaufklärung an.

Casey greift die Sowjets über den Ölpreis an

Im Gegenzug sollten die Saudis doch bitte ihre Öllieferungen intensivieren, um den Ölpreis weltweit runterzudrücken und damit die Sowjets entscheidend zu schwächen. Das stieß nicht auf taube Ohren. Denn die Sowjetunion unterstützte die Republik Süd-Jemen, in direkter Nachbarschaft der Saudis. Zudem waren die Sowjets jetzt mit mittlerweile 100.000 Mann in Afghanistan. Und nebenan in Syrien waren sie mit 16.000 Militär"beratern" auch schon ganz gut präsent. Insgesamt befand sich der

Ölmarkt gerade massiv in Bewegung. Das OPEC-Monopol, das mit den Ölschocks die Preise nach oben drückte, war unter anderem durch das Nordsee-Öl längst gebrochen. Die Saudis senkten die Preise. Das tat weh: 1981 kostete das Barrel Öl 35 Dollar. Um dann 1986 empfindlich auf 12 Dollar abzusacken.

Und Casey eilt weiter nach Tel Aviv. Der Mossad unterhielt Kontakte zur jüdischen Szene in Osteuropa. In Polen brodelt es gerade: die Gewerkschaft Solidarnosc bringt die kommunistische Regierung mit einer landesweiten exzellent organisierten Streikwelle schwer in Bedrängnis. Die Israelis sollen Casey den Kontakt zur Gewerkschaft herstellen. Dann eilt Casey weiter nach Rom, zum polnischen Papst Johannes Paul II. Casey ist selber strenggläubiger Katholik und erhielt seine Ausbildung in einer Jesuitenschule. Mit Kardinal Agostino Casaroli verabredet er eine enge Zusammenarbeit zwischen der Katholischen Kirche und der CIA zugunsten einer stärkeren Unterstützung des antikommunistischen Widerstands in Polen.

Die Regierung der Sowjetunion zieht zwar Militärs an der polnischen Grenze zusammen, weiß aber ganz genau, dass das nur der allerletzte Notnagel sein darf. Im Dezember verhängt General Jaruzelski in Polen das Kriegsrecht, um der Lage noch Herr zu werden. Zunächst muss die Sowjetunion massiv Geld in Polen reinpumpen, damit der Lebensstandard der polnischen Bevölkerung gehalten werden kann. Dabei sind die Sowjets selber in größter Not. Allein im Jahr 1981 schrumpfen die sowjetischen Einlagen bei westlichen Banken von 8.5 Milliarden Dollar im Januar auf nur noch 3 Milliarden Dollar im Dezember. Hatte die Sowjetunion 1980 noch 270 Millionen Dollar Handelsüberschuss erwirtschaftet, so ergab sich für 1981 ein dickes Minus von drei Milliarden Dollar. Die Sowjets verramschen ihr Tafelsilber: während sie 1980 noch 90 Tonnen Gold veräußern, gehen 1981 plötzlich 240 Tonnen Gold über den Tresen: „They are in big trouble."

Alle Unterlassungssünden der Breschnew-Ära sollen sich garstigerweise in diesem kritischen Augenblick verhängnisvoll auswirken. Das Bruttoinlandsprodukt war in den 1950er Jahren noch zuverlässig jedes Jahr um fast zehn Prozent angewachsen. Unter Breschnew schrumpfte das Wachstum, um in den frühen 1980er Jahren noch ein klägliches halbes Prozent auszumachen[23]. Zum einen hatten die USA immer wieder im Rüstungswettlauf die Nase vorn, und die Sowjetunion musste hinterherhumpeln. Der verbeamtete Militärisch-Industrielle Komplex verzehrte den Löwenanteil an den Exporteinnahmen. Die Militärausgaben machten konstant etwa 23 Prozent des Bruttoinlandsproduktes aus. Sechzig Prozent aller Investitionen in der Maschinenbauindustrie gingen in die Rüstung, und die Hälfte aller Forschungsaktivitäten ebenfalls. Und wegen der Ineffizienz arbeiteten 8 Millionen Menschen in der Sowjetunion im Militärisch-Industriellen Bereich – in den USA nur 2,2 Millionen Menschen[24]. Computer waren im Sowjetreich nahezu unbekannt. Obendrein litt die Bevölkerung der Sowjetunion unter einer gravierenden Überalterung – nicht nur das Politbüro.

Immer schlechtere Geschäftsbedingungen für die Sowjets

Und gerade auch die letzten erwähnenswerten Quellen für Exporteinnahmen, Öl und Gas, wurden in ihrer Gewinnung immer kostspieliger. Die leicht zu erschließenden Quellen waren am Versiegen. Um weitere Quellen zu öffnen, musste man tiefer bohren, oder zu einer Quelle weiter im Osten Sibiriens gelangen und mit immer raffinierteren Maschinen und Rohrsystemen das schwarze oder farblose Gold zum Abnehmer bringen. Die modernsten, Kompressoren kann nur General Electric liefern. Doch die dürfen nicht liefern. Seit dem 29. Dezember 1981 hatten die USA einen Wirtschaftsboykott gegen die Sowjetunion verhängt. Aber mit der französischen Firma Alsthom kommt ein Deal zustande. Überhaupt haben die Westeuropäer keinerlei Berührungsangst gegenüber den Sowjets. Im November 1981 vereinbaren die Ruhrgas AG und die sowjetische Sojuz-Gas Export die gemeinsame Ausbeutung von russischem Erdgas. Ein viel größeres Konsortium betreibt Urengoi 6. Eine Riesen-Pipeline soll Gas aus dem fernsten Sibirien an die tschechoslowakische Grenze befördern, um dort nach Italien, Frankreich und Deutschland weitergeleitet zu werden.

Dieser Duft von Rapallo stört die Amerikaner ganz erheblich und sie schicken Richard Perle in die europäischen Hauptstädte, um dort höflich aber bestimmt daran zu erinnern, dass die USA den Sowjets keine anspruchsvollen Technologien verkaufen, und dass sich die europäischen Verbündeten bitte auch daran halten mögen. Als Instrument diente den Amerikanern das Regelwerk des Coordinating Committee on Multilateral Export Controls (COCOM). COCOM gab vor, welche technologischen Erzeugnisse man an den Feind verkaufen durfte und welche nicht Aber das preisgünstige Öl oder Gas aus der direkten Nachbarschaft liegt den Europäern denn doch näher als die Nibelungentreue zu den amerikanischen Partnern.

Caspar Weinberger ist ein anderer Vertreter aus Ronald Reagans ultra-geheimniskrämerischer Coterie. Mit seinen dunklen melancholischen Augen und seiner halblangen Frisur sah er eher aus wie ein französischer Philosoph. Aber er war nun mal der ranghöchste Justitiar bei dem weltweit größten Bauunternehmen Bechtel gewesen. Nun hatte ihn irgendeine Bestimmung zu Reagans Verteidigungsminister gemacht. Und er genoss wie Reagans Liebling William Casey das Privileg des allerdirektesten Zugangs zum Präsidenten. Und während sonst Minister immer bei ihrem Regierungschef anklopfen müssen, um neue Mittel gewährt zu bekommen, drängte Reagan seinen Minister geradezu, das Geld für Rüstung zum Fenster hinaus zu schleudern. Die Mittel dafür nahm sich Reagan zum Teil aus dem Sozialhaushalt, den er tüchtig schröpfte. Die Verantwortung für Gesundheit und Soziales delegierte Reagan großzügig an die untergeordneten Bundesstaaten

Zuvor hatte er den Reichen und Superreichen im Economic Recovery Act von 1981 über fünf Jahre verteilt 750 Milliarden Dollar als Steuererleichterungen geschenkt. Für die Rüstung wurden ad hoc 32.6 Milliarden Dollar mehr ausgegeben. Reagan erarbeitet auf diese Weise bis 1984 bereits ein sattes Defizit von 184 Milliarden Dollar.

Das macht aber rein gar nichts, denn den USA flogen die Ersparnisse aus allen Ländern der Erde zu, weil die amerikanische Zentralbank jetzt einen Rekordsatz für Zinsen in Höhe von zwanzig Prozent ansetzt. Damit soll die Inflation bekämpft werden, sagt man. Im Ergebnis allerdings läuft die Wirtschaft erst mal viel langsamer. Das trifft selbst die Bürger der USA sehr hart. Aber was sich aus dem Sozialetat nicht für die Rüstung holen ließ, holte man sich über den Kapitalmarkt. Hier war seltsamerweise nie die Klage zu hören, dass man exakt jetzt gerade kommenden Generationen ganz schön was auf den Buckel lädt.

Die alten Dämonen des Kalten Krieges kommen wieder
Passend zu dieser militärisch-industriellen Prasserei kommen wieder Geister aus den ganz frühen 1950er Jahren aus ihren feuchten Grüften der Nuklearphantasien á la Operation Dropshot hoch. Paul Nitze ist uns ja schon bekannt als Verfasser des Papiers des Nationalen Sicherheitsrates NSC-68 von 1950. Das kann man ohne Übertreibung als Gründungsmanifest des Militärisch-Industriellen Komplexes in den USA bezeichnen. Nitze ist jetzt Sonderberater des Präsidenten in Fragen der Rüstungskontrolle. Eugene Rostow wiederum ist bei Reagan der Direktor der Agentur für Rüstungskontrolle und Abrüstung. Rostow und Nitze, genauso wie übrigens auch Ronald Reagan, Richard Perle oder William Casey, sind allesamt Mitglieder des Committee on the Present Danger. Dieser Ausschuss für die gegenwärtige Gefahr ist ein Lobbyverein der Rüstungs- und Fossilwirtschaft, der immer wieder massiv Druck auf Politiker ausübt, eine möglichst kriegerische Politik zu machen. Präsident Carter hatten die Herren der gegenwärtigen Gefahr bereits ganz schön vor sich hergetrieben.

Und bereits vor der Amtsübernahme durch Reagan hatten Colin S. Gray und Keith Payne, die später nie wieder in Erscheinung treten sollten, Furore erzeugt durch einen Artikel in der zweiten Zeitschrift des Council on Foreign Relations, den Foreign Politics. Titel: „Der Sieg ist möglich"[25]. Selbst abgebrühten Transatlantikern fällt hier die Kinnlade runter[26]. Die Autoren beklagen, dass die Pentagon-Strategen nicht mehr mit der wirklichen Option spielen, einen echten Atomkrieg zu führen. Eher schrecken sie sich schon selber ab. Von der Katholischen Kirche müsse man sich die Grundsätze für einen gerechten Krieg, die die sanftmütigen Regeln des Herrn Jesus Christus außer Kraft setzen dürfen, aneignen. Ein Krieg im Angesicht des Herrn muss einer gerechten Sache dienen. In der richtigen Absicht geführt werden; eine vernünftige Aussicht auf Erfolg haben. Damit dann beim Gelingen des Schlags der Einsatz von Gewalt eine bessere Zukunft bietet; der Schlag muss angemessen sein zu den erklärten Zielen;

Entschlossenheit aufbringen, nach Möglichkeit Unbeteiligte zu schonen. Es gilt, das Machtzentrum der Sowjets mit einem Schlag zu vernichten. Man soll nicht davor zurückschrecken, auch mal zwanzig Millionen der eigenen Landsleute für das Heil der restlichen zweihundert Millionen in einem großen Atomkrieg zu opfern. Solche Opfer müssen erbracht werden, um eine kapitalistische Weltordnung mit lauter glücklichen freien Menschen durchzusetzen. Irgendwie lässt einen das Gefühl nicht los, die Autoren hätten sich durch das unsägliche Sonderheft von Collier's Weekly aus dem Jahre 1952 inspirieren lassen, in dem die nukleare Zerstörung des Sowjetreiches mit großer Faszination ausgemalt wurde.

Selbstverständlich holt Ronald Reagan den Artikelverfasser Colin S. Gray in sein Team. Ab jetzt wird man die Russen zappeln lassen in der Angst, dass sie nun doch noch ihr flammendes Inferno erleben werden, das abzuhalten seit beinahe siebzig Jahren der einzige Lebenszweck der in der Sowjetunion wohnenden Menschen gewesen ist. Reagans Sicherheitsberater Richard Allen sprach mit dem sowjetischen Botschafter Anatoli Dobrynin. Sein Eindruck: die Sowjets seien „zu Tode verängstigt", wenn sie an Ronald Reagan dächten. Ronald Reagan kokettierte tatsächlich damit, die Sowjets im Unklaren zu lassen, ob er nicht doch ein gewisses Potential für Wahnsinnstaten in sich bergen könnte? Die „Madman"-Taktik hatte auch schon Nixon eingesetzt.

Man hatte buchstäblich alles Geld der Welt und dazu eine boomende Computersparte, allerdings noch in den Kinderschuhen. Jetzt konnten noch einmal alle apokalyptischen High-Tech-Träume in Erfüllung gehen. Schon zu Carters Zeiten wurde die Neutronenbombe in der Öffentlichkeit lanciert. Mit ihr konnte man extrem strahlungsfreudige Bomben werfen, in deren Wirkungsfeld alle Lebewesen verdampfen. Die Gebäude bleiben aber stehen. Eine „Perversion des Denkens" hatte das einmal Willy Brandts Vordenker Egon Bahr genannt. Präsident Carter war das Ding auch nicht geheuer. Doch die Reagan-Administration gab grünes Licht für die weitere Forschung und Entwicklung der Neutronenbombe. Dann sollte es da das SDI-Programm (Strategic Defense Initiative) geben, auch Star Wars genannt, nicht zuletzt wegen seiner futuristischen Ausstrahlung. Sowjetische Interkontinentalraketen sollten bereits im Weltraum abgefangen werden, bevor sie ihr Ziel erreicht haben. Wenn die Strategic Defense Initiative tatsächlich installiert worden wäre (bevor es dazu kam, explodierte die Sowjetunion), dann wäre das Gleichgewicht des Schreckens hinfällig gewesen. Dann wären die Russen und die anderen Völker der Sowjetunion gänzlich ohne Schutz gewesen, gerade so, wie in den ersten Jahren nach dem Zweiten Weltkrieg. Und es leuchtete auch allen ein, nicht zuletzt den Sowjets, dass dieser Vorsprung nicht mehr einzuholen war.

Wachsender Widerstand in Europa

Doch die Europäer hatten so ihre Schwierigkeiten, ihren Freunden in Übersee in deren neuester Volte zu folgen. Man hatte sich an den relaxten Umgang miteinander in den letzten beiden Jahrzehnten ganz gut gewöhnt und sah nicht ein, warum man sich jetzt ohne Not in ein riskantes va banque-Spiel einlassen sollte. Die Unternehmer in Westeuropa, die mit der Sowjetunion ganz passable Geschäfte machten, hatten sicher Sympathien für jene Bürger, die jetzt gegen den Madman aus Washington auf die Straße gingen.

Ihr vehementer Protest galt der Absicht der Amerikaner, in Europa neue Raketen aufzustellen aus der Baureihe Pershing 2. Dieser Beschluss wurde von den NATO-Staaten mit getragen, und ging als NATO-Doppelbeschluss in die Geschichtsbücher ein. „Doppelbeschluss" deswegen, weil man neben der Stationierung von Raketen gleichzeitig auch die Option zu Abrüstungsgesprächen offen halten wollte. Zumindest auf dem Papier. Die Pershings sollten mit nuklearen Gefechtssprengköpfen bestückt werden. Diese Geschosse waren eine Antwort auf die sowjetische Rakete SS-20. Natürlich war die Pershing der SS-20 überlegen. Aber ein Land wie die Sowjetunion, das gerade ihr Erspartes angreift, um elementarste Bedürfnisse der eigenen Völker sowie auch noch mit Polen einen Satellitenstaaten mit durchzuziehen, kann nicht mehr daran denken, jetzt seinerseits die Pershings mit einer neuen Generation eigener Raketen zu überbieten. Und die Westeuropäer sollen als Bewohner der Frontstaaten im Falle eines nuklearen Krieges das Brennmaterial für den atomaren Holocaust abgeben. Die Empörung war groß. In Bonn nehmen eine halbe Million Menschen an einer Friedenskundgebung in der damaligen Hauptstadt Bonn teil. In Amsterdam sind es sogar eine Million Demonstranten. Daneben werden auch Sitzstreiks vor Munitionsdepots durchgeführt, und die Reihe der Prominenten, die sich solidarisieren, ist endlos. Die Friedensbewegung ist wieder so stark wie in den 1950er Jahren. Sogar Ex-Bundeskanzler Willy Brandt tritt bei der Kundgebung als Sprecher gegen den NATO-Doppelbeschluss auf. Umfragen ergeben in jenen Tagen, dass die Demonstranten die Mehrheit der Bevölkerung repräsentieren: zwei Drittel der Befragten sprachen sich gegen den Pershing-Nachrüstungsbeschluss aus.

Nur Brandt-Nachfolger Bundeskanzler Helmut Schmidt steht fest wie eine Eiche zu dem NATO-Doppelbeschluss und er verliert sogar seine immer wieder bestaunte Contenance, als er auf dem SPD-Parteitag mit seinem Standpunkt alleine dasteht[27]. Der treue „Atlantiker" kann nicht liefern. Das sehen auch die Herren Genscher und Lambsdorff so. Die FDP-Minister wollen die Koalition verlassen. Otto Graf Lambsdorff führt die erste Attacke, indem er zusammen mit anderen marktradikalen Herrschaften einen offenen Brief an den Bundeskanzler schickt des Sinnes, jetzt sei mal Zeit, die marktradikalen Reformen eines Ronald Reagan oder einer Maggie Thatcher schleunigst auch für Deutschland auf den Weg zu bringen[28]. Die Briefschreiber sind vorsichtig und nennen die Namen Reagan und Thatcher nicht. Sie wissen nur zu gut, dass beide Regierungschefs in Deutschland stark polarisierend wirken. Sie verklausulieren die Hayek- und Friedman-Rezepte recht geschickt. Helmut Schmidt als führender Sozialdemokrat kann sich zu dieser Zeit absolut nicht einlassen auf die Forderungen des nassforschen „Markt-Grafen" Lambsdorff. Er ist schon in der Nahrüstungsfrage völlig isoliert. Jedoch im Herbst 1982 sind in der FDP die Reihen so weit geschlossen, dass Schmidt über ein so genanntes Konstruktives Misstrauen seines Amtes enthoben werden kann.

Nachfolger Helmut Kohl setzt die Aufstellung der Pershing-Raketen gegen die Zweidrittelmehrheit der Bundesbürger energisch durch. Durch vorgezogene Neuwahlen im März 1983, die der neue Kanzler Kohl triumphal gewinnt, ist der nötige Rückhalt für diese unpopuläre Entscheidung gesichert. In einer repräsentativen Demokratie muss der Wähler immer ein „Verbundpaket" der Parteiprogramme einkaufen; ein Programm-Mix aus unterschiedlichsten Bereichen. Hätten die Bürger über die Annahme des NATO-Doppelbeschlusses direkt abstimmen können, hätte es nie Pershings in Deutschland gegeben. Aber Glaube und Respekt vor parlamentarischen Entscheidungen sind damals in der bundesdeutschen Bevölkerung noch tief verankert. Die Friedensbewegung zerfällt wieder, und übrig bleibt die neue Sammlungspartei Die Grünen, die im Bundestag in jenen frühen Tagen ihres Bestehens noch ein hohes Maß an Echtheit und Seriosität aufzuweisen hat. Die charismatische Grünen-Politikerin Petra Kelly und ihr Mitstreiter, der ehemalige Vier-Sterne-General Gerd Bastian, arbeiten an einer Internationale der Friedensbewegung. Unter bis heute ungeklärten Umständen sind beide jedoch sehr bald ums Leben gekommen.

Apokalypse um ein Haar abgewendet
Wenn die Menschen in Europa gewusst hätten, wie sehr ihr Leben tatsächlich auf des Messers Schneide stand, und dass nur ein dummer Zufall ausgereicht hätte, um Europa in nuklear verseuchten Feinstaub zu verwandeln, wären sie vielleicht gleich wieder auf die Barrikaden gegangen, oder sie wären schlicht durchgedreht. Es gab Situationen in der Reagan-Ära, die waren weitaus brenzliger als die gesamte Kuba-Krise. Denn das amerikanische Militär ließ keine Gelegenheit verstreichen, um die Sowjets vorzuführen und zu demütigen. Zur Kriegsführung zählte auch, den technologisch total rückständigen Sowjets moderne Computertechnik zu verkaufen, deren Chips so programmiert waren, dass die teuren Geräte eine Zeitlang perfekt funktionierten, um dann plötzlich zu streiken. Und kein russischer Programmierer war in der Lage, den Fehler zu finden und zu beheben. So explodierte auch eine Pumpstation des Urengoi 6-Rohrnetzes[29].

In der Barentssee, einem Abschnitt des Atlantischen Ozeans zwischen Nordkap und russischer Küste, spielten die US-Militärs Katz und Maus mit den völlig irritierten sowjetischen Militärs. Da tauchten die Jagdflieger der Amerikaner kurz mal im Hoheitsgebiet der Russen auf, und waren ganz schnell wieder weg. Sie flogen neben sowjetischen Flugzeugen her, ohne ihre Absicht kundzutun. Im Klima der Verunsicherung schossen die Sowjets am 1. September 1983 westlich der Insel Sachalin über dem Ochotskischen Meer ein koreanisches Passagierflugzeug ab, das in den sowjetischen Luftraum eingebrochen war und dessen Piloten auf die Funkrufe der sowjetischen Abwehr nicht reagiert hatten.

Jedoch ganz eng wurde es, als die NATO im Herbst 1983 ihr Manöver Mable Archer durchführte. Mable Archer unterschied sich von allen vorherigen Manövern dadurch, dass sämtliche Regierungs- und Staatschefs der NATO-Länder an diesem Manöver teilnahmen, und dass hier absolute Funkstille verordnet wurde. Die Kodierung war komplett ausgetauscht, und 87 Schiffe waren für Radarkontrolle unsichtbar gemacht worden. Die sowjetische Abwehr aus KGB und dem militärischen Geheimdienst GRU waren schwerstens beunruhigt. Sie hielten es nicht für ausgeschlossen, dass die NATO unter dem Deckmantel des Manövers einen ernstgemeinten Angriff gegen das „Reich des Bösen" vorhatte. Die Zeit zwischen der Erkennung eines westlichen Angriffs und der Ergreifung von Gegenmaßnahmen war durch die moderne Technik auf maximal acht Minuten geschrumpft. Wieder einmal, wie schon beim Manhattan Projekt, rettete ein sowjetischer Agent die Menschheit vor dem Untergang.

Der Retter trug den Tarnnamen „Topas", saß in der zivilen Zentrale der NATO in Brüssel und war Vorsitzender der Current Intelligence Group[30]. Sein Name: der Deutsche Rainer Rupp, der aus der 1968er Bewegung kam und von der DDR-Staatssicherheit angeworben wurde. Seinem Chef Markus Wolf lieferte er die allerintimsten Analysen und Dokumente frisch aus dem Allerheiligsten des westlichen Klassenfeindes. Das war unser aller Glück. Denn die Sowjets waren entschlossen, wenn sich die Anzeichen verdichten sollten, dass der Westen im Ernst zuschlagen könnte, in diesen fünf Minuten Reaktionszeit mit einem atomaren Gegenschlag zu antworten. Nun konnte ihnen Rainer Rupp alias Topas mitteilen, dass es bei einem zeitlich begrenzten Manöver bleiben würde. Statt den Friedensnobelpreis verliehen zu bekommen, wurde Rainer Rupp in den 1990er Jahren zu zwölf Jahren Zuchthaus verurteilt, von denen er sechs Jahre absitzen musste[31].

Die Sowjets hatten mittlerweile ausgerechnet, dass sie einem NATO-Angriff lediglich eine Woche lang widerstehen konnten, und dann dem westlichen Ansturm nichts mehr entgegensetzen konnten. Mit der Installierung der Pershing-Raketen war zudem das Gleichgewicht des Schreckens außer Kraft gesetzt. Die Sowjets konnten zwar noch mit Atombomben antworten, aber ohne jede Aussicht, den Krieg zu gewinnen, oder auch nur, sich zu verteidigen[32]. Wenn noch der Krieg der Sterne mit SDI dazukäme, stünde die Sowjetunion völlig nackt da.

Doch SDI war ein Hirngespinst. Und außer einigen Wirrköpfen unter den neokonservativen Scharfmachern hatte wirklich niemand in den maßgebenden Kreisen der USA vor, einen Krieg gegen die Sowjetunion jetzt noch zu führen. Warum sollte man denn die eurasische Kontinentalplatte noch nuklear verstrahlen und damit für längere Zeit unbrauchbar machen? Die Tore nach Osten standen doch jetzt sperrangelweit auf. Wer geht als erster hindurch?

Antwort: Ronald Reagan, der gerade eben noch eine säbelrasselnde Rhetorik gegen das „Reich des Bösen" gepflegt hatte. Plötzlich mutiert der Schauspieler als Präsident zur Friedenstaube. Am 24. Januar 1984 in seiner alljährlichen Botschaft zur Lage der Nation erinnert Reagan plötzlich daran, dass die Sowjetunion und die USA ja zusammen im Zweiten Weltkrieg gegen Hitler gekämpft haben, und dass beide Länder noch nie gegeneinander Krieg führen mussten. Plötzlich werden viele bilaterale Abkommen zwischen den beiden Supermächten reaktiviert und alte Kontakte neu gepflegt. Sobald Gorbatschow an die Regierung gelangte, begann ein reger Austausch zwischen den beiden Staatschefs.

Michail Gorbatschow, der Insolvenzverwalter

In diesen schlimmen Zeiten hat die UdSSR nicht einmal eine funktionstüchtige Staatsführung. Leonid Breschnew war nach achtzehnjähriger Herrschaft am 10. November 1982 an Altersschwäche in seinem Bett gestorben. Seine Regentschaft war geprägt von der Zurückentwicklung der Sowjetunion aus einem aufstrebenden Industriestaat zu einem Rohstofflieferanten für die entwickelten Länder. Die Folgen dieser Politik haben wir schon skizziert. Auf Breschnew folgte Juri Andropow, der gewillt war, jetzt lange aufgeschobene Reformen schleunigst auf den Weg zu bringen. Allerdings, bevor er damit beginnen konnte, verstarb auch er am 9. Feb-

ruar 1984. Danach wählte das Zentralkomitee „Breschnews Kofferträger"
Konstantin Tschernenko zum Nachfolger. Doch auch Tschernenko ist
bereits von Altersverfall und Krankheit gezeichnet und stirbt am 13. Februar 1985. Zweieinhalb Jahre, in denen Reformen vielleicht noch etwas
hätten bewirken können. Endlich entscheidet man sich für Michail Gorbatschow als neuen Führer der Sowjetunion, der sich damals in seinen
Fünfziger Jahren befand und damit ungewöhnlich jung war für sowjetische Verhältnisse.

Der Westen hatte Gorbatschow schon lange entdeckt und in ihm den
zukünftigen Führer erblickt. Maggie Thatcher empfing ihn in ihrem
Amtssitz Downing Street 10. Sein erstes Zauberwort hieß „Glasnost". Ein
russisches Wort, mit dem der neue Sowjetführer andeuten wollte, dass
es unter seiner Regierung mehr Transparenz beim Regieren geben sollte.
Und das andere Zauberwort lautete „Perestroika", was im Russischen so
viel heißt wie: Umwandlung, Veränderung. Es wurde leider nie so ganz
klar, für welche konkreten Konzepte und Maßnahmen Glasnost und
Perestroika eigentlich stehen sollten. Gorbatschow wurde im Westen als
Messias gefeiert. In der Sowjetunion teilte die Bevölkerung diese Begeisterung allerdings nicht. Denn unter Gorbatschow vollzog sich die Schür-
zung der sowjetischen Tragödie. Ob Gorbatschow diesen Niedergang erst
richtig beschleunigt hat, oder ob er gar keine Chance mehr hatte, das Rad
herumzudrehen, darüber gibt es in der Forschung geteilte Meinungen[33].

Die Lasten sind kaum noch zu schultern. Der Afghanistan-Krieg
verschlingt Unsummen. Das menschliche Leid ist beträchtlich. Annähernd 15.000 Soldaten sind am Hindukusch gefallen, 54.000 schwer
verwundet, 7.000 Invalide, und 100.000 Sowjetsoldaten trugen schwere
Infektionskrankheiten mit nach Hause. 1991, als Gorbatschow plötzlich
keine Sowjetunion mehr vorfindet, die er reformieren könnte, ist das
Bruttosozialprodukt um 10 Prozent gesunken gegenüber 1985; die Indust-
rieproduktion um 6.2 Prozent, und landwirtschaftliche Bruttoproduktion
um 11 Prozent gesunken. Der Import ging um 45 Prozent zurück, weil die
Sowjets nicht mehr zahlen konnten. Goldreserven waren von 1985 gleich
2.500 Tonnen auf nur noch 240 Tonnen 1991 zusammengeschmolzen, und
man musste jetzt 900 Rubel für einen Dollar bezahlen. Und sogar die

Ölförderung war von 1985 gleich 1172 Millionen Barrel auf 1991 nur noch 511 Millionen Barrel abgesackt.[34] Nicht einmal mehr Lebensmittel liefern jetzt die westlichen Händler an die einstige Supermacht.

Obendrein hatte Gorbatschow noch das Pech, dass gleich am Anfang seiner Regierungszeit der Kernreaktor Tschernobyl am 26. April 1986 außer Kontrolle geriet und die Umgebung radioaktiv verstrahlte. Ein enormer Prestigeverlust und ein zusätzlicher Kostenfaktor.

Gorbatschow handelte ganz genau so, wie es auch Insolvenzverwalter in der privaten Wirtschaft machen: lebensunfähige Teile vom Ganzen abschneiden und abgeben oder auflösen. Und die noch funktionstüchtige Substanz mit neuem Leben erfüllen. Also: die Sowjetunion gesundschrumpfen. Zunächst zu den äußeren Gliedern, den Tochterfirmen sozusagen: die Partnerstaaten des Warschauer Paktes. Schon Andropow hatte vor, diese Staaten ihrem Schicksal zu überlassen. Sie waren schon lange eine Last für die Sowjetunion gewesen. Die DDR bekam viel Unterstützung, um als Schaufenster zum Westen vergleichsweise gut dazustehen, mit einem höheren Lebensstandard ausgestattet als alle anderen Warschauer Paktstaaten, einschließlich der Sowjetunion. Das kostete was. Gorbatschow erklärt, diese Länder könnten ab jetzt ihr politisches System selber wählen. Das heißt heruntergebrochen auf nackte Fakten: kommt für Euch selber auf! Polen, Ungarn (Stichwort „Gulaschkommunismus") oder die Tschechoslowakei hatten bereits eigene Wege ausprobiert. Andere Länder wie Rumänien oder Bulgarien taten sich da schon schwerer. Was sich auch darin äußerte, dass in Rumänien als dem einzigen der losgelösten Ostblockländer die Regenten umgebracht wurden, nämlich der Dauerdiktator Nicolae Ceaucescu und seiner Frau. Von einer Befreiung kann man hier schwerlich sprechen. Die Länder fielen in das schwarze Loch und fanden nichts als Elend vor.

Doch die DDR war ein grundsätzlich anderer Fall. Denn die DDR war der andere Teilstaat eines einstmals großen Reiches. Der westliche Teil hatte sich gut in der Ost-West-Spannung eingerichtet, hatte gute Geschäfte gemacht, und strotzte nur so vor Finanzkraft. Allein im ersten Halbjahr 1990 hatte die Bundesrepublik im Außenhandel ein sattes Plus von über 60 Milliarden Mark gemacht. Hier, so dämmerte

Gorbatschow, ergibt sich eine Möglichkeit durch deutsche Unterstützung für das marode Sowjetreich. Biete DDR gegen Finanzhilfe. Jetzt sollte sich endlich verwirklichen, was Chruschtschow schon 26 Jahre früher angestrebt hatte. Nur jetzt ist die Sowjetunion krank und schwach. „Die Hoffnung heißt Germanija", titelte das Hamburger Nachrichtenmagazin Der Spiegel[35]. Während Bundeskanzler Kohl und Gorbatschow im Kaukasus abends am Lagerfeuer zusammensitzen, kommt der Gastgeber auf die Probleme zu sprechen: wenn er die DDR am 3. Oktober 1990 in die Wiedervereinigung entlässt, möchte er nicht länger auf den Kosten der sowjetischen Besatzungssoldaten sitzen bleiben, die noch bis 1994 in Ostdeutschland bleiben sollen. Kohl ist überhaupt nicht geizig. Er hatte den Sowjets bereits Lebensmittellieferungen im Wert von 220 Millionen Deutsche Mark mitgebracht. Zuvor hatte die Deutsche Bank trotz der schlecht gewordenen Zahlungsmoral drei Milliarden DM als Kredit an die sieche Sowjetunion vergeben – was sonst keine Bank mehr macht. Gorbatschow rechnet dem Kanzler vor, wo Löcher entstanden sind: der Verfall der Erlöse aus dem Öl- und Gasexport; Tschernobyl wird so etwa 15 Milliarden Dollar kosten; Afghanistan hat sieben Milliarden Dollar verschlungen; und durch die Volksseuche des Alkoholismus entsteht dem Staat jedes Jahr ein Verlust von zehn Milliarden Dollar. Kohl hatte sich auf der internationalen Bühne für ein Hilfspaket in Höhe von zwanzig Milliarden Dollar starkgemacht. Es wird über eine Wirtschaftshilfe für zehn Jahre in Höhe von hundert Milliarden Dollar nachgedacht. Kohl war ja auch jemand, der wirklich „liefert".

Kein Wunder, dass die Presse vom neuen Rapallo raunt: „Die Wirtschaftskraft der EG-Führungsmacht in Verbindung mit dem bislang nachhaltig verschleuderten Potential der Sowjetunion - dem Überfluß an Rohstoffen und bebaubarem Boden sowie mit Wissenschaftlern von Weltniveau und 80 Millionen Arbeitern, denen die Kommunisten mindestens Grundschulbildung angedeihen ließen. Kein Wunder, daß eine solche Perspektive auch beklommen macht." So kommentierte der Spiegel, und weniger schwärmerisch, dafür aber umso mehr germanophob, textet der britische Economist: „Wenn Deutschland und Rußland einander wärmen, fangen andere Staaten zu frösteln an"[36] Was hatte Halford Mackinder doch noch gesagt?

Die Übernahme der DDR gestaltete sich nicht sonderlich würdevoll. Nach kurzer Umarmung kam die Spaltung in „Ossis" und „Wessis". Währenddessen übernehmen Finanzseilschaften aus dem Westen die DDR und bereichern sich bis zur Schluckgrenze. Sie betrügen die Steuerzahler in West- genauso wie in Ostdeutschland. Sie kaufen sich DDR-Banken. In deren Büchern stehen angebliche Schulden von DDR-eigenen Großunternehmen, den so genannten Kombinaten. Es handelt sich jedoch in Wirklichkeit um Gewinnrückführungen. Jedes Kombinat zahlte zunächst seine Gewinne an den Staat, quasi als Steuern. Dann bekamen sie über die Konten der Banken einen Teil der abgeführten Gewinne wieder zurück, um damit soziale und kulturelle Aufgaben zu finanzieren, wie z.B. Kinderhorte. Dieses Geld wurde als „Kredit" in den Büchern der Banken geführt, war aber keiner. Dieses Geld forderten sodann die westlichen Investoren von den Kombinaten zurück, plus zehn Prozent Zinsen. Die Kombinate konnten den Betrag nicht zahlen und gingen Pleite, auch wenn sie eigentlich kerngesund waren (ja, auch das gab es durchaus). Das Bundesfinanzministerium unter Theo Waigel hatte einen Altastentilgungsfond gebildet, der die Investoren in Ostdeutschland bei Verlusten entschädigen sollte. Dorthin wandten sich die Gläubiger, und wollten den Verlust aus der Pleite vom Bund zurückhaben, was auch geschah. Auf diese Weise wurden die deutschen Steuerzahler mal eben um 200 Milliarden DM erleichtert. Diesen Coup möglich gemacht hatte der Staatssekretär im Hause Waigel, Horst Köhler. Sein Fachreferent hieß Thilo Sarazzin[37].

Es waren nicht nur krasse Fälle von Kleptokratie, die diese Wiedervereinigung zumindest auf moralischer Ebene zu einem Fiasko werden ließen. Die Treuhandanstalt liquidierte und privatisierte Unternehmen in der DDR, dass es eine Maggie Thatcher vor Neid erblassen ließ. Gorbatschow hatte sich damals am Lagerfeuer von Kohl auch erbeten, dass die DDR-Unternehmen erhalten bleiben sollten und in vollem Umfang mit der Sowjetunion weiterhin Handel treiben sollten. Die Treuhand hatte dieses Stückchen Rapallo hinweggefegt. Wahrscheinlich nicht aus geopolitischen Motiven, sondern aus Raffgier. Die Ökonomie der Ex-DDR wurde jetzt vollkommen umgepolt auf westliche Wirtschaftskreisläufe. Die Verbindung zwischen Deutschland und der Sowjetunion wurde erneut, diesmal rein über ein ökonomisches Instrument, fast vollständig gekappt.

Und auch die zweite Säule eines möglichen erneuten Rapallo wurde umgestürzt: nämlich die Sowjetunion, und mit ihr Gorbatschow. Als Insolvenzverwalter hatte Gorbatschow auch versucht, den Staat im Inland zu entlasten. Seine erste Maßnahme bestand darin, dem Alkoholismus den Kampf anzusagen. Das setzte den Hebel allerdings beim Symptom an und nicht bei der Ursache, nämlich, dass Millionen Sowjetbürger in die innere Kündigung gegangen waren. Dann wurden die Staatsunternehmen in die Selbständigkeit entlassen. Sie mussten nun selber klarkommen, entweder als Joint-Venture-Unternehmen mit einer ausländischen Firma oder als Genossenschaft. Doch all diese Maßnahmen kamen zu spät. Irgendwann war es so weit gekommen, dass die Geschäfte gähnend leer waren, die Leute viele Stunden für elementarste Dinge anstehen mussten und es bereits zu Prügeleien kam.

In dieser Zeit äußerster Not wurde die Weltöffentlichkeit erfreut mit reizenden Bildern von Gipfeltreffen von Reagan und Gorbatschow, noch netter, wenn die Präsidentengattinnen Nancy und Raissa mit dabei sind. Endlich eine russische First Lady, über die in den einschlägigen Gazetten berichtet werden kann. Acht Tage nach Gorbatschows Inthronisierung trifft dieser sich bereits in Genf zum ersten Handshake am 19. und 20. November. Resümé: es war gut, miteinander gesprochen zu haben. Auf Gorbatschows Initiative trifft man sich sodann 1986 in Reykjavik in Island. Im nasskalten Holzhaus wird eigentlich nichts erreicht. Aber es war gut, miteinander gesprochen zu haben. Dennoch wird 1987 in Washington der INF-Vertrag (Intermediate Range Nuklear Forces) unterzeichnet. Das ist jetzt substantiell: beide Seiten verpflichten sich, alle Mittelstreckenraketen mit einer Reichweite zwischen 500 und 5.500 Kilometer zu verschrotten. Beide Seiten verpflichten sich auf verbindliche Fristen. 1988 in Moskau wird dann dieser INF-Vertrag unterschrieben. Solche Geschosse kann man sich jetzt auch sparen, wo doch die Sowjetunion de facto kapituliert hat.

Erstaunlich ist immer wieder die Atmosphäre dieser Gipfeltreffen. Dass Reagan sich freut, ist verständlich. Irritierend ist immer wieder diese euphorische Stimmung, die Gorbatschow ausstrahlt. Dabei ist er ein richtiger Hans im Glück. Er bekommt von den USA eigentlich nichts außer der Zerstörung der Pershing II-Raketen. Nie hat Reagan seinem sowjetischen Gegenüber irgendwelche anderen Zugeständnisse gemacht. SDI bleibt. Alles andere ist eine reine Veränderung der Gesprächstemperatur. Beim Treffen 1990 in Helsinki sitzt Gorbatschow als Partner der neue, wesentlich nüchternere US-Präsident George Bush gegenüber. Und der will, dass Gorbatschow beim geplanten Krieg gegen den Irak mitmacht. Der Russe kann diese Zumutung noch gerade so von sich weisen.

Der sowjetische Regierungschef bekommt derweil zuhause einfach gar nichts mehr auf die Reihe. Nicht einmal die Neuordnung des Staatengeflechts Sowjetunion. Die Balten, die Georgier, ja auch die Ukrainer wollen einfach nur raus aus der Union. Gorbatschow will mit den Teilstaaten der Sowjetunion einen neuen Unionsvertrag unterzeichnen, der den einzelnen Staaten wesentlich mehr Selbständigkeit lässt. Bevor es aber zur Unterzeichnung kommt, finden sich einige fossile Altstalinisten zusammen. Sie führen einen Putsch am 19. August 1991 durch. Gorbatschow weilt zum Sommerurlaub an der Krim. Einige Putschisten suchen ihn dort auf, nicht ohne dabei Gorbatschows Telephonanschlüsse zu kappen. Sie wollen, dass Gorbatschow sich dem Putsch anschließt, was dieser aber ablehnt. In Moskau rollen Panzer. Um das Parlamentsgebäude der Russischen Republik, dem so genannten Weißen Haus, versammeln sich tausende, um das Haus zu schützen. Panzer rollen auch dort hin. Allerdings zerren die Demonstranten die völlig verängstigten Panzerfahrer aus dem Cockpit. Der Präsident Russlands, Boris Jelzin, wird von seinen Mitstreitern zur Versammlung gefahren. Jelzin stellt sich auf einen Panzer und spricht zu den Leuten. Er erkennt selbstverständlich die Putschisten nicht an. Als die Putschisten merken, dass sie keinen Rückhalt haben, kapitulieren sie rasch. Gorbatschow wird befreit und kommt zurück nach Moskau. Wie übernächtigte Teneriffa-Touristen verlassen Gorbatschow und seine Frau mit Tochter das Flugzeug. Seine letzte Autorität ist verflogen. In den folgenden Monaten demontiert Jelzin seinen Rivalen. Und zum Jahresende 1991 wird die Sowjetunion, die jetzt gerade 74 Jahre alt geworden war, sang- und klanglos aufgelöst, und damit ist Gorbatschow mit einem Schlag ein König Ohneland.

Und mit Gorbatschow ist nun auch die Rapallo-Option für Deutschland wieder in weite Ferne gerückt. Denn Jelzin sollte sich eher an angloamerikanischen Finanzkreisen orientieren. Es beginnt ein krimineller Raubzug im zerrütteten Ostblock. Die Menschen, die jetzt schon immer auf sehr bescheidenem Niveau leben mussten, stürzen jetzt ins blanke Elend. Doch davon mehr im nächsten Kapitel.

Kapitel 14

Neunziger Jahre:
Das Organisierte Verbrechen frisst sich durch die Staaten

„Es ist eine brutale Tatsache, dass Westeuropa, und zunehmend auch Zentraleuropa, weitgehend amerikanische Protektorate bleiben, wobei die verbündeten Staaten an mittelalterliche Vasallen und Tributpflichtige erinnern. Das ist kein gesunder Zustand, weder für Amerika noch für die europäischen Nationen." *(Zbigniew Brzezinski)*[1]

Wäre Gorbatschow an der Macht geblieben und die Sowjetunion hätte noch weiter existiert, wäre es womöglich tatsächlich zur immer wieder unterbundenen Rapallo-Option gekommen. Das technisch hoch ausgebildete wiedervereinigte Deutschland wäre in Partnerschaft mit einem an Bodenschätzen und qualifizierten Arbeitskräften reich gesegneten Russland plötzlich auf Augenhöhe mit dem angloamerikanischen Machtkonglomerat aufgestiegen. Das Horrorgemälde von Halford Mackinder wäre doch noch Wahrheit geworden.

Bundeskanzler Helmut Kohl schien zu einem solchen Schachzug durchaus bereit und in der Lage gewesen zu sein. Wir erinnern uns jedoch: Helmut Kohl hatte als Bundeskanzler die Nachrüstung der Pershing-II-Raketen politisch durchdrücken können. Unvergessen das Bild, wie der 1.93 Meter große Kohl sich beim Besuch von Ronald und Nancy Reagan in Bitburg 1985 in einem extrem servilen Diener zur zierlichen Präsidentengattin herunterbückte und ihr die Hand reichte.

Doch 1989 waren die Karten anders gemischt. Denn alle zwei Jahre wieder fand ein NATO-Manöver CIMEX-WINTEX statt. Zu diesem Zweck versammelten sich im Bunker Ahrweiler, im Norden des Bundeslandes Rheinland-Pfalz, allerlei Militärs, Verwaltungsbeamte und Mitglieder der

Bundesregierung. Die Bevölkerung sollte allerdings davon nicht allzu viel erfahren. Deswegen blieben der Bundeskanzler, sein Stellvertreter und die Minister in der Bundeshauptstadt Bonn. Im Bunker übernahmen stattdessen die führenden Staatssekretäre die Rolle ihrer jeweiligen Chefs. Den Bundeskanzler Kohl spielte bei WINTEX-CIMEX 1989 Staatssekretär Waldemar Schreckenberger (genannt „Schrecki"). Die Manöver-Helden aus den damals 15 NATO-Staaten schlossen sich für zwei bis drei Wochen im Februar und März im Bunker ein und simulierten virtuell am grünen Tisch einen Krieg. Diesen Krieg begannen nach der Theorie natürlich immer die Warschauer Pakt-Staaten.

Nun sah das Drehbuch, das wie immer die Amerikaner geschrieben hatten, für dieses Mal vor, dass die NATO-Streitkräfte auf das Vordringen des Feindes aus dem Osten mit einem atomaren Erstschlag reagieren sollten. Um dem Nachdruck zu verleihen, sollte dann auch noch ein nuklearer Zweitschlag erfolgen. Dabei sollten weite Gebiete der Bundesrepublik Deutschland, der DDR, aber auch Ungarns, Polens und der Tschechoslowakei durch 75 Attacken atomar verwüstet werden. Welchen Sinn sollte denn eine solche radikale Aktion für den NATO-Partner Deutschland haben, fragte sich Kohls Staatssekretär und Kanzler-Darsteller Schreckenberger, wenn es dann nichts mehr zu verteidigen gibt? Auch Staatssekretär Willy Wimmer, der in Ahrweiler den Part des Verteidigungsministers ausfüllte, bestärkte Schreckenberger darin, sofort Kanzler Kohl anzurufen. Der gab sich entsetzt und veranlasste den Abbruch von WINTEX-CIMEX. In der nächsten Kabinettssitzung war die Empörung bei den Ministern groß. Man hielt den Einsatz von Nuklearwaffen für unangemessen und nicht mehr zeitgemäß angesichts von Gorbatschows Perestroika.[2] Kanzler Kohl hatte nun also auch den Weg der meisten seiner Amtsvorgänger eingeschlagen: aus einem glühenden Transatlantiker war mit der Zeit ein USA-Skeptiker geworden. Und mit wachsender Desillusionierung über den mächtigen Partner aus Übersee nahm die Bereitschaft zu, sich nach anderehn Partnern in der näheren Umgebung umzuschauen. Mit Gorbatschow hätte es gepasst. Nun war der sowjetische Präsident Gorbatschow im Juli 1991 zum ersten Mal beim Treffen der G-7-Staaten, also der damaligen Alphatiere der Weltwirtschaft, eingeladen worden. Aber anstatt dass man den Neuling mit offenen Armen empfangen hätte, verabreichten die mächtigen Sieben eine bittere Pille zum Verdauen: sie erwarteten von Gorbatschow, dass er nunmehr in seiner Heimat marktradikale Reformen einführt, und diese auch notfalls mit harter diktatorischer Gewalt seinen leidgeprüften Landsleuten aufzwingt. Tatsächlich hatten die angeblich so liberalen Zeitungen der westlichen Wertegemeinschaft ausgerechnet dem Sowjet-Premier faschistische Rezepte dringend nahegelegt. Der Economist aus Großbritannien riet, „den Widerstand zu zerschlagen, der eine ernsthafte Wirtschaftsreform blockiert." Und die Washington Post titelte im August 1991: „Pinochets Chile – ein pragmatisches Beispiel für die Sowjetwirtschaft."[3]

Doch Gorbatschow ist jetzt gar nicht mehr in der Situation, sich in die Rolle eines neuen Pinochet begeben zu können. Der Augustputsch demontiert den Sowjetchef und Jelzin kommt als neuer starker Mann ins Spiel. Am 8. Dezember 1991 trifft sich der Shooting Star Jelzin heimlich mit Staatschef Leonid Krawtschuk aus der Ukraine und dessen Amtskollegen Stanislau Schuschkewitsch aus Weißrussland. Sie lösen die UdSSR einfach auf und beschließen die Gründung der Gemeinschaft Unabhängiger Staaten (GUS), der sich noch andere Staaten anschließen können. Die baltischen Nationen bleiben auf eigenen Wunsch draußen vor, ebenso Georgien. In diesem geschrumpften Staatenbündnis hat Russland nach wie vor den bestimmenden Einfluss. In Russland wird nunmehr sogar die Kommunistische Partei verboten. Und es weht jetzt ein ganz anderer Wind. Und der weht aus Washington.

Denn Jelzin werden Wirtschaftsexperten an die Seite gestellt, die ganz offen vom US-Außenministerium finanziert werden. Sie alle, ob Amerikaner, ob Russen, sind als „Chicago-Boys" geschult im marktradikalen Kanon von Milton Friedman, um „Privatisierungserlasse zu verfassen, eine / Aktienbörse nach Vorbild von New York aufzubauen oder einen russischen Markt für Investmentgesellschaften zu entwickeln."[4] Chefstratege der russischen Privatisierungsorgie ist der amerikanische Star-Ökonom Jeffrey Sachs. Jelzins Gewährsmann ist Ministerpräsident Andrej Gaida, „Russlands meistgehasster Politiker"[5]. 225.000 Staatsbetriebe werden privatisiert. Die Preisbindung entfällt ab sofort, was eine enorme Inflation zur Folge hat. Praktisch sämtliche Ersparnisse der einfachen Leute sind mit einem Federstrich verdampft.

Jelzin bittet das Parlament, für ein Jahr unbeschränkt regieren zu dürfen, was ihm gewährt wird. Nun regiert er als Wirtschaftsdiktator mit ausdrücklicher Erlaubnis der Legislative. Sechs Monate wird es jetzt erstmal nur abwärts gehen, na klar; aber dann wird sich Russland aufschwingen in den erlauchten Kreis der vier größten Volkswirtschaften dieser Welt, verspricht Jelzin. Als nun nach einem Jahr die Wirtschaft immer noch weiter in den Abgrund rast und andererseits auch der Diktator auf Zeit keineswegs daran denkt, jetzt das Parlament wieder an der Macht zu beteiligen, beschließen die Parlamentarier, Jelzin abzusetzen. Der Präsident reagiert mit dem Dekret 1400: die Verfassung wird ausgesetzt, das Parlament aufgelöst. Nunmehr wiederholt sich die Szenerie vom Augustputsch 1991, nur jetzt mit anderen Vorzeichen. Die Abgeordneten im Moskauer Weißen Haus bestehen jedoch auf ihrer Position, woraufhin Jelzin die Parlamentarier vom Militär einkesseln lässt. Das Militär ist nämlich dem Präsidenten sehr gewogen, seitdem dieser trotz der miserablen wirtschaftlichen Lage den Wehretat glatt verdoppelt hat. Strom und Heizung dreht der Diktator den Abgeordneten einfach ab. Am 4. Oktober 1993 stürmen 5.000 Soldaten das Weiße Haus und setzen es in Brand: „Um 16.15 Uhr kamen rund 300 Wachen, Kongressabgeordnete und Mitarbeiter einer nach dem anderen mit erhobenen Händen aus dem Gebäude."[6]. Der Kongress in Washington belohnt die Entschlossenheit ihres russischen Präsidenten mit einer Geldspritze in Höhe von 2,5 Milliarden Dollar. Jelzin hat das Pinochet-Konzept zur Zufriedenheit des Westens ausgeführt. Und tatsächlich werden auch in Moskau die Gegner des Regimes zunächst im Stadion interniert. Doch die westlichen Zeitungen berichten von einer breiten Zustimmung der Bevölkerung. In dieser Lesart besteht die marktradikale Clique um Jelzin aus „mutigen Reformern". Die Demokraten in und außerhalb des Moskauer Parlaments werden dagegen als „stalinistische Betonköpfe" diffamiert.

Als nunmehr die Umfragewerte für Jelzin in einstellige Bereiche abgesackt waren, kopierte der Präsident einen Trick der britischen Premierministerin Margaret Thatcher. Als die Eiserne Lady sich 1982 nämlich in einem Umfragetief befand, stieg sie kurzerhand in den Falkland-Krieg gegen Argentinien ein. Jelzins Falklandkrieg ist 1994 der Erste Tschetschenienkrieg. Ein Krieg gegen ein kleines Land im Nordkaukasus, das Unabhängigkeitsgelüste verspürte und das nun abgestraft werden sollte. Doch so ein kurzer und relativ schmerzloser Waffengang wie der Falkland-Krieg, der Frau Thatcher mit einem Schlag zur Nationalheldin machte, sollte die Metzelei im Kaukasus nicht werden. Wie bereits in Afghanistan verloren sich die russischen Truppen im Straßen- und Dorfkampf und kamen nicht voran. Als Umfrage-Doping taugte dieser schmutzige Krieg gar nicht.

Jedoch im medialen Windschatten des Krieges ging der Raubzug in dem sowieso schon ausgebluteten Russland munter weiter. Die Korruption erreichte jetzt erst recht olympische Spitzenwerte. Es waren vor allem Russen selber, die als Vampire der Volkswirtschaft tätig wurden. Ehemalige Kombinatsdirektoren ersteigerten für einen Appel und ein Ei jenes Kombinat, dem sie einst vorstanden. Dann jedoch, angesichts der ungewissen Zukunft der einheimischen Wirtschaft, sogen sie alles Geld aus dem Kombinat heraus und brachten es auf westliche Konten. Die Jelzin-Clique half Freunden großzügig bei der Gründung privater Banken. Dann nahm der Staat Kredite bei diesen Banken auf, anstatt sich bei der Zentralbank mit frischem Geld auszustatten. Als Pfand wurde das Vermögen der Staatsbetriebe eingetragen. Wenn der Staat nicht zahlen konnte, was oft genug passierte, kassierten die Privatbankiers die Staatsbetriebe ein, privatisierten und wickelten sie ab. Die auf die Straße gesetzten Mitarbeiter konnten sehen wo sie blieben. Arbeitslosenhilfe gab es nicht. Wenn diese Leute in ihrer Not ihr Tafelsilber bei Flohmärkten auf Tapeziertischen anboten, um nicht zu verhungern, deuteten Propagandisten des Marktradikalismus dies als Zeichen lebhafter Wirtschaftstätigkeit.

So war im Laufe der Jahre eine neue korrupte Oligarchenschicht entstanden, die nichts zur Wirtschaftsentwicklung beitrug, sondern die Solidargemeinschaft schamlos ausplünderte. Möglich wurde dieses staatlich geförderte Korruptionsprogramm mit nachfolgender Kapitalflucht ins Ausland durch die neuen schnellen Geld-Autobahnen der Clearing-Büros. „Die Regierung nahm Kredite in Milliardenhöhe beim IWF auf, wodurch sie sich immer höher verschuldete, während die Oligarchen, die von der

Regierung so großzügig beschenkt worden waren, Milliarden aus dem Land zogen. Der IWF hatte die Regierung ermuntert, den Kapitalmarkt zu öffnen und die freie Kapitalbewegung zu ermöglichen. Diese Politik sollte das Land für ausländische Investoren attraktiver machen; aber sie war praktisch eine Einbahnstraße, die die Kapitalflucht aus dem Land erleichterte."[7] Das Soziale Kapital, der „Leim der Gesellschaft", wie es Joseph Stiglitz genannt hat, war völlig ausgetrocknet.

Der Tschetschenienkrieg brachte für Jelzins Popularität keine Frischzellenkur. Dass er dann 1996 doch noch als russischer Präsidenten wiedergewählt wurde, verdankte er der massiven Hilfe seiner Oligarchen, die alle Sendezeiten im Fernsehen mit 100 Millionen Dollar für ihren Liebling aufgekauft hatten. Die Nemesis seiner Bankrottpolitik sollte ihn bald nach der Wiederwahl einholen. Denn die Finanzkrise in Ostasien im Jahre 1998 erfasst die völlig wehrlose russische Wirtschaft in voller Härte. Jelzin benötigt erneut ein großes Ablenkungsmanöver, um immer peinlichere Fragen zu unterdrücken. Das stellt sich im September 1999 scheinbar von selber ein. Durch Terrorattentate werden vier Miethausblöcke in die Luft gesprengt, was dreihundert Tote zurücklässt. Plötzlich spricht keiner mehr von der Wirtschaft. Zudem bricht in diesem letzten Jahr des zweiten Milleniums erneut ein brutaler Krieg gegen Tschetschenien aus. Die Zahl der Todesopfer dieses ebenso schmutzigen wie überflüssigen Krieges wird mit 100.000 beziffert.

Boris Jelzins Alkoholprobleme, die immer schon öffentliches Thema waren, werden allerdings jetzt derart offensichtlich, dass sein Ministerpräsident Wladimir Putin, ein ehemaliger langjähriger Mitarbeiter des KGB, zu ihm kommt und ihm sagt, dass es jetzt des Guten genug sei. Es sei besser, wenn er jetzt gehen würde. Jelzin willigt ein, fordert aber als Bedingung für seinen geräuschlosen Abgang komplette Straffreiheit bis an sein Lebensende. Geh' mit Gott aber geh: Putin gewährt Jelzin diese letzte Bitte, und so vollzieht sich der Machtwechsel am 31. Dezember 1999 ohne Blutvergießen.

Ein kleiner Einblick in die tiefe Furche, die Jelzin in die russische Gesellschaft gezogen hat: 74 Millionen Russen befanden sich 1998 unterhalb der Armutsgrenze. 80 Prozent aller russischen Bauernhöfe waren bankrott; 70.000 staatliche Betriebe wurden geschlossen. Im Jahre 2006 gab es 3,5 Millionen obdachlose Kinder. Die Drogensucht hatte von 1994 bis 2004 um den Faktor neun zugenommen. Eine Million Russen waren an AIDS erkrankt. Gewaltverbrechen nahmen um den Faktor vier zu. Auch die Selbstmordrate hatte sich verdoppelt. Und jedes Jahr schrumpfte die Bevölkerungszahl Russlands um 700.000 Personen. Dazu resümiert Naomi Klein: „Nie haben so viele Menschen in so kurzer Zeit ohne größere Hungersnöte, Seuchen oder Kriege ihr Leben verloren."[8]. Und auch der ehemalige Chefökonom der Weltbank, Joseph Stiglitz, schätzt das marktradikale Experiment von Jelzin und seinen amerikanischen Dirigenten als epochale Katastrophe ein: „Russland erlitt größere volkswirtschaftliche Verluste – gemessen am Rückgang des BIP – als während des Zweiten Weltkriegs."[9]

Auf der Suche nach neuen Feinden:
Fukuyama, Huntington und Brzezinski

Die Vereinigten Staaten mit ihren Bündnispartnern haben jetzt den Krieg gegen die Sowjetunion gewonnen. Russland ist unter Jelzin zu einem US-amerikanischen Protektorat verkommen. Erreicht wurde dies nicht über den atomaren Holocaust, sondern durch den Wirtschaftskrieg.

Das wirft allerdings neue Probleme auf. Denn die Sowjetunion war ein Feind, mit dem sich prima Geschäfte machen ließen. Präsident Eisenhower hatte in seiner Abschiedsrede 1961 dringend vor dem krebsartigen Wachstum des Militärisch-Industriellen Komplexes gewarnt. Seine Nachfolger hatten diese Warnung in den Wind geschlagen, und so entwickelte sich in den USA ein eigenes militärwirtschaftliches Paralleluniversum. Und das war so groß geworden, dass es jetzt nicht so einfach in zivile Wirtschaftszweige integriert werden konnte. Es entstehen also nach der Implosion des Sowjetreiches durchaus Irritationen in der amerikanischen Rüstungsbranche und im gesamten politischen Establishment, wie es jetzt weitergehen soll.

Der Politikwissenschaftler Francis Fukuyama hatte seine Karriere als Analyst bei RANDCorp begonnen. RANDCorp fungierte nach dem Zweiten Weltkrieg zunächst als Lobbyorganisation der militärischen

Luftfahrtindustrie, wurde aber auch immer mehr zu einer Denkfabrik der Militärfraktion[10]. 1989 ist Fukuyama stellvertretender Direktor des Politischen Planungsstabs im US-Außenministerium. Ein Vortrag von ihm an der bereits öfter erwähnten Universität Chicago findet großen Anklang. Ein Substrat dieses Vortrags erscheint in der neokonservativen Zweimonatszeitschrift The National Interest. Schließlich werden diese Gedanken aufgebläht zu einem dicken Buch[11] und sie bestimmen über viele Jahre die Diskussionen in den Feuilletons der einschlägigen Bildungsblätter. Man hält also Fukuyamas Gedanken für ausgesprochen wichtig.

Der Titel von Vortrag und Buch lautet: Das Ende der Geschichte. Klingt abwegig. Es geschieht doch immer was. Wie soll denn das jemals enden? Nun, Fukuyama beruft sich auf den deutschen Philosophen Georg Wilhelm Friedrich Hegel. Der hatte verkündet, dass nach dem entscheidenden Sieg Napoleons über die preußisch-sächsischen Armeen in den Schlachten von Jena und Auerstädt im Jahre 1806 die Geschichte an ihr Ziel gelangt sei. Denn Napoleon setzte die bürgerlich-rechtstaatliche Ordnung in Europa durch. Das war der Sieg des Liberalismus. Marx hatte Hegel sodann umgedreht und gesagt: es ist noch nicht so weit. Die Geschichte ist eine Geschichte der Klassenkämpfe. Erst im Zustand des Kommunismus hören die Klassenkämpfe auf – und damit auch die Geschichte. Für Fukuyama ist aber jetzt, 1989, die Geschichte zu Ende, denn der Liberalismus hat über Faschismus und Kommunismus gesiegt. Jetzt gibt es aber immer noch Regionen, in denen die Geschichte nicht vollendet ist. Diese „noch-geschichtlichen" Regionen üben sich in einem nicht mehr zeitgemäßen Nationalismus oder in einem religiösen Fundamentalismus.

Die „liberale Weltordnung" im Sinne von Fukuyama meint eigentlich ziemlich exakt das, was in diesem Buch ausführlich dargelegt wurde: um die USA herum gruppiert sind Staaten, die nicht durch territoriale Annexionen erobert wurden, sondern die unter scheinbarer Selbständigkeit äußerst geschickt an das Netzwerk des US-Finanzsystems angedockt wurden. Und die nun immer enger verzahnt werden mit der Pax Americana. Die Nationalstaaten werden formal am Leben erhalten, verlieren aber durch immer mehr supranationale oder internationale Bündnisse wie

NATO oder Europäische Union sukzessive ihre Unabhängigkeit. Sie werden schleichend zu Gliedern des US-amerikanischen Machtorganismus. Vor allem sind sie offen wie ein Scheunentor für angloamerikanische Globalkonzerne. McDonalds und Jeanshosen überall auf der Welt. Und angesichts des ansteigenden Lebensstandards in den nunmehr von Geschichte befreiten Ländern wollen auch andere noch-geschichtliche Völker der amerikanischen Weltordnung beitreten. Wer, wie z.B. die Vertreter des doktrinären Islams, bei sich bleiben will, soll es tun – allerdings muss er dann auf die Wohltaten des amerikanischen Liberalismus verzichten.

Fukuyama ist sich seiner Sache so sicher, dass er seinen Vortrag mit einem Scherzchen beendet: „In der post-historischen Gesellschaft wird es / weder Kunst noch Philosophie geben, nur die permanente Instandhaltung des Museums der menschlichen Geschichte … Vielleicht wird ja diese Aussicht auf Jahrhunderte voller Langeweile am Ende der Geschichte dazu dienen, Geschichte wieder zu aktivieren."[12]. Ein Lehrer von Fukuyama ist übrigens Samuel Huntington.

Samuel Huntington:
neue Feinde, Islam und asymmetrische Kriege

Samuel Huntington lehrte an der Universität Harvard, war Mitglied im Council on Foreign Relations und Mitbegründer der hauseigenen Zeitschrift Foreign Politics. Huntington erregte im Jahre 1996 international große Aufmerksamkeit mit seinem Buch „Der Kampf der Kulturen". Ähnlich wie Fukuyamas Gedanken zum Ende der Geschichte werden auch Huntingtons Gedanken zum Krieg der Kulturen durch sämtliche Leitmedien der westlichen Wertegemeinschaft geschleust mit der Aufforderung, sich intensiv damit zu beschäftigen. Dabei sind Huntingtons Gedanken alles andere als auf irgendeine Weise liberal. Es ist erstaunlich, wie offen durch Huntington rassische und religiöse Intoleranz mitten in die gepflegten Wohnstuben des liberalen Bürgertums hinein ventiliert werden.

Huntington sagt: Die Bipolare Weltordnung mit den ideologischen Blöcken Kapitalismus und Kommunismus ist zusammengebrochen. An ihre Stelle tritt eine multipolare Weltordnung mit etwa acht Gravitationszentren. Integrationsfaktor der jeweiligen Gravitationszentren ist die gemeinsame Kultur. Materielle Stabilität erhält ein solches Konglomerat durch einen Kernstaat, um den sich die schwächeren Mitglieder dieser Kulturfamilie scharen. An die Stelle ideologisch verbrämter Stellvertreterkriege treten entweder – innerhalb eines Kulturkreises – ethnische Kriege, die regional bleiben. Oder aber von Huntington so genannte Bruchstellenkriege. Diese Kriege werden an Nahtstellen verschiedener Kulturkreise ausgetragen, können sehr lange währen und besonders heftig ausfallen.

Der Bezugspunkt aller geopolitischen Überlegungen sind die Kulturen. Diese sind auch in Zeiten der ideologischen Auseinandersetzungen der eigentliche Generalbass gewesen. Jetzt kommen diese Kulturkriege wieder an die Oberfläche. Der Sowjetkommunismus geht, die russische Kultur bleibt. Kultur ist zu verstehen im englischen Sinne von Civilization: dies beinhaltet alle Lebensäußerungen einer bestimmten ethnischen Konstellation vom Spülklosett bis zu Goethe. Wertungen, Lebensformen, Gesetze, Moral, Symphonien, Strickmuster. Zwischen den verschiedenen Kulturen kann es keine Assimilation, keine Freundschaft geben. Bestenfalls kalten Frieden, meistens aber eher kaltes Misstrauen.

Die Geschichte hat nach Huntington gezeigt, dass die Versuche, den eigenen kulturellen Charakter umzukehren, gescheitert sind. Der Kemalismus gerät in die Defensive durch Islamisten; die Russen dagegen sind zur Orthodoxie zurückgekehrt; die Mexikaner versuchen sich jetzt als Nordamerikaner neu zu definieren, was aber wohl nicht erfolgreich sein wird. Die Australier wiederum versuchten, sich als Asiaten zu definieren. Was dabei herauskommt, ist – so Huntington – im Ergebnis bestenfalls ambivalent.

Zunächst könne man feststellen, dass nach dem Zusammenbruch der bipolaren Ordnung die durch die Sowjetunion zwangsweise miteinander verketteten Völker auseinanderstrebten, jedes Volk zu seinem eigenen Kulturkreis hin. Die einen in den westlichen Orbit (also nach Huntington: protestantisch oder katholisch-christlich). Andere Völker ziehen sich in den orthodoxen oder in den islamischen Orbit zurück. Und das sollte man auch zementieren, meint Huntington. Und er zieht eine willkürliche Linie durch Europa, wobei die westlichen Ukrainer auf Aufnahme in die

Europäische Union hoffen dürfen. Die Ost-Ukrainer müssen allerdings aufgrund ihres orthodoxen Glaubens in das russische Dunkelreich verstoßen werden. Die Griechen haben Unrecht, wenn sie sich für westlich halten. Sie gehören nicht zu uns, sondern zum Osten, denn sie sind orthodox und haben zu den Serben gehalten.

Der Westen muss endlich einsehen, dass seine Reichweite und wirtschaftliche Potenz geschrumpft ist. Das ist an sich nicht schlimm, wenn alle acht Gravitationsfelder stabil bleiben. Stabil bedeutet: jedes Feld hat seinen dominanten Kernstaat. Hat seine eigene Religion und seinen eigenen Kernstaat. Nun gibt es da aber ein Gravitationsfeld, das bewegt sich laut Huntington ohne Orientierung stiftenden Kernstaat durch die Weltpolitik: die Kultur des Islam. Zudem meint Huntington bei den Anhängern dieser Religion eine besonders ausgeprägte Reproduktionsfreudigkeit feststellen zu können. Der Islam ist seiner Meinung nach besonders geneigt, Kriege zu führen. So seien die meisten aktuellen Bruchlinienkriege in ihrem Kern Kriege von Muslimen gegen andere Kulturkreise.

Diese Kombination von Zentrumslosigkeit und der Vorliebe für kriegerische Auseinandersetzungen der Muslime wird dann für den Westen besonders gefährlich, wenn sich islamische Kräfte mit dem aufstrebenden China verbünden. China und die islamische Gemeinschaft könnten die Bedrohungsarsenale des Westens mit seinem Nuklearpotential ernstlich gefährden.

Wenn der Westen versucht, in innere Konflikte eines bestimmten Kulturkreises schlichtend eingreifen zu wollen, macht er sich nach Meinung Huntingtons nur lächerlich. Aufgabe des Westens wie aller anderen Kulturkreise ist die Reinhaltung der eigenen Kultur von multikulturellen Aufweichungen. Und der Westen soll aufhören, seine Kultur als Maß aller Dinge anderen Kulturen aufschwatzen zu wollen. Wenn der Westen sich an diese Regeln gewissenhaft hält und seine Bedrohungspotentiale weiter ausbaut; wenn es der Westen zudem versteht, die anderen Kulturen weiterhin geschickt gegeneinander auszuspielen, dann ist seine Vorherrschaft auf lange Zeit gesichert.

Dass Huntingtons Kampf der Kulturen vollkommen kritiklos von der Öffentlichkeit angenommen wurde, ist schon verwunderlich. Auffällig sind schon die vielen faktischen Unrichtigkeiten im Text. Es würde den Rahmen dieses Buches sprengen, sie alle aufzuführen. Zum anderen ist der unverhohlen rassistische Unterton auffällig. Huntington macht aus seiner Abneigung gegen Schwarze kein Geheimnis: er nimmt diese Bevölkerungsgruppe als „Gefahr" zur Kenntnis: „Inwieweit diese Gefahr reale Gestalt annimmt, wird auch signifikant davon abhängen, inwieweit afrikanische Populationen durch Aids und andere Seuchen dezimiert werden."[13] Von der Argumentationslinie her ist Huntingtons Buch nahezu identisch mit einem Buch des amerikanischen Eugenikers und Rassisten Lothrop Stoddard aus den 1920er Jahren, das in vielen Punkten die Blaupause für Hitlers Buch „Mein Kampf" abgegeben hat[14].

Aber wenn die westliche Mainstreampresse schon keine Hemmungen hatte, ganz offen für die Sowjetunion einen Faschismus im Stil von Pinochet einzufordern, so ist es nur noch ein kleiner Sprung zu Huntingtons Rassismus. Nachdem der Kommunismus scheinbar in sich zusammengefallen war, liefert Huntington nun den Hinweis, gegen wen man nun Krieg zu führen habe: nämlich gegen die Anhänger des Islam. Der Harvard-Professor bezichtigt die Muslime bar jeden Beweises, an überproportional vielen Konflikten auf dieser Welt beteiligt zu sein. Und ihre angeblich außergewöhnliche Geburtenrate macht sie schon zu einer rein demographischen Zeitbombe, unterstellt Huntington.

Es wäre natürlich ein Kurzschluss, Huntington alleine zum Initiator des nun einsetzenden Kreuzzuges gegen Araber und Muslime machen zu wollen. Aber offenkundig ist hier ein neuer Feind gefunden für den Militärisch-Industriellen Komplex. Der neue Krieg gegen die Muslime erfordert die Entwicklung neuer Waffensysteme. Denn es handelt sich hier nicht um einen feindlichen Staat und dessen Bündnisse, sondern um eine Bevölkerungsgruppe, die weltweit in unterschiedlichsten Organisationsformen vertreten ist, und die man mit unterschiedlichsten Waffen treffen muss. Es beginnt das Zeitalter der asymmetrischen Kriege. Asymmetrisch, weil die USA und ihre Bündnissysteme als straff formierte Staaten auftreten, während ihre neu erwählten Widersacher sich nur selten als Staatsverband anfinden, sondern sehr viel häufiger in Guerilla-artigen Klein- und Kleinstzellen in Erscheinung treten.

Zbigniew Brzezinski:
Das große Schachspiel um Eurasien

Doch kommen wir jetzt zu Zbigniew Brzezinski.

Sein Wort hatte immer besonderes Gewicht. Denn er war ja Begründer der einflussreichen Trilateralen Kommission, und war Sicherheitsberater von Präsident Jimmy Carter. Brzezinski hatte der Sowjetunion ihr Vietnam in Afghanistan beschert und damit den Zusammenbruch des Sowjetkommunismus wesentlich beschleunigt. Wenn Brzezinski ein Buch veröffentlichte, schaute die ganze transatlantische Community hinein und bezog wertvolle Anregungen aus dem Ideenfundus des hochgebildeten Polen. 1997 war es wieder so weit: The Grand Chessboard, war der Obertitel, also: das große Schachbrett, und der Untertitel lautete: American Primacy and its Geostrategic Imperatives, also frei übersetzt: Amerikanische Erstrangigkeit und ihre geostrategischen Anforderungen. Das Schachbrett ist natürlich eine Anspielung auf The Great Game, das große Spiel, womit die Rivalität zwischen dem Zarenreich und Großbritannien im Neunzehnten Jahrhundert bezeichnet wurde. Davon hörten wir bereits im ersten Kapitel dieses Buches. Doch wer ist in diesem aktuellen Schachspiel der Gegner? Es gibt ja nur noch eine Supermacht, nämlich die USA. Deswegen lautete der deutsche Titel von Brzezinskis Buch „Die Einzige Weltmacht".

Es geht in Brzezinkis Buch im Wesentlichen um die Frage, wie man jetzt die eurasische Kontinentalplatte für die USA nutzbar machen kann. Im Gegensatz zu Halford Mackinders Zeiten stehen die Westmächte jetzt nicht mehr draußen vor den Grenzen Eurasiens und benötigen einen kontinentalen Subunternehmer wie z.B. Hitler, als Türöffner. Sie sind jetzt mittendrin. Dennoch hat man mit Eurasien einen riesigen Superkontinent vor sich, den man zwar seines Schutzmantels entkleidet hat. Aber ihn jetzt wirklich zu beherrschen, wirklich zu durchdringen, das ist eine Aufgabe, die noch erfolgreich ausgeführt werden muss. 1997 hat Präsident Jelzin eher durch seine massiven Fehler die Kontrolle über Russland eingebüßt. Und auch die Amerikaner sind nicht stark genug, um die eurasischen Länder in ihrer eigenen Governance der Ko-Optation, wirklich kontrollieren zu können. Brzezinski fragt also in seinem Schachbrett-Buch, wie ein funktionstüchtiges Eurasien durch die indirekte Herrschaft der USA beherrscht und genutzt werden kann. Dazu geht er erst einmal einen Schritt zurück und fragt: was macht eigentlich den Erfolg der US-Weltherrschaft aus?

Antwort: Die Stärke des US-Imperiums ist zurückzuführen auf die Fähigkeit, die unterworfenen Länder nicht offen zu unterdrücken, sondern mit subtilen Netzwerkstrukturen zu umgarnen, zu ko-optieren. Die USA konnten sich deshalb als einzige Weltmacht behaupten, weil sie andere Länder nicht territorial einverleibt haben. Nun gibt es aber noch (im Jahre 1997) eine große Landmasse, die nicht in das Netzsystem der USA eingebunden ist: Eurasien. Die Ränder sind ko-optiert; im äußersten Westen die Europäische Union, die damals noch vor der entscheidenden Ost-Erweiterung stand, und im äußersten Osten das domestizierte und ebenfalls ko-optierte Japan.

Aber dazwischen ist ein Gebiet, das sich noch nicht eindeutig zur Pax Americana bekannt hat. Wie geht man damit um? Brzezinski dekliniert die Regionen durch: im äußersten Westen, in Europa, ist alles in Ordnung, so lange Deutschland und Frankreich fest zu den USA stehen, und die anderen EU-Länder unter Kontrolle haben. Japan hat etwas an Biss verloren, ist aber immer noch zuverlässig. Zentralasien mit seinen diversen „–stans" (Kasachstan, Kirgistan, Usbekistan, Tadschikistan und Turkmenistan) ist allerdings ein echter Problemfall. Es existiert dort keine Stabilität, und die Gegend ist bitterarm. Dort kann noch alles passieren. Das Schlimmste ist für Brzezinski, wenn die Russen dieses Gebiet wieder in die eigene Einflusszone bringen könnten. Überhaupt ist für den Polen Brzezinski immer das Schlimmste, wenn die Russen zu stark werden. Deshalb ist jeder andere Mitspieler willkommen. In Zentralasien können nur die Chinesen den Einfluss Russlands eindämmen. Man kann sich auch darauf verlassen, dass eine Gegnerschaft zwischen Chinesen und Russen letztere in ihrem Einfluss eindämmen könnte.

Brzezinski meint, dass China noch auf lange Zeit bestenfalls ein regionaler Spieler sein und nie das Zeug haben wird, die USA als einzige Supermacht abzulösen. Deshalb teilt Brzezinski China ganz gönnerhaft die Rolle des Juniorpartners der USA zu. Ja, China soll sogar am Ostende

Eurasiens die Rolle einnehmen, die die EU am Westrand für die USA spielt. Und so spielt Brzezinski mit dem Gedanken einer Sicherheitspartnerschaft von China mit Japan. Dazu soll noch Korea stoßen, entweder geteilt oder wiedervereinigt. Die drei prospektiven Partner haben zwar noch Rechnungen aus der Vergangenheit miteinander zu begleichen Aber man muss es versuchen.

Dadurch dass die Sowjetunion implodiert ist und in ihren früheren Besitzungen keine Ordnungsmacht mehr ausüben kann, entsteht ein gefährliches Vakuum, das jetzt zum Beispiel die Türkei und der Iran füllen wollen. Dagegen spricht im Prinzip nichts. Allerdings müssen sie dafür erst einmal kooptiert werden. Mit dem Iran sollte die USA das Kriegsbeil begraben, und die Türkei muss ausdrücklich ermutigt werden, ihre Ambitionen am Kaspischen Meer auszubauen. Denn in der Türkei gab es immer die Strömung des Panturanismus, die als Ersatz für die verlorene Großmachtstellung des Osmanischen Reichs ein neues Großreich aller Turkvölker von Istanbul bis zum chinesischen Xinjiang anstrebt.

Insgesamt muss erst einmal abgewartet werden, ob sich in Russland die Demokratisierung und Liberalisierung weiter entfaltet (es regiert Jelzin! und ob man Russland in westliche Netze irgendwie einbinden kann. Es muss sich nicht zwingend um eine Vollmitgliedschaft handeln. Da ist noch alles offen. Wenn wir die Ukraine in das EU-Netzwerk einbinden können, sagt Brzezinski, dann hört Russland auf, eine europäische Macht zu sein. Das dürfte die geopolitische Manövrierfähigkeit der Russen weiter eingrenzen. Abgedrängt und isoliert von Europa rücken nämlich Chinesen und islamische Staaten für Russland stärker in den Fokus, und sie sind damit umso verletzlicher und mehr denn je auf Hilfe von außen, besonders von den USA angewiesen.

Mit der West-Integration des Baltikums (Estland, Lettland, Litauen) und der Ukraine sind wir ein gutes Stück weiter gekommen auf dem Weg zur totalen Kontrolle über Eurasien. Wie bereits ausgeführt, das größte Problem ist jenes noch weitgehend unerschlossene Zentralasien. Das nennt Brzezinski den „eurasischen Balkan" mit Anspielung auf die Instabilität und Regellosigkeit im Südosten Europas. Es lohnt sich, um die Kontrolle in dieser Region zu kämpfen, denn die Region ist geostrategisch von großer Wichtigkeit. „Die eurasischen Balkanländer sind als wirtschaftlicher Zugewinn außerordentlich interessant: eine enorme Konzentration von Erdgas und Öl lagert in der Region, als Ergänzung zu bedeutenden Mineralien einschließlich Gold."[15] „Man weiß, dass die zentralasiatische Region und das Kaspische Meerbecken Reserven von Erdgas und Öl beherbergen, gegenüber denen sich die Vorräte von Kuwait, dem Golf von Mexiko oder der Nordsee winzig ausnehmen."[16] Wer könnte den USA bei der Zähmung dieser Regionen behilflich ein? Indien oder Pakistan? Die Aussichten sind eher als schlecht zu bewerten: Indien könnte wieder zu Russland tendieren. Pakistan ist traditionell eher China zugeneigt. Der anzunehmende schlimmste Fall wäre, wenn sich Iran, Russland und China zusammentäten. Da hätten die USA in diesem Spiel ausgesprochen schlechte Karten. Amerika muss die Kontrolle über Aserbeidschan gewinnen. Aserbeidschan wäre der Ausgangspunkt für die zentralasiatischen Ölfelder. Eines ist also völlig klar: Aserbeidschan, Usbekistan und die Ukraine müssen auf jeden Fall in den Einflussbereich der USA gebracht werden. Dazu ist die Unterstützung durch die Türkei und durch den Iran unverzichtbar.

Das Problem ist, dass die USA weiterhin und verstärkt ihre Aufgaben als Welt-Hegemon erfüllen müssen, auch an vielen anderen Ecken der Welt. Die Bevölkerung der USA erscheint allerdings immer weniger bereit zu sein, sich an dem Projekt der amerikanischen Weltherrschaft zu beteiligen und gebührende Opfer zu erbringen. Stattdessen herrscht eine hedonistische Einstellung vor, also der Wunsch, das Leben ganz einfach zu genießen. Es fehlt die Motivation in der Bevölkerung, auch nur eine geringe Anzahl von Menschen zu töten und den Verlust von Berufssoldaten in Kauf zu nehmen für die große Sache. Demokratie ist dem Imperialismus feindlich gesonnen, und nur eine massive Bedrohung von außen kann die US-Bürger noch aus ihrem selbstgefälligen Halbschlaf aufwecken ...

Solche Beobachtungen führen zu der weisen Erkenntnis, dass auch die USA nicht ewig die Spannkraft besitzen werden, die ganze Welt zu beherrschen. Sie müssen ihr Netzwerk vorbereiten auf den Tag des Versterbens des amerikanischen Welt-Hegemons: „Und weil die noch nie zuvor dagewesene Macht Amerikas dazu verurteilt ist, im Laufe der Zeit dahinzuschwinden, besteht die oberste Priorität darin, den Aufstieg regionaler Mächte in einer Weise zu bewerkstelligen, die nicht die amerikanische Erstrangigkeit bedroht."[17]

Das Tor nach Eurasien wird gewaltsam aufgestoßen – der Jugoslawien-Krieg

Die Bundesrepublik Jugoslawien war dereinst ein weltweit strahlender Leuchtturm des humanen Sozialismus. Ein Sozialismus, der ohne Armutsökonomie zurechtkam. Josip Broz Tito stand zusammen mit dem indischen Regierungschef Nehru der Bewegung Blockfreier Staaten vor. Tito war eine weltpolitische Größe und lud zu bedeutenden Treffen in seinem Land ein. Im Zweiten Weltkrieg hatten die roten Partisanen die Nazis besiegt, und in der Nachkriegszeit verstand es Jugoslawien, die Weltmächte gehörig auf Distanz zu halten, und doch Vorteile für sich zu erzielen. Die Wirtschaft des Balkanstaates wurde in hohem Maße durch Genossenschaften betrieben, verbunden mit einer weitreichenden Mitbestimmung aller Beschäftigten. Bisweilen mussten jedoch die Spannungen zwischen den 26 verschiedenen Bevölkerungsgruppen mit harter Hand ausgebremst und geschlichtet werden.

Hier immer Frieden zu stiften war nicht ganz einfach. Die wechselvolle Geschichte des Landes brachte die Bevölkerung in unterschiedlichste Lager. Seit der Schlacht vom Amselfeld im Kosovo anno 1389 war der Balkan zu großen Teilen dem Osmanischen Reich unterstellt. Ein beträchtlicher Teil der Bevölkerung trat zum Islam über. Davon sind Albaner und Gruppen in Bosnien-Herzegowina betroffen. Die Serben wiederum gehören der Russisch-Orthodoxen Glaubensrichtung an und bedienen sich der Kyrillischen Schrift, wie die Russen auch. Die Kroaten wiederum, die dieselbe Sprache sprechen wie die Serben, schlossen sich der Römisch-Katholischen Kirche an und benutzen die lateinische Schrift. Die Slowenen bekennen sich ebenfalls zum katholischen Glauben. Hauptsächlich über Glaubensfragen und Sitten entzündete sich der Streit der jugoslawischen Völker. Der Name „Jugoslawien" bedeutet: „Südliches Land der Slawen", ist also schon von der Bezeichnung her ein Minimalkompromiss der beteiligten Völker.

Dieser Kompromiss wurde im Zweiten Weltkrieg aufgekündigt, als sich ein kroatischer Teilstaat abtrennte als subalterner Vasallenstaat des Nazireichs. Die Serben widersetzten sich. Die kroatische Gewaltorganisation Ustascha ging mit einer solchen sadistischen Grausamkeit gegen die Serben vor, dass es selbst hartgesottenen SS-Schergen gruselte. Unterstützt wurde Ustascha durch albanische Muslime: eine heute nur noch schwer vorstellbare Koalition von römischen Katholiken und Mohammedanern, die sich einig waren in einem militanten Antisemitismus. Es wurden sogar muslimische SS-Einheiten gebildet. Jedoch die antifaschistische Partisanenbewegung unter Tito gewann die Oberhand, und die kommunistischen Partisanen bildeten die Regierung des neuen Jugoslawiens.

Und die Bundesrepublik Jugoslawien erlebte nach dem Krieg ein Wirtschaftswunder, untermauert durch ein jährliches Wirtschaftswachstum von sieben Prozent. Leichtsinnigerweise finanzierten die Jugoslawen das Wachstum seit 1966 zunehmend mit Krediten bei westlichen Privatbanken. Als nun in den 1970er Jahren die Weltwirtschaft durch die beiden Ölschocks und durch strukturelle Krisen ins Stottern geriet, stagnierte auch die Wirtschaft Jugoslawiens. Als nun noch die amerikanische Hochzinspolitik die Kredite enorm verteuerte, geriet Jugoslawien in Zahlungsverzug. Die Privatbanken wollten ihr Geld von heute auf gestern wiederhaben, und sie dachten gar nicht daran, ihrem südslawischen Schuldner überhaupt noch weitere Kredite zu geben. Das war der Zeitpunkt, an dem die jugoslawische Regierung an die Tür des Internationalen Währungsfonds anklopfen musste[18].

Der IWF vergibt auch dann noch Kredite, wenn private Banken schon lange streiken. Allerdings wollen sie dafür auch ein mächtiges Wörtchen in der Politik der Schuldnerländer mitreden. Denn sie möchten ihr Geld ja auch mal wiedersehen. Und das Universalrezept des IWF lautet auch in diesem Falle: Jugoslawien muss seine Exporte auf Teufel komm raus steigern, damit Geld reinkommt. Die Inflation muss gedeckt werden. Und natürlich, immer wieder unabdingbar, die Ausgaben des Staates müssen zurückgefahren werden. Die Jugoslawen halten sich an die

Vorgaben. Und zahlen brav 30 Milliarden Dollar Schulden zurück. Im Gegenzug ist nun allerdings die heimische Wirtschaft ruiniert: Firmen gehen reihenweise Pleite, Löhne müssen drastisch gekürzt werden, und die Arbeitslosigkeit breitet sich aus. Wobei der Niedergang regional unterschiedlich ausfällt. Wie in Italien auch, ergibt sich in Jugoslawien ein ausgeprägtes Nord-Süd-Wohlstandsgefälle. Den Slowenen und den Kroaten ging es noch verhältnismäßig gut. In Serbien, Bosnien-Herzegowina, Mazedonien und Montenegro dagegen schlug Armut teilweise schon in Elend um. Die alten Wunden wurden wieder spürbar. Daran war der neue serbische Anführer Slobodan Milosevic nicht ganz unschuldig, denn er betonte ein bisschen zu sehr den Vorrang der Serben im fragilen Bündnis. Als nun die Bundesregierung Jugoslawiens sich außerstande sah, noch weiterhin Finanzmittel an die Teilrepubliken herunterzureichen, war das Tischtuch endgültig zerschnitten. Slowenien und Kroatien, die als reiche Mitglieder meistens Geld in den Länderfinanzausgleich zahlten, kündigten diese Zahlungen und erklärten obendrein ihren Austritt aus der Bundesrepublik. Als im Sommer 1991 Slowenien die jugoslawischen Grenzpolizisten nach Hause schickt, um die Grenzen ab jetzt selber zu überwachen und gegen die eigenen ehemaligen Landsleute neu zu ziehen, gehen Bundestruppen gegen Slowenien vor. Der Krieg dauert nur zehn Tage und ist dann zugunsten Sloweniens entschieden. Die Sezession Kroatiens ist dagegen nicht so kurz und schmerzlos, sondern zieht sich von 1991 bis 1995 hinaus. Denn in Kroatien lebte eine große Minderheit von Serben, um deren Sicherheit sich die jugoslawische Bundesregierung nicht ganz grundlos Sorgen machte und entsprechend Widerstand leistete.

Und während sich in dieser Phase Großbritannien und die USA noch mit eigenen Stellungnahmen zurückhalten, preschen die Katholische Kirche und der deutsche Außenminister Hans-Dietrich Genscher mit der raschen Anerkennung der Eigenständigkeit Sloweniens und Kroatiens vor. Der damalige UN-Generalsekretär Perez de Cuellar rügt Genscher für seine polarisierende Einmischung in die inneren Angelegenheiten Jugoslawiens: „Solch eine Entwicklung könnte schwer wiegende Folgen für die ganze Balkanregion haben und würde meine Bemühungen, ... die notwendigen Bedingungen für eine Anwendung von friedenserhaltenden Maßnahmen in Jugoslawien zu sichern, ernstlich gefährden." [19] Und tatsächlich brach als nächstes Land Bosnien-Herzegowina aus dem Bund heraus. Und was in Slowenien mit einem kleinen Schlagabtausch abging, wurde in Kroatien bereits zu einem gewaltsamen Dauerkonflikt, um jetzt im Süden des Landes in atavistische Metzeleien auszuarten. Obendrein wurden jetzt massenhaft islamistische Kämpfer von anderen Schauplätzen wie zum Beispiel Afghanistan in den Balkan eingeflogen. Immer mehr hatte sich mittlerweile ein Wanderzirkus von berufsmäßigen Terroristen entwickelt, deren Mitglieder von privaten Söldnerfirmen und einschlägigen Geheimdiensten ausgebildet und angeleitet werden. Dies ist die Ersatzreserve von Großmächten und Globalkonzernen, sozusagen die Nachfolger der faschistischen Banden. Und so verwundert es schon gar nicht mehr, wenn ein gewisser Osama bin Laden 1993 im Vorzimmer des bosnischen Präsidenten Izetbegovic angetroffen wird. Bin Laden ist Anführer von etwa 12.000 islamistischen Kämpfern, die mit bosnischen Pässen ausgestattet werden. Dies sind Teile jenes internationalen terroristischen Wanderzirkus von Söldnern, die von Kriegsschauplatz zu Kriegsschauplatz ziehen und für ein angenehmes Gehalt gegnerische Soldaten und wehrlose Zivilisten gleichermaßen sadistisch ermorden. Jetzt sind sie gerade in den Balkan geflogen worden, um hier die geeignete Atmosphäre für ein blutiges Chaos zu erschaffen, aus dem sich dann irgendwann mehr schlecht als recht ein neues Glied der Pax Americana erheben wird.

1995 zitiert die Regierung der USA die Präsidenten von Kroatien, Serbien und Bosnien-Herzegowina nach Dayton, damit sie dort einen Frieden aushandeln sollen. Das viel gerühmte Dayton-Abkommen ist tatsächlich ein Diktatfrieden. Milosevic muss für Serbien die Unabhängigkeit von Bosnien-Herzegowina besiegeln. Die USA hatten mit einem kurzen Militäreinsatz dem Vorgang Nachdruck verliehen. In Insgesamt 3.000 Einsätzen werden Stellungen der bosnischen Serben von US-Bombern attackiert. Hier sind auch zum ersten Mal seit dem Zweiten Weltkrieg deutsche Bomber beteiligt. China und Russland protestieren im Weltsicherheitsrat. Doch der Protest läuft ins Leere. Doch es geht weiter. Denn nun formiert sich im Gebiet Serbiens 1996 eine Unabhängigkeitsbewegung des Kosovo. Im Kosovo leben sehr viele Muslime, die Kosovo-Albaner. Nicht zuletzt dank ausländischer Hilfe bildet sich nun die kosovarische Terrororganisation UCK. Mordkommandos der UCK, deren Verbindung zur Organisierten Kriminalität nie ein Geheimnis gewesen ist, attackieren Organe der serbischen Staatsgewalt und schaffen ein Klima der Einschüchterung. Die Gründung der UCK ist das Vorspiel zu einem möglichen Regime Change in Serbien. Denn ab 1998 wurden „einige Hundert Mitglieder der UCK durch Eliteeinheiten der Special Operations Forces und Angehörigen einer privaten Söldnerfirma der USA in der Kampfführung und der Taktik ausgebildet und mit modernen Waffen ausgerüstet."[20]

Halten wir einmal fest: die Bundesrepublik Jugoslawien war ein souveräner Staat, der sich im internationalen Umgang nichts hat zu Schulden kommen lassen. Er hat seine Verpflichtungen in der internationalen Gemeinschaft gewissenhaft erfüllt. Doch als Slowenien und Kroatien sich für unabhängig erklärten, hat die westliche Gemeinschaft unverhältnismäßig schnell diese Sezession anerkannt und sogar ermutigt, bevor innerhalb Jugoslawiens ein Klärungsprozess überhaupt in Gang gekommen war. Der Abfall Bosnien-Herzegowinas wurde dann schon von außen her geradezu erzwungen. Dass der UNO-Generalsekretär sowie die Regierungen Russlands und Chinas an die Regeln im Umgang mit souveränen Staaten erinnern, kümmert die westliche Wertegemeinschaft wenig. Vielmehr wird der Zerfall dieser Nation von außen her planmäßig und zunehmend mit kriminellen Methoden vorangetrieben. Es macht sich bemerkbar, dass das notwendige Gegengewicht zu den USA sowie ihren Vasallen mit dem Zusammenbruch der Sowjetunion nicht mehr existiert. Das Monopol der einzigen Weltmacht führt zum Rückfall in Willkür und Barbarei im internationalen Umgang. Offenkundig werden die inneren Schwierigkeiten Jugoslawiens als Chance gesehen, eine eigene westliche Basis am Balkan zu errichten und damit den Griff nach Eurasien zu beschleunigen.

Die ausersehenen Opfer westlicher Aggression sind unverkennbar die Serben. Ihre Opferrolle ergibt sich offenkundig aus der Tatsache, dass sie sich traditionell Russland verbunden fühlen und obendrein ein vitales Interesse an einem starken unabhängigen Staatenbund im Balkan bewahrt haben. Immer wieder erstaunt die extreme Einseitigkeit, mit der westliche Diplomatie und westliche Medien die Serben pauschal als die

Bösewichter hingestellt haben. Das erinnert fatal an die Art und Weise, wie die US-Regierung im Ersten Weltkrieg pauschal die Deutschen zu Ungeheuern stilisiert haben, um die geeignete Motivation für den Waffengang Amerikas herzustellen. Auch jetzt wieder sind es private Werbeagenturen, die der Weltöffentlichkeit geschickt die Serben als bösartige Dämonen hinstellen und die muslimischen und kroatischen Terroristen als „Freiheitskämpfer" verherrlichen. Und offenkundig benötigen die Propagandisten der USA und ihrer Bundesgenossen noch einen richtig schlimmen Casus Belli, einen Anlass, jetzt mit Serbien reinen Tisch zu machen und zum Streckschuss anzusetzen.

Es gab schon im Sommer 1995 das Massaker von Srebrenica, in dem serbische Verbände eine muslimische Siedlung in Bosnien angegriffen hatten. Den Kriegsgrund liefert jetzt das Massaker von Racak im Januar 1999. Hier wurden die Leichname von 45 bereits zur Unkenntlichkeit entstellten Menschen entdeckt. Ohne eine genaue gerichtsmedizinische Untersuchung auch nur anzustreben – die Toten wurden rasch beerdigt – steht für die Propagandisten und Politiker fest: die Serben haben unschuldige Zivilisten ermordet! Später sollten forensische Untersuchungen an den exhumierten Leichnamen offenbaren, dass es sich bei den „Zivilisten" um bewaffnete UCK-Kämpfer gehandelt hatte, die in einem Gefecht gefallen sind. Doch differenzierte Untersuchungen stören jetzt nur. Stattdessen erfindet man ein serbisches Konzentrationslager bei Pristina im Kosovo. Der Weltöffentlichkeit wird nun eingehämmert, es gelte, jetzt den wütenden serbischen Massenmördern mit einer „humanitären Intervention" Einhalt zu gebieten.

In Deutschland hatte gerade die siebzehn Jahre während Dauerregierung unter Helmut Kohl ihr Ende gefunden. Die neue Regierung unter dem sozialdemokratischen Bundeskanzler Schröder und dem grünen Außenminister Joschka Fischer bringt eine traditionell pazifistische Wählerklientel ein. Folglich verkauft Fischer den völkerrechtswidrigen Überfall auf Serbien (es lag kein UN-Beschluss vor) seinen Anhängern besonders perfide: „Ich habe nicht nur gelernt: Nie wieder Krieg! Ich habe auch gelernt: Nie wieder Auschwitz!"[21] Die rotgrüne Anhängerschaft der neuen Regierung ist irritiert und gespalten. Unter einer Regierung

Kohl wäre der erstmalige Einsatz deutscher Streitkräfte im Ausland, und dann noch als illegaler Angriffskrieg, vermutlich gegen eine geschlossene Phalanx aus SPD, Grünen und PDS geprallt, und der Protest wäre vermutlich so eindrucksvoll ausgefallen wie 1991 beim ersten Überfall der westlichen Wertegemeinschaft auf den Irak.

Jetzt aber gibt es kaum noch nennenswerten Widerstand, als ab dem 24. März 1999 für zweieinhalb Monate ein Dauerbombardement Serbiens einsetzt, in dem über 3.500 Menschen den Tod finden. Ziele sind auch vollbesetzte Personenzüge und Krankenhäuser. Es ist im Nachhinein unverkennbar, dass es nicht darum ging, „die Serben" vom Mord an unschuldigen Zivilisten abzuhalten, sondern dass ganz gezielt wichtige Versorgungseinrichtungen und Industrieanlagen systematisch zerstört wurden. Und die angeblich so zivilisierte westliche Wertegemeinschaft scheut sich nicht, in den über 40.000 Einsätzen [22] gegen wehrlose Zivilisten und gegen militärische Ziele in Serbien Splitterbomben und 32.000 „Geschosse" [23] mit abgereichertem Uran (depleted uranium) einzusetzen, an denen über die Jahre schätzungsweise 10.000 Menschen sterben sollen. Diese Urangeschosse lagern zum Teil heute noch im Boden. Im Verlauf der Bombardierungen flohen 850.000 Menschen in Panik aus dem Kosovo nach Mazedonien und Albanien. Dabei sollen auch serbische Milizen ihren unrühmlichen Anteil durch systematische Vertreibungen gehabt haben. Doch auch 100.000 Serben flohen aus dem Kosovo [24]. Insgesamt ungefähr 800.000 Serben flüchteten zudem aus anderen Teilen des ehemaligen Jugoslawiens nach Serbien [25].

Und nebenbei ergibt sich noch ein kleines Schlaglicht auf die damaligen globalen Machtkonstellationen: am 7. Mai 1999 bombardierte die NATO die chinesische Botschaft in Belgrad, wobei unter anderem auch chinesische Botschaftsangehörige den Tod fanden. In offizieller Lesart ein „Versehen". War es vielleicht eine Strafe dafür, dass die Volksrepublik China im Weltsicherheitsrat Beschwerde gegen den völkerrechtswidrigen Überfall auf Serbien eingereicht hatte? Die USA können zu dieser Zeit in einem Klima vollendeter Straflosigkeit schalten und walten wie es ihnen beliebt. Selbst die Empfindlichkeiten großer Staaten wie China und Russland zählen nicht mehr.

Nun muss Serbien auch noch ein Stück des eigenen Territoriums an die NATO abtreten, nämlich das Kosovo-Gebiet, wo sich mittlerweile kriminelle Banden und Faschisten eingenistet hatten. Rechtlich blieb Kosovo bei Serbien, jedoch wurde es sozusagen für nicht absehbare Zeit an die Westmächte kostenlos überlassen. Das Kosovo war jetzt zu annähernd hundert Prozent mit Albanern bewohnt. Die letzten verbliebenen Serben sowie Sinti und Roma wurden unter den Augen der eingerückten mittlerweile 50.000 NATO-Soldaten der KFOR-Mission bestialisch gelyncht. Im neu eroberten Kosovo installierten die US-Streitkräfte dauerhaft ihre Militärbasis Camp Bondsteel. Nun hatten die USA neben ihrer Militärbasis Ramstein in Deutschland eine zweite starke Basis in einem exterritorialen Raum. Sozusagen ein Stück USA in Südosteuropa, ein „Brückenkopf" (in den Worten Brzezinskis) für die Inbesitznahme Eurasiens.

Wir sprachen ja davon, dass das Organisierte Verbrechen seit der Einführung der Clearing-Systeme zu einem gleichberechtigten Spieler am runden Tisch der Weltbeherrschung aufgestiegen ist. Auch diese ehrenwerte Branche bekommt das Kosovo als Basis für ihre rege und munter expandierenden Geschäftstätigkeiten zugesprochen. Im Schutz des Militärs und der Exterritorialität entwickelt sich das Kosovo zur Drehscheibe des Drogen-, Organ- und Menschenhandels für das restliche Europa: „Anscheinend war das schnelle Anwachsen der UCK auf eine ‚30.000 Mann starke Streitkraft mit Granatwerfern, Panzerabwehrwaffen und AK47-Kalaschnikows' im Jahre 1999 eng mit der wachsenden Beteiligung von Kosovaren am Heroinhandel in der Schweiz, in Deutschland und Skandinavien verknüpft."[26] 40 Prozent des heute in Europa konsumierten Heroins ist aus Afghanistan über Kosovo an die Endverbraucher gelangt. Außerdem gilt das Kosovo als Umschlagplatz von Kokain aus Lateinamerika, von hier aus unbehelligt von irgendeiner staatlichen Kontrolle portioniert und verschickt an die Endkunden in Europa. Es ist überhaupt kein Geheimnis, dass vom kleinen Drogenkurier bis zum Präsidenten dieser seltsamen Enklave im Herzen Europas alle von kriminellen Geschäften unterschiedlichster Art profitieren. Und wollen tatsächlich einmal europäische Fahndungsbeamte dieser Connection auf den Grund gehen, sind garantiert Herrschaften aus den USA zur Stelle, die die Fahnder ausbremsen[27].

Das ist schon erstaunlich. Denn das Kosovo untersteht seit 1999 der Verwaltungshoheit der Vereinten Nationen[28]. Zudem wird seit 2008 die politische Entwicklung in der Enklave durch einen bürokratischen Wasserkopf namens EULEX überwacht. Und die kosovarischen Finanztransaktionen unterstehen seit 1999 der strengen Kontrolle durch den Internationalen Währungsfond und – der deutschen Commerzbank! Seit nunmehr zwanzig Jahren sind sämtliche ehrenwerten Weltorganisationen im Kosovo mit starkem Personal präsent. Und trotzdem, oder vielleicht gerade deswegen, floriert gerade hier das Organisierte Verbrechen so stark wie nirgendwo anders in Europa – nicht einmal in Sizilien. Was sind daraus für Schlüsse zu ziehen …

Und obwohl im Kosovo eine beachtliche Anzahl von ultrateuren Nobelkarossen zu bestaunen ist, leben die normalen Menschen, die einer ehrlichen Arbeit gerne nachgehen würden, in einer Armut, die mit Bangladesh konkurrieren kann. Die Arbeitslosigkeit oszilliert um die 50 Prozent-Marke. Jugendarbeitslosigkeit erreicht in schlechten Zeiten eine Marke von 70 Prozent. Und 34 Prozent aller Menschen in diesem Drogenparadies vegetieren unterhalb der Armutsgrenze vor sich hin. Wer kann, wandert aus nach Deutschland oder in andere Regionen dieser Welt. Nicht nur das Kosovo – der gesamte Balkan blutet aus. Junge Frauen aus dem Südosten Europas werden mit interessanten Jobangeboten nach Deutschland gelockt, um sodann in die Zwangsprostitution verkauft zu werden. Sklaverei in unserer Mitte ist längst wieder an der Tagesordnung. Die Männer müssen ihr Leben vergeuden als LKW-Fahrer in Mitteleuropa, einsam und trostlos gepfercht in die Fahrerkabinen ihrer Gigaliner, von A nach B fahrend, ohne Sozialkontakte. In deutschen Trucker-Bordellen treffen sie dann womöglich Frauen aus ihrer Heimat wieder. Während gleichzeitig zuhause auf dem Balkan junge Männer und Frauen dringend benötigt werden, um die Trümmerlandschaften wieder aufzubauen.

Verdrehte Welt. Der Turbo-Kapitalismus: ein Auto, das auf sein Dach gefallen ist und wo die Räder noch leer in der Luft kreisen. Nichtsdestoweniger ist der Drang, Eurasien unter angloamerikanische Kontrolle zu bekommen, immer noch übermächtig. Im nächsten Kapitel sehen wir, wie die von Globalkonzernen, korrumpierten Rumpfstaaten, Militär, Terroristen und Organisierter Kriminalität ins Delirium getriebene Machtmaschine im Sand stecken bleibt, was den Lenkern der Machtmaschine zunächst gar nicht weiter auffällt.

Kapitel 15
Der Angriff auf Russland erfolgt über Europa

„Die Verbrechen der Vereinigten Staaten waren systematisch, konstant, infam, unbarmherzig, aber nur sehr wenige Menschen haben wirklich darüber gesprochen. Das muss man Amerika lassen. Es hat weltweit eine ziemlich kühl operierende Machtmanipulation betrieben, und sich dabei als Streiter für das universelle Gute gebärdet. Ein glänzender, sogar geistreicher, äußerst erfolgreicher Hypnoseakt.“ (Harold Pinter)[1]

Sie können sich gewiss denken, was jetzt kommt.

Die Ereignisse vom 11. September 2001 ließen das neue Jahrtausend mit einem Riesenknall beginnen. Die Welt war danach tatsächlich nicht mehr dieselbe wie zuvor. Wie gemütlich war doch das Leben vor 9/11! Für die Menschen in der Dritten Welt war immer schon 9/11. Aber für uns in der geborgenen Ersten Welt kam die nackte Gewalt nie so unübersehbar daher wie im Nachhall der brennenden WTO-Türme. Diktatorische Befugnisse beanspruchte von nun an der Präsident der Vereinigten Staaten, George Walker Bush: „Ich bin der Oberbefehlshaber – verstehen Sie, ich muss nichts erklären – ich muss nicht erklären, warum ich bestimmte Dinge sage. Das ist ein interessanter Aspekt der Position eines Präsidenten. Vielleicht hat manch anderer den Wunsch, mir zu erklären, warum er etwas sagt, aber ich habe nicht das Gefühl, dass ich irgendwem eine Erklärung schuldig bin.“[2]

Ja, das hat der 43. Präsident der Vereinigten Staaten tatsächlich gesagt. Neben den offensichtlichen intellektuellen Defiziten, die George W. Bush eignen[3], ist an dieser Aussage erschreckend, dass sie widerspruchslos hingenommen wurde. Die USA, das Land der Gewaltenteilung, die

317

Montesquieu dereinst formuliert hatte? Die USA, das Land der Checks and Balances, das Land der Rechtsstaatlichkeit? Selbstverständlich muss ein Präsident, sogar nach all den quasi-diktatorischen Vollmachten, die Trumans National Security Act von 1947 dem Präsidenten zu verleihen wusste, jedem Bürger der USA erklären können, was er tut und warum er es tut. Aber nach dem Schock, in den die rechtschaffenen Bürger der USA nach den Terrorattentaten verfallen waren, fragte keiner mehr den obersten Repräsentanten, was ihn wohl geritten hat, sich als neuer absolutistischer Sonnenkönig zu gebärden. Aber es ist alles noch viel schlimmer. George Bush hatte nun einmal tatsächlich absolutistische Vollmachten – er bildete sich diese Machtfülle nicht einmal ein.

Die Umstände von 9/11 ähneln in beklemmender Weise den Ereignissen um den deutschen Reichstagsbrand von 1933. In beiden Fällen wurden Gebäude mit hohem symbolischem Gehalt angegriffen und in Brand gesetzt. Beide Male wurde die Katastrophe genutzt, um der Regierung ganz neue Vollmachten auszustellen. In beiden Fällen waren die neuen Gesetzeswerke zur Abschaffung der Bürgerrechte bereits vollständig ausgearbeitet, bevor sich die Katastrophe überhaupt ereignete. Sie wurden innerhalb von Stunden aus der Schublade gezaubert. Die Nazis peitschten die Ermächtigungsgesetze durch. Präsident Bush, unter der Regie seines Vizepräsidenten Dick Cheney, drückte in atemberaubender Geschwindigkeit den Patriot Act durch. Ein Jahr später installierte der Homeland Security Act ein ganz neues Heimatschutzministerium, das die USA in einen Sicherheitsstaat verwandelte. Und schließlich führte in beiden Fällen das aus dem nationalen Notstand geborene Regime ganz notwendig in neue Kriege. Während es aber in Deutschland sechs Jahre dauern sollte, bis die Waffen wieder zum Einsatz kamen, verging vom Anschlag bis zum Startschuss des Afghanistankrieges nicht einmal ein ganzer Monat.

Der Washingtoner Kongress hatte in einer gemeinsamen Sitzung von Senat und Repräsentantenhaus dem Präsidenten nach 9/11 freie Bahn gesichert für sein kriegerisches Vorgehen. Zum ersten Mal in der Geschichte der NATO wurde am 2. Oktober 2001 der Bündnisfall ausgerufen: die USA seien auf ihrem Territorium von Feinden angegriffen worden, und die Partner springen den USA tatsächlich ohne Murren sofort bei. Das mutet schon etwas skurril an. Denn beim Bündnisfall hatten die Gründer der NATO gewiss an einen anderen, in etwa ebenbürtigen Staat als Aggressor gedacht, und nicht an eine überschaubare Gruppe von Einzelpersonen, die sich als Märtyrer betrachteten. Weil eine solche Auslegung des Bündnisfalles auf eine Handvoll Terroristen nicht unbedingt plausibel erscheint, wurde konstruiert, hinter den Attentätern von 9/11 stünden die Taliban. Diese islamistische Steinzeit-Söldnertruppe aus Saudi-Arabien hatte das durch Kriege geschwächte Afghanistan gekapert, um dort eine wahhabitische Perversion des Islam den Menschen aufzuoktroyieren. Man ging also davon aus, die Taliban stellten die rechtmäßige Regierung Afghanistans dar. Die NATO kämpfte folglich gegen einen Aggressor-Staat. So hatte man die Lizenz zum Töten mit Mühe und Not in die Schablone der NATO-Verfassung gepresst.

Die Ereignisse um die in sich zusammenstürzenden Wolkenkratzer wurden genutzt, einen extremen moralischen Druck aufzubauen, damit die Menschen draußen im Lande sich gar nicht erst trauen, eigene Gedanken zu den Ereignissen zu entwickeln. George Bush hatte uns alle am 20. September 2001 bedroht: „Jede Nation, in jedem Winkel der Welt, muss sich jetzt entscheiden: Entweder Ihr steht auf unserer Seite, oder Ihr steht auf der Seite der Terroristen." Also wieder einmal dieses manichäische Freund-Feind-Denken. In jenen ersten Jahren nach dem großen Schock Zweifel an der Richtigkeit der Erzählung der US-Regierung zu äußern, konnte den sozialen Selbstmord bedeuten. Das hat sich mittlerweile geändert.

Doch jetzt haben wir mit vollendeten Tatsachen zu kämpfen. Überwachungskameras auf Schritt und Tritt; Abhören der Telefone; das Absaugen aller Lebensäußerungen, die wir jemals im Internet getätigt haben – all das sind Resultate von 9/11. Und Enthüllungen über immer neue Verletzungen unserer Privatsphäre haben in uns nur immer wieder erneut ein Serum eingepflanzt. Wir sind jetzt immun gegen die große Empörung über unsere komplette Entkleidung unter den unersättlichen Voyeur-Augen der allgegenwärtigen Überwachungsbehörde. Wir sind so mit uns beschäftigt, dass wir kein Bewusstsein mehr entwickeln für die kriminelle Energie, die uns da umgibt.

Wir hatten ja gehört vom Eindringen des Organisierten Verbrechens in unsere Gesellschaft. Unter Reagan war der Staat bereits künstlich verarmt worden durch unmäßige Aufrüstungsausgaben. Der Staat hatte als gestaltende Kraft abgedankt und war zum Büttel der Reichen verkommen. Russland und der gesamte Ostblock waren wehrlose Opfer krimineller Banden. In den 1990er Jahren hatte der angeblich so liberale Präsident Bill Clinton in den USA die Enteignung des öffentlichen Raums durch eine beispiellose Privatisierungsorgie weiter vorangetrieben. Das ging sogar so weit, dass Gefängnisse privatisiert wurden. Und Bill Clinton sorgte gleich dafür, dass die Gefängnisse auch möglichst profitabel gefüllt wurden, mit seinen Three-strikes-and-you-are-out-Gesetzen: wenn ein Delinquent zum dritten Mal verurteilt wurde, ging er gleich lebenslänglich hinter Gitter. Richter erhielten von der privaten Gefängnisindustrie bisweilen eine Prämie für jeden armen Teufel, den er hinter private schwedische Gardinen brachte.

Zudem hatte Clinton die von Präsident Roosevelt durchgesetzte Trennung von Kreditbanken und Investmentbanken abgeschafft. Die Finanzwelt spielte jetzt wieder va banque, wie schon in den Wilden 1920er Jahren. Die Börsenaufsicht Securities and Exchange Commission SEC schaute weniger streng auf die umtriebige Börse. Der Staat sah dank Clearingsystem und Offshore-Konten kaum noch einen Penny aus diesen gigantischen Geldverschiebungen. Die privaten Konzerne, die ihr Geld in der öffentlichen Versorgung verdienten, wurden vom Staat nicht länger mit Kontrollen behelligt.

So kam es kurz nach Amtsantritt von George Bush II. zum spektakulären Bankrott des Energiekonzerns Enron. Vater George Bush I. hatte 1992 den Strommarkt dereguliert. Als Folge wurden die Strompreise mal eben um den Faktor drei verteuert. Trotzdem entdeckte dann doch irgendwann eine Untersuchung der SEC massive Bilanzfälschungen bei Enron. Es ging nicht um ein paar tausend Euro. Es ging um 1.2 Milliarden Dollar, die Enron als Gewinn zu viel ausgewiesen hatte, um an der Börse schön auszusehen. Dann entdeckten die Börsenhüter 30 Milliarden Dollar Schulden, die Enron vor den Büchern versteckt hatte. Als die Insolvenz absehbar war, hatte sich Konzernchef Kenneth Lay noch mal eben eine

Bonuszahlung von 300 Millionen Dollar genehmigt. Die Betriebsrente für die 22.000 Mitarbeiter war indes einfach so verdampft. Natürlich blieb die Bush-Dynastie dem Hause Enron eng verbunden, und 188 Kongressabgeordnete waren von Enron bestochen worden.

Ein kleines Sittengemälde aus den oberen Etagen der US-Gesellschaft. Und das hatte Einfluss auch auf das nun folgende Kriegsgeschehen. Denn auch der Krieg wurde privatisiert. Ein gewisser Donald Rumsfeld war schon unter Präsident Gerald Ford Verteidigungsminister gewesen. Dann ging Rumsfeld in die Wirtschaft und wurde CEO bei verschiedenen Firmen. Er erwies sich als ein besonders begeisterter Schüler von Milton Friedman. Einen Konzern hatte Rumsfeld dadurch saniert, dass er gleich sechzig Prozent der Belegschaft entließ und damit Friedmans Konzepte erfolgreich umsetzte.

Präsident George Bush II. holte Rumsfeld als Verteidigungsminister in sein Kabinett. Und Rumsfeld, der mittlerweile ein Vermögen von 250 Millionen Dollar angesammelt hatte, zündete nun die nächste Stufe der Privatisierung des Militärs. Ab jetzt wurde beinahe alles außer den Soldaten an private Dienstleister verlagert. Das Pentagon entwickelte keine eigenen Systeme mehr. Auch die anderen Sicherheitsorgane des Staates verzichteten auf Eigenentwicklungen, was schon im Falle von 9/11 zu wirken begann: „Statt auf die Herausforderung des 11. September mit der Entwicklung eines umfassenden Plans zur Schließung der Sicherheitslücken in der staatlichen Infrastruktur zu reagieren, wies das Bush-Team dem Staat eine neue Rolle zu, die darin bestand, Sicherheit nicht zu schaffen, sondern zu Marktpreisen zu kaufen."[4].

Zwangsläufig führt die Privatisierung auch hier zu einer neuen Zielsetzung der geschäftlichen Aktivitäten. Man kann geradezu sagen, für die Katastrophenmanager besteht das Unternehmensziel in der Erzeugung und nachfolgender Bewältigung von Katastrophen: wir schaffen für Sie die Probleme, für die wir dann die Lösung bereithalten. Soweit ist Naomi Klein bereit zu gehen in ihren Schlussfolgerungen: „Als Proto-Kapitalisten gehören die Architekten des Kriegs gegen den Terror zu einer ganz anderen Sorte von Manager-Politikern als ihre Vorgänger: Für sie stellen Kriege und andere Katastrophen tatsächlich die eigentlichen Ziele dar."[5]

Der Militärisch-Industrielle Komplex (MIK), vor dem Eisenhower so eindringlich gewarnt hatte, ist nun tatsächlich zu einem Krebsgeschwür ausgewachsen und frisst sich immer tiefer in die Gesellschaft hinein. Der MIK übernimmt zunehmend Aufgaben, die man bislang eindeutig zivilen Bereichen zugeordnet hatte, was die New York Times unumwunden zugab: „Lockheed Martin betreibt zwar nicht die Vereinigten Staaten, aber doch einen atemberaubend großen Teil davon ... Das Unternehmen sortiert Ihre Post und addiert Ihre Steuerschuld. Es sorgt für die Auszahlung der Renten und verarbeitet alle anfallenden statistischen Daten. Es organisiert Raumflüge und überwacht den Flugverkehr. Um all das zu bewerkstelligen, produziert Lockheed mehr Computerprogramme als Microsoft."[6]

Eigentlich sollte man von einem Militärisch-Industriellen-Sicherheitskomplex sprechen. Denn auch die Gefängnisindustrie macht zunehmend der zivilen Wirtschaft, besonders mittelständischen Betrieben, gefährliche Konkurrenz. Vor der Privatisierung der Gefängnisse gab es in den gesamten USA gerade einmal 200.000 Insassen. Im Zeitalter der profitablen Freiheitsberaubung sitzen heutzutage 2.3 Millionen Menschen in Gefängnissen. Sie produzieren als rechtlose Sklaven Möbel für die Außenwelt oder verrichten mit Fußfesseln wie in alten Zeiten landschaftsgärtnerische Aufgaben[7].

Angriff auf Eurasien von der Südflanke: Afghanistan und Irak

Wenige Wochen nach 9/11 machen sich bereits die ersten Militärberater und CIA-Agenten auf den Weg nach Afghanistan. Sie suchen nach den Warlords. Also jenen Verbrecherkönigen, die mit bewaffneten Banden ein Gebiet am Hindukusch als ihre Domäne in Schach halten und ausbeuten. Die Taliban hat nie die Kontrolle über das ganze Land innegehabt, sondern nur einige Regionen beherrscht. Und die anderen Warlords sind für sie in erster Linie Konkurrenten auf dem Geschäftsfeld des privatisierten Krieges.

Nach allerlei Palaver am Lagerfeuer kommen die Emissäre aus USA zum Thema: die Warlords sollen ihnen helfen, die Taliban zu vertreiben. Was diese natürlich gerne tun. Dafür bekommen sie auch pralle Säcke mit Dollarnoten. So ziehen die Amerikaner weiter als Weihnachtsmänner mit ihren Geschenken für die Räuberhauptmänner, bis sie ihre Anti-Taliban-Koalition zusammengestoppelt haben. Die Mafia hatte den US-Streitkräften ja auch im Kampf gegen Mussolini geholfen. Nun können die US-Streitkräfte kommen und die Taliban vertreiben. Es ist sicher leicht einzusehen, dass in einem solchen Bündnis mit Verbrechern zwar die Taliban vertrieben werden kann, dass aber eine stabile Ordnung im Lande auf diese Weise niemals zu bewirken ist. Und so schießen bis heute alle möglichen und unmöglichen Koalitionen von Banditen sowie Soldaten der Enduring Freedom-Mission (bzw. ISAF) aus den NATO-Ländern munter in der Gegend herum. Wenn das auch strategisch absolut sinnlos ist, so befördert die Knallerei zumindest den Umsatz der Rüstungsindustrie.

Mittlerweile ist die Taliban wieder wie Phönix aus der Asche aufgestiegen, und die Trump-Regierung erwägt bereits, den Taliban das Terrain wieder weitgehend zu überlassen und die eigenen Truppen zum größten Teil abzuziehen. Einziges greifbares Ergebnis bislang: der Mohnanbau, der unter den Taliban praktisch zum Erliegen gekommen war, floriert jetzt wieder, und hat sich zum einzig relevanten Wirtschaftsfaktor Afghanistans entwickelt. Mohn wird zu Heroin veredelt und überflutet durch den uns schon bekannten Hotspot Kosovo ganz Europa. Seit nunmehr fast zwanzig Jahren. Im Kosovo genauso wie in Afghanistan, eine friedliche und fruchtbare Koexistenz von privatisiertem Militär und Organisiertem Verbrechen.

Dieser „Misserfolg" scheint aber die US-Regierung wenig zu stören. Warum auch? Im allgemeinen Gerangel der Warlords haben die US-Streitkräfte weitgehend unbehelligt ein militärisches Standbein am Hindukusch geschaffen, das sie eine ganze Zeit lang als Ausgangsbasis zum von Brzezinski als besonders attraktiv empfohlenen „eurasischen Balkan" mit seinen „-stan"-Staaten nutzen konnten. Flugbasen in Zentralasien konnten von den USA angemietet werden. Doch irgendwann haben einige dieser Länder die Amerikaner wieder höflich aber bestimmt hinauskomplimentiert. Denn mittlerweile offerierten China, Russland und Iran den zentralasiatischen Staaten viel bessere Angebote zur Zusammenarbeit. Damit wurde ein rein asiatisches Bündnis mit zivilistischer Perspektive geschaffen[8].

Als die Bush-Regierung sich im Jahre 2003 den Irak vorknöpft, fällt es wieder sehr schwer, einen Zusammenhang zwischen Saddam Hussein und 9/11 herzustellen. Das Narrativ vom Global War on Terror (in typisch amerikanischer Abkürzungswut GWOT genannt) muss aber auf Biegen und Brechen durchgehalten werden. Hussein war bekanntlich beim ersten Golfkrieg, als sich Irak und Iran gegenseitig massiv schwächten, in einem äußerst harten Abnutzungskrieg, der Gewährsmann in der Region für die Amerikaner im Kampf gegen das Mullah-Regime im Iran. Donald Rumsfeld persönlich war damals bei Hussein, um ihm die Hilfe der USA anzubieten. Im zweiten Golfkrieg hatten die USA den Irak massiv geschwächt, Saddam Hussein jedoch an der Macht belassen. Danach hatte die UNO als Erfüllungsgehilfe der USA ein Handelsembargo gegen die leidgeprüfte irakische Bevölkerung erlassen. Der daraus resultierende Mangel an Lebensmitteln und Medikamenten führte zum Tod von einer halben Millionen Irakern. Jetzt, 2003, den Irak anzugreifen war ungefähr so heldenhaft, als wenn man einen blinden Rollstuhlfahrer zusammenschlägt. Aber das Öl lockte nur allzu sehr. George Bush II. wollte seit Amtsantritt um jeden Preis der Welt die irakischen Ölfelder in Besitz nehmen. Er ließ in die Welt setzen, Saddam habe nicht nur die Attentäter von 9/11 finanziert und ausbilden lassen. Sondern er verfüge immer noch über Massenvernichtungswaffen. Jedoch der britische Geheimdienst MI6 informierte den Chef der CIA, George Tenet, dass Saddams Geheimdienstchef Tahir Jalil Habbush ihnen glaubhaft versicherte, der Irak habe sein Chemiewaffenprogramm bereits 1991 und sein Biowaffenprogramm im Jahre 1996 eingestellt.

Nach der Irak-Invasion geriet Habbush in die Gefangenschaft der CIA. Offiziell ließ die USA Habbush weiterhin steckbrieflich mit einem Finderlohn von einer Million Dollar suchen. Habbush hatte vom CIA ein Schweigegeld in Höhe von 5 Millionen Dollar erhalten, damit er über keine Informationskanäle bekanntgibt, dass Irak über keine Massenvernichtungswaffen mehr verfügt habe[9].

Doch die CIA kaufte nicht nur Stillschweigen. Nun wurden auch Dokumente gefälscht, um eine Beziehung zwischen Saddam Hussein und den Attentaten vom 11. September 2001 herzustellen. In einem fingierten Brief mit dem offiziellen Emblem der irakischen Regierung schrieb Habbush mit Kugelschreiber seinem Präsidenten Saddam Hussein. Es sollte mit dieser Fälschung der Eindruck erweckt werden, Muhammad Atta als Drahtzieher der 9/11-Attentate habe bereits im Sommer 2001 den Anschlag auf die WTO-Türme im Irak geprobt. Zudem habe gerade Al Quaida dem Irak bei der Beschaffung von Uran aus dem Niger geholfen. Das von CIA und Habbush gefälschte Dokument wurde sodann als „Beweis" für die Richtigkeit der Bush-Anschuldigungen in der Presse weltweit lanciert[10]. In Erinnerung geblieben ist zudem der Auftritt des damaligen US-Außenministers Colin Powell vor der UNO-Vollversammlung, als er Satellitenfotos von angeblichen irakischen Giftgaslagern präsentierte, die sich hinterher als Fake erweisen sollten.

Der Pyrrhussieg der Amerikaner im Mittleren Osten

Niemand auf der ganzen Welt glaubt den dilettantischen Fälschern aus Washington im Jahre 2003 noch irgendein Wort. Vielmehr gehen Millionen Menschen weltweit aus Protest über die sich anbahnende neue humanitäre Katastrophe im Irak auf die Straße. Die Koalition aus SPD und Grünen in Deutschland, die nach vielen katastrophalen Wahlniederlagen nun auch einer Ablösung nach den Bundestagswahlen im Herbst 2002 entgegen sah, befindet sich plötzlich wieder im demoskopischen Aufwind, als Bundeskanzler Schröder erklärt, Deutschland werde sich am völkerrechtswidrigen Krieg gegen den Irak definitiv nicht beteiligen. Tatsächlich können Schröder und Fischer nach der Wahl weiter regieren. Die transatlantischen Netzwerke arbeiten währenddessen fieberhaft, um George Bush ihre Nibelungentreue zu bekunden. Die damalige Oppositionsführerin Angela Merkel fährt extra nach Washington zu George Bush, um sich demonstrativ von Schröders Distanzierung zu distanzieren.

Doch auch den Militärs in den USA platzt der Kragen. In einer Denkschrift[11] nehmen sie den Präsidenten beim Wort: wenn er tatsächlich den Terrorismus bekämpfen will, dann ist dafür nicht das Militär zuständig, sondern die Geheimdienste und die Polizei sind am Zug. Da sind punktuelle Einsätze gefragt und kein Aufgebot von schwerem Geschütz. Die Militärs fühlen sich massiv missbraucht für die im Grunde privaten Interessen der Bush-Cheney-Rumsfeld-Clique. Doch das alles nützt nichts. Der Überfall auf den wehrlosen Irak findet statt, in einer bestialischen Massakrierung der völlig verdutzten Soldaten vor Ort. Sie werden lebendig in den Wüstensand eingegraben und sterben einen grässlichen Erstickungstod. Ein Thesenpapier aus dem Jahre 1996 hatte die Strategie des Shock and Awe entwickelt[12]. Angriffe sollten so total und unberechenbar erfolgen, dass der Gegner in Schockstarre (Shock) verfällt und in Ehrfurcht verharrt (Awe).

Nach der Kapitulation des Irak beginnt ein beispielloser Raubzug amerikanischer und britischer Glücksritter. Auf dem Territorium des Irak befanden sich die Überreste der ältesten uns bekannten Hochkulturen der Sumerer und Babylonier. Die Museen werden in Nullkommanichts ausgeplündert. Dann übernehmen US-amerikanische Mischkonzerne wie Halliburton, dem Vizepräsident Cheney als CEO jahrelang vorgestanden hatte, lukrative, vom amerikanischen Steuerzahler finanzierte Aufträge für die Überwachung und den Wiederaufbau der irakischen Trümmerlandschaft. Es ist eine einzige Vetternwirtschaft. Das Geld versickert im Korruptionssumpf[13]. Eine Perspektive für den Wiederaufbau einer zivilen Infrastruktur ist gar nicht erkennbar. So wandern besser qualifizierte Iraker aus. Akademiker, die im Lande bleiben wollen, werden systematisch umgebracht[14]. Das Land ist ebenso wie Afghanistan in einen primitiven Urzustand zurückgestoßen worden und die Menschen vegetieren seitdem vor sich hin.

Doch für die Bush-Entourage sind die Ziele erreicht: riesige Geldmittel fließen über den Irak-Krieg aus den Taschen der Steuerzahler in die Taschen der Bushisten. Die Ölförderung vor Ort ist jetzt fest in den Händen der Bush-Freunde. Und neben Afghanistan ist Irak jetzt der zweite terrestrische Flugzeugträger der USA. Die USA ist nach 9/11 zur stärksten Militärmacht im Mittleren Osten aufgestiegen! Von diesen beiden Orten aus kann das US-Militär das umliegende Gebiet unter Kontrolle halten: nach Süden hin Saudi-Arabien, das nach dem antiamerikanischen Schwenk

Osama bin Ladens als unsicherer Kantonist gilt. Nach Norden hin kann man aus wesentlich verringerter Entfernung zur Eroberung Eurasiens ansetzen und das Gebiet vorab schon einmal mit den AWACS-Spionageflugzeugen in hochaufgelösten Abbildungen kontrollieren. Von Afghanistan aus lässt sich der „eurasische Balkan" ins Visier nehmen. Vom Irak aus wiederum kann man die Tentakel auf den Kaukasus mit den ehemaligen Sowjetrepubliken Georgien, Armenien und das ölreiche Aserbeidschan legen. Zugleich lässt sich von hier aus auch die Türkei, zweitstärkste NATO-Macht und Anrainer an das Schwarze Meer, besser auf Linie halten. Schließlich und endlich befindet sich der Iran jetzt im Zangengriff zwischen den US-Basen Irak und Afghanistan.

Also ein voller Erfolg? Nicht wirklich. Die verwahrloste Militärkultur der nach-9/11-Kriege ist nicht in der Lage, ihre Beute festzuhalten. Man kann einfach ein Land nicht langfristig unter Kontrolle halten, wenn man vor Ort mit Verbrecherbanden kooperiert. Mafiotische Verbände sind immer nur so lange loyal, wie ihnen materielle Vorteile geboten werden. Unter der Hand halten sie ständig Ausschau, wer mehr Geld gibt. Im Irak haben die Amerikaner sich zudem noch ein anderes Problem angelacht. Der Irak war schon immer belastet mit ethnischen und religiösen Konflikten. Die Kurden wurden von Saddam Hussein mit Giftgas eingeschüchtert. Hussein hatte zudem seine Entourage aus Muslimen der sunnitischen Konfession zusammengestellt.

Die Amerikaner verjagten diese Entourage und setzten Anhänger der konkurrierenden schiitischen Konfession in Regierungsposten. Nun sind aber die Iraner auch Schiiten. Also ergab sich ganz von selbst ab sofort eine enge Kooperation zwischen der irakischen schiitischen Marionettenregierung und den Mullahs im Iran. Die Strategen in den USA mussten diese Machterweiterung des Irans in den besetzten Irak hinein mit geballten Fäusten in der Tasche als notwendigen Preis für die leichte Eroberung hinnehmen. Das rächt sich aktuell, denn die Regierung des Irak positioniert sich mittlerweile immer deutlicher gegen die USA und unterstützt den Widerstand vor Ort.

Obama und die große Zeit des Regime-Change-Wanderzirkus

Die Amerikaner lernen ihre Lektion, die da heißt: selber mit eigenen Truppen in Länder des Mittleren Ostens einzumarschieren ist ab jetzt eher das letzte Mittel der Wahl. Unter dem neuen US-Präsidenten Barak Obama, der als erster Mensch der Welt den Friedensnobelpreis bereits verabreicht bekommt, bevor er überhaupt zur Tat schreiten kann, wird auf mehr Diskretion in der Kriegsführung Wert gelegt.

Im Libyen-Überfall im Jahre 2011 treten die USA nicht mit Soldaten in Erscheinung. Hier lassen sie den Franzosen unter dem USA-treuen Präsidenten Nicolas Sarkozy den Vortritt. Dennoch spielen in Libyen reguläre militärische Verbände eine untergeordnete Rolle. Die Hauptarbeit verrichten ab jetzt kriminelle Söldnerbanden vor Ort, die der ahnungslosen Öffentlichkeit als „Freiheitskämpfer" präsentiert werden. Im ganzen orientalischen Raum brechen jetzt plötzlich so genannte „Farbrevolutionen" aus. Farbrevolution, weil sich die „Revolutionäre" eine bestimmte Farbe als Erkennungszeichen verordnen. Einige Aufstände sind echt und ihre Anliegen ist berechtigt. Diese Revolten, wie zum Beispiel in Tunesien, sind absolut friedfertig und haben überzeugende politische Programme anzubieten.

In anderen Ländern wie Libyen oder Syrien sind die Motive der Erhebungen nur schwer auszumachen. Und aus den Protestierenden heraus greifen militante Kräfte mit schwerstem Geschütz die Ordnungskräfte an und verursachen jede Menge Tote, die sodann den Ordnungskräften fälschlich in die Schuhe geschoben werden. Gezielt wird von diesen Kräften eine rasche Eskalation des Konfliktes angestrebt. Massaker werden angerichtet, die dann ebenfalls der jeweiligen zu stürzenden Regierung angelastet werden. Die westlichen Medien sind mittlerweile offenkundig in einem Maße gleichgeschaltet, dass eigene aufwendige Recherchen vor Ort unterbleiben und stattdessen die kostenlos zur Verfügung gestellten Quellen der professionellen Aufrührer ungeprüft eins zu eins in die eigene Berichterstattung übernommen werden[15].

Das ist das Zeitalter des professionellen Regime-Change-Gewerbes. Geheimdienste, Militär und so genannte „philanthropische" Stiftungen arbeiten mit den Medien zusammen, um eine aufs Korn genommene Regierung fachgerecht zur Strecke zu bringen. Diese Regime Change-Koalition verfügt über viel Geld. Und das Geld stammt immer aus den Taschen der nichts ahnenden Steuerzahler. Denn die philanthropischen Stiftungen arbeiten mit den von der Steuer befreiten Geldern superreicher Mitbürger. So können die Milliardäre ihre Beeinflussungsarbeit in der Politik quasi kostenlos ausführen lassen. Das Carnegie Endwoment for Peace ist schon seit Ewigkeiten beteiligt an der Beeinflussung der Politik in wildfremden Ländern zugunsten der amerikanischen Interessen. Die Ford Foundation wiederum hat nicht nur die beliebte Fernsehserie Sesamstraße finanziert. Sie hat auch die Politik in Europa und ganz besonders in Deutschland im Sinne Amerikas mit aufwendigen Geldzuwendungen beeinflusst.

Relativ neu in diesem Regime Change-Gewerbe ist die Soros-Stiftung. Ihr Begründer George Soros stammt aus Ungarn, und hat im Westen ein Vermögen gemacht mit Spekulationen an der Börse. Besonders mit seinen Devisenspekulationen hat er sich einen Namen gemacht. Denn einmal hätte er mit seinen Hasardspielen fast das englische Pfund gemeuchelt. Und dann kam ihm die Idee, sein Geld vor dem Fiskus durch die Gründung der Soros-Stiftung zu retten. Zu seinen positiven Leistungen gehört, dass er im Jahre 2004 mit massiven Mitteln versuchte, die Wiederwahl von George Bush zu verhindern. Ohne Erfolg, wie wir wissen. Zu seinen negativen Leistungen gehört, dass er als Multimilliardär überall auf der Welt mit oftmals verdeckten Mitteln versucht, seine Auffassung von Freiheit und Demokratie den Menschen aufdrücken zu wollen. Da gibt es eben die heimlich gesteuerten Demokratiebewegungen, wo ehrlich gemeinte Besorgnisse der Bürger umgeleitet werden in die Kanäle einer USA-freundlichen Politik.

Da gibt es zum Beispiel Otpor. Eine geschickt gesteuerte Kampagne hatte nach dem Jugoslawienkrieg im Reststaat Serbien den Sturz des Präsidenten Slobodan Milosevic betrieben, um sodann eine USA-genehme Regierung in Serbien zu installieren. Diese geschickte Steuerung von Demonstrationen durch Otpor wurde dann in andere Länder exportiert. Das Logo von Otpor ist ausgerechnet die gereckte Faust aus der Arbeiterbewegung. Mittlerweile entbietet sogar US-Präsident Trump die Arbeiterfaust zum Gruß.

Neben Geheimdiensten, Militärs, privaten Paramilitärs und philanthropischen Stiftungen gehört mittlerweile eine ganze Reihe von Nichtregierungsorganisationen zu den Mitstreitern des US-Regime-Change-Wanderzirkus. Gruppen wie Human Rights Watch oder Amnesty International nutzen ihr über Jahrzehnte aufgebautes Prestige, um den von den Regime-Changern aufgespießten „Schurkenregierungen" massive Menschenrechtsverletzungen anzuhängen. Der australische Soziologieprofessor Tim Anderson hat das Wirken dieser so genannten Menschenrechts-NGOs vor Ort genau unter die Lupe genommen[16]. Es ist mittlerweile auch hinreichend bekannt, dass die Verbindungen und personellen Überschneidungen dieser NGOs geradewegs zum US-Außenministerium, zur CIA und zu transatlantischen Denkfabriken führen. Man hat also aus den täppischen Fehlern der Bush-Regierung gelernt und vermeidet es jetzt, wenn möglich, andere Länder auseinanderzunehmen, ohne dabei das US-Militär einzuschalten.

Der Überfall auf Libyen zielte zum einen auf Gaddafis Einfluss in Afrika. Und zum anderen, um den zunehmenden chinesischen Einfluss in Afrika auszubremsen. Muamar al Gaddafi war der große Geldgeber der Organisation Afrikanischer Staaten (OAS). Immer wieder verhinderte er mit großzügigen Spenden, dass afrikanische Länder in die amerikanische Schuldenfalle gerieten. Gaddafi war es auch, der verhinderte, dass die USA in Afrika eine Zentrale für ihr neu gegründetes Militärkommando AFRICOM aufmachen konnten. Stattdessen befindet sich das Hauptquartier für AFRICOM jetzt im deutschen Stuttgart-Möhringen[17]. Die Arbeitsteilung des Regime-Change-Wanderzirkus ist seit Libyen folgendermaßen: zunächst infiltrieren die philanthropischen Stiftungen und die Geheimdienste die Bürgerbewegungen vor Ort und helfen ihnen, wenn nötig bei der Organisation und Logistik. Wenn dann Massendemonstrationen stattfinden, nehmen professionelle Scharfschützen aus der Menge heraus oder aus anliegenden Gebäuden Polizisten oder auch Demonstranten unter Beschuss und schaffen Panik und Chaos. In dem folgenden Durcheinander lassen sich weitere Bluttaten begehen. Dann werden die Ordnungskräfte des Staates beschuldigt, die Bluttaten begangen zu haben. Jetzt treten die NGOs auf den Plan, um in Zusammenarbeit mit den westlichen Medien die Falschmeldungen in die Abendnachrichten zu katapultieren. Das hohe Ansehen der NGOs verleiht den manipulierten Nachrichten die erforderliche „Glaubwürdigkeit".

Diese mediale Wand wiederum hat im besten Falle Rückwirkungen auf das zu destabilisierende Land und stärkt dort Gegnern der Regierung den Rücken. Jetzt kann man den Fall zum UNO-Sicherheitsrat tragen und dort die Genehmigung einholen, gegen das Zielland militärisch vorgehen zu dürfen. Ob die Genehmigung von der UNO geliefert wird oder ob nicht: der nächste Schritt besteht darin, dass die Luftwaffe eines NATO-Landes Sicherheitseinrichtungen (Polizeistationen, Funktürme, Flugplätze) des vermeintlichen Schurkenstaats zertrümmert. Das geschieht in enger Abstimmung mit terroristischen Banden am Boden, die dann zuschlagen und jegliche Ordnung zerstören. In der nun folgenden Regellosigkeit entsteht Panik und die Staatsautorität ist zerrüttet, weil der Staat die Sicherheit seiner Bürger nicht länger gewährleisten kann.

Das wiederum wird dann von NGOs und den Medien der Regierung des betroffenen Landes zum Vorwurf gemacht und der Ruf nach humanitären Interventionen wird laut. Das Ganze wird der erstaunten Öffentlichkeit als „Bürgerkrieg" verkauft. „Soso! Diese fremden Völker können also nicht friedlich miteinander auskommen. Da müssen wir einschreiten.", denkt sich Otto Normalverbraucher. So in etwa ist das Schema gewesen in Libyen und dann auch ihn Syrien. Syrien war dann der Umkehrpunkt. Denn mittlerweile sind Russland und China in einem Maße erstarkt, dass sie der Regierung unter Assad in Damaskus massive Hilfsleistungen gegen die vom Westen angerichteten Verwüstungen bieten können. Die Chinesen bezahlen die Löhne der Staatsbediensteten, sodass der Staat seine Autorität bewahren und den Schutz seiner Bürger zunehmend wieder garantieren kann. Die Russen übernahmen die Kontrolle des Luftraums über Syrien und machten damit die Kollaboration von US-Feindaufklärung und Terroristen am Boden unmöglich. Zum ersten Mal seit der Amtseinsetzung von US-Präsident Obama wird nun dem Regime-Change-Wanderzirkus Einhalt geboten. Es bleibt abzuwarten, wann die leidgeprüften Syrer endlich Frieden haben dürfen.

Die Westflanke des Angriffs auf Eurasien: Georgien

Wenden wir uns nun der – aus russischem Blick – westlichen Flanke des Griffs auf Eurasien zu. Es geht hier um die Staaten des ehemaligen Warschauer Pakts sowie um einige Nachfolgestaaten der ehemaligen Sowjetunion.

Das Militärbündnis des Warschauer Pakts wurde 1991 aufgelöst. Die Staaten dieses Bündnisses waren nach dem Zusammenbruch der Sowjetunion in ein tiefes politisches Vakuum gefallen. Die alten Eliten waren entweder verschwunden oder sie hatten sich kapitalistisch gewendet sofort ehemaliges Staatseigentum im Rahmen der Privatisierungen angeeignet. In den USA und in Westeuropa waren bereits vor dem sich abzeichnenden Ende des Kommunismus neue Kader ausgebildet worden. Die Open Society Foundation des George Soros sowie der German Marshall Fund of the US, der mit üppigen deutschen Spenden ausgestattet in Washington residiert, hatten Kandidaten aus den Ostblockländern in der Kunst der westlich-kapitalistischen Governance ausgebildet und ihnen das Weltbild des Marktradikalismus eingehämmert[18]. Zurück in ihren Heimatländern hatten die jungen Nachwuchspolitiker und Manager eine klare Agenda, während die zuhause gebliebenen Kräfte ratlos herumexperimentierten.

So kam es, dass sich die neu aufgestellten Staaten der ehemaligen Machthemisphäre der Sowjetunion zu Musterprojekten des Transatlantizismus und des besonders brutalen Marktradikalimus herausputzten. Das war der Hintergrund dafür, dass US-Verteidigungsminister Donald Rumsfeld diese Länder, die besonders eifrig in der amerikanischen „Koalition der Willigen" als Mistreiter im Irak-Krieg mitwirkten, als Teil des „neuen Europas" würdigte. Die westeuropäischen Länder, die teilweise noch den tradierten Konsens-Kapitalismus pflegten, beschimpfte Rumsfeld dagegen als „altes Europa", das sozusagen die Zeichen der Zeit nicht begriffen habe. In der Tat setzten die neuen Musterschüler die westeuropäischen Länder massiv unter Druck. Durch die marktradikale Niedriglohnpolitik und die bedingungslose Unterstützung der USA fiel es den Ländern des „alten Europa" zunehmend schwerer, ihre Sozialstandards im verschärften Wettbewerb zu erhalten und gegenüber den USA ein gewisses Maß an Distanz zu wahren. Daraufhin knickten die meisten westeuropäischen

Regierungen ein und wurden ebenfalls deutlich marktkonformer und deutlich gehorsamer gegenüber dem Großen Bruder aus Übersee.

Dass die osteuropäischen Länder irgendwann der Europäischen Union beitreten würden, lag im Bereich des damals Vorstellbaren. Jedoch dass tatsächlich diese Staaten allesamt einmal der NATO beitreten würden, das war schon bemerkenswert. Jene Staaten, die einstmals eine Pufferzone der Sowjetunion waren und die Gewehrläufe nach Westen richteten, waren jetzt auf einmal auf amerikanische Stoßrichtung gepolt und richteten ihre Gewehrläufe gegen Russland. 1999 traten am 12. März, noch mitten im Jugoslawienkrieg, Polen, Tschechien und Ungarn der NATO bei. 2004 folgten Bulgarien, Litauen, Lettland, Estland, Slowakei, Rumänien und Slowenien. Und 2009 traten das einstmals maoistische Albanien und das katholische Kroatien der NATO bei. Mittlerweile sind noch Montenegro und Nordmazedonien dem amerikanischen Bündnis beigetreten. Die NATO hat jetzt dreißig Mitglieder. Und ein Ende der NATO-isierung ist noch gar nicht absehbar. Damit rückt das westliche Militärbündnis bedrohlich nahe an Moskau.

Jahrelang war Russland so geschwächt, dass es diesem Aufmarsch vor seinen Toren hilflos zuschauen musste. Als allerdings die NATO sich bereits in den Kaukasus hinein zu arbeiten begann, wurde deutlicher russischer Gegendruck zum ersten Mal seit Jahrzehnten wahrnehmbar. Georgien, Aserbeidschan, Armenien und die Ukraine führten bereits munter Manöver unter amerikanischer Regie im Kaukasus durch. Die betreffenden Länder ließen ihre jungen Rekruten von amerikanischen Ausbildern trainieren. Amerikanisches Kriegsgeschirr wurde angeschafft, obwohl die Kassen der Staaten eigentlich leer waren. Allein Georgien steigerte seine Rüstungsausgaben von 2003 mit 18 Millionen Dollar auf 900 Millionen Dollar im Jahre 2008. Das war nur möglich durch massive Geldspritzen aus den USA, die allein im Jahr 2002 830 Millionen Dollar ausmachten[19].

2003 hatte Micheil Saakaschwili mit seinen Freunden den damaligen Präsidenten Eduard Schewardnadse aus dem Parlament gejagt und er ließ sich 2004 zum neuen Präsidenten wählen. Zu seinen Beratern gehörten Leute, die „aus den USA in ihre georgische Heimat zurückgekehrt waren", und die ihm die richtige marktradikale Politik beibrachten. Er selber konnte in 1990er Jahren auf Kosten des US-Außenministeriums Jura in den USA studieren und war von der US-Regierung als kommender Mann in Georgien aufgebaut worden[20]. Die Situation der einfachen Leute besserte sich jedoch nicht, und so formierten sich immer mehr Demonstrationen gegen seine Verarmungspolitik. Da besann sich auch Saakaschwili der beliebten Falkland-Taktik. Also im Falle sinkender Zustimmungswerte einen Krieg anzetteln, aus dem er als strahlender Sieger hervorgehen wollte. Kriegsgrund waren die beiden abtrünnigen Provinzen Südossetien und Abchasien, zu denen Georgien keinen Zugang hatte, und die in den Wirtschaftskreislauf Russlands eingebunden waren. Der Krieg brach 2008 nicht völlig überraschend aus. Vielmehr hatte ein Manöver der den USA zugeneigten Kaukasus-Staaten stattgefunden, und die Russen hatten darauf mit einem Gegen-Manöver reagiert.

Und diesmal gaben die Russen nicht klein bei, als die NATO-Sympathisanten sich wieder ein Stück weiter in die Hemisphäre Russlands vorarbeiteten. Saakaschwili ließ seine Truppen jetzt in die beiden abtrünnigen Provinzen einmarschieren. Die Russen beantworteten die Besetzung von Südossetien und Abchasien mit einem kraftvollen Gegenschlag und standen bald mitten in Georgien. Schon nach einer Woche war dieser Schlagabtausch zugunsten Russlands beendet. Die beiden abtrünnigen Provinzen schlossen sich jetzt noch enger an Russland an. Saakaschwili entzog sich später einer Strafverfolgung in Georgien wegen Korruption und „emigrierte" in die USA, wo er bereits in den 1990er Jahren studiert hatte. Der ukrainische Präsident Petro Poroschenko holte ihn 2015 in die Ukraine und machte ihn kurzerhand zum Gouverneur der Oblast Odessa, wo Saakaschwili prompt mit marktradikalen Rezepten die Stadt umkrempeln wollte. Saakaschwilis Karriere ist durchaus nicht untypisch für den neuen Typus von Politikern im neu gewendeten wilden Osten.

Ukraine, Russland und der Suizid Europas
Auch die Ukraine hatte sich nach ihrer Unabhängigkeitserklärung 1991 sehr weit gegenüber westlichen Einflüssen geöffnet. Die marktradikalen Netzwerke und die amerikanischen Stiftungen haben auch hier ihren unverkennbaren Prägestempel aufgedrückt. Im Jahre 2004 sollten ame-

rikanisch geprägte Politiker wie Julija Tymoschenko, die von 2007 bis 2010 Regierungschefin des Landes war, oder Wiktor Juschtschenko, der von 2005 bis 2010 Präsident der Ukraine war, im Vordergrund stehen. Sie wurden durch die so genannte Orangene Revolution an die Macht gespült. Die Hoffnungen der Bevölkerung auf deutliche Verbesserung der Lebensbedingungen erfüllten sich jedoch nicht. Die neue Führung war hauptsächlich mit Rivalitäten beschäftigt, anstatt sich um die Belange des Landes zu kümmern. Deshalb wählten die Ukrainer 2010 mit Wiktor Janukowytsch einen Mann zum Präsidenten, den man eher der alten Sowjetgarde zuordnete, der aber einen solideren Eindruck machte als seine exaltierten Vorgänger.

Der Westen sah in Janukowytsch einen Mann Russlands. Dennoch erlebten die EU-Politiker eine derbe Überraschung. Janukowytsch lehnte nämlich am 30. November 2013 im litauischen Vilnius beim Gipfeltreffen der 28 EU-Staaten und weiterer sechs osteuropäischer Staaten das Angebot der EU ab, ein Assoziierungsabkommen mit der Europäischen Union zu unterzeichnen. Bist Du nicht willig, so gebrauch' ich Gewalt: auftritt der uns schon sattsam bekannte Regime-Change-Wanderzirkus. Zunächst einmal demonstrieren wieder ukrainische Bürger in der Hauptstadt Kiew mit durchaus berechtigten Forderungen nach Ende der Korruption. Die Ablehnung der Unterschrift unter das Assoziierungsabkommen durch Janukowytsch wird zunehmend zum Thema der Demonstrationen gemacht. Die Masse fordert vorzeitige Neuwahlen des Präsidenten. Seit November 2013 finden immer wieder Demonstrationen im Kiewer Zentrum statt. Am 18. Februar 2014 kommt es zu Schießereien, bei denen 80 Demonstranten getötet werden.

Die Tötungen werden den ukrainischen Sicherheitskräften in die Schuhe geschoben. Mittlerweile gilt als gesichert, dass es sich bei den Tätern um Scharfschützen des Rechten Sektors handelte. Die funktionale Entsprechung zum IS in Syrien. Eine Terrorbande, die jetzt eine Atmosphäre des Schreckens in der Ukraine verbreitet und jeden umbringt, der sich ihnen in den Weg stellt. Der Rechte Sektor ist hervorgegangen aus mehreren Nazigruppen. Anscheinend ist von außen massiv nachgeholfen worden, um die zerstrittenen Faschisten zusammenzuführen.

Faschistische Gruppen haben in der Ukraine eine lange Tradition. Bereits in den 1920er Jahren kämpften ukrainische Rechtsextreme gegen Bolschewisten. Im Zweiten Weltkrieg betätigten sie sich als Kollaborateure der deutschen Wehrmacht, die in die Ukraine eingefallen war. Die ukrainischen Faschisten waren behilflich beim Aufspüren und Exekutieren jüdischer Mitbürger. Eine zentrale Gestalt in dieser Szene war Stepan Bandera, der heute in der Ukraine als Nationalheiliger gefeiert wird. Es wurde ja in diesem Buch bereits an anderer Stelle über die enorme Förderung geschrieben, die Nazi-Kollaborateure durch John Foster und Allen Dulles in den Zeiten des Kalten Krieges genossen. Nach dem Zusammenbruch der Sowjetunion begann nun ein Comeback in den osteuropäischen Heimatländern. Aus der Organisation Ukrainischer Nationalisten ging Swoboda hervor, die schon sehr weit rechts angesiedelt sind.

Der Sektor war nun noch einmal die radikalisierte Essenz von Swoboda und erzwang einen Putsch: „Der Rechte Sektor war aus meiner Sicht entscheidend für den Umsturz, weil er ... bereit war, in Kampfhandlungen mit den Polizisten, mit den Sicherheitskräften einzutreten. Sie waren gut organisiert ... so dass sie einen großen Anteil am Erfolg des Maidans gehabt haben.", so ist die Einschätzung durch den Ost-Experten der Stiftung Wissenschaft und Politik, Alexander Rahr in einem Fernsehinterview, wenige Wochen nach dem schrecklichen Blutbad in Kiew[21]. Janukowytsch fürchtet zu Recht um sein Leben und flieht nach Russland. Bundespräsident Steinmeier vermittelt ein Treffen von Regierung und Opposition in Kiew, das aber auch keine Entspannung bringt. Die Frage war immer, ob Ukrainer und Russen in der Ukraine in föderaler Koexistenz friedlich zusammenleben sollten (Pluralismus), oder ob die ukrainische Kultur und Sprache für alle Staatsbürger verbindlich sein sollte (Monismus). Durch den Putsch der Rechtsextremen in Kiew ist die Entscheidung gefallen für das monistische Modell. Es ist nun absehbar, dass es zu ethnischen Säuberungen gegen die russischen Bevölkerungsteile der Ukraine kommen konnte – eine Entwicklung wie in Bosnien-Herzegowina war nun nicht mehr auszuschließen.

Zudem war klar, dass mit dem Putsch der Weg der Ukraine in die NATO und dann in die Europäische Union vorgezeichnet war. In den osteuropäischen Ländern stand meistens der Eintritt in die NATO zeitlich vor dem Eintritt in die EU. Dieser vom Westen eingefädelte Schachzug mit dem Regime Change in der Ukraine brachte Putin in massiven Zugzwang: würde er zulassen, dass die Krim über kurz oder lang unter die Kontrolle der NATO geriete, wäre der russische Seezugang zum Mittelmeer auf einen verhältnismäßig kleinen Küstenstreifen reduziert worden. Zudem befand sich mit Sewastopol der größte russische Schwarzmeerhafen auf der Krim. Die NATO-Länder am Schwarzen Meer könnten womöglich der russischen Marine irgendwann den Zugang zum Mittelmeer abschneiden. Zudem war ungewiss, ob nicht Nazi-Hitzköpfe aus der Ukraine Massaker an der russischen Bevölkerung verüben würden. Die Russen stellen allerdings die Bevölkerungsmehrheit auf der Krim sowie im Südosten der Ukraine, in Lugansk und im Donbass.

Würde Putin allerdings diese Gebiete annektieren, dann waren westliche Sanktionen sehr wahrscheinlich. Aber die russische Regierung entschied sich für die Annexion der Krim und für die Unterstützung der russischen Bewohner im Südosten der Ukraine. Die ukrainische Zentralregierung ging mit militärischen Mitteln gegen die russische Bevölkerung im Donbass vor. Was wiederum zur Gründung der Kleinrussischen Republik auf dem Gebiet der östlichen Ukraine führen sollte.

Es ist deutlich, dass der Westen nur darauf hingearbeitet hatte, Putin wählen zu lassen zwischen Pest oder Cholera. Unerbittlich begann quasi auf Knopfdruck die zweite Stufe der westlichen Kriegsführung gegen Russland. Die erste Stufe besteht im Propagandakrieg. Die zweite Stufe des Krieges besteht darin, dem Gegner die wirtschaftliche Schlagader abzuschnüren. Im der ersten Phase des Wirtschaftskrieges wurden am 6. März 2014 bereits getroffene Vereinbarungen über eine engere Zusammenarbeit aufgekündigt und der geplante G-8-Gipfel in Sotschi im Juni 2014 wurde abgesagt. Als am 16. März die Bewohner der Krim sich mehrheitlich für einen Anschluss an Russland aussprachen, wurde bereits einen Tag später die nächste Sanktionsstufe gezündet: elf Personen aus dem engen Umfeld Putins wurden mit Reisebeschränkungen und Kontensperrungen bestraft. Die EU, in der nun das Neue Europa den Ton angibt, folgt mit Strafmaßnahmen gegen 33 Russen und gegen die Rossija-Bank. Im April gewinnt die Stoßrichtung gegen Russland Kontur: jetzt werden nicht nur Personen und Unternehmen des russischen Militärisch-Industriellen Komplexes abgestraft, sondern auch Herstellerfirmen für Erdgaspipelines. Konstant wird versucht, das russische Bankensystem zu schädigen. MasterCard und Visa werden für russische Banken gesperrt. Kurios ist auch die Begründung für die Verschärfung der Sanktionen. Putin hätte nicht dafür gesorgt, die Russen im Donbass zu entwaffnen, während die Ukraine die berüchtigten Totschläger des Rechten Sektors entwaffnet habe. Richard Sakwa, Politikwissenschaftler an der Universität Kent und Mitarbeiter des britischen Thinktanks Chatham House, sieht das anders: „Tatsächlich waren die ,Hundertschaften‘, die den Maidan verteidigten, und ähnliche Gruppierungen in die Streitkräfte, in die privaten Milizen der oligarchischen Warlords und vor allem in die Nationalgarde integriert worden. Weit davon entfernt, entwaffnet zu sein, wurden sie Teil des Zwangsapparates des monistischen Staates und losgelassen gegen die Pluralisten."[22].

Für die USA waren die Sanktionen gegen Russland relativ schmerzlos. Ihr Handelsvolumen mit Russland betrug im Jahre 2012 gerade einmal 26 Milliarden Dollar. Demgegenüber grenzte die devote Folgsamkeit Europas gegenüber Amerika an Selbstmord. Denn der Handel zwischen der EU und Russland betrug zur selben Zeit beachtliche 370 Milliarden Dollar. Ein Drittel der Gaslieferungen Europas kam aus Russland, und davon gingen 40 Prozent über das Territorium der Ukraine. Deswegen gab es schon länger Planungen, mit einer Southstream-Pipeline die Ukraine durch das Schwarze Meer zu umgehen. Um das zu realisieren, war Russland zwingend auf Kontrolle des Schwarzen Meeres angewiesen. Folglich wurde massiver Druck auf Bulgarien ausgeübt, Southstream nicht durch das Land zu lassen. Auch wichtige Kooperationen westlicher Ölkonzerne wie ExxonMobil oder British Petrol mit russischen Konzernen wurden durch die Sanktionen torpediert.

Am 17. Juli 2014 wurde ein Passagierflugzeug über der Ost-Ukraine abgeschossen. Der Abschuss der MH17 der Malaysian Airlines wurde zum Anlass genommen zu einer weiteren, verschärften Sanktionsrunde [23]. Mit jeder Sanktionsrunde wird deutlicher, dass der marktradikal gewendete

Westen auf die Staatsbetriebe von Russland zielt. Es war den Ideologen aus Washington ein Dorn im Auge, dass unter Putin viele bereits privatisierte Unternehmen zurückgeführt wurden in öffentliches Eigentum: „Unter Putin war die Entwicklung zu weiteren Privatisierungen umgekehrt worden, und jetzt ist die Hälfte der Wirtschaft in staatlichen Händen, ein hoher Anteil nach heutigen Standards. Die Jukos-Affäre aus dem Jahr 2003 hatte einen Konzern aus der Privatisierung wieder zurückgeführt, der Russlands größter Ölkonzern gewesen war, und gab es dem Staat zurück als Rosneft, während Gasprom Sibneft übernommen hatte, um daraus Gasprom Neft zu machen."[24] Und gerade diese der öffentlichen Hand zurückgegebenen Unternehmen versuchen die Strategen aus Washington durch Sanktionen zu lähmen.

Die Maßnahmen gegen Russland ähneln sehr stark den Boykott-Maßnahmen der Eisenhower-Regierung gegen die Sowjetunion. Auch damals hatte, wie wir wissen, der Röhrenboykott großen Widerspruch in der deutschen Unternehmerschaft ausgelöst. Auch jetzt wieder sind die europäischen Unternehmer alles andere als begeistert. Das Sanktionsdelirium der EU ist mit Maßstäben politischer Vernunft nicht mehr zu fassen. Eine Nibelungentreue zu den USA bis in den Tod. Die Maßnahmen führen in Russland zu einer spürbaren Rezession. Aber es geht nicht ans Eingemachte. Während amerikanische Emissäre überall auf der Welt Druck auf Regierungen ausüben, Russland zu isolieren und im eigenen Saft verschmoren zu lassen, zeigen sich dank grundlegender geopolitischer Wandlungen die Grenzen, die sich mittlerweile für die US-Außenpolitik auftun. Denn die Diplomaten in China und anderswo bescheiden den US-Scharfmachern höflich aber bestimmt, dass sie gar nicht daran denken, die Sanktionen mit zu tragen: „Am 23. September gab China bekannt, dass es niemals Sanktionen gegen Russland unterstützen würde, und weiterhin eine Wirtschaftspartnerschaft pflegt, die die Verluste durch den westlichen Wirtschaftskrieg wieder wettmachten. Was als Missbrauch des globalen Finanzsystems wahrgenommen wurde, veranlasste die BRICS-Staaten und ihre Verbündeten dazu, Pläne zur Schaffung neuer Finanzzentren, Übereinkünften in nationalen Währungen und neuer

Reservewährungen auf den Weg zu bringen, um Amerikas Vorherrschaft zu beseitigen."[25]

Der Schuss ging also nach hinten los, auch wenn Russland zunächst einen Kapitalabfluss von 128 Milliarden Dollar im Jahre 2014 verkraften muss. Aufgrund der „makroökonomischen Solidität der Regierung Putins" (Sakwa befinden sich im Land 450 Milliarden Dollar an Devisenreserven. Im Angesicht marktradikaler finanzieller va banque-Spiele in der übrigen Welt geradezu eine Insel der Seligen. Natürlich gibt es in den USA Falken, denen Obamas Wirtschaftskrieg gegen Russland viel zu soft ist. Der Senator von Arizona, John McCain, ruft wieder einmal zu den Waffen: „Die jüngste Runde der Sanktionen der Obama-Regierung kommt ein bisschen spät und ist miserabel ausgeführt. Während eine geeinte Antwort der USA und Europas gegen Russlands Aggression ideal gewesen wäre, ist die gegenwärtige Politik verkümmert zu dem kleinsten gemeinsamen Nenner. Das hat zu einer schrittweisen Steigerung des Drucks geführt, der im besten Fall darin scheitert, die russische Aggression abzuschrecken, aber im schlimmsten Fall gerade dazu einlädt. Wenn wir genötigt sind zu wählen zwischen Geschlossenheit der Allianz und wirkungsvoller Aktion, dann müssen wir die Aktion wählen, und Amerika muss sie anführen."[26] Zum Glück war die Einsicht in der US-Regierung groß genug, dass die Kräfteverhältnisse sich immer mehr zu Ungunsten der USA verschoben haben.

Ein Keil quer durch Europa: Intermarium

Ein Jahr vor dem Georgien-Krieg besuchte der polnische Präsident Lech Kaczynski seinen Freund, Präsident Micheil Saakaschwili in dessen georgischer Hauptstadt Tiflis. Er ließ es sich nicht nehmen, der feierlichen Enthüllung der neuen Prometheus-Statue im Stadtzentrum beizuwohnen. Prometheus soll nach griechischer Sage in Georgien an einen Fels gekettet worden sein, nachdem er als Halbgott und Sohn des Götter-Chefs Zeus den Menschen das Feuer gebracht hatte. Er brachte ihnen sozusagen das Licht und die Macht, die Welt zu verändern.

Als Außenstehender wird man nicht die Kodierung verstehen, die dahinter steckt. Denn in den 1920er Jahren hatte der legendäre polnische Marschall Josef Pilsudski den Geheimbund der Prometheischen Liga ins

Leben gerufen. Diese Liga sollte die Idee des Intermariums befördern. Intermarium ist die lateinisch Übersetzung des polnischen Miedzymorze, und das heißt: zwischen den Meeren. Pilsudski dachte an einen Staatenbund jener Länder, die zwischen der Ostsee und dem Schwarzen Meer gelegen sind, eingequetscht zwischen Deutschland und Russland. Also: zum Beispiel Polen, die baltischen Staaten, Rumänien, Bulgarien oder Ungarn. Pilsudski war ein strammer polnischer Nationalist. Er träumte davon, dass das gerade eben wieder erstandene Polen der strahlende Mittelpunkt der Intermarium-Staaten sein würde. Das sollte seinem Vaterland eine Machterweiterung über die polnischen Landesgrenzen hinaus einbringen.

Der Marschall brauchte sich über Zulauf keine Sorgen zu machen. Denn die Bolschewisten hatten viele kleine Staaten unter ihr Sowjetreich gebracht und mit harter Hand gefügig gemacht. Exilanten aus osteuropäischen Regionen schlossen sich ihnen an. Irgendwann bekamen auch der französische und der britische Geheimdienst Wind von der Prometheus-Liga und sie boten Geld, damit ihnen die Exilanten und Kommunistenhasser wertvolle Dienste leisteten. Im Zweiten Weltkrieg finden sich dann diese angeblich so freiheitsdurstigen Prometheus-Freunde zum großen Teil im Sold von Nazi-Deutschland wieder. Der Ukrainer Stepan Bandera brachte seine faschistische Terrortruppe OUN ein und bekam vom deutschen Abwehrchef Wilhelm Canaris ein Handgeld von 2.5 Millionen Reichsmark ausgehändigt, mit der er seine Truppe auf Zack bringen sollte. Banderas Mannen wurden in die berüchtigte SS-Einheit Galizien (offiziell 14. Waffen-Grenadier-Division der SS eingegliedert.) Sie waren an der Ermordung von 80.000 in der Ukraine lebenden Polen beteiligt und ermordeten tausende von Juden. Eine furchtbare „ethnische Säuberung".

Nach dem Zweiten Weltkrieg fanden sich die Intermarium-Kämpfer im Sold der Geheimdienste CIA, MI6 und des deutschen Bundesnachrichtendienstes (BND wieder. Ein Teil von ihnen konnte über die schon beschriebene Rattenlinie nach Amerika entweichen. Ein anderer Teil wurde, wie wir schon hörten, mit geringem Erfolg als Guerilla-Kämpfer in die Sowjetunion eingeschmuggelt. Jene Leute, die in die USA auswandern konnten, betrieben dort Lobbyarbeit, massiv unterstützt von den Dulles-Brüdern, für den Befreiungskampf gegen die Kommunisten. Jugendorganisationen sorgten für Nachwuchs. Das sollte sich auszahlen. Denn ein Teil des Nachwuchses kehrte nach dem Zusammenbruch des Sowjetsystems in die Heimatländer ihrer Eltern zurück. Sie prägten als proamerikanische Eliten die Politik in den Heimatländern ihrer Vorfahren.

Gerade in der Ukraine sollte sich ein ungenierter Bandera-Kult breitmachen als schrillstes Symptom für eine Re-Nazifizierung des Landes. Bandera gilt als Nationalheld und wird auf Sonderbriefmarken gewürdigt. Ihn und seine Bewegung zu kritisieren steht nach dem Euromaidan-Putsch unter härtester Strafe, Gefängnisaufenthalt nicht ausgeschlossen. In dieser Tradition befindet sich auch das Asow-Bataillon, das besonders brutal gegen die Donbass-Russen vorgeht. Ihr Chef ist Andriy Biletski. Und jetzt schließt sich der Kreis wieder: denn Biletsky lud 2016 zum ersten Mal zu einer internationalen Intermarium-Konferenz ein. Motto: „Das Herz schlägt im Osten". Ein munteres Stelldichein osteuropäischer Nazis, aber auch Delegierte der NPD wurden hier bereits gesichtet[27,28].

Doch es gibt noch ganz andere, viel wichtigere Freunde des Intermariums. Der frühere Sicherheitsberater von US-Präsident Obama und jetzige Direktor des ideologischen Thinktanks Atlantic Council, James Jones[29] unterstützt Intermarium genauso wie der Mitstreiter des Project for a New American Century, Robert Kaplan. Und der Begründer des Informationsdienstes Stratfor, George Friedman, trommelt bereits seit über zehn Jahren für Intermarium. Schließlich hatte schon der frühere Verteidigungsminister Donald Rumsfeld das „Neue Europa" über den Klee gelobt als besonders loyal zu den Amerikanern, während mit dem saturierten „Alten Europa" kein Staat mehr zu machen sei. Friedman meinte in diesem Sinne, er hoffe, dass das Intermarium die „Hegemonie der Konzerne im 1950er Jahre-Stil, die die europäische Wirtschaft beherrschen", herausfordern und ein Wirtschaftsmodell voranbringen würde, das „mehr unternehmerisch, mehr dem Modell der USA" gleichen würde[30]. Soll heißen: Schluss mit den letzten Relikten einer Sozialpartnerschaft.

Früher waren die Deutschen die Lieblingsschüler der USA. Das ist lange vorbei. Denn die Amerikaner können dank der Osterweiterung wählen. Und sie haben sich für Polen als ihren neuen Lieblingsschüler entschieden. Deutschland ist auf die Lümmelbank verstoßen worden. Denn die polnischen Politiker lesen den Amerikanern jeden Wunsch von den Lippen ab. Während die Deutschen schon stöhnen, wenn sie mehr als 1.2 Prozent ihres Bruttoinlandsprodukts für Rüstung ausgeben sollen, opfern die Polen jauchzend zwei Prozent ihres BIP für - vornehmlich amerikanische - Rüstung. Sie haben auch nicht lange gefackelt, das Hauptquartier einer multinationalen NATO-Einheit bei sich zu beherbergen. Gerne richteten sie als Gastgeber den NATO-Gipfel in Warschau 2016 aus. Und führen im gleichen Jahr auf ihrem Territorium das NATO-Manöver Operation Atlantic Resolve mit 16.000 Soldaten durch. Tapfer waren die polnischen Männer bei den Kriegsabenteuern in Afghanistan und dem Irak dabei.

Donald Trump war so begeistert von den rüstungswilligen Polen, dass er vor dem G-20-Gipfel in Hamburg mal kurz in Warschau vorbeischaute, was sich für ihn lohnte. Denn die Polen unterschrieben eine Absichtserklärung, große Mengen Fracking-Gas aus den USA abzunehmen. Und im März 2018 unterzeichnete die polnische Regierung eine Absichtserklärung, aus den USA das Raketensystem PATRIOT für 4.75 Milliarden Dollar zu kaufen. Die Regierung Duda scheut auch nicht davor zurück, ihren europäischen Kollegen vor den Kopf zu stoßen. Eigentlich hatte Polen vor, 50 Airbus-Militärhubschrauber Caracal zu kaufen für insgesamt 3.1 Milliarden Euro. Dann überlegte man sich das anders: der Deal wurde gecancelt, um stattdessen Black Hawk-Hubschrauber von der Firma Lockheed zu kaufen.

Es sieht also ganz danach aus, dass die USA in Zukunft auf das Neue Europa des Intermariums, diesmal auch unter Einbeziehung der Kaukasus-Staaten, setzt. Denn hier sind ja überall proamerikanische Kader in die Eliten implantiert, die weitaus bedingungsloser als die Eliten des Alten Europa die Vorgaben der USA und der NATO umsetzen. Und hier können marktradikale Unternehmen den noch im Geist des Konsens-Kapitalismus befindlichen Konzernen aus Westeuropa das Leben schwer machen. Oder sie zumindest dazu bringen, sich den rüden Management-Methoden des Ostens, wie es sich George Friedman wünscht, anzupassen. Kurzum: hier könnte mitten in Europa ein Modelland des marktradikalen Militärisch-Industriellen Komplexes entstehen, vielleicht etwas geordneter als im Kosovo.

Könnte es sein, dass das Alte Europa die Zuneigung des Großen Bruders aus Übersee durch seine Reste von Eigenwilligkeit bereits verspielt hat? Spielt der gütige Hegemon womöglich sogar mit dem Gedanken, das Alte Europa aus dem Geschehen ganz auszuschließen? Wenn man sich die Vorgänge um den deutschen Muster-Automobilkonzern VW so anschaut, ist man versucht, solchen Überlegungen Raum zu geben. Die raffinierten Manipulationen an den Volkswagen waren bei anderen Automobilmarken auch aufzufinden[31]. Aber VW alleine wurde in den USA mit milliardenschweren Sammelklagen überzogen. Der Chemiekonzern Bayer kaufte den Agrochemieriesen Monsanto. Und plötzlich wurden in den USA Sammelklagen gegen das Monsanto-Produkt Glyphosat zugelassen. Warum nicht schon früher?

Zudem wurde Deutschland im Jahre 2015 mit einem Massenzulauf von Flüchtlingen aus aller Welt konfrontiert und definitiv überfordert. Ohne jede Kontrolle strömten sie mit Taxis und Bussen in Deutschland ein. Ein extrem ungewöhnlicher Vorgang. Um es klar zu sagen: die allermeisten Flüchtlinge verdienen alle Hilfe und Empathie dieser Welt. Sie sind Opfer jener militarisierten Verwahrlosung, die man beschönigend auch Globalisierung nennt. Wie es dazu kam, habe ich auf den vorangegangenen dreihundert Buchseiten dargelegt. Allerdings sind Menschen, die so extrem gequält und traumatisiert sind, im Umgang nicht immer ganz einfach. Zum anderen haben sich auch viele Mitglieder der Organisierten Kriminalität in die Masse der Enteigneten und Entrechteten gemischt.

Die Menschen in Deutschland sind zutiefst verunsichert, alleingelassen mit ihren Problemen. Oft haben sie das Gefühl, dass die Flüchtlinge ihnen gegenüber bevorzugt werden. Was bei der rapide voranschreitenden künstlichen Verarmung der alteingesessenen Deutschen durchaus oftmals der Fall ist. Rattenfänger jeglicher politischer Couleur schüren die Spannungen und hetzen die Bürger in eine vollkommen unsinnige Links-Rechts-Polarisierung. Zudem werden Spannungen zwischen Westdeutschen und Ostdeutschen forciert. Der Staat wird durch Mittelkürzungen kastriert und vorgeführt. Das Gewaltmonopol des Staates wird zunehmend ausgehöhlt, so dass die Bürger nicht mehr genügend Schutz genießen. Die rasant galoppierende Vereinsamung macht solidarisches Handeln immer schwieriger. Paranoide Befindlichkeiten stellen sich ein anstelle von ruhiger, rationaler Überlegung. Hass und Misstrauen bestimmen die Atmosphäre.

Die Folge: Während sich die Bürger des Alten Europas gegenseitig lähmen und blockieren, kann in aller Ruhe und ohne jede Behelligung durch massenhafte Proteste im Neuen Europa ein Kriegsaufmarsch veranstaltet werden. Im Jahre 2020 findet das NATO-Großmanöver Defender 2020 statt. Dabei sollen sich 37.000 Soldaten mitsamt Panzern und anderem Kriegsgerät von Deutschland aus in die Frontstaaten Polen, Litauen, Lettland und Estland bewegen. Deutschland soll dabei als „Drehscheibe" getestet werden. Soll heißen: ob deutsche Straßen, Binnenschifffahrtswege und Eisenbahntrassen einen solchen Druck im Ernstfall aushalten werden[32] Schon 2017 forderte die NATO, dass die EU und Deutschland massive Investitionen zum kriegstauglichen Ausbau der Verkehrswege vornehmen[33].

Und die Sanktionen gegen Russland? Wie ja schon weiter oben ausgeführt, ist der Handel mit Russland für das Alte Europa außerordentlich wichtig. Das entsprechende Handelsvolumen ist um ein Vielfaches größer als das der USA mit Russland. Die Sanktionen gegen Russland sind genauso Sanktionen gegen Deutschland oder gegen Italien. Immer wieder wird darauf hingewiesen, dass die deutsche Industrie mit hoher Wahrscheinlichkeit mehr unter den Russland-Sanktionen zu leiden hat als Russland selber. Diese Tatsache auszublenden ist die glänzende Propagandaleistung unserer Mainstream-Medien. Russland hat längst in Asien neue Märkte erschlossen. Deutschland und die EU allerdings mauern sich mit ihrer Nibelungentreue zu den USA gerade selber ein.

Das Alte Europa versucht schnaufend, in Puncto Kriegsbereitschaft mit dem Neuen Europa Schritt zu halten. Von Jahr zu Jahr finden umfangreichere NATO-Manöver statt. Dass die Zahl der dabei eingesetzten Soldaten immer noch weit unter den Teilnehmerzahlen des Kalten Krieges liegen, ist kein Grund zur Beruhigung. Denn die heutigen Kriege sind High-Tech-Kriege, die mit erheblich weniger Personal bedeutend effektiver sind als zu Zeiten des Kalten Krieges. Deswegen ist die Gesundheit junger Menschen heutzutage kein Thema mehr für Politiker und Medien. Man kommt mit einer geringen Zahl von Fußsoldaten in der direkten Feldschlacht aus.

Und nun ist Eurasien für die Amerikaner und Briten noch wesentlich attraktiver als zu Halford Mackinders Zeiten. Denn das Klima verändert sich. Die Polkappen schmelzen ab, und der einst undurchdringliche Dauerfrostboden im Norden Sibiriens wird weich. Nun können Bohrgeräte auch hier Gas und Öl fördern. Nun können auch hier Metalle gefördert werden. Und durch die Eisschmelze ist das Polarmeer befahrbar für Schiffe, die locker von Kiel bis nach Schanghai fahren können. Es versteht sich von selbst, dass die NATO auf diese neue Situation mit Manövern am Polarkreis reagiert. 2006 begann eine Serie von einmal im Jahr stattfinden Schneemanövern mit dem Namen Cold Response, mit 10.000 Teilnehmern. Wieder einmal schreibt das Drehbuch vor, dass die Russen angreifen, und dass man dann mit einer kalten Antwort reagiert[34].

Das NATO-Großmanöver Trident Juncture 18 im Jahre 2018 brachte schon mehr als fünfmal so viel Soldaten am Polarmeer zum Einsatz, nämlich rund um Norwegen 50.000 Soldaten und 10.000 Bodenfahrzeuge. Die Bundeswehr war alleine schon mit 8.500 Soldaten anwesend. Und gleichzeitig fand in der Ostsee vor der Küste Finnlands, nicht weit von Sankt Petersburg, das Seemanöver Northern Coasts 2018 statt, mit 4.000 Soldaten und 40 Schiffen.

Es zeichnet sich ab, dass es bei diesen Manövern nicht nur darum geht, die Russen und die europäische Öffentlichkeit mal eben ein bisschen aufzuschrecken. Bei der Beschleunigung der Aufrüstung müssen wir leider davon ausgehen, dass die Kriegsspiele ernst gemeint sind. Die Kriegsstrategen in Washington können sich völlig sicher sein, dass ihren makabren Spielen im zutiefst zerstrittenen und in der Auflösung befindlichen Alten Europa kein Widerstand mehr entgegengesetzt werden kann. Und im Neuen Europa haben die proamerikanischen Eliten bislang keine Opposition aus der Bevölkerung zu befürchten. Obwohl sich das Stillhalten für die dortige Bevölkerung nicht ausgezahlt hat. Der Lebensstandard ist im Neuen Europa immer noch kümmerlich und die Auswanderung nach Westen ungebrochen.

Demgegenüber ist ein Angriff auf Eurasien von der Ostflanke, also von Ostasien aus, sehr unwahrscheinlich. Warum ich diese Prognose treffe, wird im abschließenden Ausblick dargelegt.

Ausblick

Warum also werden die USA Eurasien nicht von Ostasien aus aufrollen? Ganz einfach: China steht mit seinen 1.4 Milliarden Bürgern und seiner intakten Infrastruktur im Weg. Und China hat mittlerweile auch ein gigantisches Netz von Freunden weltweit aufgebaut. Die Chinesen haben nämlich von den Amerikanern gelernt. Alles, was nützlich und sinnvoll ist, haben sie gelernt, und den Unsinn ignoriert.

Sie haben aus dem Zusammenbruch der kommunistischen Kommandowirtschaft gelernt, dass man Preise nicht verordnen kann, und dass auch staatliche Betriebe völlig selbständig kalkulieren und produzieren sollen, ohne jede Vorgabe. Und dennoch haben sie nach wie vor Fünfjahrpläne. Und die Kommunistische Partei gibt's auch immer noch, ebenso die revolutionäre Volksarmee. Mao schaut auch immer noch auf den Tienanmen-Platz herunter, von einem riesengroßen Poster. Die modernen, wohlgenährten Chinesen reisen als Touristen in der Welt herum, und die europäischen oder amerikanischen Touristen haben bei der Zimmersuche das Nachsehen gegenüber den zahlungskräftigen Chinesen.

China ist ein eigenes Universum. Die Chinesen gehen davon aus, dass jeder von ihnen eine Zelle des gigantischen Organismus China ist, mit einer 5000 Jahre währenden Kultur. Und es gibt wohlgemerkt fünf Himmelsrichtungen. Die Fünfte ist die Mitte, und das ist China, und von dort geht es direkt in den Himmel. Sicher, die Chinesen hatten jetzt für einhundertfünfzig Jahre einen leichten Schwächeanfall. Aber jetzt sind sie wieder da, und die Mächtigen der angloamerikanischen Welt mussten sich bei einem Besuch beim neuen Kaiser von China, Xi Jinping, im Kreis um den thronenden Parteichef setzen und seinen Ausführungen lauschen. Das fanden die Herren etwas demütigend, vermerkte der englische

670.000 Zuschauer pro Tag, fast fünf Millionen pro Woche – mit dieser Reichweite ist es COMPACT-TV möglich, tatsächlich «Meinung zu machen» – also die Mehrheiten in Deutschland zu beeinflussen: patriotisch, freiheitlich, friedensorientiert.

Wir können entscheidend zu den Wahlsiegen der AfD beitragen. Aber unser immer aufwendigeres Programm können wir nicht mit Klicks finanzieren. Unsere Filme sind alle kostenlos! Aber unsere zwölf TV-Mitarbeiter müssen bezahlt werden – und für die anstehenden Wahlkämpfe müssen wir noch mehr Leute einstellen. Bitte tragen Sie mit Ihrer Spende dazu bei – wir rechnen mit einem Zusatzbedarf von 80.000 Euro bis Jahresende. Handschlag drauf: Gemeinsam holen wir uns unser Land zurück!

Bitte unterstützen Sie unsere Medienoffensive per Paypal an verlag@compact-mail.de oder per Überweisung an COMPACT Magazin GmbH auf das Konto IBAN: DE70 1605 0000 1000 5509 97.

Oder nutzen Sie diese Einzugsermächtigung:

Hiermit erlaube ich der COMPACT Magazin GmbH, einen Betrag von _____ Euro als Spende mit sofortiger Wirkung von meinem Konto einzuziehen. Die Spende soll

☐ einmalig   ☐ jeden Monat zum Monatsersten bis auf
                             Widerruf durch mich abgebucht werden.

Name, Vorname   _____

Straße, Hausnummer   _____

PLZ, Ort   _____

Bankverbindung mit IBAN _____

Datum, Unterschrift   _____

Bitte faxen an **03327 - 569 86 17** oder schicken an
COMPACT, Friedrich-Ludwig-Jahn-Straße 73, 14612 Falkensee

COMPACT TV
knackt alle Rekorde

COMPACT-TV macht das blaue Wunder möglich. In den letzten zwei Monaten ist unsere Zuschauerzahl von 25.000 auf 670.000 gestiegen – PRO TAG. Damit sind wir die mächtigste Stimme der Opposition im Land. Wir brauchen aber Ihre Unterstützung!

Politikwissenschaftler Gideon Rachman, der dem Treffen auch beiwohnte. Und Nixon vermerkte dereinst, als sein wieselflinker Meisterdenker Henry Kissinger die neue Liaison mit der Volksrepublik China einfädelte: „Möglicherweise haben wir Frankensteins Monster entfesselt?!" Ja, das könnte wohl sein. Die Geister, die ich rief.

Die Chinesen hatten so ihre irren Experimente mit dem großen Sprung nach vorne und mit der Kulturrevolution in einer Radikalität durchgezogen, die auf der Welt einmalig ist. Einmalig grausig. Hätten die Amerikaner die Chinesen in Ruhe gelassen, vielleicht würden sie dann heute noch mit kommunistischen Experimenten ihre eigenen Kräfte vergeuden, und wären glücklich mit einer Schale Reis am Tag.

Sie sind aber nun einmal aufgescheucht worden von den Amerikanern. Sie holten dann sogar freiwillig insgesamt zweimal diesen grässlichen Milton Friedman ins Land, der ihnen die Rezepte des wirtschaftlichen Erfolges nahebringen sollte. Zum Glück haben sie den Friedman längst wieder beiseitegelegt. Zumindest zum Teil. Die Amerikaner und die Europäer lagerten ihre dreckige Industrie nach China aus. Die Chinesen nahmen den Dreck mit Kusshand. Sie übernahmen die ganzen niederen Industrien und exportierten als Subunternehmer für die amerikanischen Konzerne das ganze Billigzeug in die reichen Länder. Und da sie wussten, dass die Amerikaner permanent nur Schulden machen, haben sie den Amerikanern Staatspapiere abgekauft und auf diese Weise möglich gemacht, dass die Amerikaner ihre Produkte auch weiterhin kauften, wenn sie eigentlich klamm bei Kasse waren. So haben die Chinesen mittlerweile derart viel US-Papiere angehäuft, dass, wenn die Amerikaner auch nur einmal frech werden sollten, sie diese Papiere auf den Markt werfen würden, und die Amerikaner sähen dann ziemlich alt aus.

Damit sind wir bei dem ersten Grund, warum die Amerikaner mit ihren überlegenen Streitkräften nicht über China nach Eurasien trampeln werden: sie können es sich schlicht nicht leisten. Immer wieder tönen die Amerikaner, bei der nächsten Verhandlungsrunde würden sie die Chinesen dazu zwingen, ihre Währung Remninbi endlich auf einen realistischen Wechselkurs zu bringen, um hinterher nicht mehr darüber zu sprechen, weil die Chinesen ihnen lächelnd die facts of live erklärt hatten.

Die Chinesen sind ein Hoffnungsfaktor für die Menschheit. Denn sie agieren bislang absolut zivilistisch. Die Rüstung und das Streben nach militärischen Eroberungen sind ihnen bis dato fremd. Die Amerikaner geben für Ihr Militär gegenwärtig etwa 800 Milliarden Dollar aus, und die Kosten ihrer unzähligen Kriege gehen in die Billionen Dollar. Der chinesische Militärhaushalt ist mittlerweile ganz beträchtlich angestiegen, und rückt auf den zweiten Platz in der Weltrangliste vor, mit 215,7 Milliarden Dollar. Aber bis auf die Annexion Tibets sind die Chinesen bislang in kein anderes Land militärisch eingedrungen. Und wo die Amerikaner den bitterarmen Kontinent Afrika mit ihrem neuen Militärkommando AFRICOM traktieren, sind die Chinesen aufgefallen, indem sie den Afrikanern 45 Sportstadien und 52 Krankenhäuser gespendet haben. Nicht ganz selbstlos, versteht sich. Dafür haben die Chinesen tüchtig beim Landgrabbing in Afrika mitgemacht und bringen überall ihre Leute mit.

Und wo die Amerikaner noch von der Eroberung Eurasiens träumen, sind die Chinesen längst flächendeckend in ganz Eurasien präsent. Mit ihrer Belt and Road Initiative bauen sie zunächst eine Verkehrsinfrastruktur auf, mit ultraschnellen Eisenbahnzügen, die Waren und Menschen bald in zwanzig Stunden von Shanghai nach Duisburg bringen werden. Die asiatischen China-Anrainer sind zudem in der Shanghai Cooperation Organisation versammelt. In dieser Organisation, die 40 Prozent der Weltbevölkerung repräsentiert, wird die Infrastruktur für den neuen eurasischen Wirtschaftsraum errichtet. Um die Finanzierung des ehrgeizigen Projektes kümmert sich die Asiatische Infrastruktur Investitionsbank (AIIB), der Xi Jinping eine Startspritze von 124 Milliarden Dollar verpasst hat.

Und die Amerikaner brauchen auch nicht davon zu träumen, dass sie durch Wirtschaftsboykotte auch nur irgendetwas bewegen können. Denn China hat auf dem 11. Parteitag der Kommunistischen Partei eine Abkehr von der extremen Exportorientierung der eigenen Wirtschaft anvisiert: die Löhne sollen systematisch angehoben werden, damit die eigene Bevölkerung die Konjunktur mit ihrem Konsum steuert; deswegen werden jetzt auch die Sozialsysteme massiv ausgebaut. Auch die Rentner sollen chinesische Produkte kaufen. Der Schutz der Umwelt spielt im aktuellen

Fünfjahrplan der Markt-Kommunisten eine größere Rolle als bisher. Und soweit man den Staat wegen dem Friedman schon demontiert hat, soll er auch wieder aufgerichtet werden.

Der neunmalgescheite Westen spricht von Diktatur und Friedhofsruhe in China. Sicher. Eine Musterdemokratie ist China noch nicht geworden. Aber in den Denkfabriken Chinas (ja, die gibt es mittlerweile mehr als in den USA) werden die Diskutanten aufgefordert, offen alle Probleme anzusprechen. Über alles darf kontrovers diskutiert werden. Nur die Kommunistische Partei und die Volksbefreiungsarmee sind sakrosankt. Kurzum: die Chinesen haben die Dynamik der Kreativität genauso wie die Dynamik des Marktes anerkannt. Aber sie bestehen darauf, dass ein starker, proaktiver und kreativer Staat diese Prozesse strukturiert und in eine konstruktive Richtung lenkt.

Ekelhaft ist das Sozialpunktesystem. Die Chinesen werden jetzt nicht mehr mit Peitschen und Lao Gai-Arbeitslagern zur Räson gebracht, sondern durch die hochtechnologische Strafe und Belohnung von Punkten und Geldbußen. Jemand, der nachts bei Rot über die Ampel geht, bekommt fünf Minuten später per SMS mitgeteilt, wegen seines Verkehrsvergehens habe die Behörde ihm gerade fünf Dollar vom Konto abgebucht. Ein High-Tech-Orwell?

Aber die Menschen in der Dritten und Zweiten Welt haben die Arroganz und Besserwisserei der weißen Herrenmenschen satt. Das hat auch der langjährige Vorsitzende des European Council on Foreign Relations, Mark Leonard, ganz unweinerlich festgestellt: „Wo amerikanische Diplomaten über Regime Change reden, sprechen ihre chinesischen Kollegen von Respekt vor der Souveränität und Vielfalt der Zivilisationen. Wo die amerikanische Außenpolitik Sanktionen und Isolationsmaßnahmen ins Spiel bringen, um ihre politischen Ziele durchzusetzen, bieten die Chinesen Hilfe und Handel ohne weitere Auflagen. Wo Amerika seine Vorlieben widerstrebenden Verbündeten aufzwingt, zeichnet China sich dadurch aus, dass es zumindest den Anschein erweckt, anderen Völkern zuzuhören."

So isses. Das ist der zweite Grund, warum die Amerikaner Eurasien nicht von Ostasien aus angreifen werden, sondern von unserer Seite aus.

Die Amerikaner haben zwar diverse militärische Bündnissysteme im asiatischen und pazifischen Raum. Aber ihre dortigen Partner lächeln zwar freundlich und sagen: „Allright!" Um dann bei nächster Gelegenheit nach Beijing zu pilgern. US-Präsident Obama hatte 2012 mit großem Getöse Burma besucht, und dabei der Gewährsfrau der amerikanischen Interessen in Burma, Frau Aung Sang Su Ki, propagandistisch aufgebläht. Jetzt ist Frau Aung an der Macht – und ist zu den Chinesen zurückgekehrt. Die frühere Präsidentin Südkoreas, Frau Park Geun Hye, war auch als Garantin der Gefolgstreue zu Amerika eingesetzt worden. Doch auch sie fuhr nach Beijing, um an der großen Militärparade auf der Ehrentribüne neben Xi Jinping zu stehen. Ein rasch eingeleiteter Regime Change brachte die Ungehorsame zu Fall. Doch auch ihr Nachfolger reist lieber nach Beijing als nach Washington. Und der Präsident der Philippinen, Rodrigo Duterte, erfrechte sich gar, Obama in aller Öffentlichkeit einen „Hurensohn" zu nennen. Nicht fein, zeigt aber, dass man es sich in Asien mittlerweile leisten kann, seine wahre Meinung über die Amerikaner öffentlich zu machen.

Und unsere amerikanischen Freunde?

Ja, was um alle Welt ist mit den Amerikanern los?

Da wird ein neuer Präsident gewählt, und seitdem zerfleischen sich die Amerikaner. Donald Trump ist offensichtlich nicht aus demselben Stall wie jene feinen Establishment-Politiker und Intellektuellen, die die Szene beherrschen. Sicher, man stellt öfter mal einen Außenseiter auf den Posten des US-Präsidenten, wenn das Establishment zu viel Vertrauen verspielt hat. Harry Truman, Jimmy Carter, Bill Clinton oder Barak Obama wurden von außen herangeholt, wenn die Amerikaner keinen Establishment-Pinkel mehr sehen wollten. Aber sie waren doch zuvor sorgfältig von der Elite ausgewählt, erzogen und dann in die große Rotation gepusht worden. Und nun hat sich so ein Milliardär von außen einfach die Präsidentschaft gekauft. Der Kerl ist unberechenbar für die Washingtoner Szene. Und auch die deutsche transatlantische Szene fühlt sich wie Hänsel und Gretel im Wald ausgesetzt.

Währenddessen zerfällt die US-Gesellschaft im Raketentempo. Obdachlosigkeit hat schreckliche Ausmaße angenommen. Die seelische Verarmung übertrifft offenbar noch die materielle Verarmung. In den letzten Jahren hat in den USA eine neue Rauschgiftwelle um sich gegriffen. Die Ärzte dürfen ein extrem gefährliches Betäubungsmittel verschreiben. Die Zahl der Opioid-Toten hat so exponentiell zugenommen, dass sogar Präsident Trump den Gesundheitsnotstand deswegen ausgerufen hat. Getan hat er dann allerdings nichts weiter. Stattdessen hat Trump die Reichen noch reicher gemacht und die Armen noch ärmer durch seine Steuerreformen. Trumps Ziel ist die Zerschlagung des Staates. Sein früherer Chefdenker Steven Bannon ist sozusagen die Hardcore-Essenz der Marktradikalen Gurus von Friedman bis Murray Rothbard.

Doch nicht nur im Sozialbereich fällt die USA in sich zusammen. Sogar im Militärbereich verkommen die USA zu einem Papiertiger. Das liegt an der extremen Korruption, die gerade auch im Militärbereich der USA wuchert. Bereits im Jahre 2008 hatte das Center for Defense Information, ein Zusammenschluss von Veteranen und unabhängigen Militärexperten, dem frischgebackenen US-Präsidenten Barak Obama eine Denkschrift mit dem Titel „America's Defense Meltdown" , also zu Deutsch „Amerikas Verteidigungszusammenbruch" in die Hand gereicht, damit der neue Präsident den Augiasstall des Pentagon mal ausmistet.

Tenor des Denkpapiers: die USA geben heute so viel für Rüstung aus wie noch nie. Aber die Streitkräfte sind so einsatzunfähig wie noch nie. Denn mit Verlaub gesagt, beim Einkauf neuer Waffen wird so viel geschummelt und geschoben wie noch nie. Es gibt keine Ausschreibungen bei Auftragsvergaben. Es gibt keine ordentlichen Tests der eingekauften Waffen. Es werden immer dieselben Unternehmen mit Aufträgen beglückt. Und weil jeder Kongressabgeordnete nur dann für ein neues Rüstungsprogramm stimmt, wenn für seinen Wahlkreis Aufträge dabei abfallen, werden jetzt Subunternehmer nicht nach dem Kriterium der besten Qualität ausgewählt, sondern nach dem Kriterium, ob er aus dem richtigen Wahlkreis kommt. Wir hatten ja von Donald Rumsfeld und seiner privatisierten Vetternwirtschaft schon gehört.

Inzwischen scheint die Ineffizienz der US-Rüstung in der Weltöffentlichkeit angekommen zu sein. Es ist schon seltsam, was sich da in der Straße von Malakka, zwischen Malysia und Indonesien, zutrug. Ein US-amerikanisches Kriegsschiff war mitten in der Nacht bei spiegelglatter See und exzellenter Sicht mit einem Tanker havariert. Das US-Schiff soll mit Autopilot gesteuert worden sein. Möglicherweise, so vermuten Journalisten, sei das Versagen der automatischen Steuerung auf ein Störmanöver einer anderen Militärmacht zurückzuführen. Ein Denkzettel möglicherweise. Das US-Militär hielt sich auffällig bedeckt und legte seine Schiffe in dieser Region einstweilen vor Anker.

Und dann die Blamage mit der Drohne auf die Ölfelder von Saudi-Arabien. Das bitterarme Jemen hatte offenkundig mit einer Kampfdrohne Marke Eigenbau das megateure US-amerikanische Raketenabwehrsystem überlisten können. Zunächst röhrte der amerikanische Präsident wieder etwas von „Vergeltungsmaßnahmen". Die Benzinpreise sollten aufgrund dieser Panne auf saudischen Ölfeldern bei uns in die Höhe schnellen. Trump hörte auf zu röhren und wurde ganz still. Und die Benzinpreise waren so niedrig wie nie. Es könnte ja sein, dass Länder wie Russland und China mit ihrem starken Staat mittlewaile in Rüstungsfragen dem zutiefst privatisiert korrupten Militärisch-Industriellen Komplex der USA bereits überlegen sind. Der türkische Präsident Erdogan kauft als Befehlshaber der zweitgrößten NATO-Streitmacht seine Waffen mittlerweile lieber bei den Russen ein ...

Und wie kommen wir jetzt aus dieser Nummer heraus?
Dass die USA bereits mächtig am Implodieren sind, kann uns nur ein schwacher Trost sein.

Denn in ihrer Uneinsichtigkeit in die Vergänglichkeit aller Weltreiche sind die USA durchaus in der Lage, uns in ihrem Sterbenskampf noch mit in den Sarg zu zerren. Konkret heißt das: sie könnten einen atomaren Erstschlag ausführen, wenn sie merken, dass ihre Zeit abgelaufen ist. Noch sind sie in der Lage, überall auf der Welt ihren Regime-Change-Zirkus aufmarschieren zu lassen. Das haben sie erst kürzlich wieder unter Beweis gestellt, als sie die linken Regierungen in Brasilien, Argentinien und

Ecuador stürzten und solche Horrorgestalten wie Bolsonaro an ihre Stelle setzten. Diese Leute leben munter ihren Nero-Wahn aus und zünden mal eben die Urwälder an.

Wir in Deutschland sind abgetrennt von unseren natürlichen Verbündeten, den Russen. Zwischen ihnen und uns befinden sich die Intermarium-Staaten. Und die sind offenkundig noch weit entfernt von jener heilenden Erleuchtung, dass sie im Falle eines Krieges die ersten sind, die möglicherweise nuklear ausgelöscht werden. Dieses grässliche Schicksal wünschen wir weder unsern östlichen Nachbarn noch uns selber. Wir müssen energisch darauf hinarbeiten, dass die Regierung endlich eine Politik der Blockfreiheit anstrebt. Und es ist dringend erforderlich, dass sich von unten her Denkfabriken bilden, die eine alternative Politik entwickeln. Immer nur demonstrieren und dann nach Hause gehen hat in den letzten Jahrzehnten zwar etwas gebracht, aber letztlich fehlte es immer an einer schlagkräftigen Strategie, die für Nachhaltigkeit sorgt. Wir müssen doch wohl in der Lage sein, eine Schwarmintelligenz auszubilden, die einer zunehmend dümmer und selbstgefälliger werdenden transatlantischen Elite, die schon lange den Bodenkontakt verloren hat, die Rote Karte zu zeigen.

Es gibt viel zu tun. Wir müssen aus der NATO und aus der Europäischen Union austreten, bevor die Panzer gen Osten rollen. Ich scheue mich nicht, den Dexit zu fordern, also den Austritt Deutschlands aus der EU. Es ist doch wohl aus meinen Ausführungen zur Genüge hervorgegangen, dass die EU eine Top-Down-Veranstaltung ist, die uns ohne jede Legitimation aufgezwungen wurde, und die nicht uns dient sondern den Konzernen aus Übersee. Die Nation ist mitnichten ein anrüchiges rechtes Projekt. Die Nation ist die notwendige Schutzhaut und der Körper, in dem sich der Wille der Bevölkerung artikulieren kann. Jeder Kubaner, jeder Venezolaner, auch jeder US-Amerikaner, würde den Kopf schütteln, wenn wir sagen würden, die Nation ist obszönes rechtes Zeugs.

Wir müssen uns kurzschließen mit den Ländern, die ein zivilistisches Konzept verfolgen. Wir sollten doch endlich aus der leidvollen Geschichte lernen. Wir haben in Zentraleuropa eine Kultur des Miteinanders, der Rücksichtnahme und des Humanismus geerbt. Wir haben geradezu die

Verpflichtung, uns dieses großartigen Erbes zu besinnen. Dieses Erbe selbstbewusst gegen die marktradikale und militaristische Offensive zu verteidigen. Und diese Kultur der Solidarität und des Miteinanders energisch in die sich abzeichnende neue Weltordnung einzubringen. Haben wir den Mut, uns den neuen Spielern auf der Weltbühne zu öffnen und mit ihnen zusammen eine neue, bessere Welt zu errichten. Unsere Stimme zählt in der Welt. Immer noch. Wir müssen nur unseren Mut und unsere Kreativität neu erwecken. Wenn wir uns selber wieder lieben lernen, können wir auch andere wieder lieben und eine liebevolle Welt erschaffen.

Wenn mein Buch ein bisschen dazu beitragen konnte, den Weg in eine bessere Zukunft durch ein besseres Verstehen der Vergangenheit zu ebnen, dann habe ich mein Ziel erreicht.

Danksagung

Ein solches umfangreiches Vorhaben wie das vorliegende Buch zieht sich über Jahre. Diese Jahre waren für mich selber ein interessantes Abenteuer. Aber dabei bin natürlich auch ich angewiesen auf liebe Menschen, die mir auf ganz unterschiedliche Art und Weise Unterstützung angedeihen ließen.

Meinem Bruder Christian danke ich für die Möglichkeit, in der Anfangsphase meiner Arbeit an diesem Buch einen Raum in der Abgeschiedenheit Schleswig-Holsteins mit wunderschönem Blick auf die Schlei zur Verfügung zu haben, sowie für anregende Gespräche zum Projekt.

Bertold Neuberger hat das Layout und die graphische Gestaltung des vorliegenden Buches erstellt. Ich bin ihm dankbar für seine Geduld, das unregelmäßig von mir bei ihm eintreffende Textkonvolut mit unerschütterlicher Ruhe und Zuversicht in eine gut lesbare Form gebracht zu haben.

Rolf Künster und Sabiene Jahn bin ich zu Dank verpflichtet für das geduldige und wache Anhören meiner Lesungen aus dem Manuskript und kritische Kommentierung. Rolf bin ich im Besonderen zu Dank verpflichtet, dass er im Rahmen seiner sonstigen Arbeit einen ersten Ausdruck des Buches erstellt hat.

Schließlich möchte ich meiner lieben Frau Stefanie danken für ihre unendliche Geduld und ihre Hilfsbereitschaft. Sie hat meine Arbeit immer wieder kritisch begleitet und wertvolle Anregungen gegeben.

Marburg, den 14. Oktober 2019

Anmerkungen

Diese Anmerkungen können auch online eingesehen werden:
https://usacontrol.wordpress.com/2019/10/18/der-griff-nach-eurasien-
anmerkungen-online/

Kapitel 1

1 „Who rules East Europe commands the Heartland:
Who rules the Heartland commands the World-Island:
Who rules the World-Island commands the World.". Mackinder, Democratic Ideals
and Reality, London 1919. Gemünzt ist diese Aussage ganz konkret auf den Fall,
dass Deutschland seinen Einfluss nach Osten ausweitet.

2 Eine Quelle für viele andere: https://www.nabu.de/umwelt-und-ressourcen/verkehr/
schifffahrt/index.html

3 Großbritannien erzwang tatsächlich gegen den Widerstand der chinesischen Regierung die Einfuhr des mit hohen Suchtpotentialen belegten Genussmittels Opium.
Weite Kreise der chinesischen Bevölkerung verfielen in eine durch Opium erzeugte
künstliche Lethargie und konnten den Invasoren der Westmächte Großbritannien,
USA, Frankreich, aber auch Deutschland, nicht viel entgegensetzen. Ein besonders
krasser Fall des Einsatzes von harten Drogen als Instrument der Kriegsführung.

4 Coolidge, World Power, S.204

5 Wilkinson, Bay. Die Preußen: "They organized the whole nation." Die Stärke Preu-
ßens wurde befördert durch eine Bildungsoffensive für alle Bevölkerungsschichten
und durch die vom Staat organisierte Entwicklung der Wirtschaft, argumentiert
Wilkinson.

6 Die folgenden Aussagen sind eine Paraphrase des Vortrags, den Halford Mackinder
am 25. Januar 1904 auf Einladung der Royal Geographical Society gehalten hat siehe
Literaturliste). An der Diskussion nach dem Vortrag beteiligte sich auch Spenser
Wilkinson.

7 ebd. S.436.

Kapitel 2

1 Nachzulesen in: Lamont, Thomas: Henry P. Davison: The record of a useful life.
New York 1933.

2 siehe Hermann Ploppa: Hitlers amerikanische Lehrer – Die Eliten der USA als
Geburtshelfer des Nationalsozialismus. Marburg 2016, S.85ff.

3 Haffner, Teufelspakt, S.7ff

4 Hermann Ploppa: Eine andere Wahrheit – Die Geheimverträge im Ersten Weltkrieg
online: https://usacontrol.wordpress.com/2016/03/14/eine-andere-wahrheit-die-ge-

heimvertraege-im-ersten-weltkrieg/ sowie die Geheimverträge im Wortlaut: https://usacontrol.wordpress.com/2016/03/15/die-geheimvertraege-aus-dem-ersten-welt-krieg-im-wortlaut/

5 Könnemann/Schulze, Kapp-Lüttwitz, S.91 u.v.a.

6 Allen, Rheinland-Tagebuch, S.60

7 a.a.O., S.62

8 John Maynard Keynes: The Economic Consequences of the Peace. London 1919.

9 zitiert nach Horst Günther Linke: Deutsch-sowjetische Beziehungen bis Rapallo. Köln 1972. S.94.

10 ders. S.153

11 ders. S.156

12 Hitler, Mein Kampf, S. 753

13 ders. S. 768

14 ders., S. 756

15 ders., S. 157

16 ders., S. 154

17 H.C. Engelbrecht, F.C. Hanighen: The Merchants of Death, New York 1934. S. 191

Kapitel 3

1 Hermann Ploppa: „Der rätselhafte Tod eines US-Präsidenten" https://usacontrol.wordpress.com/2018/08/23/der-raetselhafte-tod-eines-us-praesidenten/

2 so sieht es Zischka, Ölkrieg, S.100. Ein paar Zahlen zur Relevanz des Öls: Die Fördermengen der Sowjetunion: 1922 = 6 Millionen Tonnen; 1928 = 12 Mio to; 1933 = 21.4 Mio to; 1938 = 30 Mio to. Die Sowjetunion war ab 1927 weltweit zweitgrößter Erdöllieferant.

3 Haffner, Teufelspakt, S.114

4 Darüber schreibt die New York Times im Jahre 1922: https://hitlersamerikanische-lehrer.wordpress.com/2016/04/03/hitler-wurde-schon-1922-von-ford-finanziert/

5 siehe dazu Ploppa, Amerikanische Lehrer. S.266ff

6 Glyn Roberts: The Most powerful man in the World – The Life of Sir Henry Deterding. University of Michigan 1938.

7 Max Hoffmann: An allen Enden Moskau – Das Problem des Bolschewismus in seinen jüngsten Auswirkungen. Berlin 1925. S.76f

8 Bei der Reichstagswahl im November 1932 verlor die NSDAP zwei Millionen Stimmen gegenüber der vorherigen Wahl; die KPD gewann ca. 700.000 Stimmen dazu.

9 Ausführliche Analyse der Umstände des so genannten Reichstagsbrandes, Hermann Ploppa: Der Faschismus-Coup. Rubikon, 3.8.2019 https://www.rubikon.news/artikel/der-faschismus-coup

10 In der Hand von BP: ARAL und Olex. Deutsche Gasolin AG: zu je einem Viertel IG Farben, Riebeck'sche Montanwerke, Royal Dutch Shell und Standard Oil. Oelhag: zu je einem Drittel an Atlantic Refining Corporation Standard Oil), DAPG also Standard Oil und Rhenania also Shell). Die geschickte Verschleierung von Kapitalkonzentration wurde nach Inkraftsetzung der amerikanischen Kartellgesetze zur Meisterschaft vollendet.

11 Edwin Black: IBM und der Holocaust – Die Verstrickung des Weltkonzerns in die Verbrechen der Nazis. München 2002.

12 Die nach wie vor mit Abstand beste und aufschlussreichste Analyse des Nazi-Systems in diesem Sinne stammt von Franz Neumann: Behemoth – Struktur und Praxis des Nationalsozialismus 1933-1944. Frankfurt/Main 1984. Neumann hatte dieses exzellente Buch 1942 für den US-amerikanischen Geheimdienst OSS angefertigt.

13 William E. Dodd: Ambassador Dodd's Diary. New York 1941.

14 So z.B. Gordon Campbell/Freiherr von Spiegel: Wir jagen deutsche U-Boote. Gütersloh 1937.

15 siehe auch https://www.rubikon.news/artikel/die-geschichtsfalschung

16 „Das Polen von 1939 war ein faschistischer oder halbfaschistischer Staat; es war antisemitisch; es war antirussisch." Haffner, Pakt. S.137

Kapitel 4

1 Litauen wurde dann vom Deutschen Reich an die Sowjetunion weiter verschachert.

2 Wortlaut dieses Briefes der Reichsbank hier: https://hitlersamerikanischelehrer. wordpress.com/2018/09/26/alarmbrief-der-reichsbank-an-hitler-1939/

3 Mefo ist die Abkürzung für Metallurgische Forschungsanstalt. Eine Art Briefkastenfirma, die Aufträge an Rüstungskonzerne im Namen der Reichsregierung vergab. Die ausführende Firma bekam statt Geld einen Mefo-Wechsel, für dessen Einlösung zu einem festgelegten Termin die Reichsbank bürgte.

4 Franz Neumann: Behemoth – Struktur und Praxis des Nationalsozialismus 1933-1944. Frankfurt/Main 1988. Sowie Ian Kershaw: Hitler 1936-1945. Stuttgart 2000.

5 James Higham: Trading with the Enemy – An Exposé of the Nazi American Money Plot 1933-1949. London 1984. S.166ff

6 So berichtet es der Spiegel im Jahre 1963 http://www.spiegel.de/spiegel/ print/d-46172472.html

7 Dennoch war auch Churchill einem Separatfrieden mit dem Naziregime niemals ganz abgeneigt. So sagte er Ende 1941 im englischen Unterhaus wörtlich: „Die Möglichkeit eines Separatfriedens kann nicht völlig ausgeschlossen werden." Zitiert nach Falin, Zweite Front, S.264. Diese Haltung bekräftigte der englische Premier zudem in Briefen an US-Präsident Roosevelt sowie an dessen wichtigsten Berater Harry Hopkins.

8 Charles Chaplin: Geschichte meines Lebens. Frankfurt/Main 2003. S.421

9 Genaueres in: Hermann Ploppa: Charles Chaplin und die Zweite Front https:// usacontrol.wordpress.com/2018/09/25/charles-chaplin-und-die-zweite-font/

10　General Smedley Butler hatte bereits einen faschistischen Putsch gegen Präsident Roosevelt verhindert https://usacontrol.wordpress.com/2018/02/05/der-putsch-gegen-praesident-roosevelt/

11　Allen Dulles, Hamilton Fish Armstrong: Can America stay neutral? New York 1939.

12　Denys Schur: The Second Front: Grand Strategy and Civil-Military Relations of Western Allies and the USSR, 1938-1945. Naval Postgraduate School, Monterey/California 2005. S.21

13　Zitiert nach Valentin Falin: Zweite Front, S.266.

14　David Rees: Harry Dexter White - A Study in Paradox. New York 1973, S.13

15　Bernd Greiner: Die Morgenthau-Legende. Hamburg 1995. S.158

16　„The education of Harry Truman" ist die vielsagende wie unironische Überschrift des 9. Kapitels einer Hofchronik über exponierte Mitglieder des Council on Foreign Relations: Walter Isaacson, Evan Thomas: The Wise Men – Six friends and the world they made". New York 1988. S.253ff

17　Der Text kann in einer Photokopie hier eingesehen werden: https://archive.org/details/OperationUnthinkable/page/n19

18　Richard J. Evans: Das Dritte Reich, Band III. München 2009 S.919

19　Ingeborg Fleischhauer: Der Widerstand gegen den Rußlandfeldzug – Graf Schulenburg und die Deutsche Botschaft in Moskau. Gedenkstätte deutscher Widerstand Berlin Hg.　1987.

20　„Die 21 Tage der Regierung Dönitz" – Die Zeit 8.11.1951. online: https://www.zeit.de/1951/45/die-21-tage-der-regierung-doenitz

21　ebd

22　Merkur, 24.4.2009, „Pattons wahnwitziger Plan". https://www.merkur.de/lokales/regionen/pattons-wahnwitziger-plan-229538.html

23　Originalton: https://www.youtube.com/watch?v=DiZDQltx2js

Kapitel 5

1　So der Befund der US-Geheimdienste in einem Memorandum vom 6.1.1945. Joachim Guilliard: 1949-91: Kurze Bilanz einer kriegerischen Geschichte. In: Tobias Pflüger u.a.: Kein Frieden mit der NATO – Die NATO als Waffe des Westens. Informationsstelle Militarisierung e.V. Tübingen 2009. https://www.imi-online.de/2009/02/15/die-nato-1949-91-kur/ siehe auch: Christopher Simpson: Blowback – America's Recruitment of Nazis and its Effect on the Cold War. New York 1988. S.56

2　Morton Mintz/Jerry S. Cohen: Power Inc. New York 1976. S.xi: "How many Americans are aware that a President on his own initiative can order a nuclear attack – but that not even the Soviet Union or China grants such ultimative discretionary authority to any one man?"

3　a.a.O., S.56ff

4　Zitiert nach Falin, Zweite Front, S.368

5　Die Budgetierung wird immer ein Jahr vorher von den beiden Kammern des Kongresses entschieden. Und da im Jahre 1945 das Kriegsende noch nicht absehbar war, bekam das Militär für 1946 noch die stolze Summe von 556.9 Milliarden Dollar zugesprochen. 1947 gab es eine deutliche Delle mit nur noch 52.4 Milliarden Dollar, um 1948 bereits wieder auf 103.9 Milliarden Dollar anzusteigen, 1949 auf 144.2 Mrd. Dollar, 1950 auf 141.2 Mrd. Dollar.

Als Beispiel einer Bagatellisierung der Operation Dropshot hier eine Buchkritik zu Anthony Cave Brown „Dropshot, The American Plan for World War III against Russia in 1957. New York 1978.
https://digital-commons.usnwc.edu/cgi/viewcontent.cgi?referer=https://www.bing. com/&httpsredir=1&article=5577&context=nwc-review

6   Der Spiegel, 5.12.1951, „Hoffen wir das Beste". https://www.spiegel.de/spiegel/print/d-20833249.html Kennan warnte davor, dass ein Zusammenbruch des Nazireiches Europa in ein Vakuum der Kulturlosigkeit stürzen würde.

7   Kennans "Long Telegram" im Wortlaut: http://www.ntanet.net/KENNAN.html

8   New York Times „Mr. Rhode's Ideal of Anglo-Saxon Greatness". 9.4.1902. Was aus der jesuitisch organisierten Geheimgesellschaft geworden ist, darüber gibt es unterschiedliche Auffassungen. Ausführlich hat sich mit der Geheimgesellschaft des Cecil Rhodes Carroll Quigley in seinem Werk „Tragedy and Hope", New York 1966, auseinandergesetzt. Demgegenüber argumentiert Andreas Bummel, dass das Projekt in der Ausführung gescheitert sei: Kritische Anmerkungen zur Urlegende moderner Verschwörungstheorien. Telepolis 8.10.2003 https://www.heise.de/tp/features/Kritische-Anmerkungen-zur-Urlegende-moderner-Verschwoerungstheorien-3431373.html

9   Interview mit Stalin in der Prawda, März 1946. https://www.marxists.org/reference/archive/stalin/works/1946/03/x01.htm

10 Zitiert aus Daily Mail, 8.11.2014 „Winston Churchill's 'bid to nuke Russia' to win Cold War – uncovered in secret FBI files". https://www.dailymail.co.uk/news/article-2826980/Winston-Churchill-s-bid-nuke-Russia-win-Cold-War-uncovered-secret-FBI-files.html

11 Zitiert nach Time 29.11.2010, "The Ugly Briton" http://content.time.com/time/magazine/article/0,9171,2031992,00.html

Arthur Harris sollte Inder bombardieren und ausrotten: https://crimesofbritain.com/2016/09/13/the-trial-of-winston-churchill/

12 In die Geschichte eingegangen als „Percentage Agreement": https://en.wikipedia.org/wiki/Percentages_agreement

Abgerufen am 9.9.2019, 17:23 Uhr MESZ

Kapitel 6

1   Mitschnitt der Truman-Rede vom 12.3.1947 https://www.youtube.com/watch?v=bt-CLnh5gCPU

2   „Greece was a kind of British protectorate, but the British ambassador was not a colonial governor." Das soll laut des englischsprachigen Wikipedia-Artikels über den griechischen Bürgerkrieg der Griechenland-Chef des englischen Auslandsgeheimdienstes MI6, Nigel Clive, gesagt haben. Leider fehlt hier der Quellennachweis:

https://en.wikipedia.org/wiki/Greek_Civil_War
Gesehen am 28.11.2018.

3   Joseph S. Nye: Das Paradox der amerikanischen Macht – Warum die einzige
    Supermacht Verbündete braucht. Hamburg 2003

4   Karl Wolff als gleichberechtigter Partner im OSS-SS-Vertrag im April 1945 war
    schon lange zuvor mit seinem Counterpart Allen Dulles in Verhandlungen über
    einen sanften Ausstieg aus den Kriegshandlungen befindlich. Allen Dulles war
    bestrebt, Wolff als „gemäßigten Vertreter der SS" der Öffentlichkeit zu verkaufen.
    Wolff wurde jedoch später rechtskräftig verurteilt für seine Verantwortung an der
    Vergasung von 300.000 wehrlosen Menschen im Vernichtungslager Treblinka. Er
    war aktiv beteiligt an Exekutionen an Juden und war beteiligt an der technischen
    Perfektionierung des Holocaust durch den Einsatz von Zyklon B. In Italien war er
    verantwortlich für die Massaker an unschuldigen Dorfbewohnern. Wolff erlangte
    in 1980er Jahren noch einmal Publicity durch seine aktive Rolle beim Skandal um
    die gefälschten Hitler-Tagebücher, die die Illustrierte Stern veröffentlicht hatte.

5   zitiert nach Hugh Wilford: The Mighty Wurlitzer: How the CIA played America,
    Harvard University Press 2009, S.30

6   Ganser, NATO, S.114

7   Ganser, NATO, S.115

8   Zitiert nach Ganser, NATO, S.146

Kapitel 7

1   Eine ausführliche Beschreibung dieser feingliedrigen Netzwerke der Politikplanung
    und Politikbeeinflussung: Hermann Ploppa, Die Macher hinter den Kulissen – Wie
    transatlantische Netzwerke heimlich die Demokratie unterwandern. Frankfurt/
    Main 2014.

2   The Wise Men, S.450

3   Hermann Ploppa, „Der Verrat". Rubikon, 19.10.2018
    https://www.rubikon.news/artikel/der-verrat-2

4   Lewis H. Brown: A Report on Germany. New York 1947

5) Nicolas Crafts: „The Marshall Plan: A reality check", S.4
    https://citeseerx.ist.psu.edu/viewdoc/download;jsessionid=57BF96978365FE0304E-
    B848132A43DDC?doi=10.1.1.570.8467&rep=rep1&type=pdf

6   The Wise Men, S.425

7   In Deutschland wurde damals noch sechs Tage in der Woche gearbeitet, also sechs
    mal acht Stunden, was eine Wochenarbeitszeit von 48 Stunden ergab. Die 40-Stun-
    den-Arbeitswoche erschien den Deutschen damals noch recht exotisch, wenn nicht
    gar dekadent.

8   Der Spiegel, "Die Ruhr muß ran", 30.1.1952
    https://www.spiegel.de/spiegel/print/d-21058581.html

9   Der Spiegel, „Die Glorreiche Revolution", 2.5.1951
    https://www.spiegel.de/spiegel/print/d-29193821.html

10 Der Spiegel, „Europa zuerst", 13.2.1952
    https://www.spiegel.de/spiegel/print/d-21317955.html

11 ebenda

12 A Report to the National Security Council – NSC-68; 12.4.1950. President's
    Secretary's File, Truman Papers. https://www.trumanlibrary.org/whistlestop/
    study_collections/coldwar/documents/pdf/10-1.pdf
    Detaillierte Erläuterungen zu NSC-68 hier:
    https://usacontrol.wordpress.com/2008/06/02/startschuss-fur-den-militar-industriel-
    len-komplex-nsc-68/

13 NSC-68-Autor Paul Nitze musste bald eingestehen, dass er die militärischen
    Potenzen der Sowjetunion massiv übertrieben hatte. Er gab später zu, dass „von den
    angeführten 175 sowjetischen Divisionen nur ein Drittel voll einsatzfähig waren.
    Ein Drittel war unterbesetzt und ein Drittel bestand aus ‚Kadern' oder schlecht
    ausgerüsteter Miliz. Nitze machte mangelhafte Geheimdienstinformationen dafür
    verantwortlich." The Wise Men, S.503

14 Der Spiegel, "Verbindliche Anzeichen", 10.10.1951
    https://www.spiegel.de/spiegel/print/d-29194883.html

15 Aussage Omar Bradley vor den Senate Committees on Armed Services and Foreign
    Relations, 15. Mai 1951.–Military Situation in the Far East, hearings, 82d Congress,
    1st session, Teil 2, S. 732 1951).

16 Collier's Weekly, 27.10.1951. https://www.docdroid.net/LjUq5xg/colliers-wee-
    kly-27-october-1951.pdf

17 Der Spiegel, „Alternative", 6.2.1952

18 Der Spiegel, „Die Lage ist flüssig", 27.2.1952

Kapitel 8

1 United States Congress, Senate. Elimination of German Resources for WarRes. 107
   und 146, 2.7.1945, Teil 7 78th Congress, 79th Congress). Washington. Government
   Printing Office 1945.

2 James Stewart Martin: All Honorable Men. Boston 1950
   Ebook: https://www.amazon.de/All-Honorable-Men-Successfully-Dismantle-ebook/
   dp/B01DOU85YU/ref=sr_1_1?__mk_de_DE=%C3%85M%C3%85%C5%B-
   D%C3%95%C3%91&keywords=James+Stewart+Martin&qid=1568003253&s=book-
   s&sr=1-1

3 Charles Higham: Trading with the Enemy. New York 1983

4 Schöpferische Zerstörung oder Creative Destruction. Ein Begriff, der von dem
   österreichisch-amerikanischen Soziologen Joseph Schumpeter verwendet wurde.
   Damit ist gemeint: intakte Strukturen werden zerstört, um eine neue Ordnung
   zu errichten. Die kanadische Autorin Naomi Klein hat diesen Mechanismus an
   zahlreichen Fallbeispielen aufgezeigt: Die Schockstrategie. Siehe Literaturverzeichnis im Anhang dieses Buches.

5   The United States Strategic Bombing Survey. Hier die Zusammenfassung:
    https://www.anesi.com/ussbs02.htm

6   Hannah Arendt: Besuch in Deutschland 1950   in: Zur Zeit. Politische Essays
    1943-.1975); München 1989. S.45

7   Ausführlich zur Totalitarismus-Theorie Hermann Ploppa: Totalitarismus 2.0
    https://www.rubikon.news/artikel/totalitarismus-2-0

8   Hannah Arendt: Elemente und Ursprünge totaler Herrschaft. Frankfurt 1955.

9   Hier der erste Band: Wolfgang Kraushaar: Die Protest-Chronik – 1949 bis 1952
    Hamburg 1996

10 Wolfgang Leonhard, Die Revolution entläßt ihre Kinder siehe Literaturliste   11
    zitiert nach Kraushaar, Protest-Chronik, S.262

12 Eine umfassende Darstellung der US-amerikanischen Propaganda- und Kultur-Akti-
    vitäten in Westeuropa liefert Frances Stonor Saunders, siehe Literaturliste

13 Hermann Ploppa: Die Macher hinter den Kulissen. Frankfurt/Main 2014

14 Wolfgang Berghahn: Transatlantische Kulturkriege, siehe Literaturliste

15 siehe hierzu: Julia Angster: Konsenskapitalismus und Sozialdemokratie –
    Die Westernisierung von SPD und DGB. München 2003.

16 Angster, Konsenskapitalismus, S.153

17 a.a.O, S.155

18 Ploppa, Macher; S.161ff

19 Das Konzept der Auflösung staatlicher Souveränität hatte der Wallstreet-Anwalt
    und spätere US-Außenminister John Foster Dulles bereits 1941 entworfen: „Wir
    sollten eine politische Neuorganisation Kontinentaleuropas als föderaler Staa-
    tenbund anstreben. Es muss ein hohes Maß an lokaler Selbstregierung entlang
    ethnischer Linien geben. Diese kann über das föderale Prinzip erreicht werden, das
    in dieser Hinsicht sehr flexibel ist. Doch die Wiedererrichtung von rund 25 völlig
    unabhängigen und souveränen Staaten in Europa wäre ein politischer Wahnsinn."
    Zitiert nach Lebor, BIS, S.207

20 Das Protokoll nach Aussagen eines bewährten Informanten der Alliierten ist
    nachzulesen: http://www.cuttingthroughthematrix.com/articles/Intelligence_Re-
    port_EW-Pa_128.html

21 Stay Behind: zur Legitimation dieser Partisanengruppe wurde konstruiert, die
    Streitkräfte des Sowjetblocks würden Westdeutschland überfallen. In diesem Falle
    würden sich die westlichen Streitkräfte ganz aus Deutschland zurückziehen. Nur
    die Partisanen sollten in Deutschland zurückbleiben Stay-Behind   und in der
    besetzten Heimat einen Guerilla-Krieg gegen die Sowjets durchführen.

22 Ganser, NATO-Geheimarmeen, S. 301

23 Es ist schwer, brauchbare Literatur zur Nachkriegsexistenz der SS-Verbände zu Rate
    zu ziehen. Jedoch widmet der prominente TV-Experte für Themen des National-
    sozialismus, Guido Knopp in einem populär gehaltenen Buch ein ganzes Kapitel
    der Organisation Odessa. Guido Knopp: Die SS – Eine Warnung der Geschichte.
    München 2002. S.327ff

24 Die Zeit, Die Waffen-SS marschiert in Verden. 30.10.1952 https://www.zeit. de/1952/44/die-waffen-ss-marschiert-in-verden

Kapitel 9

1   So Eisenhower in einer Pressekonferenz 1959, um sich gegen Forderungen nach weiterer Aufrüstung zu verwahren. Zitiert nach Ambrose; S.516. „You begin to see this thing isn't wholly the defense of the country, but only more money for some who are already fat cats."

2   Ein anderer Name, die immer wieder in der Fachliteratur genannt wird: John Mc-Cloy, der Wallstreet-Jurist, der u.v.a. Hochkommissar für das besetzte Deutschland war, zudem kurzzeitig Chef der Weltbank, Mussolini-Finanzberater und Präsident des Council on Foreign Relations.

3   Koreakrieg außerordentlich unbeliebt: siehe Herman S. Wolk: The ‚New Look‘; Air Force Magazine August 2003: „... this first conflict of the nuclear era was enormously unpopular with the American public". Wolk meint in diesem Falle die wirkliche Öffentlichkeit ...

4   Ambrose; S.94

5   Ploppa, Hitlers Lehrer, S.241ff

6   Richard Hofstadter, The Paranoid Style in American Politics. Harper's Magazine, November 1964.

7   Isaacson/Thomas; S.577

8   Friedrich, Yalu; S.543

9   Ambrose; S.21

10 Ambrose; S.184

11 Ambrose; S.229

12 Christopher Simpson: Blowback – America's recruitment of Nazis and its effects on the Cold War. London 1988

13 Simpson, Blowback; S.

14 Wolk, The New Look, s. FN 3

15 Charles J. Gross: American Military Aviation – The Indispensable Arm. Austin/ Texas 2002; S.181

16 Hermann Ploppa: Der Militärisch-Industrielle Komplex in: Telepolis, 17.1.2016 https://www.heise.de/tp/features/USA-Der-militaerisch-industrielle-Ko plex-3502863.html

Kapitel 10

1   Hans Kroll: zitiert nach Spiegel, 22.12.1965; Diplomaten, „Unerlaubte Handlungen"

2   Am 1.1.1953 wurden 5.499.000 Insassen von Zwangsarbeitslagern gezählt, davon waren 2.754.000 zwangsweise deportiert worden Davies, 68). 1959 befanden sich noch 997.000 Menschen im Gulag-System Davies, 70). Rückgang der Anzahl Politischer Gefangener Davies, 70   3 Davies, S.70

4   Khrushchev in: Taubman, Khrushchev, Gleason; S.242

5   Davies, S.69. Ernteergebnis 1950: 81 Millionen Tonnen; 1960: 126 Millionen Tonnen

6   Khrushchev s.o.; S.244

7   Scheufler, Röhrenembargo; S.160ff

8   Zitiert aus Werner Keller: Ost minus West = Null – Der Aufbau Rußlands durch den Westen. München/Zürich 1960. S.446. Werner Keller war im Zweiten Weltkrieg in leitender Position Mitarbeiter von Albert Speer, und soll dann Widerstands-kämpfer gewesen sein. Die Nazis hätten ihn deswegen zum Tode verurteilt. „Ost minus West = Null" diente als übles Machwerk antikommunistischer Propaganda im Kalten Krieg. Keller wollte „beweisen", dass Russen zu kulturellen und zivilisato-rischen Leitungen a priori nicht in der Lage seien, und sie sich ausschließlich durch Ideenklau und Patentvergehen den Weltmachstatus quasi erschlichen hätten. Die Quelle des Erhard-Zitats ist nicht angegeben lediglich: „ein Interview im August 1959"), aber es gibt keinen Anlass, die Echtheit in Zweifel zu ziehen.

9   Die folgende Darstellung der Adschubej-Mission im Sommer 1964 stützt sich im Wesentlichen auf einen Aufsatz, der in den Vierteljahresheften für Zeitgeschichte erschienen ist: Daniel Kosthorst: Sowjetische Geheimpolitik in Deutschland? Chruschtschow und die Adschubej-Mission 1964.

10 Khrushchev, Sergej: Creation, S.709. Gemeint sind Alexander Twardowsky, „Tyorkin in the Other World", sowie Jewgeny Jewtuschenko, „Stalins Erben".

11 Kosthorst, Sowjetische Geheimpolitik; S.274

12 Spiegel, 5.8.1964; Chruschtschow-Besuch „Kampf den Mongolen" und Spiegel-In-terview „Ich muß Ihnen ein Geheimnis verraten" mit Spiegel-Redakteuren Botho Kirsch und Georg Wolff. Letzteres Interview erregte in besonderem Maß den Zorn der SED-Führung.

13 Kosthorst, Sowjetische Geheimpolitik; S.287

14 Spiegel, Gift-Anschlag „Lost weekend". „Lost" ist ein anderer Name für Senfgas. Der Titel ist typisch für die etwas saloppe, bisweilen zynische Sprache des Spiegels in jenen Jahren.

15 Es findet sich keinerlei Erwähnung der Adschubej-Diplomatie in den einschlägigen Werken zur Chruschtschow-Ära. Fursenko/Naftali; Taubman/Khrushchev/Glea-son; Khrushchev; Taubman: es findet sich dort nicht eine Silbe dazu!

16 Adschubej, Gestürzte Hoffnung.

17 Filtzer, Khrushchev-Era, S.52

18 Leonhard, Aufstieg und Fall; S.12

19 Die Zeit, 27.7.1955; „Handel mit der Sowjetunion – Kann Moskau liefern, was wir brauchen – und zu für uns akzeptablen Preisen"

20 Hobsbawm, Extreme; S.584

Kapitel 11

1 Zitiert nach Wächter, de Gaulle Mythos; S.7
2 Loth, de Gaulle; S.86
3 Loth, de Gaulle; S.95
4 Loth, de Gaulle; S.127
5 Geiger, Gaullisten; S.65
6 Sehr anschaulich dokumentiert ist dieses Treffen in der Fernsehdokumentation „De Gaulle und Adenauer – Eine deutsch-französische Freundschaft. https://www.youtube.com/watch?v=i82n_rKsVG4&t=172s
7 Loth, de Gaulle; S.229
8 Geiger, Gaullisten; S.70
9 Loth, de Gaulle; S.232
10 Zitiert nach Marion Gräfin Dönhoff: Achse oder Brücke? Die Zeit, 26.7.1959. Die Begründerin der pro-USA-Lobbygruppe Atlantik-Brücke macht in diesem Artikel massiv Stimmung gegen Adenauer und de Gaulle, die sich den Briten entgegenzustellen wagen.
11 Geiger, Gaullisten; S.91
12 Geiger, Gaullisten; S.106
13 Geiger, Gaullisten; S.145
14 Locher, Crisis; S.36
15 Ein Überblick über die Nazi-Vergangenheit führender Spiegel-Redakteure findet sich in diesem Artikel über den Reichstagsbrand: Hermann Ploppa: Der Fasschismus-Coup https://www.rubikon.news/artikel/der-faschismus-coup
16 Zolling/Höhne, Pullach; S.279
17 Zolling/Höhne, Pullach; S.281
18 Zolling/Höhne, Pullach; S.281
19 Geiger, Gaullisten; S.205/6
20 siehe die oben in Anmerkung 6   angeführte TV-Dokumentation
21 Geiger, Gaullisten; S.211
22 Geiger, Gaullisten; S.215
23 Locher, Crisis; S.103. „The richest and most distant master is always the best."
24 Neue Zürcher Zeitung: "Als de Gaulle der NATO und den Amerikanern kündigte", 4.4.2009
25 ebd.

Kapitel 12

1 Henry Kissinger, Nuclear Weapons and Foreign Policies. New York 1957
2 Maxwell D. Taylor, The Uncertain Trumpet; New York 1960
3 Die Zeit, 6.7.1973: "Große Worte und wenig Handel"

https://www.zeit.de/1973/27/grosse-worte-wenig-handel

4 Miriam Camps: The Management of Interdependence – A Preliminary View, CFR. New York 1974. S.59. Ausführliche Erläuterungen zum neuen Kräftespiel zwischen Staaten, NGOs und Multinationalen Konzernen, siehe Hermann Ploppa, Macher, S.72ff

5 Otto Wolff von Amerongen: bedeutender Inhaber eines großen Metallkonzerns und zudem langjähriger Präsident der Industrie- und Handelstag und weiterer Unternehmerverbände. Im Ost-Ausschuss der Deutschen Wirtschaft engagierte er sich für den Handel mit der Sowjetunion.

6 Diese These vertritt David L. Anderson Hg.): The Columbia History of the Vietnam War. New York 2011. S.39f: "Johnson did not want a war in Vietnam and did not want to be a war president ...As a veteran of Capitol Hill, however, Johnson understood that the credibility he needed as a leader to achieve the bold Kennedy-Johnson domestic agenda required him to demonstrate that he could protect U.S. interests abroad."

7 Guerilla ist im Spanischen die Verkleinerungsform von Guerra, was Krieg bedeutet; Guerilla meint also: „kleiner Krieg". Ein Kämpfer in diesem kleinen Krieg ist im Spanischen der Guerillero. Das Wort Guerilla wird im deutschen Sprachgebrauch hartnäckig falsch angewendet – möglicherweise, weil „Guerilla" Assoziationen mit „Gorilla" hervorruft. Die Guerilla-Taktik wurde weltweit angewendet - auch in Vietnam.

8 Scholl-Latour, Reisfeld; S.100ff: „Der Kriegsstil der Amerikaner ist ein ganz anderer. Auf Befestigungen wird kein Wert gelegt. Die eigene Feuerkraft ist alles. In Härtefällen verläßt man sich auf die Luftwaffe, und wenn es ganz schlimm kommt, stehen die Hubschrauber, die unentbehrlichen Chopper, bereit, um das amerikanische Beraterpersonal auszufliegen."

9 Die Zeit, 2.9.1966: „Besiegt de Gaulle den Dollar?"
   https://www.zeit.de/1966/36/besiegt-de-gaulle-den-dollar/komplettansicht

10 Der Spiegel, 25.11.1968: „Gold zurück".
    https://www.spiegel.de/spiegel/print/d-45922017.html

11 Am 9.6.1942 wurden alle männlichen Bewohner des tschechischen Dorfs Lidice von deutschen Besatzungseinheiten erschossen und danach wurde das Dorf komplett zerstört. Das Massaker war die Vergeltung für ein Attentat auf den stellvertretenden Statthalter der deutschen Besatzungsmacht in „Böhmen und Mähren", Reinhard Heydrich. Lidice galt als Sinnbild des Naziterrors in besetzten Ländern.

12 Martin Luther King, „Beyond Vietnam". Rede vom 4.4.1967
    https://kinginstitute.stanford.edu/king-papers/documents/beyond-vietnam

13 Hermann Ploppa, KenFM Tagesdosis; „Woodstock und die Staatsterroristen"
    https://kenfm.de/tagesdosis-17-8-2019-woodstock-und-die-staatsterroristen/

14 McCoy, CIA Heroin; S.283ff

15 Kissinger, Castlereagh, siehe Verwendete Literatur.

16 Robert D. Kaplan: Kissinger, Metternich, and Realism. The Atlantic, Juni 1999.
https://www.theatlantic.com/magazine/archive/1999/06/kissinger-metternich-and-realism/377625/

17 Kissinger, Memoiren; S.729

18 a.a.O.; S.728f

19 a.a.O.; S.781

20 a.a.O.; S.728

21 Schubert, Erdöl; S.29. Nach den Ereignissen vom 11.9.2001 wurde die militärische Besetzung einiger Erdölförderländer durch die USA in einem grundlegenden veränderten politischen Klima doch noch Realität.

22 Kissinger, Memoiren; S.1370

23 Schubert, Erdöl; S.26

24 a.a.O; S.39. Gang nach Canossa: im Jahre 1066 pilgerte der deutsche König Heinrich IV. zum Papst Gregor VII. auf die Burg Canossa, um seine Exkommunizierung rückgängig machen zu lassen. Vorausging ein Streit zwischen deutschen Königen und Kaisern und den Päpsten auf der anderen Seite darüber, wer die Oberhoheit in Europa innehat. Der Gang nach Canossa ist sprichwörtlich für eine besondere Demütigung im Machtkampf.

25 Kühnhardt, Atlantik-Brücke; S.140

26 a.a.O; S.141

27 Robert M. Gates: From the Shadows – The Ultimate Insider's Story of Five Presidents And How They Won The Cold War. New York 2007

28 Counterpunch, "How Jimmy Carter and I Started the Mujahideen" 15.1.1998
https://www.counterpunch.org/1998/01/15/how-jimmy-carter-and-i-started-the-mujahideen/

Kapitel 13

1 Zitiert nach Bundeszentrale für Politische Bildung. Jürgen Roth: Netzwerke des Terrors
http://www.bpb.de/veranstaltungen/dokumentation/130099/netzwerke-des-terrors?p=all
31.10.2002

2 Die Welt, 24.1.2012: Baltasar Garzón – Letztes Opfer der Franco-Diktatur?
https://www.welt.de/politik/ausland/article13831006/Baltasar-Garzon-letztes-Opfer-der-Franco-Diktatur.htmlhttps://www.welt.de/politik/ausland/article13831006/Baltasar-Garzon-letztes-Opfer-der-Franco-Diktatur.html

3 Ploppa, Macher; S.32ff

4 USAControl: 16.3.2018. Hermann Ploppa: Der Staat als Schmarotzer und Raubtier.
https://usacontrol.wordpress.com/2018/03/16/der-staat-als-schmarotzer-und-raubtier/

5 Cockett, Thinking, 122ff

6   Micklethwait/Wooldridge, S.50

7   Klein, Schock-Strategie, S.100ff

8   a.a.O., S.109ff

9   The Observer, 19.1.1997, The Secret Price of Terrorism
    https://fas.org/irp/news/1997/msg00034e.htm
    Gary Sick: October Surprise – America's Hostages in Iran and the Election of
    Ronald Reagan. Sick war Mitarbeiter von Jimmy Carter. Beim Amtsübergang zu
    Reagan saß er im Situation Room im Weißen Haus. 5 Minuten nach Amtseid von
    Reagan Bescheid aus Iran, dass Geiseln freikommen. Seite 4. William Casey war im
    Wahlkampf in Madrid, um mit Iranern zu verhandeln.

10 Backes, Schweigen Geldes, 39ff

11 Barabara Honegger, October Surprise, New York 1989. Honegger war zu der Zeit im
    Team von Reagan tätig.

12 Tagesdosis, 17.8.2019, Hermann Ploppa, Woodstock und die Staatsterroristen
    https://kenfm.de/tagesdosis-17-8-2019-woodstock-und-die-staatsterroristen/

13 USAControl, 27.9.2018, Hermann Ploppa, Skull and Bones – eine erlesene Elite
    https://usacontrol.wordpress.com/2018/09/27/skull-and-bones-eine-erlesene-elite/

14 Perkins, Hit Man, S.153f

15 Perkins, Hit Man, S.158f

16 Aarons/Loftus, Secret War, S.409

17 Alfred McCoy, Die CIA, S.631ff

18 a.a.O., S641ff

19 London Review of Books, 24.1.2019, Seymour Hersh: The Vice President's Men.
    https://www.lrb.co.uk/v41/n02/seymour-m-hersh/the-vice-presidents-men

20 Suspicious Deaths, 10.8.2010, William Casey
    https://suspiciousdeaths.blogspot.com/2010/08/william-casey.html

21 John Kerry/Hank Brown, The BCCI Affair
    https://fas.org/irp/congress/1992_rpt/bcci/

22 Schweizer, Victory. Die nachfolgende Schilderung gründet im Wesentlichen auf
    dieses Buch, das dem Autor nur als eBook ohne Paginierung vorliegt.

23 Küsters et al., S.18

24 a.a.O., S.28

25 Foreign Politics Sommer 1980, Colin S. Gray/Keith Payne, Victory is Possible.
    https://robertsmcnamaracom.files.wordpress.com/2017/04/gray-payne-1980-victo-
    ry-is-possible-c.pdf

26 Der Spiegel, 30.8.1982, USA: Atomkrieg doch führbar?
    https://www.spiegel.de/spiegel/print/d-14349766.html

27 Da hatte Helmut Schmidt in den 1950er Jahren noch ganz andere Ansichten:
    „Die Ausstattung der Bundesrepublik mit nuklearen Raketen, die Leningrad oder

Moskau in Schutt und Asche legen können, müsste die Sowjetunion in der gleichen Weise provozieren, wie etwa die Ausstattung Kubas mit derartigen Raketen die USA herausfordern musste." Zitiert nach Spiegel, 2.3.2009, Adenauers Projekt https://www.spiegel.de/spiegel/print/d-64385822.html

28 Nachdenkseiten, 10.9.2012, Wolfgang Lieb, 30 Jahre Lambsdorff-Papier https://www.nachdenkseiten.de/?p=14397

29 Arte, Dirk Pohlmann, Operation Täuschung – Die Methode Reagan. TV-Dokumentation https://www.youtube.com/watch?v=rcojThe2F4Q

30 Telepolis, 8.9.2011, Markus Kompa, Teil 1: Der Krieg der Sterne https://www.heise.de/tp/features/Der-Krieg-der-Sterne-3391066.html

31 BBC 1983: The Brink of the Apocalypse. TV-Dokumentation. https://www.youtube.com/watch?v=8kTnXqfT1Mk

32 Küsters et al.: S.168. „Die am Ende der Raketenkrise gegen erheblichen Druck in der Bundesrepublik von Kanzler Kohl durchgesetzte Stationierung der amerikanischen Mittelstreckenraketen als Antwort auf die sowjetische SS-20 Vorrüstung waren eine unmittelbare Bedrohung Moskaus, da es für diese Raketen praktisch keine Vorwarnzeit gab. Sie erreichten die sowjetischen Zentren im Westen des Landes innerhalb weniger Minuten."

33 Stephen E. Hanson in Küsters et al., S.63ff, geht davon aus, dass die Sowjetunion noch lange hätte bestehen können. Durch Gorbatschows Experimente sei die Sowjetunion vorzeitig kollabiert.

34 Küsters et al., S. 41

35 Spiegel, 23.7.1990, Die Hoffnung heißt Germanija https://www.spiegel.de/spiegel/print/d-13507185.html

36 beide Zitate in Spiegel-Artikel FN 35.

37 Ploppa, Macher, S.121ff. Köhler, Enteignung. Giacché, Anschluss.

Kapitel 14

1 Brzezinski, Chessboard, S.59

2 Spiegel, 17.7.1989, Schlacht von gestern, https://www.spiegel.de/spiegel/print/d-13494348.html

3 Klein, Schockstrategie, S.306

4 Klein, Schockstrategie, S.309/10

5 Frankfurter Rundschau, 16.12.2009, Der Schockreformer, https://www.fr.de/politik/schockreformer-11515205.html

6 Boston Globe, zitiert nach Klein, Schockstrategie, S.317

7 Stiglitz, Schatten, S.172

8 Klein, Schockstrategie, S.329

9 Stiglitz, Schatten, S.170

10 Ploppa, Bellizentrische Köpfe,
    http://www.ag-friedensforschung.de/regionen/USA/ploppa.html
11 Fukuyama, The End of History. Bibliographische Angaben siehe Literaturverzeichnis
12 Fukuyama, End of History, National Interest, 17/18.
    https://www.embl.de/aboutus/science_society/discussion/discussion_2006/ref1-22juneo6.pdf
13 Huntington, Kampf, S.327
14 Ploppa, Hitler, S.185ff
15 Brzezinski, Chessboard, S.124
16 Brzezinski, Chessboard, S.125
17 Brzezinski, Chessboard, S.198
18 Ernst Wolff, IWF, S.69ff
19 Zitiert nach Elsässer, Dschihad, S.41/42
20 Ganser, Illegale Kriege, S.172
21 Zitiert nach Ganser, Illegale Kriege, S.182
22 Jones et al., S.329
23 Jones et al., S.336
24 Jones et al., S.330
25 Jones et al., S.338
26 Jones et al., S.338
27 Die Welt 29.11.2008, Der BND in den Untiefen des Kosovo,
    https://www.welt.de/politik/article2803781/Der-BND-in-den-Untiefen-des-Kosovo.html
    9.1.2008, Kosovo: UN-Mission impossible, NATO hilflos, Rolle der USA kontraproduktiv,
    http://www.ag-friedensforschung.de/regionen/Serbien/kosovo37.html
28 Stern, 21.2.2008 Kosovo: Mafia-Staat von UN-Gnaden,
    https://www.stern.de/politik/ausland/kosovo-mafia-staat-von-un-gnaden-3082322.html

Kapitel 15

1   Aus der Dankesrede von Harold Pinter anlässlich der Verleihung des Literaturnobelpreises in Stockholm am 7.12.2005. Der volle Text:
    http://www.poetenladen.de/harold-pinter-nobelpreisrede.html
2   Greiner, 9/11, S.131
3   George Walker Bush hat zum schwedischen Premierminister Göran Persson am 14.6.2001 folgendes gesagt: „ Irre, daß ich gewonnen habe. Ich trat an gegen Frieden, Wohlstand – und gegen den Amtsinhaber." Bush hatte nicht bemerkt, dass eine Fernsehkamera noch lief. Michael Moore, Stupid, S.5

4   Klein, Schockstrategie, S.416

5   Klein, Schockstrategie, 431/2

6   NYT, 28.11.2004 Lockheed and the future of Warfare; zitiert nach Klein, S.407

7   Telepolis, 27.12.2007, Hermann Ploppa, Im Strudel der Gefängnisindustrie.
    https://www.heise.de/tp/features/Im-Strudel-der-Gefaengnisindustrie-3416637.html

8   USAControl, 1.8.2008, Turkmenistan, Gasprom und die neue Sympathie für Iran.
    https://usacontrol.wordpress.com/2008/08/01/turkmenistan-gasprom-und-die-neue-
    sympathie-fur-iran/

9   Im Original Huffington Post, 5.8.2008, Ron Suskind, The forged Iraki Letter: What
    just Happened?
    https://sudhan.wordpress.com/2008/08/08/the-forged-iraqi-letter-what-just-happe-
    ned/

10 USAControl, 9.8.2008, CIA fälschte Dokumente?
    https://usacontrol.wordpress.com/2008/08/09/cia-falschte-irakische-dokumente/

11 Jeffrey Record, Bounding the War on Terrorism, Dezember 2003
    http://media.leeds.ac.uk/papers/pmt/exhibits/1350/bounding.pdf

12 National Defense University, Harlan K. Ulman/James P. Wade, Shock and Awe –
    Achieving rapid dominance.
    http://www.dodccrp.org/files/Ullman_Shock.pdf

13 USAControl, 26.7.2008, Hitliste der korruptesten Privatfirmen im Irak-Krieg.
    https://usacontrol.wordpress.com/2008/07/26/hitliste-der-25-korruptesten-privatfir-
    men-im-irak-krieg/

14 USAControl, 5.3.2009, Über die Schwierigkeit, den Widerstand im Mittleren Osten
    zu verstehen.
    https://usacontrol.wordpress.com/2009/03/05/uber-die-schwierigkeit-den-wider-
    stand-im-mittleren-osten-zu-vestehen/

15 Anderson, Schmutziger, S.27ff

16 Anderson, Schmutziger, S.119ff

17 USAControl, 7.11.2011, Der Zuchtmeister Afrikas – Die AFRICOM.
    https://usacontrol.wordpress.com/2011/11/07/der-zuchtmeister-afrikas-die-africom/

18 Ploppa, Macher, S.99ff

19 Uwe Hallbach, SWP, Der Süd-Ossetien-Krieg: Die regionale Dimension; Russ-
    land-Analysen, Nr. 169/08

20 Hofbauer, Feindbild, S.143

21 Panorama, 6.3.2014

22 Sakwa, Frontline, S.188. Die deutsche Übersetzung vom Autor dieses Buches.

23 Van der Pijl, Abschuss, S.238ff

24 Sakwa, Frontline, S.200

25 Sakwa, Frontline, S.197

26 Zitiert nach Sakwa, S. 189

27 Intermarium – An idea whose time is coming again. 5.7.2016
    http://euromaidanpress.com/2016/07/05/intermarium-an-idea-whose-time-is-co-
    ming-again/#arvlbdata

28 Laruelle/Rivera, Intermarium, S.24
    https://www.ifri.org/sites/default/files/atoms/files/laruelle-rivera-ieres_papers_
    march_2019_1.pdf

29 USAControl, 16.2.2009, Obamas neuer Sicherheitsberater.
    http://euromaidanpress.com/2016/07/05/intermarium-an-idea-whose-time-is-co-
    ming-again/#arvlbdata

30 Laruelle/Rivera, Intermarium, S.15

31 Deutsche Welle, 23.10.2015, Hat auch Opel beim Diesel manipuliert?
    https://www.dw.com/de/hat-auch-opel-beim-diesel-manipuliert/a-18802530

32 Telepolis 8.10.2019, Defender 2020: Manöver als Infrastruktur-Stresstest.
    https://www.heise.de/tp/features/Defender-2020-Manoever-als-Infrastruktur-Stress-
    test-4549081.html

33 Augen Geradeaus, 9.11.2017, Ausbau der NATO-Infrastruktur: Nicht nur neue
    Kommandostäbe
    https://augengeradeaus.net/2017/11/ausbau-der-nato-infrastruk-
    tur-nicht-nur-neue-kommandostaebe/

33 USAControl, 21.8.2012, Cold Response – Der Kampf um Schätze am Pol.
    https://usacontrol.wordpress.com/2012/08/21/cold-response-der-kampf-um-schatze-
    am-pol/

Verwendete Literatur

Adschubej, Alexej:	Gestürzte Hoffnung. Meine Erinnerungen an Chruschtschow. Berlin 1990
Allison, Graham:	Destined for War – Can America escape Thucydides Trap? London/Brunswick 2017
Ambrose, Stephen E.:	Eisenhower. Volume Two: The President. New York 1984
Anderson, Tim:	Der schmutzige Krieg gegen Syrien – Washington, Regime Change und Widerstand. Marburg 2016
Angster, Julia:	Konsenskapitalismus und Sozialdemokratie – Die Westernisierung von SPD und DGB. München 2003
Backes, Ernest/Robert, Denis:	Das Schweigen des Geldes. Die Clearstream-Affäre. Zürich 2003
Barnett, Thomas P.M.:	The Pentagon's New Map – War and Peace in the Twenty-First Century. New York 2004
Berghahn, Voker:	Transatlantische Kulturkriege – Shepard Stone, die Ford-Stiftung und der europäische Antiamerikanismus. Stuttgart 2004
Bittner, Wolfgang:	Der neue West-Ost-Konflikt. Inszenierung einer Krise. Höhr-Grenzhausen 2019
Brzezinski, Zbigniew:	The Grand Chessboard – American Primary and Ist Geostrategic Imperatives. New York 1997
Cockett, Richard:	Thinking the Unthinkable – Think Tanks and the Economic Counter-Revolution 1931-1983. London 1994
Coolidge, Archibald Cary:	The United States as a World Power. New York 1908
Czempiel, Ernst-Otto:	Machtprobe – Die USA und die Sowjetunion in den achtziger Jahren. München 1989
Davies, R.W.:	Soviet economic development from Lenin to Khrushchev. Cambridge 1998
Elsässer, Jürgen:	Wie der Dschihad nach Europa kam – Gotteskrieger und Geheimdienste auf dem Balkan. St. Pölten 2005
Falin, Valentin:	Zweite Front – Die Interessenkonflikte in der Anti-Hitler-Koalition. München 1997
Filtzer, Donald:	The Khrushchev Era – De-Stalinisation and the limits of Reform in the USSR, 1953-1964. London 1993
Friedrich, Jörg:	Yalu – An den Ufern des Dritten Weltkrieges. Berlin 2007
Fursenko, Aleksandr/ Naftali, Timothy:	Khrushchev's Cold War – The Inside Story of an American Adversary. New York London 2006
Ganser, Daniele:	Illegale Kriege – Wie die NATO-Länder die UNO sabotieren. Eine Chronik von Kuba bis Syrien. Zürich 2016

Ganser, Daniele: NATO Geheimarmeen in Europa – Inszenierter Terror und verdeckte Kriegsführung. Zürich 2018

Geiger, Tim: Atlantiker gegen Gaullisten – Außenpolitischer Konflikt und innerparteilicher Machtkampf in der CDU/CSU 1958-1969. München 2008

Giacché, Vladimiro: Anschluss – Die Deutsche Vereinigung und die Zukunft Europas. Hamburg 2014

Greiner, Bernd: 9/11 – Der Tag, die Angst, die Folgen. München 2011

Greiner, Bernd: Die Morgenthau-Legende – Zur Geschichte eines umstrittenen Plans. Hamburg 1995

Haffner, Sebastian: Der Teufelspakt – Die deutsch-russischen Beziehungen vom Ersten zum Zweiten Weltkrieg. München 2002

Higham, Charles: Trading with the Enemy. New York 1983

Isaacson, Walter/: Thomas, Evan The Wise Men – Six Friends and the World they made. New York 1986

Huntington, Samuel P.: Kampf der Kulturen – Die Neugestaltung der Weltpolitik im 21. Jahrhundert. München/Wien 1997

Jochum, Michael: Eisenhower und Chruschtschow – Gipfeldiplomatie im Kalten Krieg. 1955-1960. Paderborn 1996

Jones, Adam (Hg.): Völkermord, Kriegsverbrechen und der Westen. Berlin 2005

Keller, Patrick: Neokonservatismus und die amerikanische Außenpolitik. Ideen, Krieg und Strategie von Reagan bis George W. Bush. Paderborn 2008

Khrushchev, Sergej: Nikita Khrushchev and the Creation of a Superpower. Philadelphia 2000

Kissinger, Henry A.: Memoiren 1968-1973. München 1979

Klein, Naomi: Die Schock Strategie. Der Aufstieg des Katastrophen-Kapitalismus. Frankfurt/Main 2009

Knopp, Guido: Die SS – Eine Warnung der Geschichte. München 2002.

Köhler, Otto: Die Große Enteignung – Wie die Treuhand eine Volkswirtschaft liquidierte. Berlin 2011

Kraushaar, Wolfgang: Die Protestchronik – 1949 bis 1952. Hamburg 1996. Erster Band

Kroll, Hans: Lebenserinnerungen eines Botschafters. Köln/Berlin 1967

MacLean, Nancy: Democracy in Chains – The Deep History of the Radical Right's Stealth Plan for America. London 2017

Mies, Ullrich: Der tiefe Staat schlägt zu – Wie die westliche Welt Krisen erzeugt und Kriege vorbereitet. Wien 2019

Kühnhardt, Ludger: Atlantik-Brücke. Fünfzig Jahre Deutsch-Amerikanische Partnerschaft. Berlin/München 2002

Küsters, Hanns Jürgen: Der Zerfall des Sowjetimperiums und Deutschlands

(Hg. Wiedervereinigung. Köln Weimar Wien 2016
Lebor, Adam: Der Turm zu Basel – BIZ-Die Bank der Banken und ihre dunkle Geschichte. Zürich 2013
Leonhard, Wolfgang: Die Revolution entlässt ihre Kinder. Köln Berlin 1961
Leonhard, Wolfgang: Nikita Sergejewitsch Chruschtschow – Aufstieg und Fall eines Sowjetführers. Luzern/Frankfurt a.M. 1965
Locher, Anna: Crisis? What Crisis? NATO, de Gaulle, and the Future of the Alliance, 1963-1966. Baden Baden 2010
Loftus,
Martin, James Stewart: All Honorable Men. Boston 1950. Dieses Buch ist verfügbar als ebook: www.amazon.com/ All-Honorable-Men-Successfully-Dismantle-ebook/dp/ B01DOU85YU
McCoy, Alfred: Die CIA und das Heroin – Weltpolitik durch Drogenhandel. Frankfurt/Main 2003
McCoy, Alfred: The Politics of Heroin in Southeast Asia. New York 1972
Micklethwait, John/
Wooldridge, Adrian: The Right Nation – Conservative Power in America. New York 2004. The Right Nation – Conservative Power in America. New York 2004
Mintz, Morton/ Cohen,
Jerry S.: Power Inc. – Public and private Rulers and how to make them accountable. New York 1976
Moog, Cyrill: Der Neue Mensch. Höhr-Grenzhausen 2018
Moore, Michael: Stupid White Men – Eine Abrechnung mit dem Amerika unter George W. Bush. München/Zürich 2003
Plaggenborg, Stefan: Experiment Moderne – Der sowjetische Weg. Frankfurt/Main 2006
Ploppa, Hermann: Hitlers amerikanische Lehrer – Die Eliten der USA als Geburtshelfer des Nationalsozialismus. Marburg 2016
Ploppa, Hermann: Die Macher hinter den Kulissen – Wie transatlantische Netzwerke heimlich die Demokratie unterwandern. Frankfurt am Main 2014
Rachman, Gideon: Easternisation – War and Peace in the Asian Century. London 2016
Russell, Bertrand;
Sartre, Jean Paul: Das Vietnam-Tribunal oder Die Verurteilung Amerikas. Reinbek 1969
Sakwa, Richard: Frontline Ukraine – Crisis in the Borderlands. London/ New York 2015
Saunders,
Frances Stonor: Wer die Zeche zahlt – Der CIA und die Kultur im Kalten Krieg. München 2001

Scheufler, Armin: Das Röhrenembargo 1962/63 – Zur Geschichte der deutsch-sowjetischen Wirtschaftsbeziehungen in der späten Adenauerzeit. Gießen 1996

Scholl-Latour, Peter: Der Tod im Reisfeld – Dreißig Jahre Krieg in Indochina. Berlin 1981

Scholl-Latour: Russland im Zangengriff – Putins Imperium zwischen Nato, China und Islam. Berlin 2007

Schubert, Alex: Erdöl: Die Macht des Mangels. Berlin 1982

Alexander Schubert: Die Internationale Verschuldung. Frankfurt 1985

Schweizer, Peter: Victory: The Reagan Administration's Secret Strategy that Hastened the Collapse of the Soviet Union. London 1994 (eBook

Simpson, Christopher: Blowback – America's Recruitment of Nazis and its Effects on the Cold War. London 1988

Seppain, Hélène: Contrasting US and German Attitudes to Soviet Trade, 1917-91 – Politics by Economic Means. London 1992

Stiglitz, Joseph: Die Schatten der Globalisierung. Berlin 2002

Sutton, Anthony C.: Wall Street und der Aufstieg Hitlers. Basel 2008

Taubman, William: Khrushchev – The Man and his Era. New York/London 2003

Taubman, William; Khrushchev, Sergei; Gleason, Abbott: Nikita Khrushchev. New Haven/London 2000

The 9/11 Commission Report. Die offizielle Untersuchung zu den Terrorattacken vom 11. September 2001. Cicero. Potsdam 2004

The Reichstag Fire Trial –
The second Brown Book on the Hitler Terror. Bristol 1934

Theweleit, Klaus: Männerphantasien – 2. Männerkörper. Zur Psychoanalyse des Weißen Terrors. Frankfurt/Main 1978

Tint, Herbert: French Foreign Policy since the Second World War. London 1972

United States Department of Defense: American Plan For War with the Soviet Union, 1957. Vol. III (eBook

Van der Pijl, Kees: Der Abschuss – Flug MH17, die Ukraine und der Neue Kalte Krieg. Köln 2018

Wächter, Matthias: Der De Gaulle-Mythos – Erinnerung und Politik in der modernen Demokratie. O.J.

Wilkinson, Spenser: Britain at Bay. New York 1909

Wirtz, Christian: Transatlantische Dissonanzen – Kennedy, de Gaulle und die Bedeutung Europas, 1960-1963. Stuttgart 2010

Wolff, Ernst: Weltmacht IWF: Chronik eines Raubzugs. Marburg 2014

Yergin, Daniel: The Prize – The Epic Quest für Oil, Money and Power.
                   New York 2003

Zolling,
Hermann/Höhne,
Heinz: Pullach Intern – General Gehlen und die Geschichte des
                   Bundesnachrichtendienstes. Hamburg 1971

Andere Dokumente (Auswahl

Colin S. Gray/
Keith Payne: Victory is possible. Foreign Politics. Sommer 1980, S.14-27
                   https://robertsmcnamaracom.files.wordpress.com/2017/04/
                   gray-payne-1980-victory-is-possible-c.pdf

Fukuyama, Francis: The End of History. The National Interest, Summer 1998.
                   www.embl.de/aboutus/science_society/discussion/
                   discussion_2006/ref1-22june06.pdf

Laruelle, Marlene/
Ellen Rivera: Imagined Geographies of Central and Eastern Europe:
                   The Concept of Intermarium. Washington 2019
                   www.ifri.org/sites/default/files/atoms/files/laruelle-rivera-ieres_
                   papers_march_2019_1.pdf

Kennan, George: Long Telegram. https://digitalarchive.wilsoncenter.org/
                   document/116178.pdf

Mackinder, Halford: Heartland Theory
                   https://archive.org/stream/1904HEARTLANDTHEORYHAL
                   FORDMACKINDER/1904%20HEARTLAND%20THEO
                   RY%20HALFORD%20MACKINDER_djvu.txt

Sanders.:   Democratic Ideals and Reality. London 1942
                   https://archive.org/stream/1904HEARTLANDTHEORYHAL
                   FORDMACKINDER/1904%20HEARTLAND%20THEO
                   RY%20HALFORD%20MACKINDER_djvu.txt

NSC-68:   United States Objectives and Programs for National Security.
                   Washington 1950
                   http://www.citizensource.com/History/20thCen/NSC68.PDF

Personenindex

Sachindex